AF535914

Dirk Mann

Garten-Shooting

Die Fotoschule, die Bilder zum Blühen bringt

Wichtige Hinweise

Verlag: BILDNER Verlag GmbH
Bahnhofstraße 8
94032 Passau
http://www.bildner-verlag.de
info@bildner-verlag.de
Tel.: +49 851-6700
Fax: +49 851-6624

ISBN: 978-3-8328-0358-2

Autor: Dirk Mann
Herausgeber: Ulrich Dorn
Programmleitung, Idee & Konzeption: Jörg Schulz
Satz & Layout: Nelli Ferderer (nelli@ferderer.de)
Covergestaltung: Christian Dadlhuber

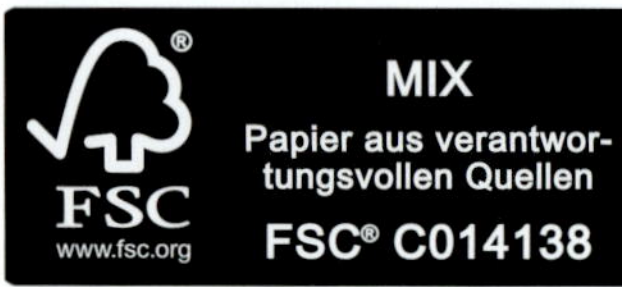

Das FSC®-Label auf einem Holz- oder Papierprodukt ist ein eindeutiger Indikator dafür, dass das Produkt aus verantwortungsvoller Waldwirtschaft stammt. Und auf seinem Weg zum Konsumenten über die gesamte Verarbeitungs- und Handelskette nicht mit nicht-zertifiziertem, also nicht kontrolliertem, Holz oder Papier vermischt wurde. Produkte mit FSC®-Label sichern die Nutzung der Wälder gemäß den sozialen, ökonomischen und ökologischen Bedürfnissen heutiger und zukünftiger Generationen.

INHALT

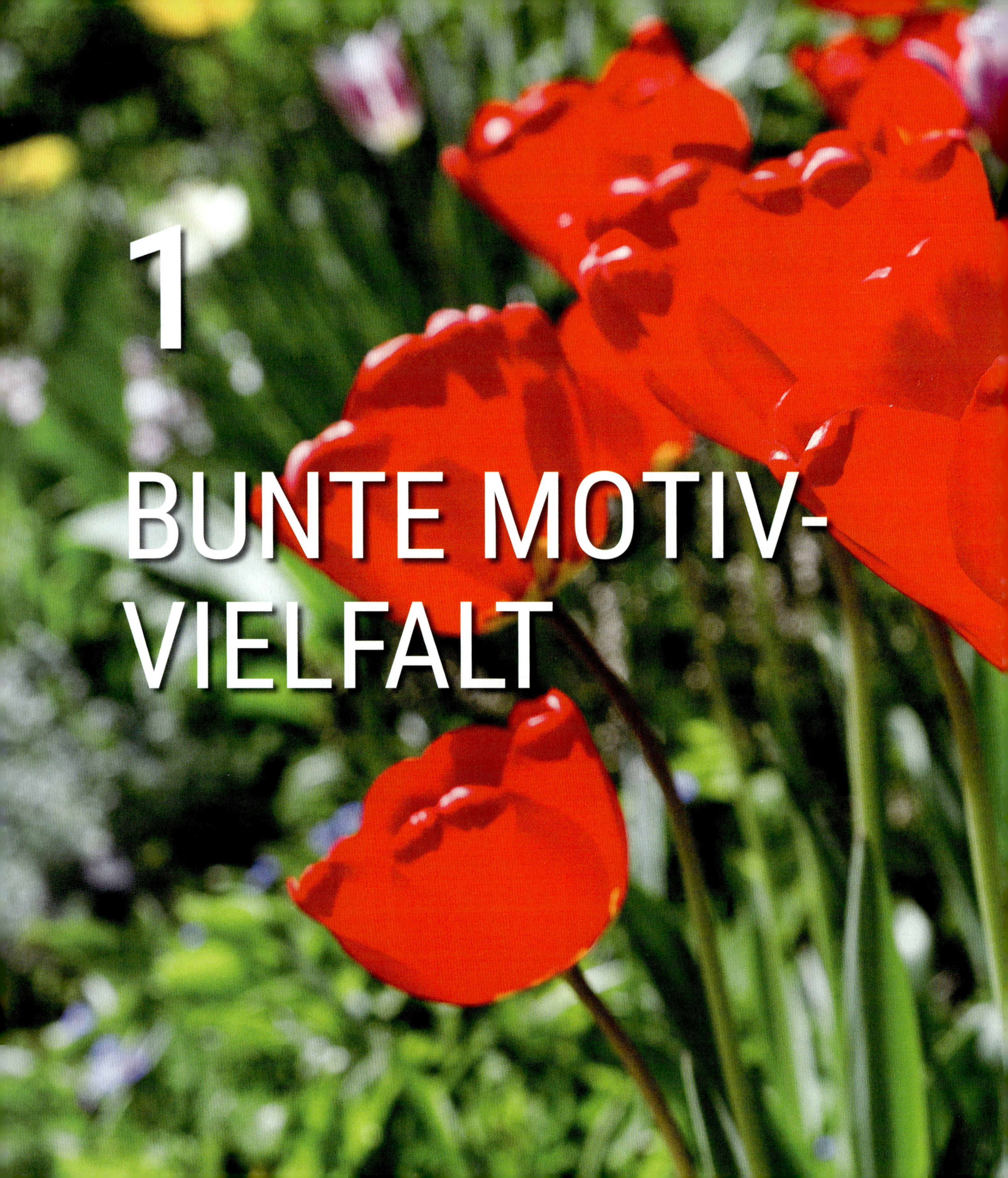

1 BUNTE MOTIV-VIELFALT

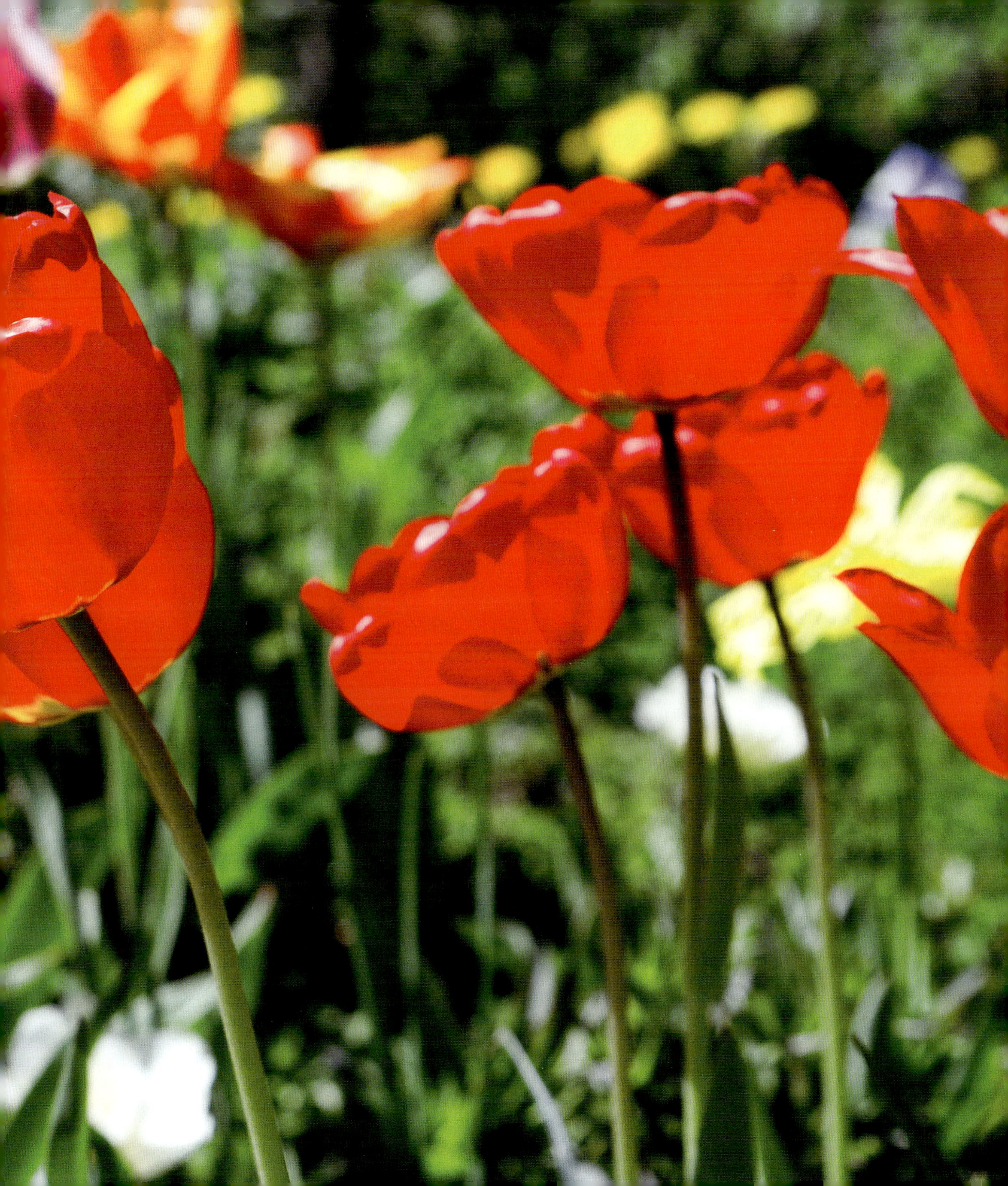

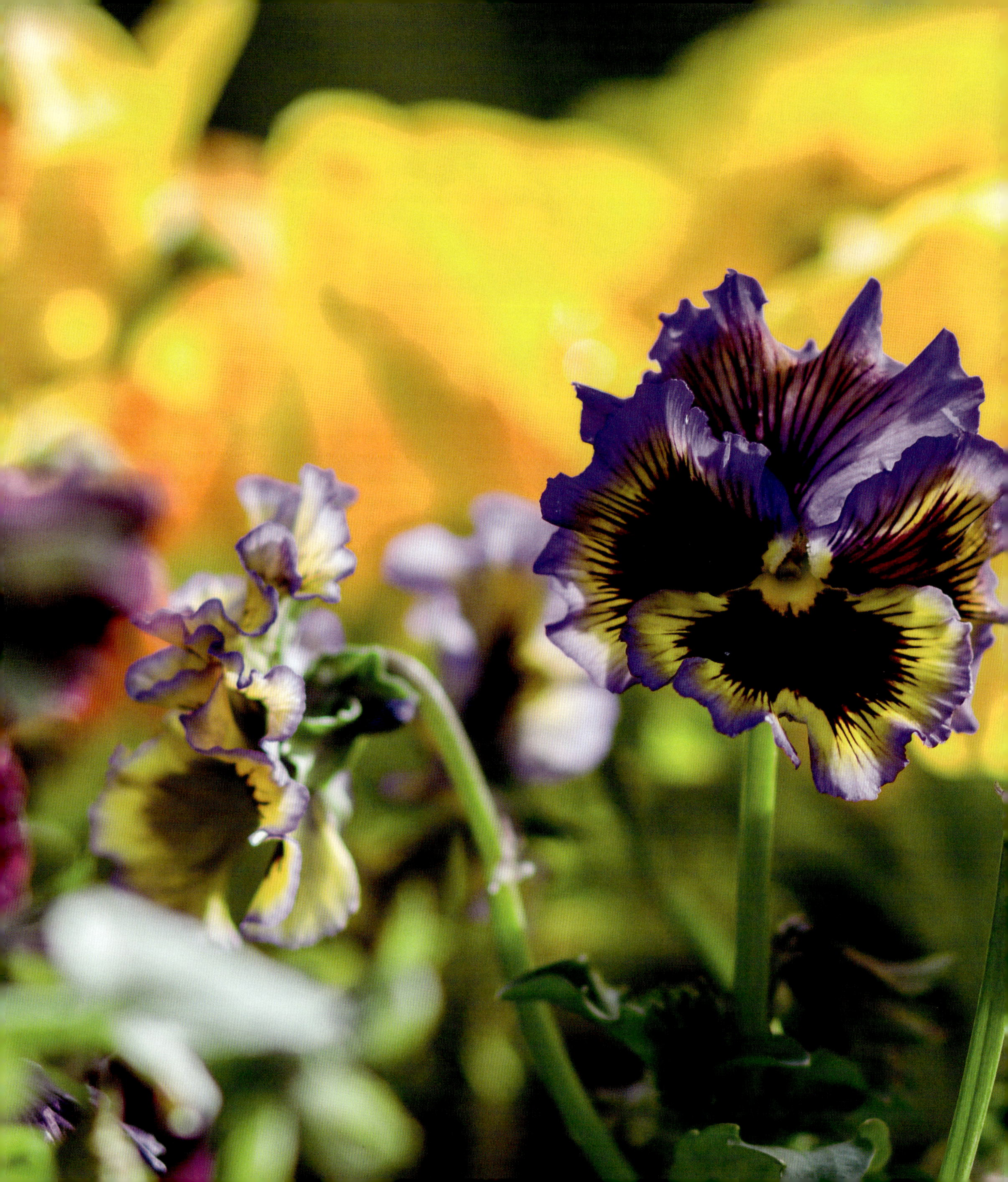

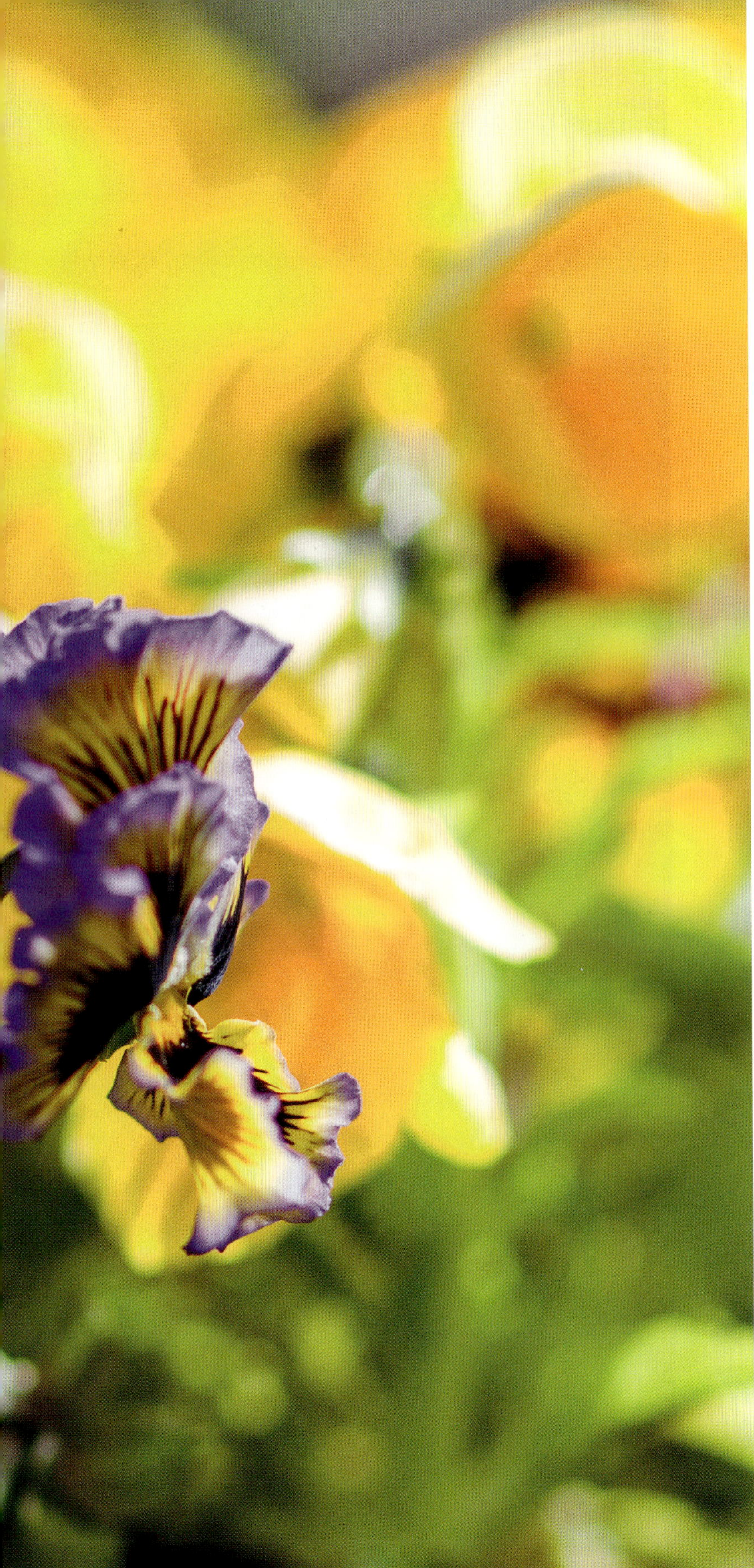

■ »Man geht nie zweimal in denselben Garten«, lautet ein schönes Gärtnersprichwort. Ein Garten verändert sich ständig, denn sein Inhalt lebt und wandelt sich. Manches entwickelt sich über Jahre, anderes bereits im Laufe eines Tages. Ein Garten hält ständig neue Ansichten und für den Fotografen neue Motive bereit. Allein der Sonnenlauf am Tag verändert Blüten und Pflanzen in ihrer Ausstrahlung. Mit einem Blick für Details lassen sich spannende Gartenmotive einfangen, die Begeisterung auslösen.

◀ *Fast wie ein Lächeln zeigen sich die Blüten großblumiger Stiefmütterchen (Viola x wittrockiana) im Frühling. Die vio-letten Blüten heben sich farblich von den unscharfen gelben Geschwistern im Hintergrund ab.*

Brennweite 85 mm :: Blende f/2.8 :: Belichtungszeit 1/640 s :: ISO 100

SCHÖN IST, WAS **GEFÄLLT**

Gelungene Garten- und Pflanzenbilder sind meist nicht das Ergebnis zufälliger Schnappschüsse, sondern entstammen der Handwerkskunst eines Fotografen. Wie bei allen Kunstformen entscheidet letzlich der persönliche Geschmack, denn »schön ist, was gefällt«. Zur Unterstützung gibt es jedoch einige Regeln und Techniken, um bestimmte Details hervorzuheben und Bilder harmonisch wirken zu lassen.

Ein Garten bietet unzählige Motive, sofern er nicht nur aus Rasen oder Betonpflaster besteht. Im Gegensatz zum herkömmlichen Fotostudio befindet sich die Fotokulisse im Freien – mit allen Vor- und Nachteilen. Blumenbeete aus Gehölzen, Stauden, Gräsern und Sommerblumen sind perfekte Motivspender. Fast ganzjährig findet man Details und Situationen, für die sich der Einsatz der Kamera jederzeit lohnt.

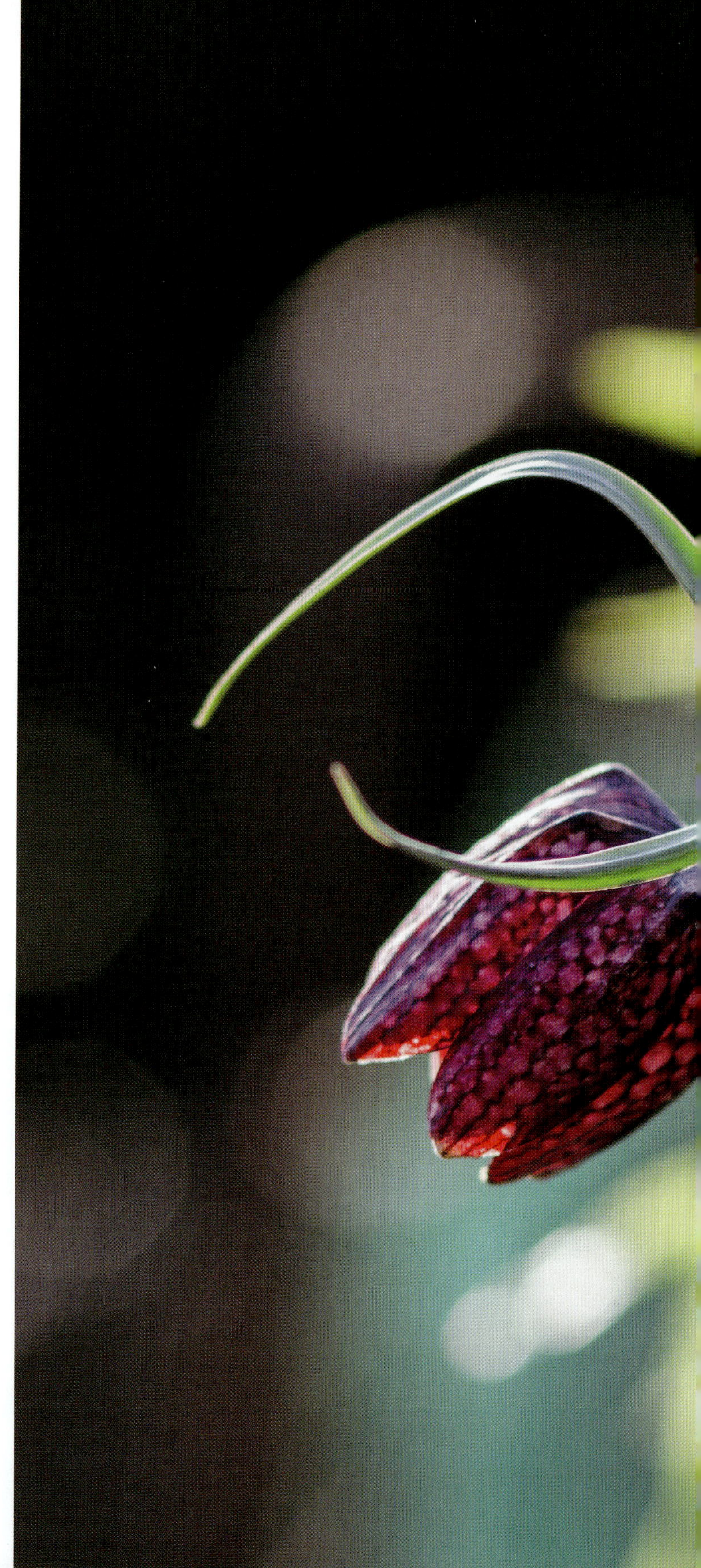

▸ *Den Namen Schachbrettblume (Fritillaria meleagris) erhielt die Pflanze aufgrund des Schachbrettmusters ihrer Blüten. Gegenlichtaufnahmen bringen die Blütenmuster erst richtig zum Ausdruck.*

Brennweite 85 mm :: Blende f/2.8 :: Belichtungszeit 1/400 s :: ISO 100

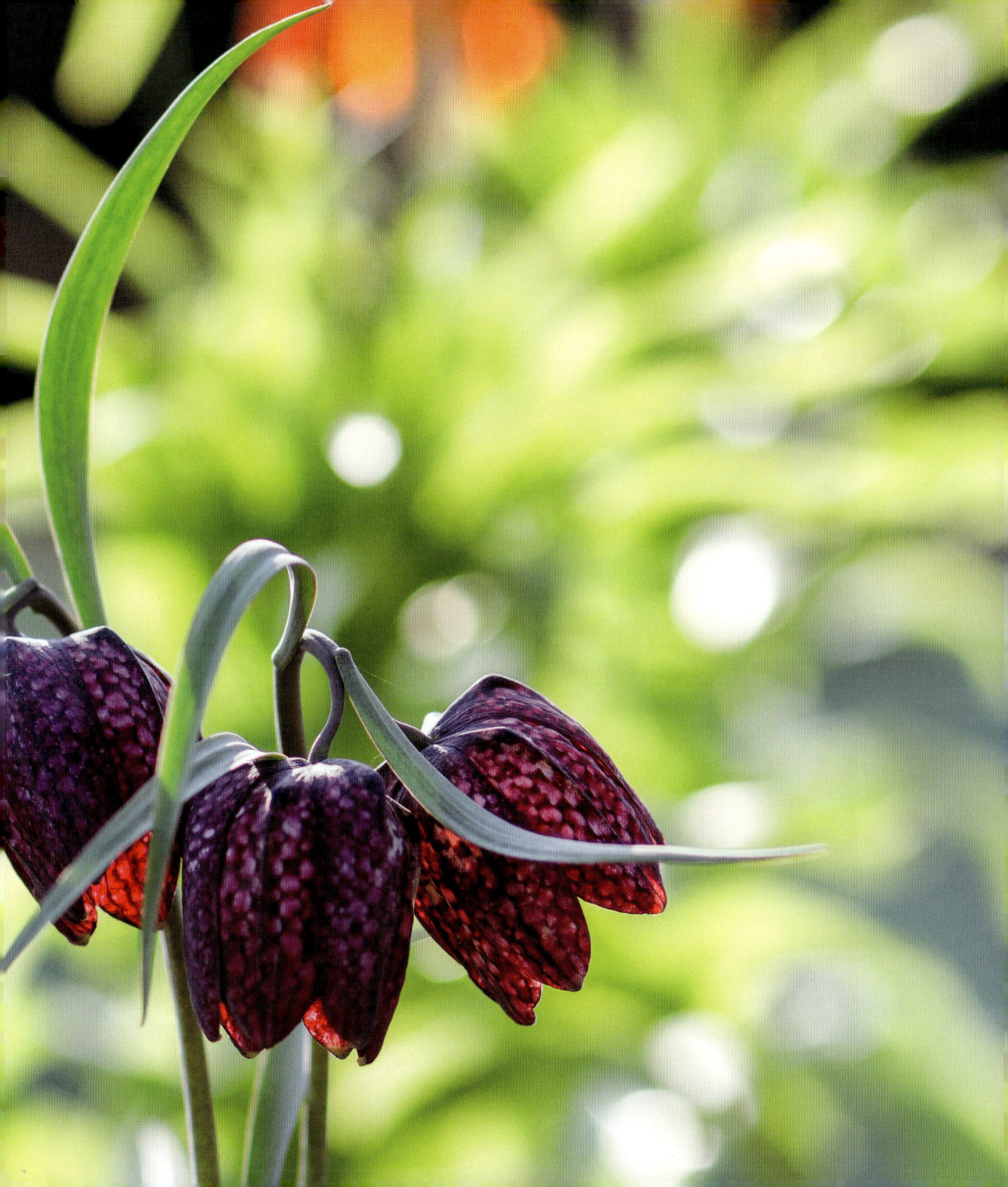

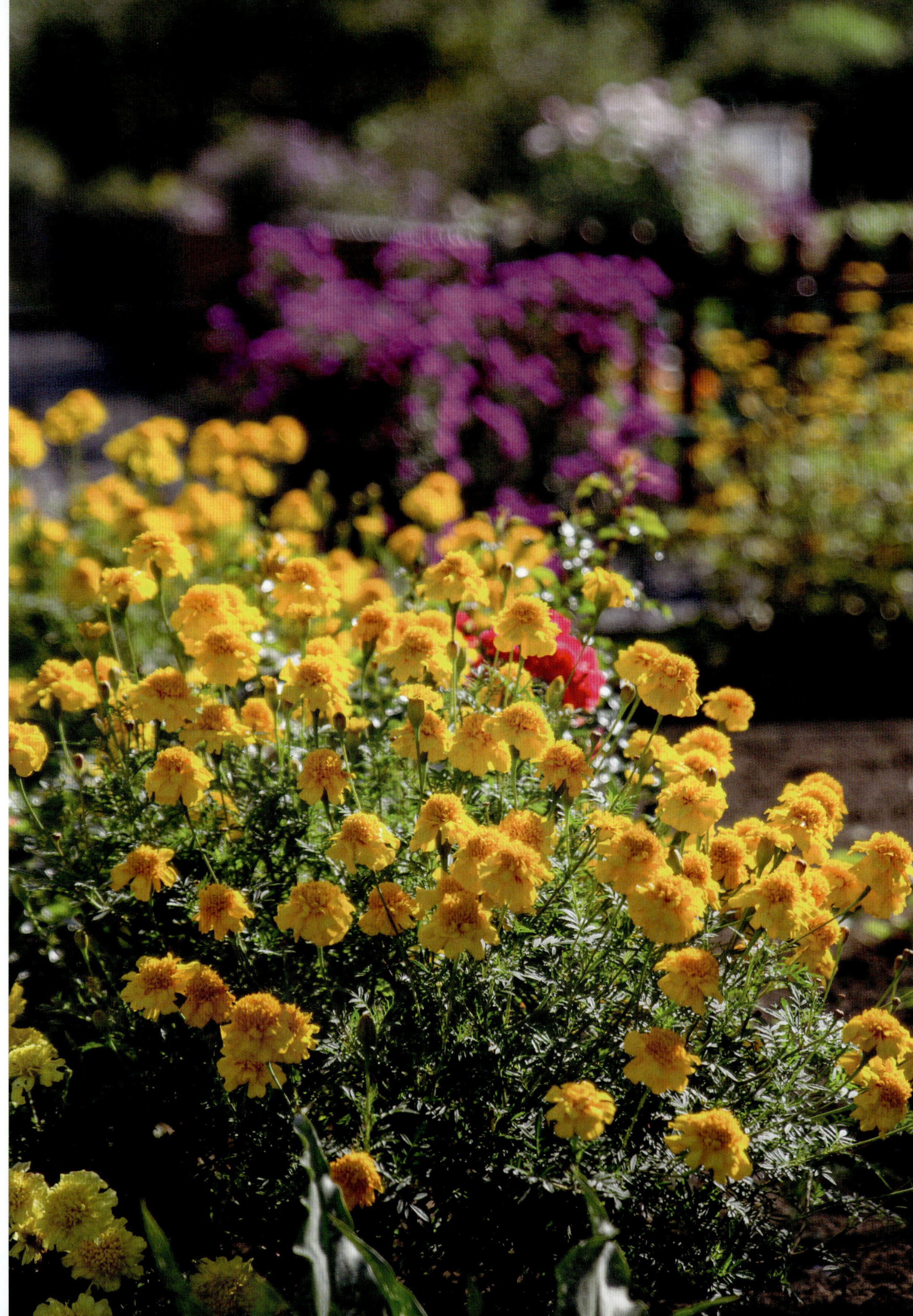

JEDER GARTEN IST **ANDERS**

Die Gartenfotografie ist ein Spezialgebiet der Landschafts- und Naturfotografie. Diese fotografische Kunstform erscheint vergleichsweise einfach und wird leider nur allzu oft auf das »Knipsen von Blümchen« reduziert. Gartenfotografie ist jedoch weitaus mehr, denn sie verbindet wissenschaftliche Dokumentation mit kunstvoller Ästhetik. Für den Hobbybereich muss man die Botanik aber nicht studiert haben, es zählt allein die Schönheit der Blumen im Bild.

Zentrale Punkte in der Gartenfotografie

In seiner Fläche ist ein Hausgarten beschränkt. Viele Gartenpflanzen sind mehrjährig und bleiben über Jahre an ihrem Platz. Das setzt der Gartenfotografie Grenzen. Im Großen und Ganzen wird man meistens Pflanzenporträts im Hausgarten fotografieren. Motive sind vorrangig Blüten, Pflanzenmerkmale sowie die gesamte Pflanze an ihrem Standort.

Ein weiterer zentraler Punkt bei der Gartenfotografie ist der Lichteinfall. Im Freien ist man auf die natürliche Lichtquelle angewiesen, sodass Bauwerke oder große Bäume in der Nachbarschaft einen direkten Einfluss ausüben. Machen Sie Gartenspaziergänge zu verschiedenen Tageszeiten. Schauen Sie sich den Garten aus unterschiedlichen Perspektiven an. Hocken Sie sich dabei hin, um mit den Blumen und Pflanzen auf Augenhöhe zu sein. So bekommen Sie langsam ein Gefühl dafür, wie sich Details und Situationen im Laufe des Tages ändern.

Blumen- und Pflanzenbilder gibt es im Internet in Hülle und Fülle. Wozu sollte dann der eigene Garten mit seiner Flora fotografiert werden?

Für Gartenliebhaber stellt sich diese Frage nicht, denn sie wissen, der Garten verändert sich schneller, als man es sich wünscht. Die Gartenfotografie im privaten Rahmen lässt sich gut als Gartendokumentation beschreiben. Sie zeichnet die Veränderungen im Laufe eines und der darauffolgenden Jahre auf. Obwohl die Blumen die Hauptakteure in dieser Fotografie sind, erhalten die Veränderung und der Wandel des Gartens eine besondere Bedeutung.

◂ *Helle Blütenfarben, z. B. das Gelb der Studentenblumen (Tagetes), wirken in der Bildkomposition aufhellend und lenken den Blick zuerst auf sich.*

Brennweite 65 mm :: Blende f/2.8 :: Belichtungszeit 1/1000 s :: ISO 100

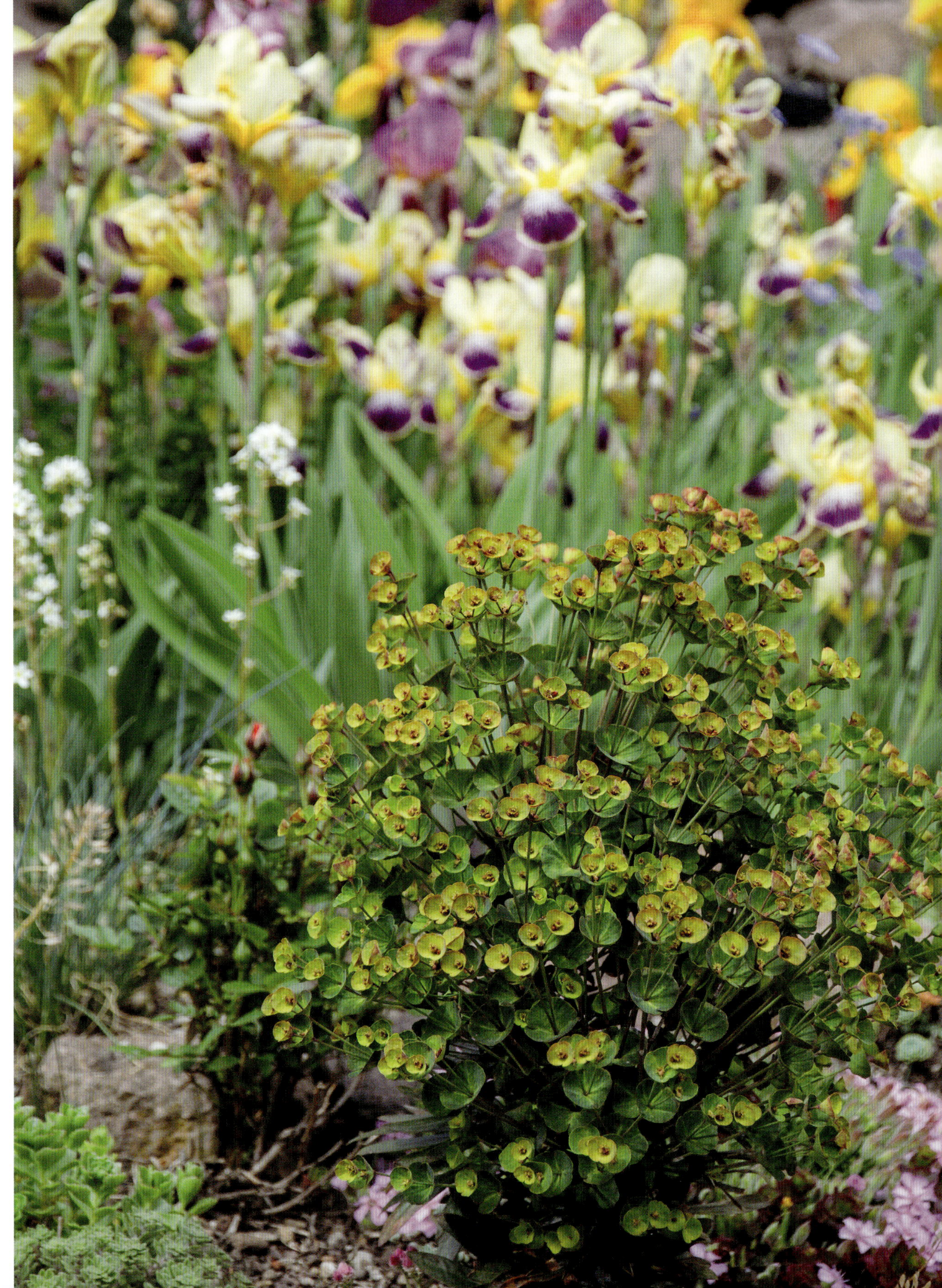

Wachstums- und Blühphasen dokumentieren

Vor über zehn Jahren pflanzte ich eine panaschierte (gelbgrüne) Stechpalme, die ich als B-Ware preiswert von einer Baumschule erhielt. Sie war nicht sehr ansehnlich – geschweige denn fotogen. Jeder weiß, dass Stechpalmen im rauen Klima schwierig und sehr langsamwüchsig sind. Fünf Jahre vegetierte sie an ihrem Standort und wuchs nur unwesentlich. Danach änderte ich meine Pflegestrategie, und die Pflanze explodierte förmlich. Heute misst sie knappe drei Meter und hat zwei Meter Durchmesser. Zwar habe ich von damals nur Schnappschüsse, aber es macht mich glücklich, den Ausgangspunkt mit dem heutigen Ergebnis zu vergleichen.

Noch schöner sind solche optischen Erlebnisse in einem Blumenbeet. Darin finden sich weitaus mehr Pflanzen. Ihre Entwicklung vom Frühjahr bis zum nächsten Winter fotografisch zu begleiten macht viel Freude, und man lernt die Natur besser kennen.

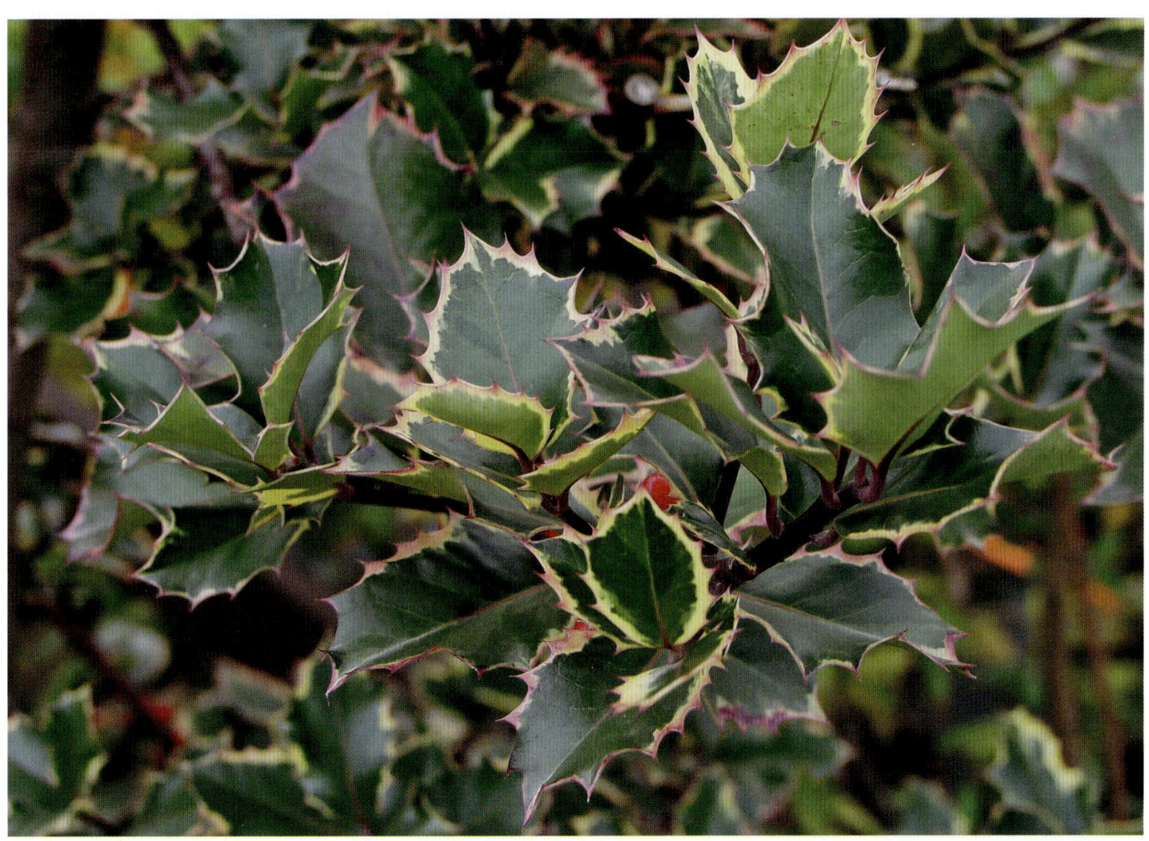

◀ *Die Schwertlilien (Iris) im Hintergrund stehlen durch die Farbkraft ihrer Blüten der Wolfsmilch (Euphorbia) im Vordergrund die Aufmerksamkeit.*

Brennweite 60 mm :: Blende f/5.0 :: Belichtungszeit 1/200 s :: ISO 100

▲ *Die gelbgrün-laubige Stechpalme ist ein langsamwachsendes immergrünes Laubgehölz, das im Herbst einen zusätzlich zierendenFruchtschmuck ausbildet.*

Brennweite 53 mm :: Blende f/3.2 :: Belichtungszeit 1/200 s :: ISO 100

INSPIRATION
EN MASSE

Es sind das Leben und die ständige Veränderung, die einen Hausgarten immerfort beeinflussen. Botaniker bezeichnen dies als Lebenszyklus und vegetative Entwicklung. Nicht zu unterschätzen sind zudem die Witterungs- und Standortverhältnisse. Über das Jahr begleitet man die Pflanzen von ihrem Austrieb über die prachtvolle Blüte bis hin zum Absterben des Sprosses im Herbst. Jede Jahreszeit hat ihren unverwechselbaren Reiz im Blumenbeet. Trotz der Einschränkung durch die Leitpflanzen bietet jeder Garten eine Fülle von Bildinspirationen.

Faszinierende Blattstrukturen

Im Vergleich zu Blüten haben Blätter und Laub zumeist einen geringeren Schmuckwert. Ausnahmen sind die Blattschmuckpflanzen, die durch Färbung, Formen oder besondere Texturen Aufmerksamkeit erzeugen. Damit sie auffallen, sind keine besonderen Laubfärbungen notwendig. Allein das Licht, beispielsweise Gegenlicht, schafft außergewöhnliche Laubansichten. Blattnerven treten hervor, und behaarte Blätter entwickeln einen metallischen Glanz- und Glitzereffekt. In der Nahaufnahme sind die Feinheiten der Blätter besonders eindrucksvoll zu erkennen.

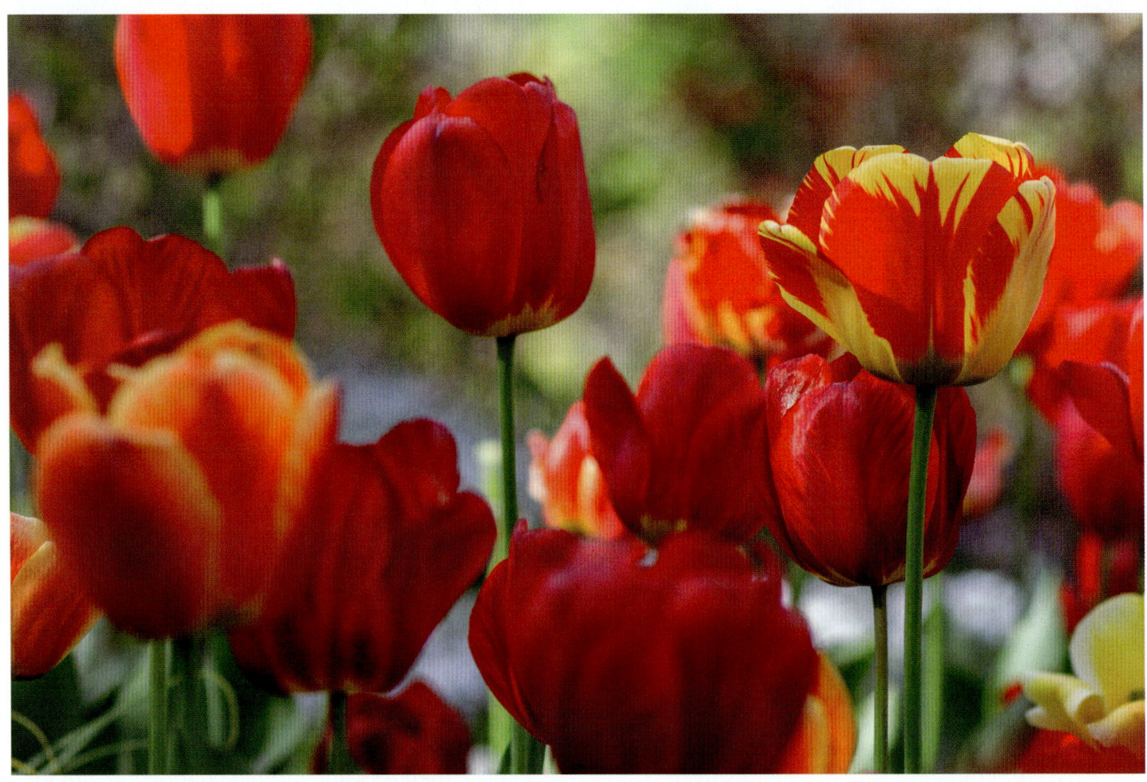

▲ *Tulpen (Tulipa) sind beliebte Fotomotive, denn sie bilden in Gruppe ein Blütenmeer und lassen vielfältige Spielereien mit der Schärfentiefe zu.*

Brennweite 85 mm :: Blende f/3.2 :: Belichtungszeit 1/400 s :: ISO 100

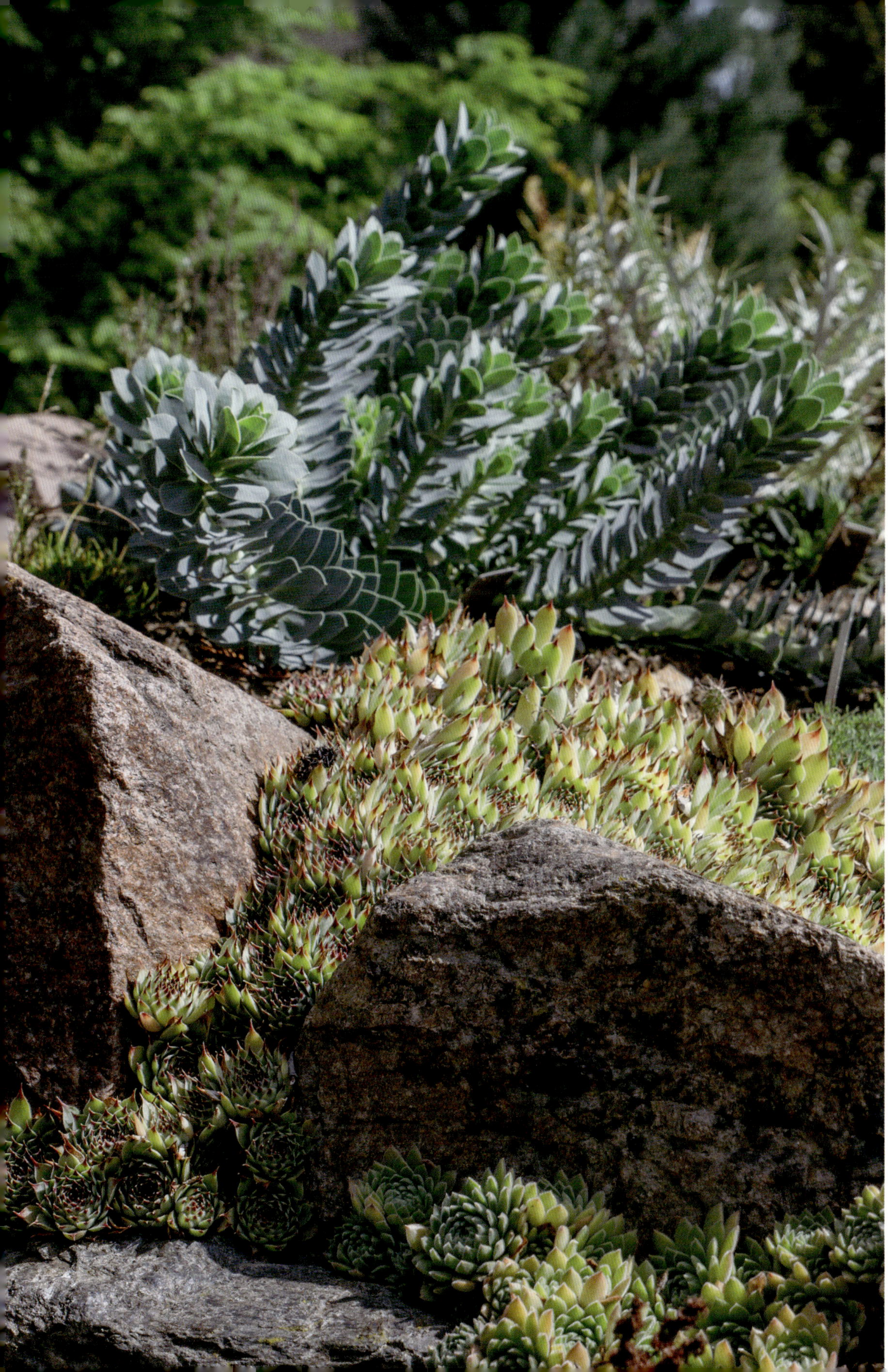

◀ *Von fotografischem Interesse sind neben den Blüten auch die Blätter, die sich farblich, in ihrer Form oder in ihrer Textur vom Standard abheben. Die blaublättrige Walzen-Wolfsmilch (Euphorbia myrsinites) und die rot-grün gemusterte Hauswurz (Sempervivum-Hybride) sind solche Blattschmuckpflanzen.*

Brennweite 50 mm :: Blende f/8.0 :: Belichtungszeit 1/160 s :: ISO 100

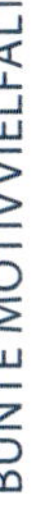

Suche nach besonderen Motiven

Nahezu jeder Garten bietet über das Jahr verteilt eine Fülle von interessanten Motiven. Sie zu finden ist nicht immer einfach, denn sie verbergen sich zumeist im Detail. Übung und Erfahrung öffnen den Blick für das Wesentliche. Die Suche nach besonderen Motiven im Garten gleicht der Suche nach der Nadel im Heuhaufen. Einfach die Kamera auf eine Blüte zu halten hat nicht unbedingt etwas mit anspruchsvoller Gartenfotografie gemein. Pflanzen zeichnen sich nicht zwangsläufig durch ihre floralen Höhepunkte aus, sie begeistern beispielsweise auch durch ihren markanten Wuchs oder eine außergewöhnliche Anordnung der Blätter und Blüten. Zusätzlich fließen benachbarte Pflanzen ein, die mit dem Hauptmotiv eine gemeinsame Komposition bilden.

Um diese Eigenheiten aufzuspüren, braucht es Zeit. Die wechselnden Lichtverhältnisse lassen diese Merkmale nur in kurzen Zeitfenstern aufleuchten, später verlieren sie ihren auffälligen Reiz wieder. Das besondere Detail ist selten offensichtlich, sondern lässt sich erst bei näherer Betrachtung entdecken. Achten Sie auf markante Blattstellungen sowie interessante Licht- und Schattenspiele. Schauen Sie sich die Pflanze bzw. das Motiv aus verschiedenen Blickwinkeln und Perspektiven zu unterschiedlichen Tageszeiten an.

Beete und Pflanzungen mit Pfiff

Auch in der Gartenfotografie gilt: Von nichts kommt nichts. Je abwechslungsreicher Beete und Pflanzungen angelegt sind, desto mehr Motive ergeben sich im Laufe des Gartenjahrs. Ein einzelnes Solitärgehölz, umgeben von Rasen, wirkt edel und erhaben. Jedoch bietet eine Einzelpflanzung deutlich weniger fotografische Möglichkeiten als ein buntes Sommerblumen- und Staudenbeet. Prächtige und bunte Blumengärten lassen das Gartenfotografenherz höher schlagen. Durch die größere Vielfalt an unterschiedlichen Pflanzen entsteht im Garten ein regelmäßiger Wandel, der in den unterschiedlichen Blüh- und Wachstumszyklen begründet ist. Die Reichhaltigkeit der Motive lässt sich noch steigern, indem man Aufnahmen nicht nur von außen, sondern auch innerhalb eines Beets macht. Trittsteine oder schmale Wege erleichtern die Zugänglichkeit der inneren Beetbereiche.

Finden sich im Familienkreis ambitionierte Gärtner, lohnt sicherlich ein Gartenbesuch mit der Kamera. Auf diese Weise vergrößert sich die Motivauswahl, und im gleichen Zuge werden die Familienbande gepflegt.

Kombinieren und experimentieren

Jeder Gärtner kennt das Problem, dass der Garten nicht jederzeit eine Pracht ist. Insbesondere kleine Gärten erschöpfen sich recht schnell, da sie für eine üppige Vielfalt nicht ausreichend Platz bieten. Zusätzlichen Raum zu gewinnen ist nur selten möglich. Für die Gartenfotografie lässt sich jedoch tricksen.

Saisonal bepflanzte Töpfe, Kübel oder andere Gefäße dienen in der Regel als Zierde für Balkone und Terrassen. Da sie mobil sind, lassen sie sich temporär auch in bestehende Blumenbeete integrieren. Durch das Hinzufügen eines blühenden Topfs verändert sich die Komposition völlig. So kann eine Kübelpflanze einen interessanten Hintergrund vor einer blühenden Gartenpflanze abgeben.

Umgekehrt wirkt ein bepflanzter Kübel in einem Blumenbeet und mit viel Grün im Hintergrund ganz anders als auf einer Terrasse. Mit ausreichend Experimentierfreude lassen sich in kurzer Zeit viele neue Motive schaffen, ohne den gesamten Garten umkrempeln zu müssen.

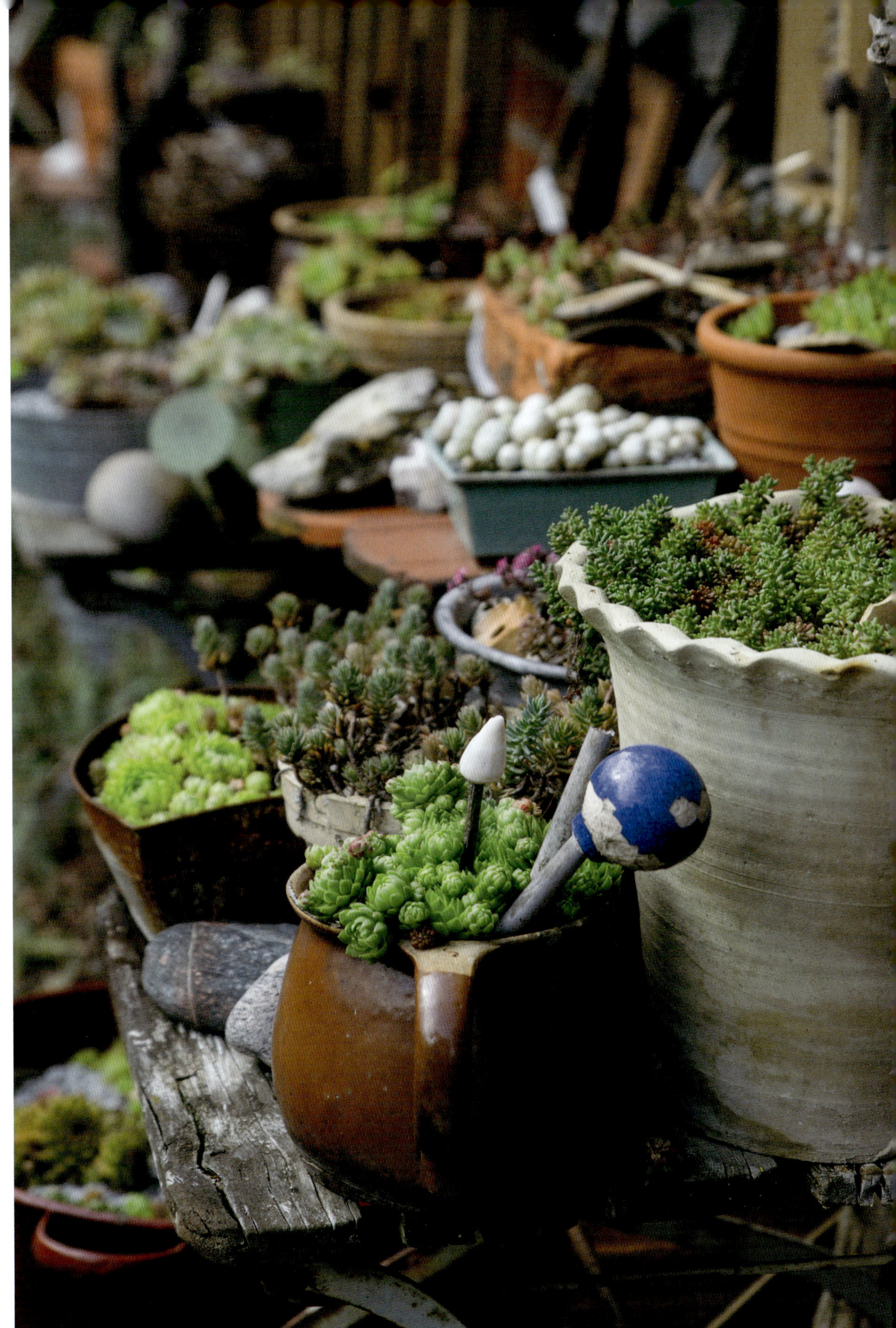

▸ *Hauswurze (Sempervivum) und andere Trockenheit liebende Zwergpflanzen lassen sich in Töpfen und Gefäßen kultivieren. Zusammengestellt, bilden sie ein dekoratives Arrangement.*

Brennweite 60 mm :: Blende f/3.5 :: Belichtungszeit 1/400 s :: ISO 100

STÖRER BEIM SHOOTING

Das Fotografieren im Freien bietet viele Vorteile. Die Sonne stellt eine hervorragende Lichtquelle dar, Motive findet man im Garten zuhauf – beste Voraussetzungen, wenn da nicht die fotografischen Störenfriede wären. Sie können in vielfältigsten Formen auftreten. Die Palette reicht von nicht erwünschten Insekten über Pflanzenschilder und Wildwuchs bis hin zu störenden Bauwerken. Kleinere Dinge lassen sich rasch entfernen oder verdecken.

Bei größeren Hindernissen, beispielsweise Wäscheleinen, parkenden Autos oder Strommasten, wird es schon schwieriger. Hier bleibt lediglich der Versuch, die Perspektive bei der Aufnahme so zu verändern, dass im Bild möglichst wenig stört. Kleinere Reste können später in der Nachbearbeitung herausretuschiert werden. Es lohnt sich, bereits beim Fotografieren nach störenden Elementen Ausschau zu halten. Findet man sie erst bei der Bildbearbeitung, ist das Motiv möglicherweise verloren, und für nochmaliges Fotografieren ist es zu spät.

Mögliche Störer beim Shooting:

- **Insekten** – Grundsätzlich sind Insekten gern gesehen, aber dicke Fliegen beispielsweise wirken unsympathisch auf Blumenbildern.
- **Pflanzenetiketten** – In vielen Gärten sind die bunten oder weißen Schildchen zur Pflanzenkennzeichnung zu finden. Sie wirken im Hintergrund als störende Kleckse.
- **Wildwuchs** – Unkraut oder anderer Wildwuchs lenkt vom eigentlichen Motiv ab. Die Beseitigung unterstützt gleichzeitig die Gartenpflege.
- **Spinngewebe** – Spinngewebe kommen in Gärten häufig vor. Einzeln und in Szene gesetzt, wirken sie durchaus schön. In Blüten oder Pflanzenteilen erzeugen sie jedoch störende Reflexionen, speziell im Gegenlicht.
- **Gartengeräte** – Eimer, Schubkarren oder andere Gartengeräte bereichern Blumenporträts nicht zwangsläufig.
- **Sonstiges** – Wäscheleinen, Schläuche, Stromleitungen, parkende Autos oder Schornsteine sind wirklich problematisch im Fotohintergrund, da sie sich nur schwer retuschieren lassen.

Schaderreger im Blumenbeet

Auf der Suche nach Details ist man den Pflanzen sehr nah und stellt beispielsweise beim Durchputzen mögliche Krankheitssymptome oder Schaderreger früher fest. Bilder dokumentieren, welche Pflanzen gedeihen, während sich andere möglicherweise unwohl fühlen. Blühpausen im Blumenbeet lassen sich entlarven, was eine spätere Umgestaltung der Pflanzung erleichtert. Bei der Gartenfotografie kommt man den Pflanzen deutlich näher als bei der laufenden Pflege im Beet. Spätestens bei der Bildbetrachtung und -bearbeitung lassen sich neue Dinge entdecken, die zuvor nie aufgefallen sind. Probieren Sie es aus, und Sie werden meine persönliche Faszination für diese Kunstform gut nachvollziehen können.

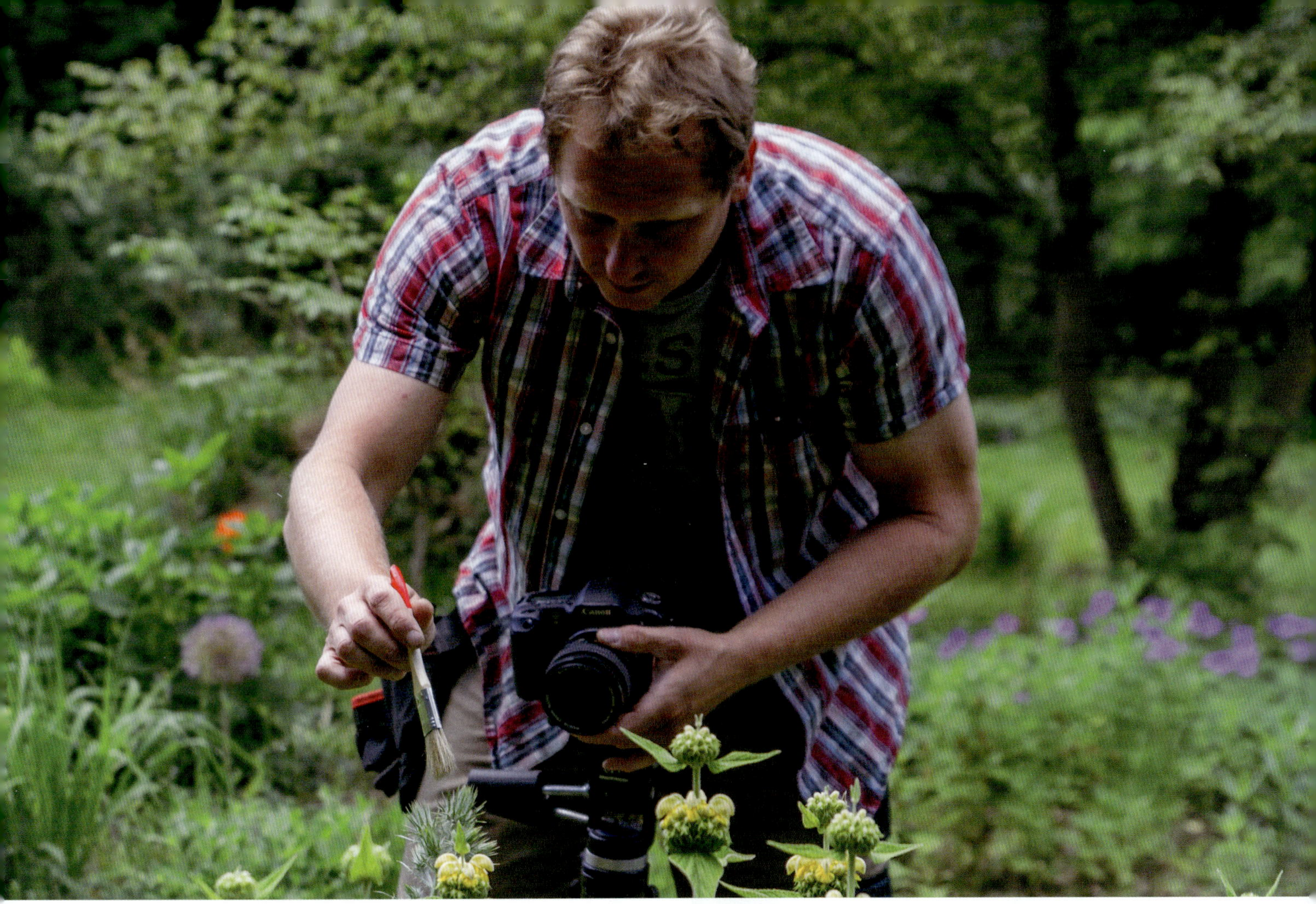

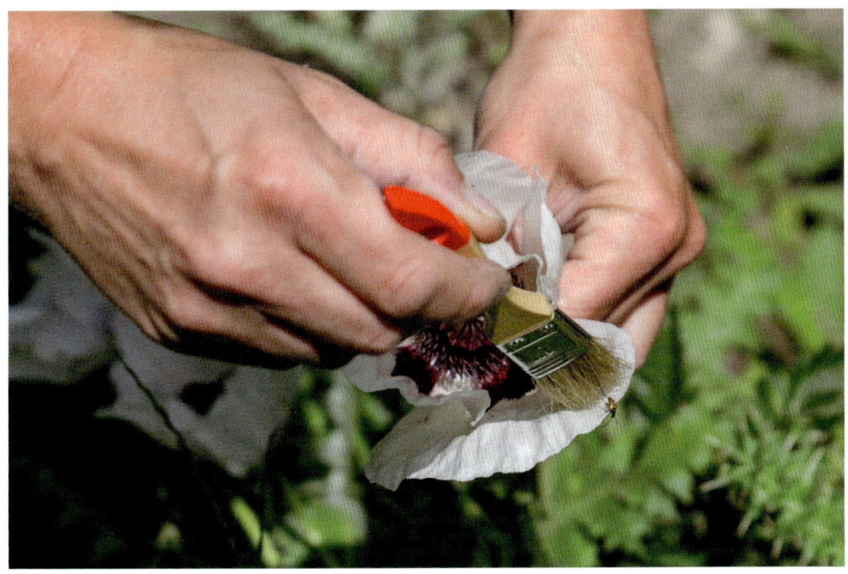

▲ *Analog zum Styling durch den Visagisten ist auch das Putzen der Blüten häufig notwendig.*

Brennweite 50 mm :: Blende f/3.5 :: Belichtungszeit 1/200 s :: ISO 100

◀ *Mit einem Pinsel können störende Insekten oder Spinnweben aus den Blüten entfernt werden.*

Brennweite 60 mm :: Blende f/3.5 :: Belichtungszeit 1/1250 s :: ISO 100

TIPPS FÜR AUFGERÄUMTE PFLANZENBILDER

Insekten und Spinngewebe lassen sich mit einem weichen Pinsel leicht entfernen. Größere Elemente im Hintergrund können beispielsweise mit einem bepflanzten Blumenkübel verdeckt werden, den man durch eine weite Blendenöffnung verschwimmen lässt.

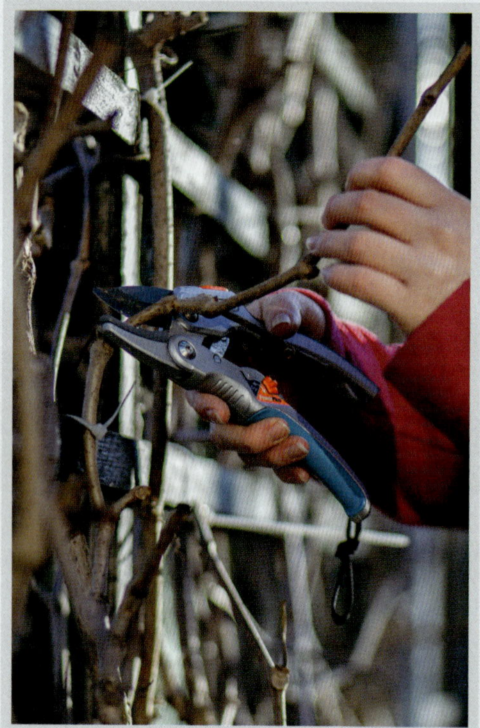

▲ *Zur Gartenfotografie gehört auch etwas Gärtnerpraxis, denn nur gesunde Pflanzen hinterlassen auf den Bildern einen guten Eindruck. So sind Schnittmaßnahmen genauso wichtig wie das regelmäßige Wässern oder Düngen. Pflanzen mit einem gedrungenen oder kompakten Wuchs wirken in der Regel gesünder und entwickeln sich kräftiger. Schnittmaßnahmen sind eine wichtige Voraussetzung für ein gesundes Wachstum.*

Brennweite 85 mm :: Blende f/2.0 :: Belichtungszeit 1/1000 s :: ISO 100

BEI **JEDEM** WETTER

Nur eitel Sonnenschein gibt es in der Gartenfotografie nicht. Nebel, Regen, Gewitter oder Schnee gehören zum Wetteralltag in Mitteleuropa. Unerschrockene blasen nicht Trübsal, sondern versuchen, magische und mystische Momente einzufangen. Nutzen Sie witterungsbedingte Einflüsse. Regen, Wind und Frost lassen sich nicht verhindern, sind aber bei der Gartenfotografie zu berücksichtigen.

- **Sonnenlicht** – Natürliche Lichtquelle, die ihre Farbtemperatur und ihre Richtung im Laufe des Tages ändert.
- **Wolken** – Wirken wie ein Milchglas, erzeugen ein diffuses, weiches Licht und verändern die Farbtemperatur.
- **Regen** – Regentropfen auf Blättern und Blüten erzeugen schöne Motive, bewirken aber durch das zusätzliche Gewicht, dass die Pflanzenteile hängen.
- **Wind** – Luftbewegungen erzeugen Unschärfen in den Bildern, speziell im Makro- und Telebereich.
- **Frost** – Kälteeinbrüche führen zu Erfrierungen an Pflanzenteilen und verändern ganze Motive über Nacht. Hatte man am Vorabend von Frostnächten Blüten oder andere Pflanzenteile selbst mit einem Zerstäuber besprüht, haben sich am nächsten Morgen Eiskristalle gebildet, die sich in Kombination mit der Morgensonne fotografisch hervorragend einfangen lassen.

Hardwaretipps bei Schlechtwetter

Zum Schutz ist die Kamera wasserdicht zu verstauen und sollte nur zum Fotografieren herausgenommen werden. Regentropfen sind sofort mit einem weichen Tuch abzuwischen, denn trocknen sie auf der Linse ein, sind die Rückstände schon schwieriger zu beseitigen. Ein Unterwassergehäuse bietet den besten Schlechtwetterschutz, gehört aber nicht zur Standardausrüstung gewöhnlicher Fotografen. Praktikabler für den Garteneinsatz ist eine Schirmhalterung am Stativ, die in verschiedenen Ausführungen im Fotohandel erhältlich ist.

Fototipps bei Schlechtwetter

- **Volle Brennweite** – Im Weitwinkel lassen sich dramatische Wolkensituationen festhalten. Höhere Brennweiten schaffen anmutige Detailaufnahmen mit Regentropfen.
- **Vordergrundmotiv** – Zum Wetter passende Vordergrundmotive bilden interessante Kompositionen, z. B. eine regennasse Blüte im Vordergrund und ein dramatischer Regenhimmel als Hintergrund.
- **Schlechtwetterbelichtung** – Die Belichtungsautomatik sorgt meistens für gute Ergebnisse. Wechseln die Lichtverhältnisse, empfehlen sich die Spotmessung und Aufnahmen mittels Belichtungsreihe.

Witterungsbedingte Einflüsse nutzen

Andere äußere Einflüsse werden insbesondere durch die Witterung bestimmt. Regen, Wind oder Frost lassen sich nicht verhindern, sind aber bei der Gartenfotografie zu berücksichtigen.

BOTANISCHE **NOMENKLATUR**

Blumen und Pflanzen zu fotografieren ist grundsätzlich nicht schwierig. Motive lassen sich überall in der Natur finden. Der eigene Garten stellt nur eine Möglichkeit dar. So einfach der Einstieg und die Motivfindung sind, so anspruchsvoll ist die professionelle Gartenfotografie. Mit etwas Talent, Übung und der heutigen Technik gelingen tolle Fotos. Jedoch verblasst zunehmend das Wissen darüber, was sich vor der Linse befindet.

Das Internet ist voll mit Blumenbildern – ärgerlicherweise häufig falsch beschriftet. Dieser Umstand ist das Ergebnis unterschiedlicher Strömungen in der Botanik und den Marketingaktivitäten unserer Konsumgesellschaft. Es entsteht ein Halbwissen in einem vermeintlich anspruchslosen Bereich, das sich über die Internetmedienlandschaft wie eine Influenza verbreitet.

Gute Gartenfotografen zeichnet botanisches Know-how aus. Sie können die Pflanzen korrekt identifizieren und auch botanisch bezeichnen. Die Beschreibung »Rote Blume« trifft im Kern die Abbildung einer roten Blüte, ist jedoch nicht sonderlich hilfreich. Es wäre weitaus informativer, wenn das Foto mit »Rotblühende Taglilie (Hemerocallis ›Crimson Pirate‹)« bezeichnet würde.

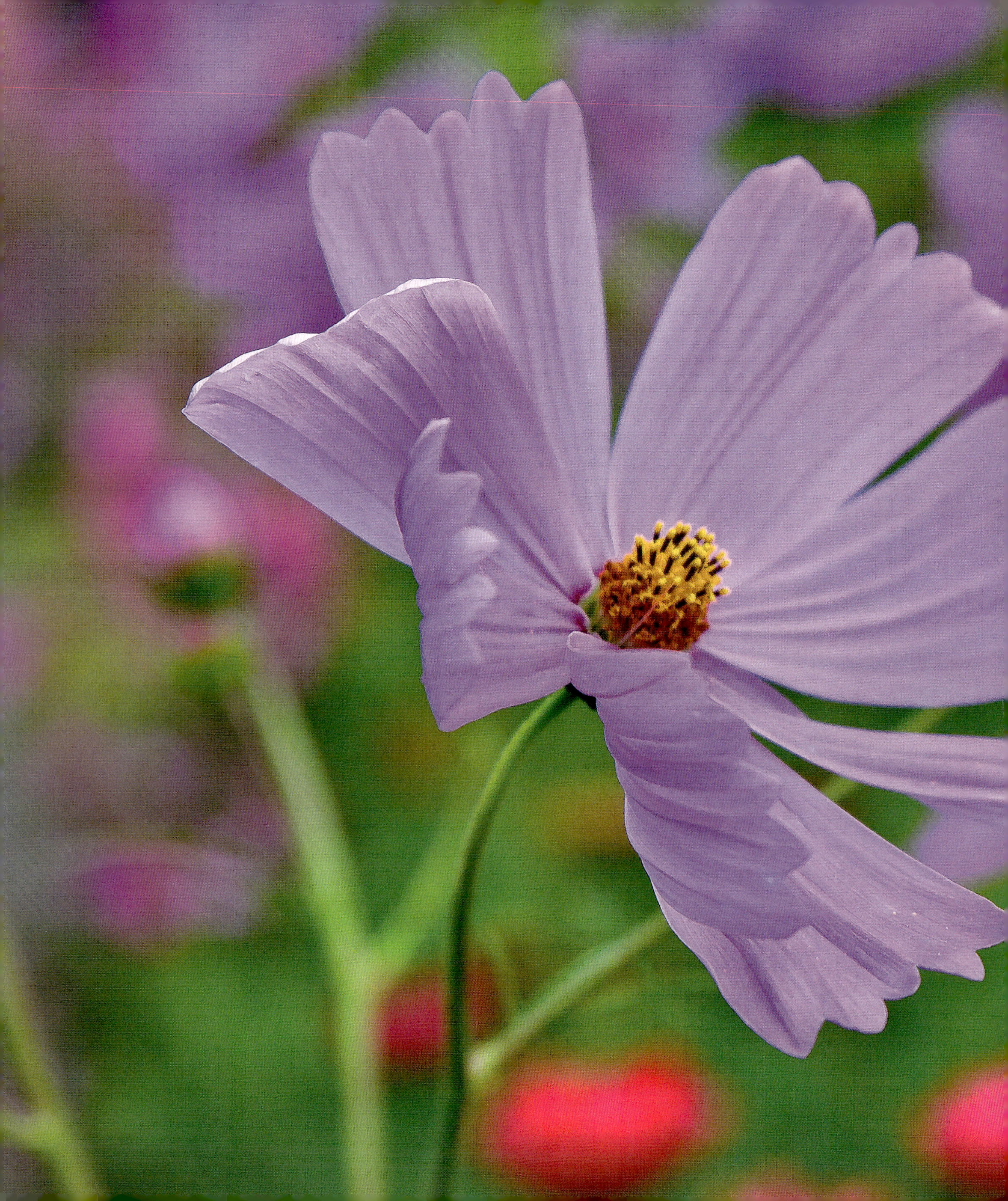

2

VON DER SCHÖNSTEN SEITE

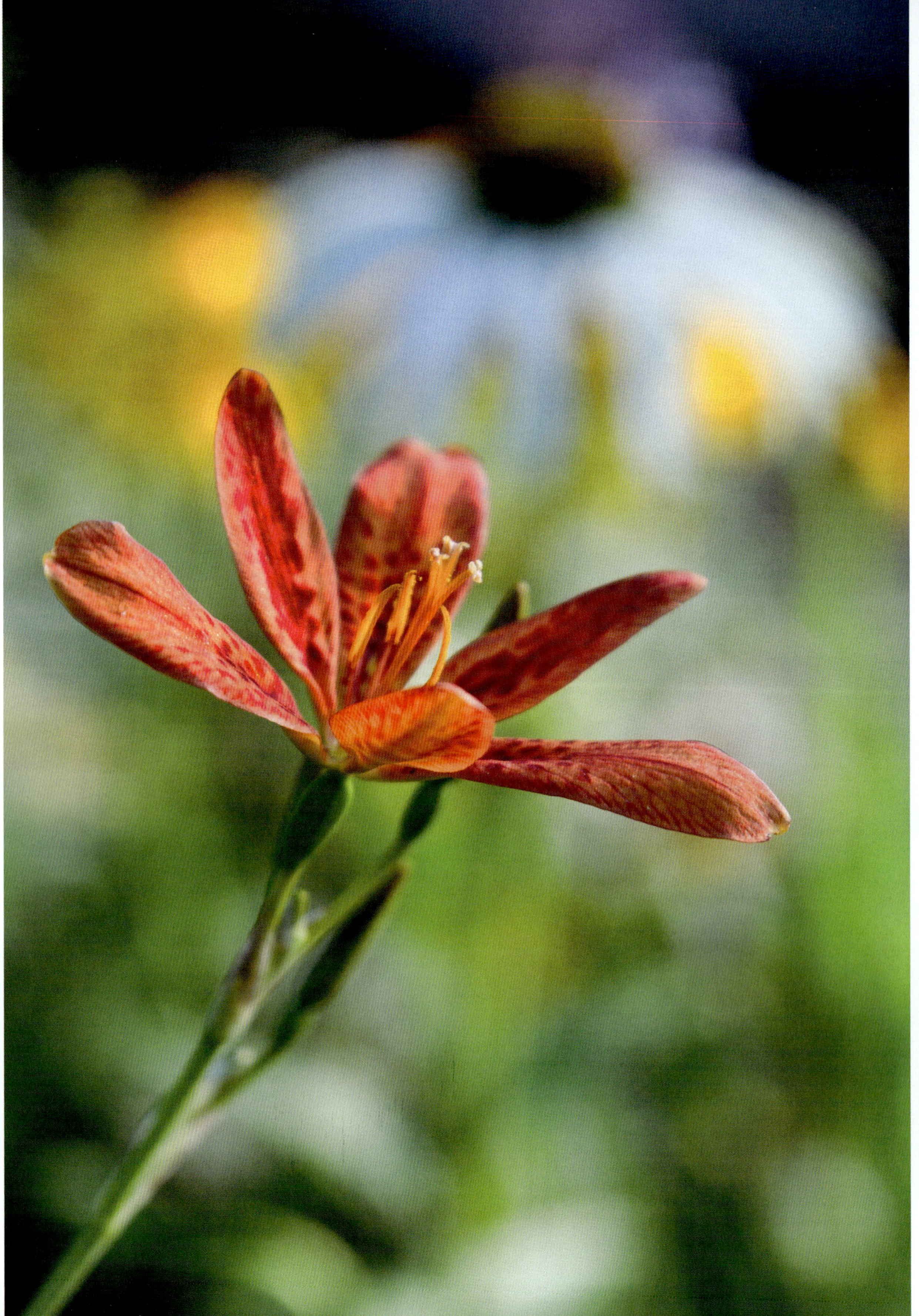

Die Leopardenblume (Iris domestica) war lange Zeit eigenständig. Heute zählt sie trotz ihrer untypischen Blüten in der Botanik zu den Schwertlilien. Die Punktierung der Blüten macht sie zu einem interessanten Fotomotiv.

Brennweite 70 mm :: Blende f/4.5 :: Belichtungszeit 1/ 100 s :: ISO 100

Blumen und Pflanzen sind Lebewesen. Es wäre nicht natürlich, wenn es nicht auch weniger prächtige Seiten gäbe. Abhängig vom Alter oder ihrem Vegetationsstadium zeigen Pflanzen Merkmale, die im Detail ihre Reize spielen lassen. Das kann der junge Austrieb im Frühjahr, das intensiv gefärbte Blatt, die Blüte oder der Samen sein.

In der Porträtfotografie möchte man die Details seiner Modelle hervorheben und sie von der schönsten Seite zeigen. Das gilt ebenso für die Gartenfotografie. Blumen und Pflanzen bestehen nicht nur aus Blüten, und sie sind auch nicht nur in ihrer floralen Phase interessant. Sie besitzen Blätter, möglicherweise mit einer markanten Struktur oder Nervatur, bilden Knospen und nach der Blüte Früchte und Samen. Jedes dieser Pflanzenmerkmale kann aus der richtigen Perspektive auf Bildern interessant und kunstvoll wirken.

BLÜTENGESICHTER IM PORTRÄT

Blüten zählen zu den ausdrucksstärksten Motiven in der Gartenfotografie. Sie verleihen den Pflanzen ein Gesicht, das durch eine einzigartige Farb- und Formgebung besticht. Bei Blütenfotos versucht man, eine möglichst ästhetische Darstellung zu erreichen. Das Zentrum bilden Staubgefäße und Fruchtknoten, die vergleichbar mit den Augen in der Porträtfotografie sind. Auf ihnen liegt optimalerweise die Schärfe.

▼ *Eine Blüte in Purpur hebt den Roten Sonnenhut (Echinacea purpurea) von seinen weißblütigen Geschwistern kontrastreich ab.*

Brennweite 70 mm :: Blende f/4.0 :: Belichtungszeit 1/250 s :: ISO 100

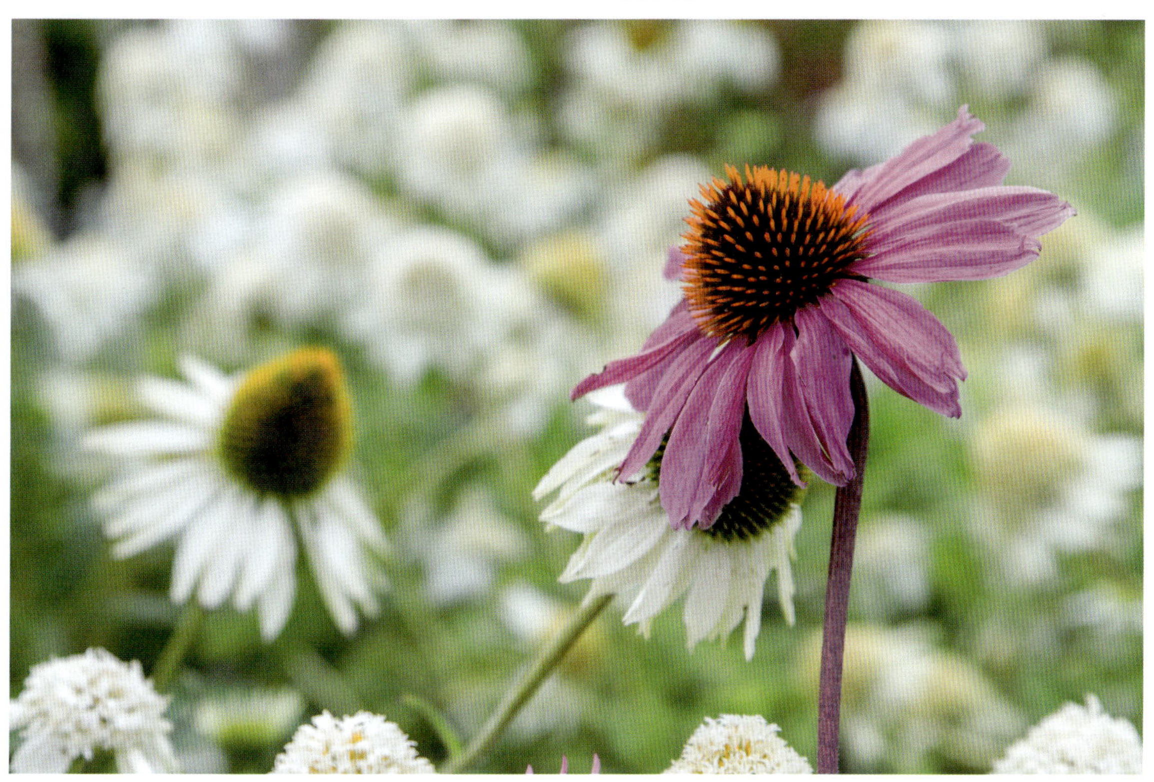

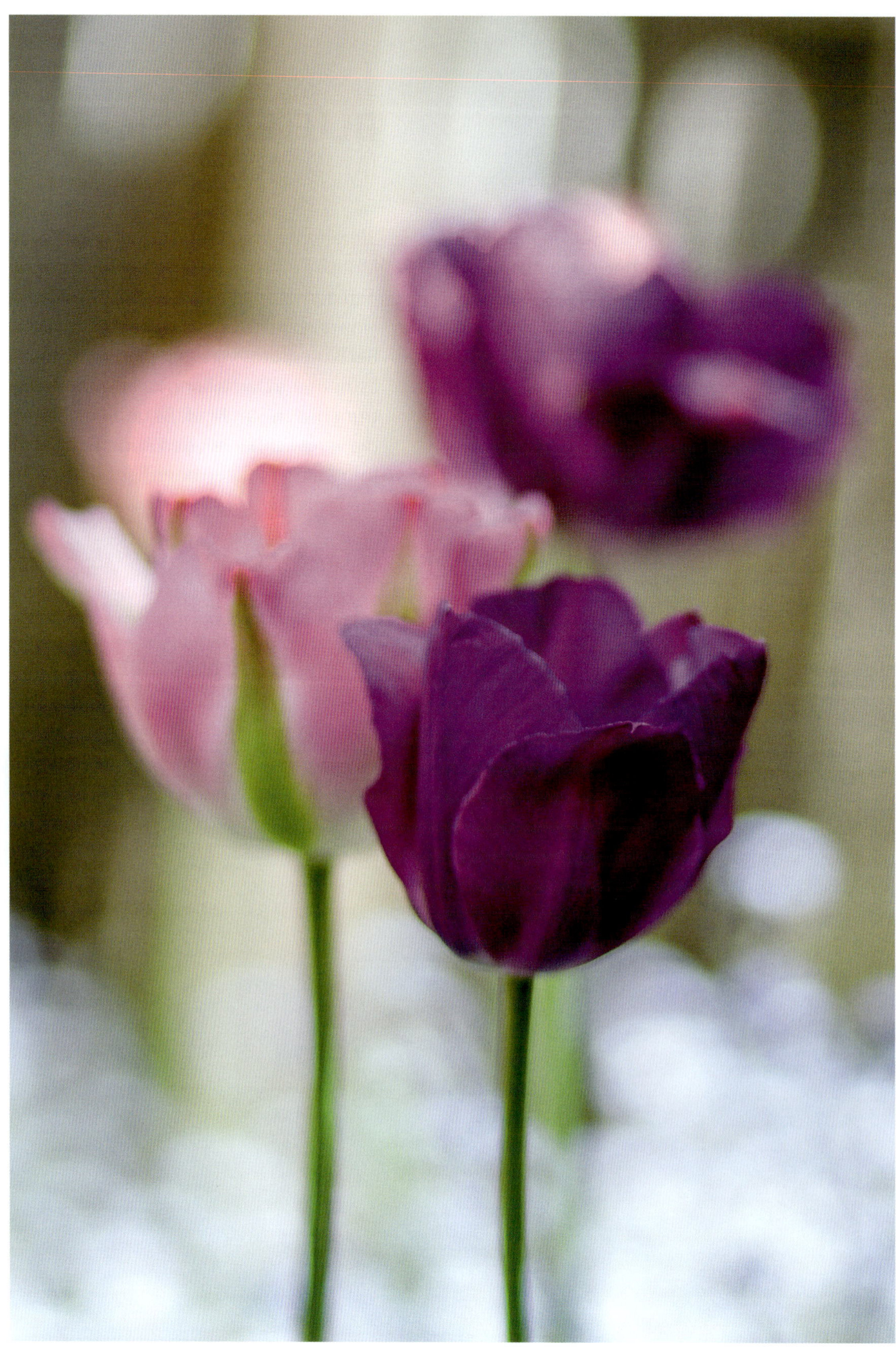

▸ *Im Frühling stolpert man häufig über Tulpen (Tulipa) in allen Farben und Formen. Das Spiel mit der Schärfentiefe lässt selbst kleine Abstände im Hintergrund schon malerisch wirken.*

Brennweite 85 mm :: Blende f/1.8 :: Belichtungszeit 1/1000 s :: ISO 100

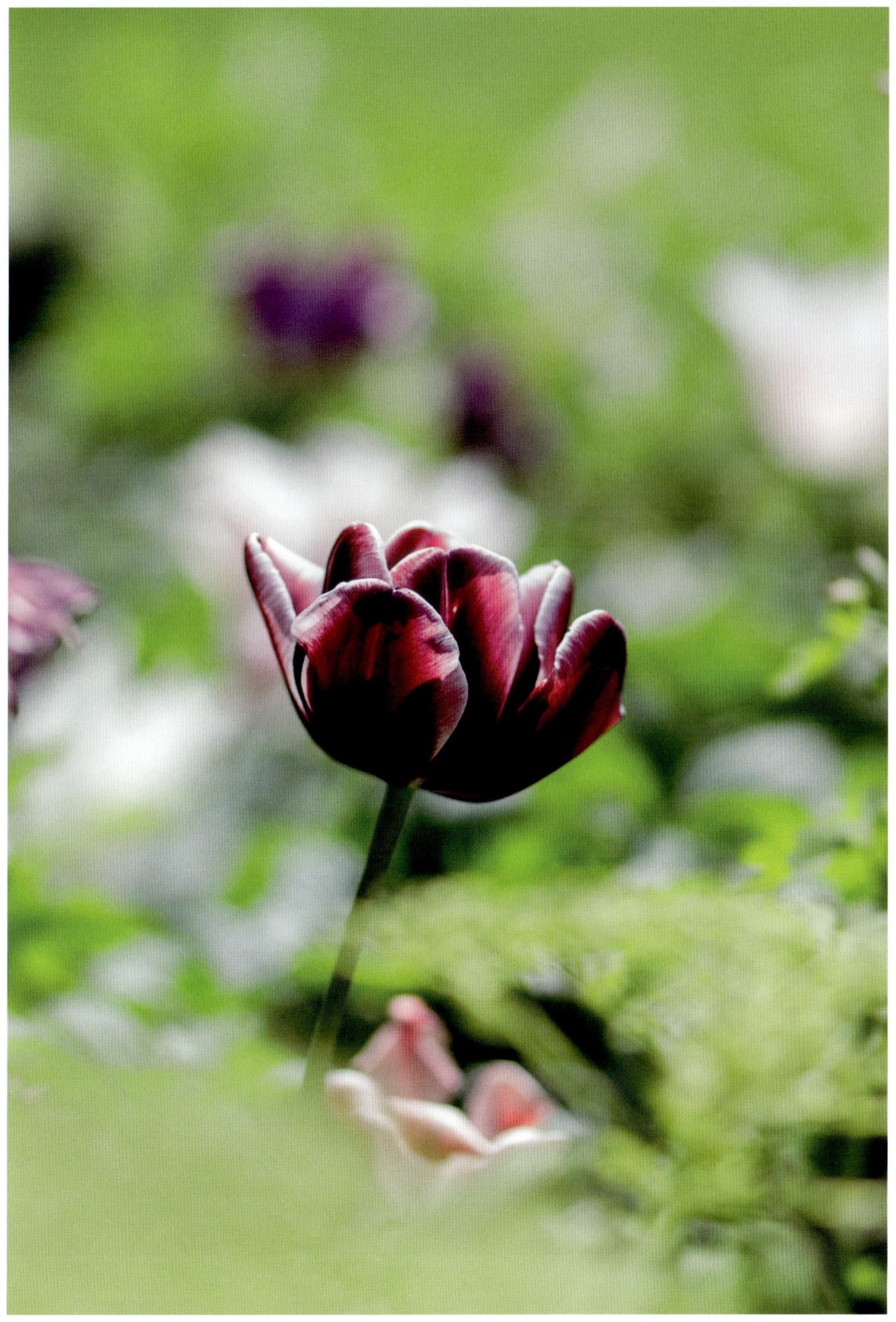

◀ *Die geringe Schärfentiefe von Blende f/2.2 bewirkt, dass Blätter im Vordergrund schleierartig verschwimmen und die Tulpenblüte kontrastreich aus der Unschärfe auftaucht.*

Brennweite 85 mm :: Blende f/2.2 :: Belichtungszeit 1/250 s :: ISO 100

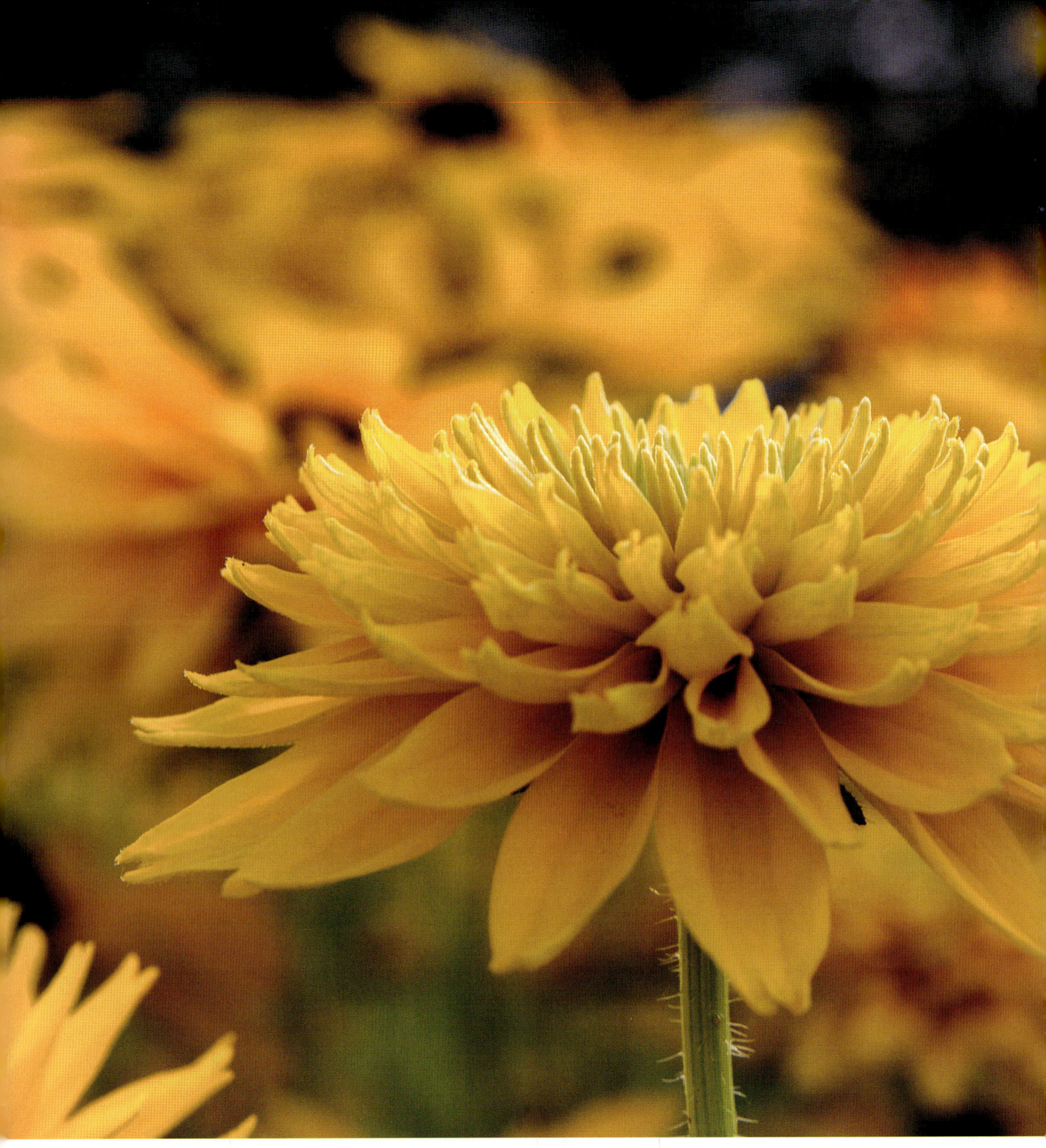

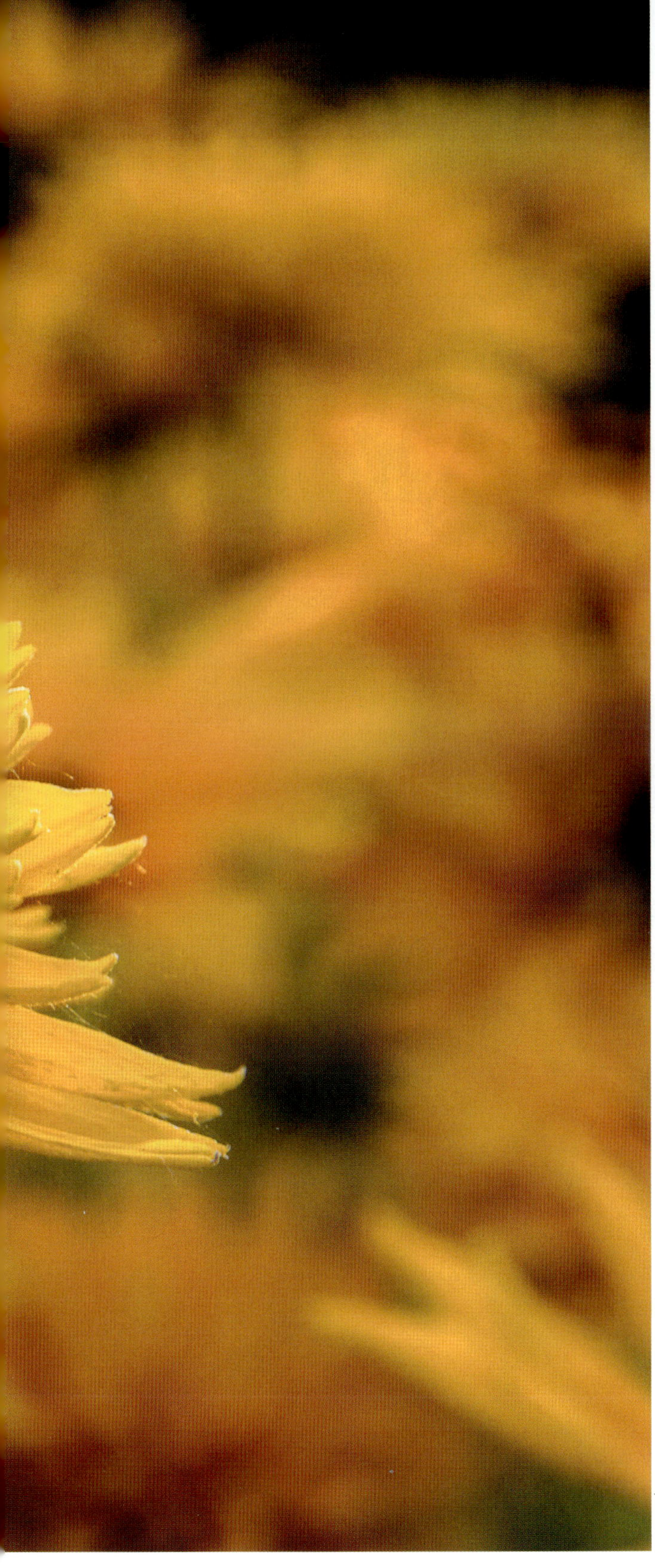

Das perfekte Close-up

Blüten sind, wie gesagt, die Gesichter der Blumen und Pflanzen. In ihrer Mitte befinden sich Frucht- und Staubgefäße, die die Augen symbolisieren. In der Gartenfotografie liegen sie im Fokus. Bei den nachfolgenden Detailaufnahmen handelt es sich in der Regel um Nahaufnahmen, die als Close-ups bezeichnet werden. Die vier Schritte zu einem guten Close-up sind:

1. **Motiv suchen** – Blütenanordnung analysieren.
2. **Perspektive finden** – Kamera ausrichten und Bildausschnitt wählen.
3. **Fokus legen** – Fokuspunkt im Bild suchen und Schärfe fixieren.
4. **Schärfentiefe steuern** – Mehrere Aufnahmen mit unterschiedlicher Blendenöffnung.

◀ *Gelb auf Gelb – Da die farblichen Kontraste zwischen Motiv und Hintergrund sehr schwach sind, zieht die Schärfe des Gefüllten Sonnenhuts (Rudbeckia-Hybride) den Blick auf sich.*

Brennweite 70 mm :: Blende f/7.1 :: Belichtungszeit 1/80 s :: ISO 100

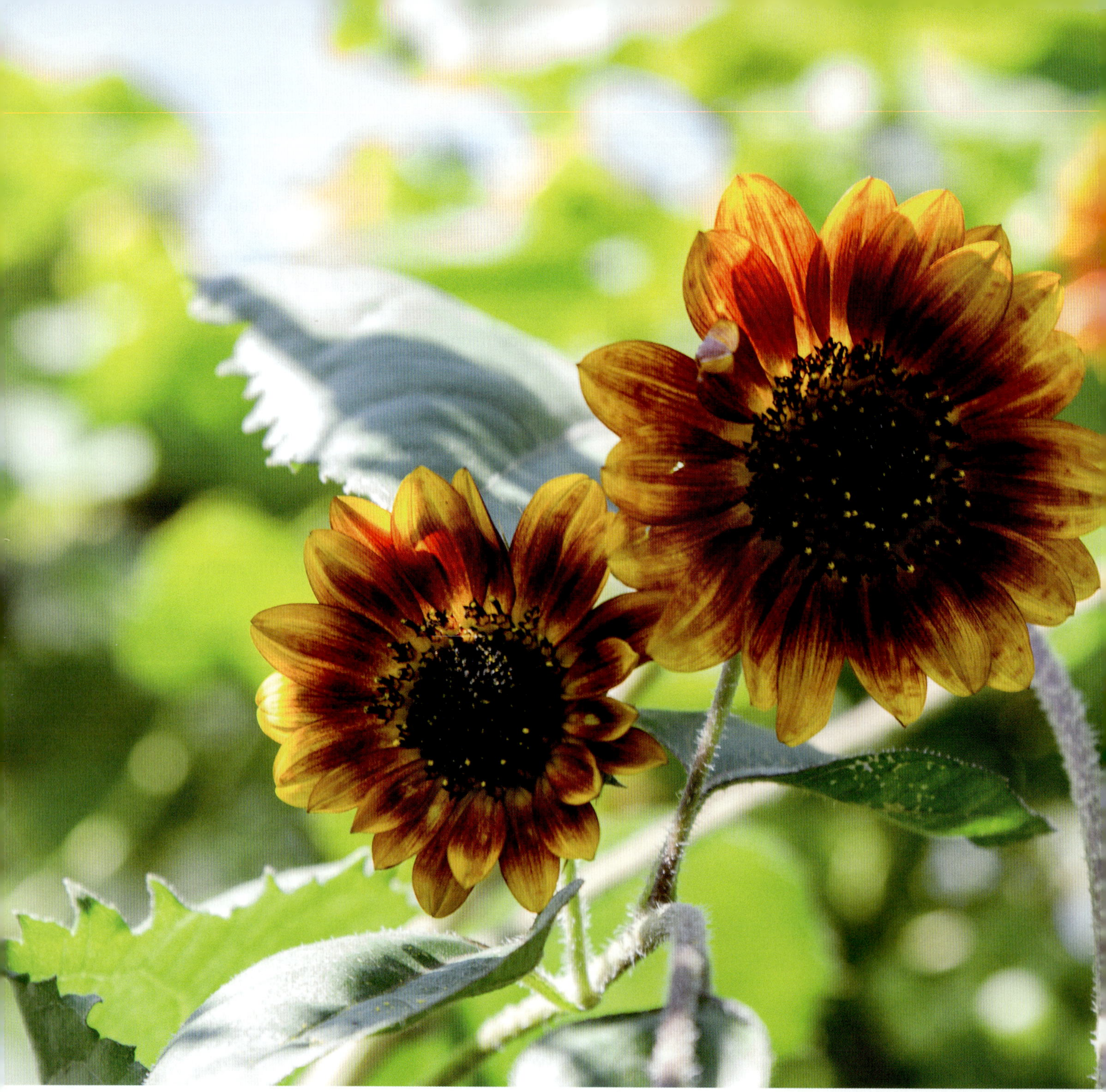

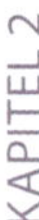

▲ *Sonnenblumen (Helianthus) gibt es in vielen Formen. Attraktiv sind die mehrfarbigen Sorten, die es groß- und kleinblumig als blühfreudige Sommerblumen zu kaufen gibt. Die farbigen Blütenzeichnungen kommen insbesondere im Gegenlicht gut zur Geltung.*

Brennweite 70 mm :: Blende f/4.0 :: Belichtungszeit 1/125 s :: ISO 125

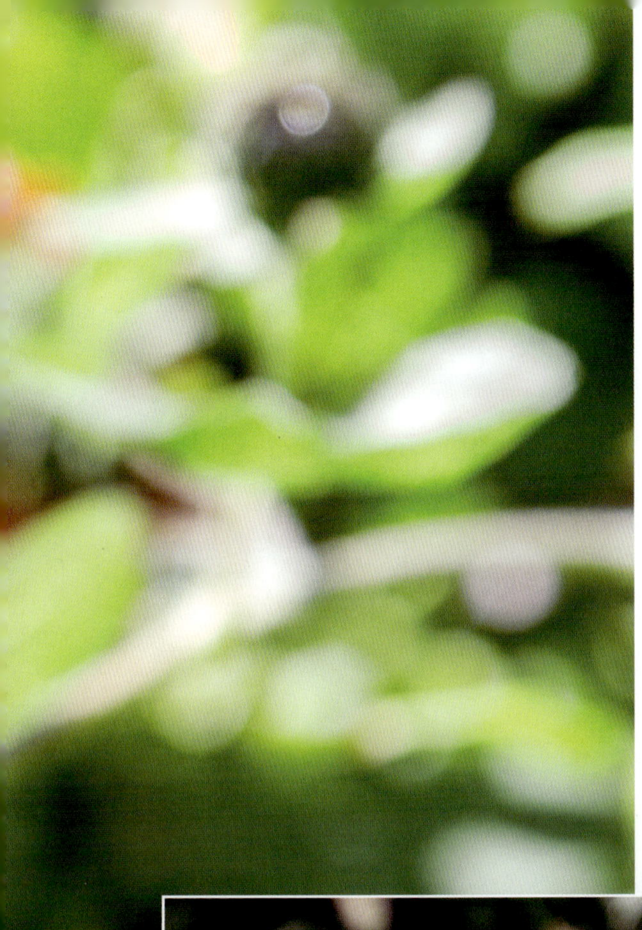

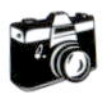

PFLANZENPORTRÄT

Porträts in der Gartenfotografie unterliegen den gleichen Gestaltungsprinzipien wie normale Porträts. Es werden entweder einzelne Pflanzenmerkmale oder die gesamte Pflanze von ihrer schönsten Seite aufgenommen. Bei der Hervorhebung von Details spielt der Hintergrund bzw. die unmittelbare Umgebung im Blumenbeet eine maßgebliche Rolle.

▼ *Spinnenblumen (Cleome spinosa) sind für ihre außergewöhnlichen Blüten bekannt. Wenn die Blühfreude im Herbst langsam nachlässt, sollten letzte Samenstände an der Pflanze verbleiben. Sie fallen mit der Reife aus und sorgen für neue Fotomodelle im nächsten Jahr.*

Brennweite 70 mm :: Blende f/4.5 :: Belichtungszeit 1/250 s :: ISO 100

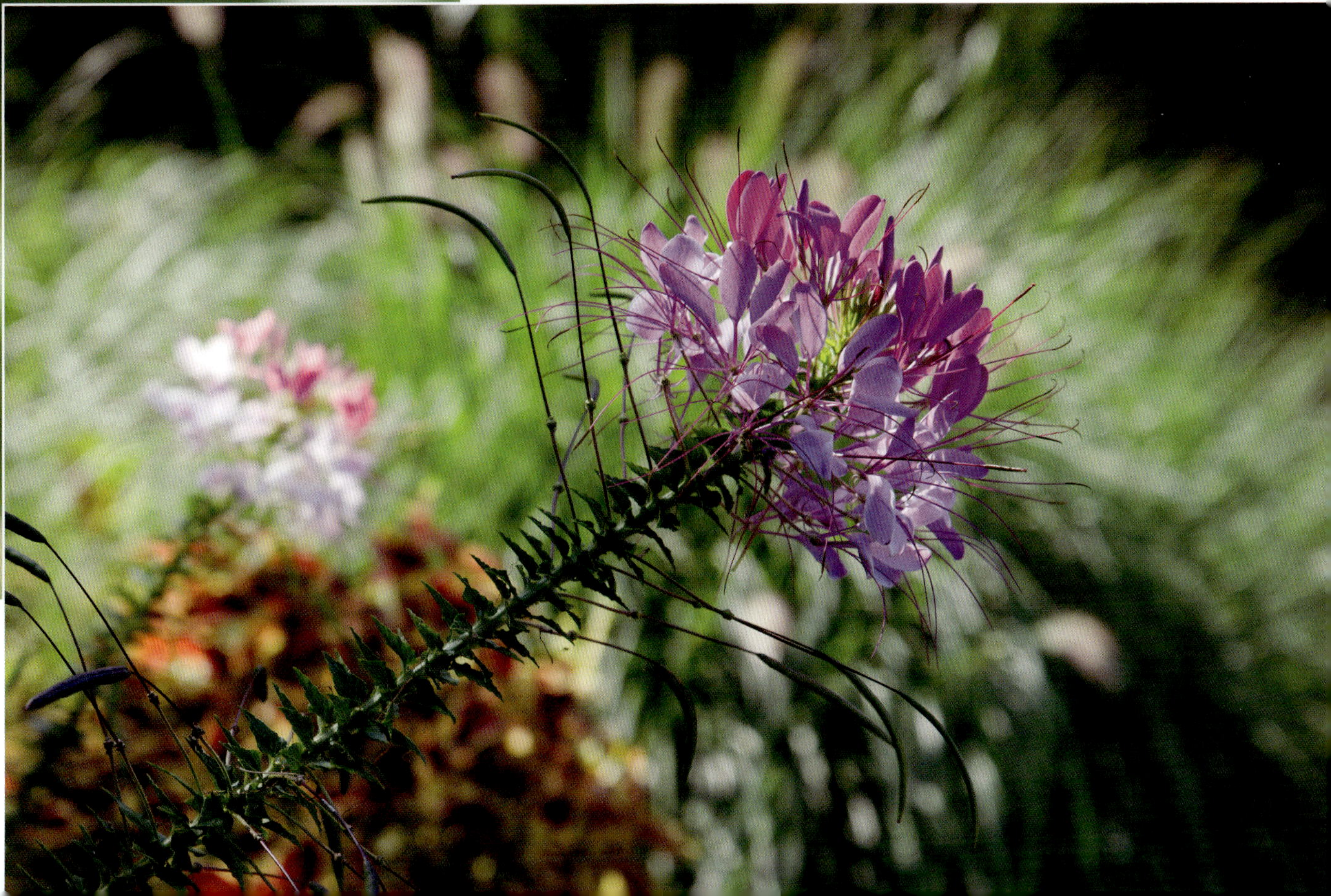

MARKANTE **BLATT-BEKLEIDUNG**

Die Blätter sind für die Pflanze lebensnotwendiges Arbeitswerkzeug. Sie dienen der Fotosynthese und machen das Leben erst möglich. Bei Blattschmuckpflanzen oder Laubgehölzen verrichten sie nicht nur ihren Zweck, sondern werden durch eine auffällige Laubfärbung auch zur Gartendekoration. Ihre Färbung in Kontrastwirkungen einzufangen ergibt herrliche Motive. Blätter lassen sich mit Kleidung vergleichen. Manche Blätter sind schlicht, andere sehr ausdrucksstark. Je nach Pflanzenart und -sorte können es die Blätter sein, die im Mittelpunkt stehen wollen.

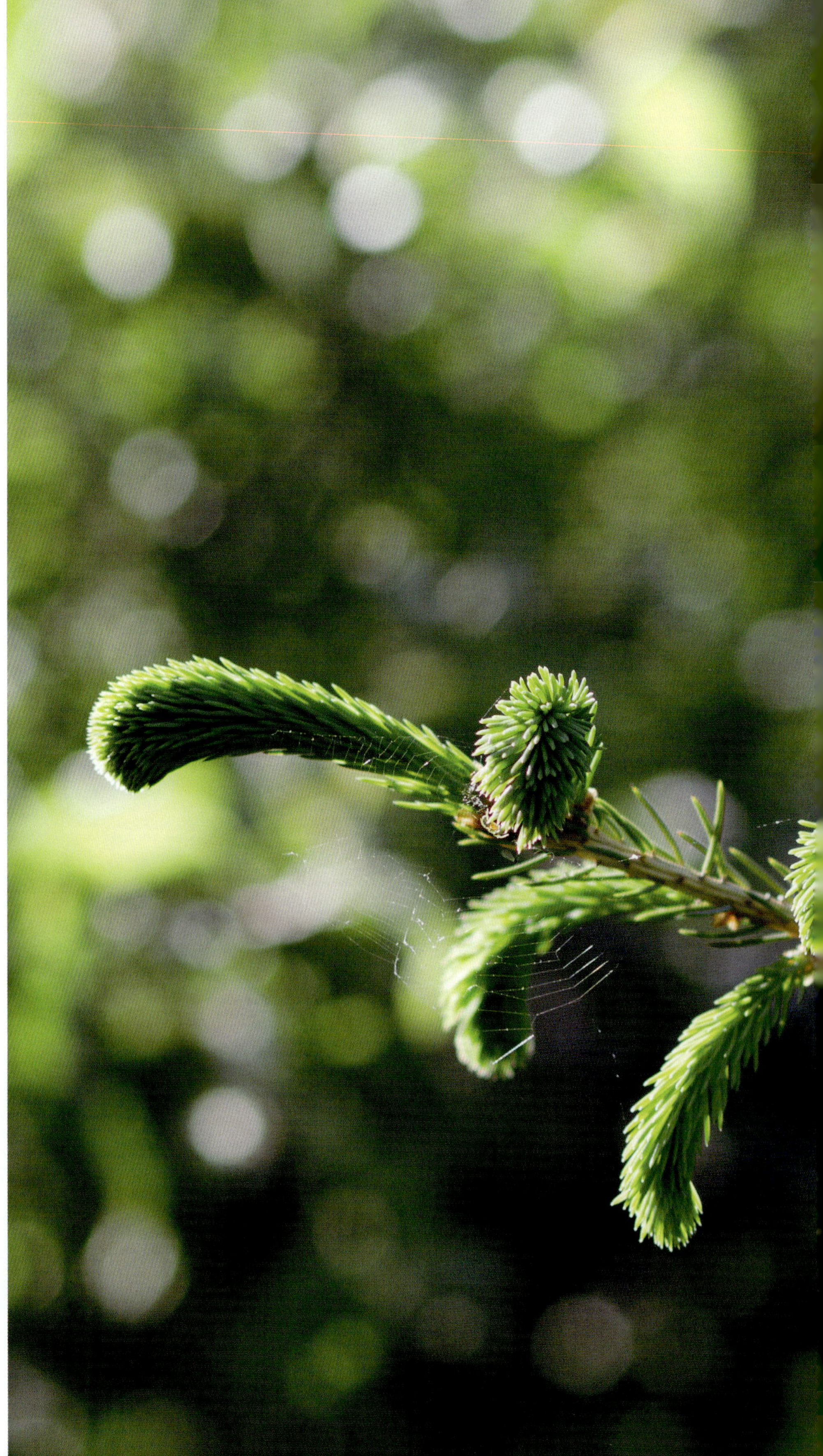

▸ *Fällt Licht durch das Blätterkleid von Gehölzen und Hecken, ergibt sich bei kleiner Blende ein ausgeprägtes Bokeh im Hintergrund. Der Zweig der Fichte (Picea) wird durch das tiefe Licht seitlich ausgeleuchtet.*

Brennweite 85 mm :: Blende f/2.8 :: Belichtungszeit 1/400 s :: ISO 100

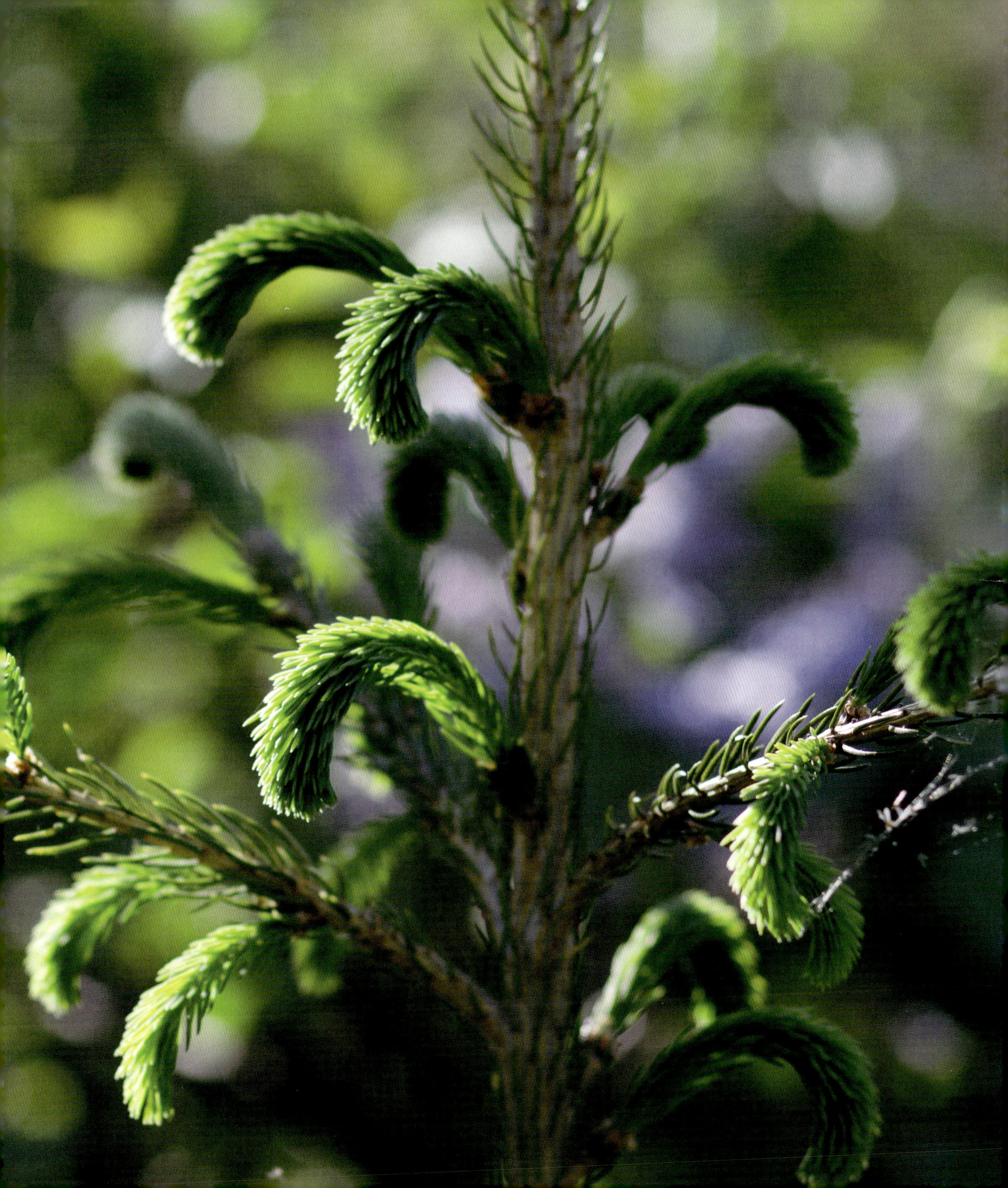

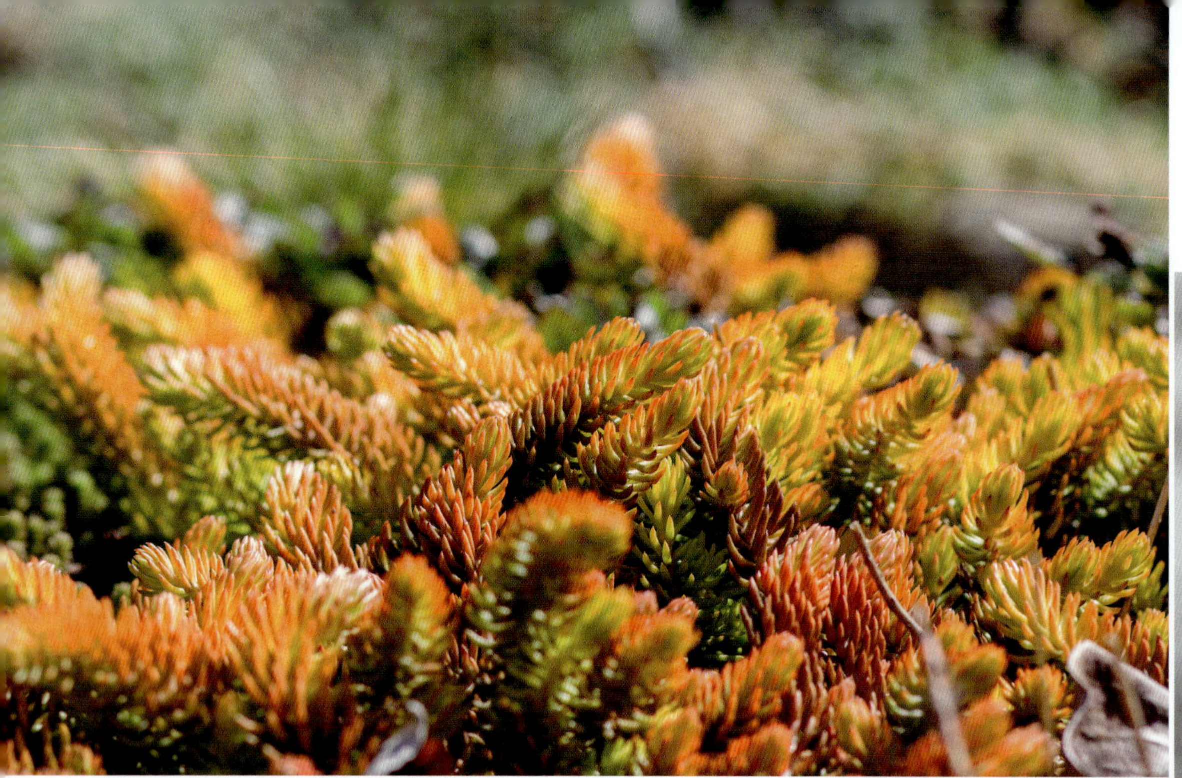

▲ *Die gelbblättrige Sorte der Tripmadam (Sedum rupestre ›Angelica‹) hat im Frühjahr einen orangefarbenen Ton im Laub, den sie später wieder verliert.*

Brennweite 85 mm :: Blende f/4.0 :: Belichtungszeit 1/400 s :: ISO 100

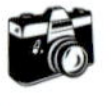

NERVENBAHNEN IM GEGENLICHT

Nervenbahnen durchziehen die Blätter. Sie kommen am besten im Gegenlicht zur Geltung.

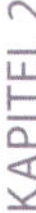

▼ *Blattfarben verändern sich im Laufe eines Jahres. Saisonale Färbungen sind nicht nur im Herbst, sondern wie beim Schwarzen Holunder (Sambucus nigra ›Black Lace‹) auch im Frühjahr möglich.*

Brennweite 40 mm :: Blende f/4.0 :: Belichtungszeit 1/160 s :: ISO 100

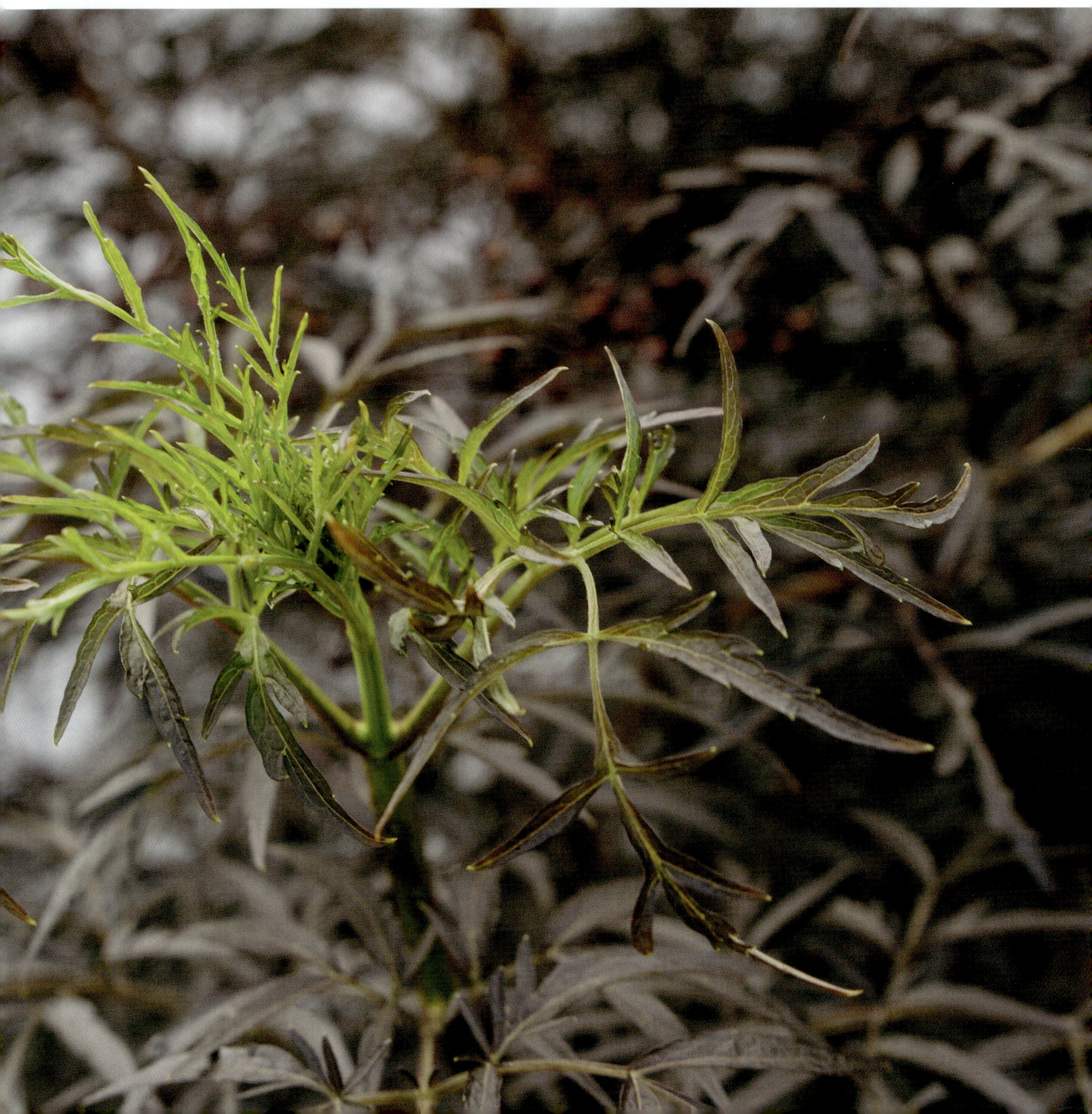

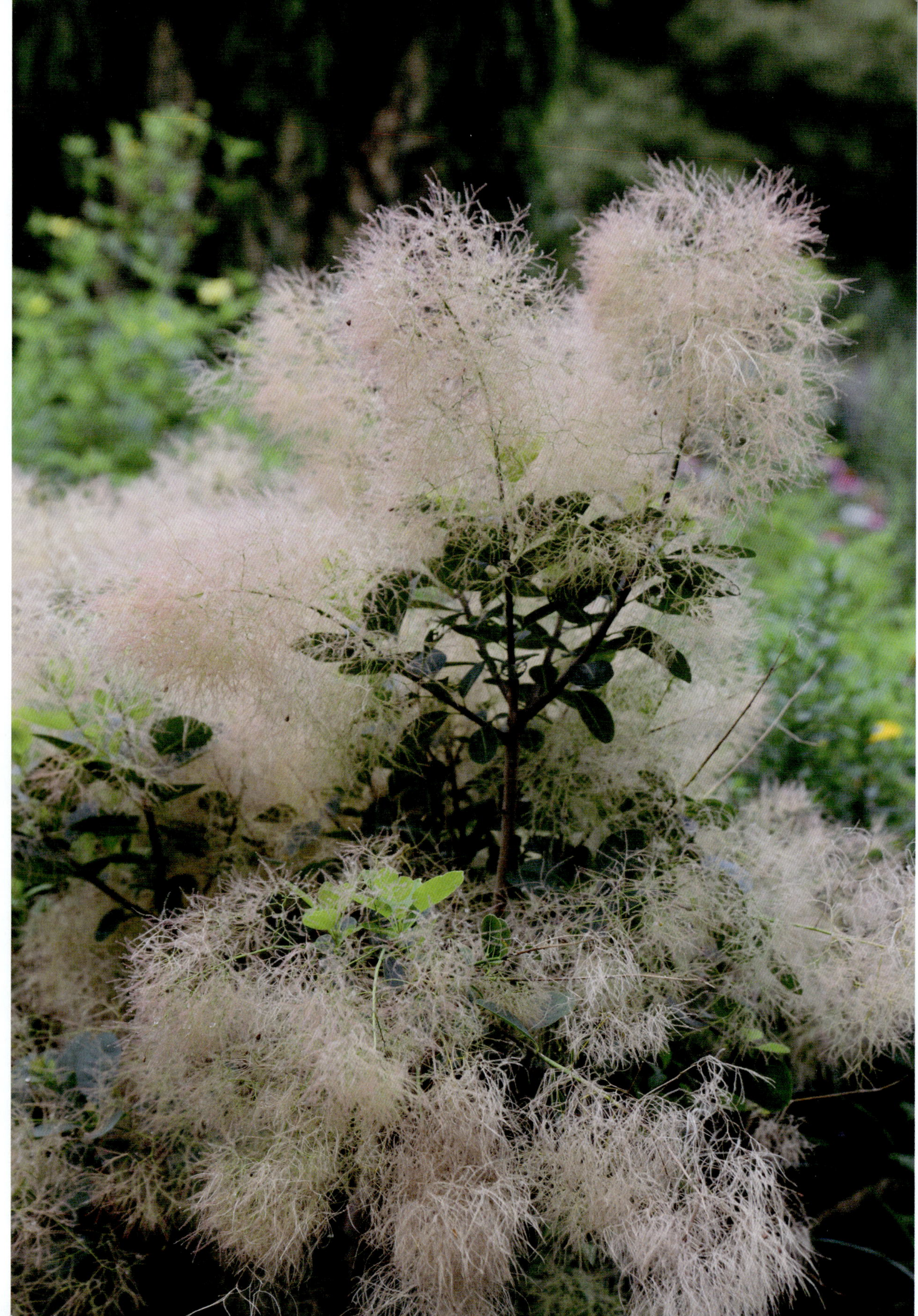

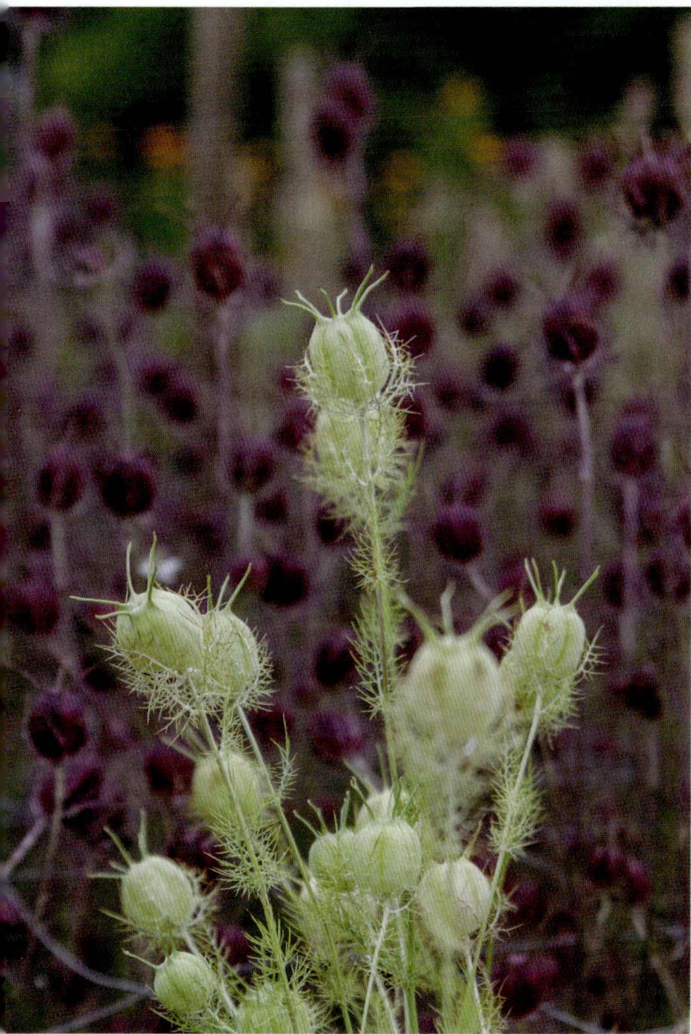

▲ *Die dekorativen Fruchtstände der Jungfer im Grünen (Nigella damascena) folgen einer dekorativen Blüte. Die Samenkapseln lassen sich für die Trockenfloristik verwenden und stellen in den unterschiedlichen Ausfärbungen interessante Fotomotive dar.*

Brennweite 55 mm :: Blende f/3.2 :: Belichtungszeit 1/500 s :: ISO 100

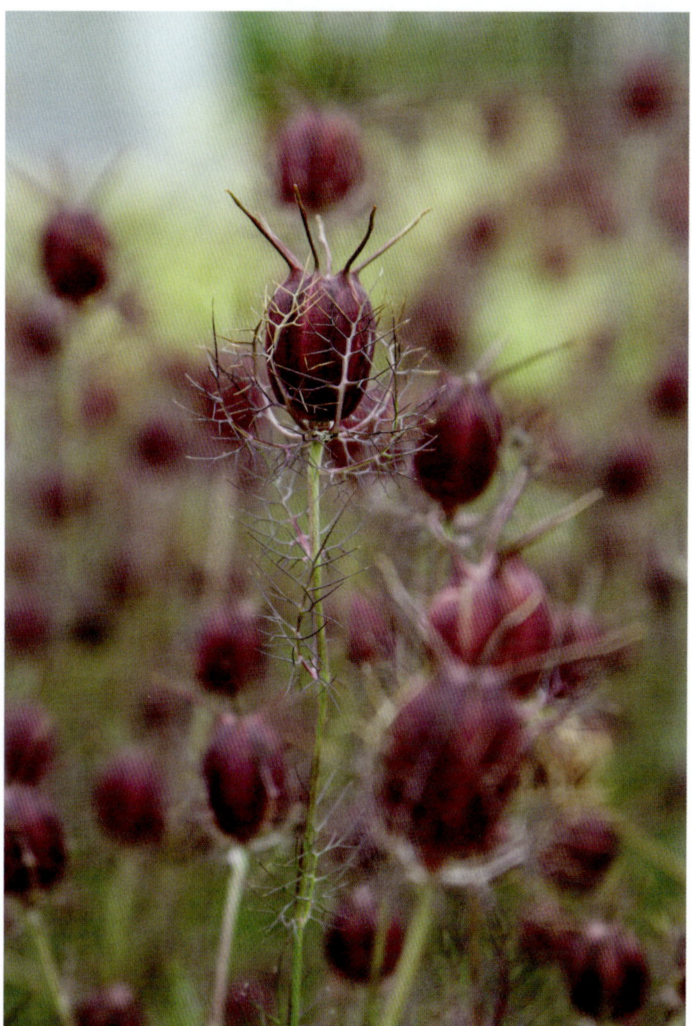

▲ *Große Blende bewirkt geringe Schärfentiefe und sorgt dafür, dass die Fruchtkapsel der rotfruchtigen Jungfer im Grünen (Nigella damascena) freigestellt wird.*

Brennweite 60 mm :: Blende f/3.2 :: Belichtungszeit 1/400 s :: ISO 100

FRUCHT- UND **SAMEN**STÄNDE

Früchte und Samen folgen der Blüte nach deren Befruchtung. Sie dienen der Fortpflanzung und dem Lebenserhalt der Pflanzen. Fruchtstände sind beliebte Motive ab dem Spätsommer und kündigen langsam das Ende des Gartenjahres an.

◀ *Links: Eine Fülle von Wuschelköpfen bildet der Perückenstrauch (Cotinus coggygria ›Royal Purple‹) zu seiner Blütezeit.*

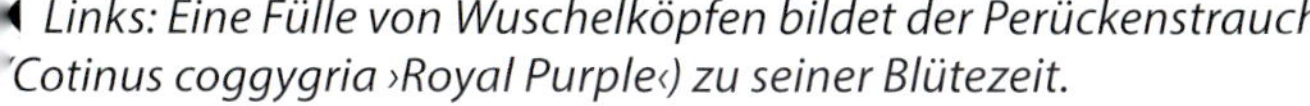

Brennweite 50 mm :: Blende f/3.5 :: Belichtungszeit 1/125 s :: ISO 100

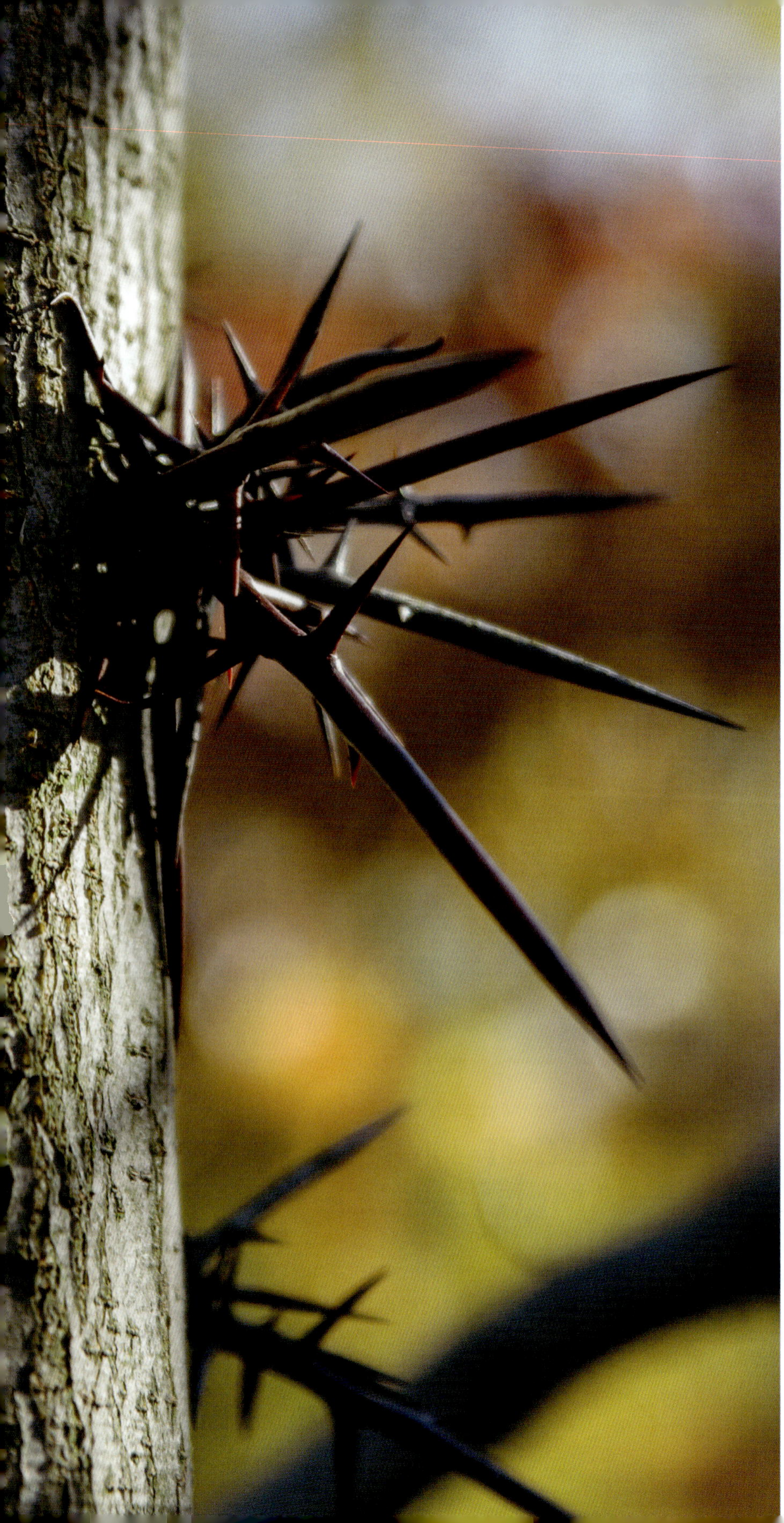

STÄMME, STIELE, SPROSSEN

Blätter und Blüten sind augenscheinlich die markantesten Merkmale einer Pflanze, jedoch nicht die einzigen. Stämme, Stiele und Sprossen werden trotz ihres Zierwerts oft übersehen.

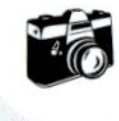

HINTER DEN KULISSEN

Spannende Motive bieten nicht nur Blüten und Blätter. Es ist ratsam, sich im Garten Zeit zu nehmen und den Blick abseits schweifen zu lassen. Man wird staunen, was der Garten hinter den Kulissen noch so zu bieten hat.

◂ *Bizarr und gefährlich wirken die Stacheln am Stamm des Lederhülsenbaums (Gleditsia aquatica). Auf dem Foto ist aber nichts zu befürchten.*

Brennweite 70 mm :: Blende f/2.8 :: Belichtungszeit 1/500 s :: ISO 100

▸ *Die Stacheln mancher Rosensorten fallen durch ihre intensive Rotfärbung auf. Sie bilden einen schönen Kontrast zum dunkelgrünen Laub.*

Brennweite 85 mm :: Blende f/5.6 :: Belichtungszeit 1/320 s :: ISO 100

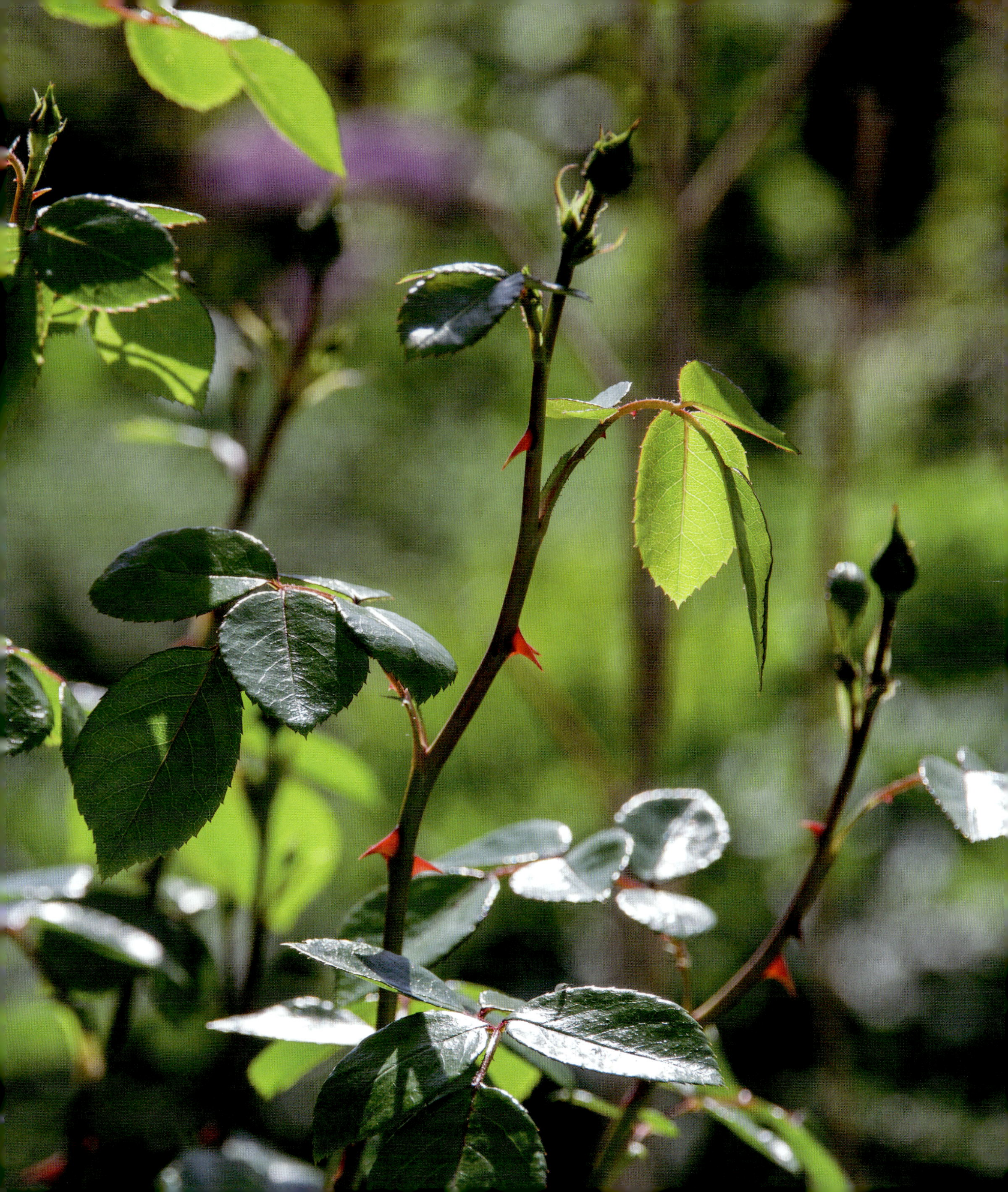

3

LICHT UND FARB-HARMONIE

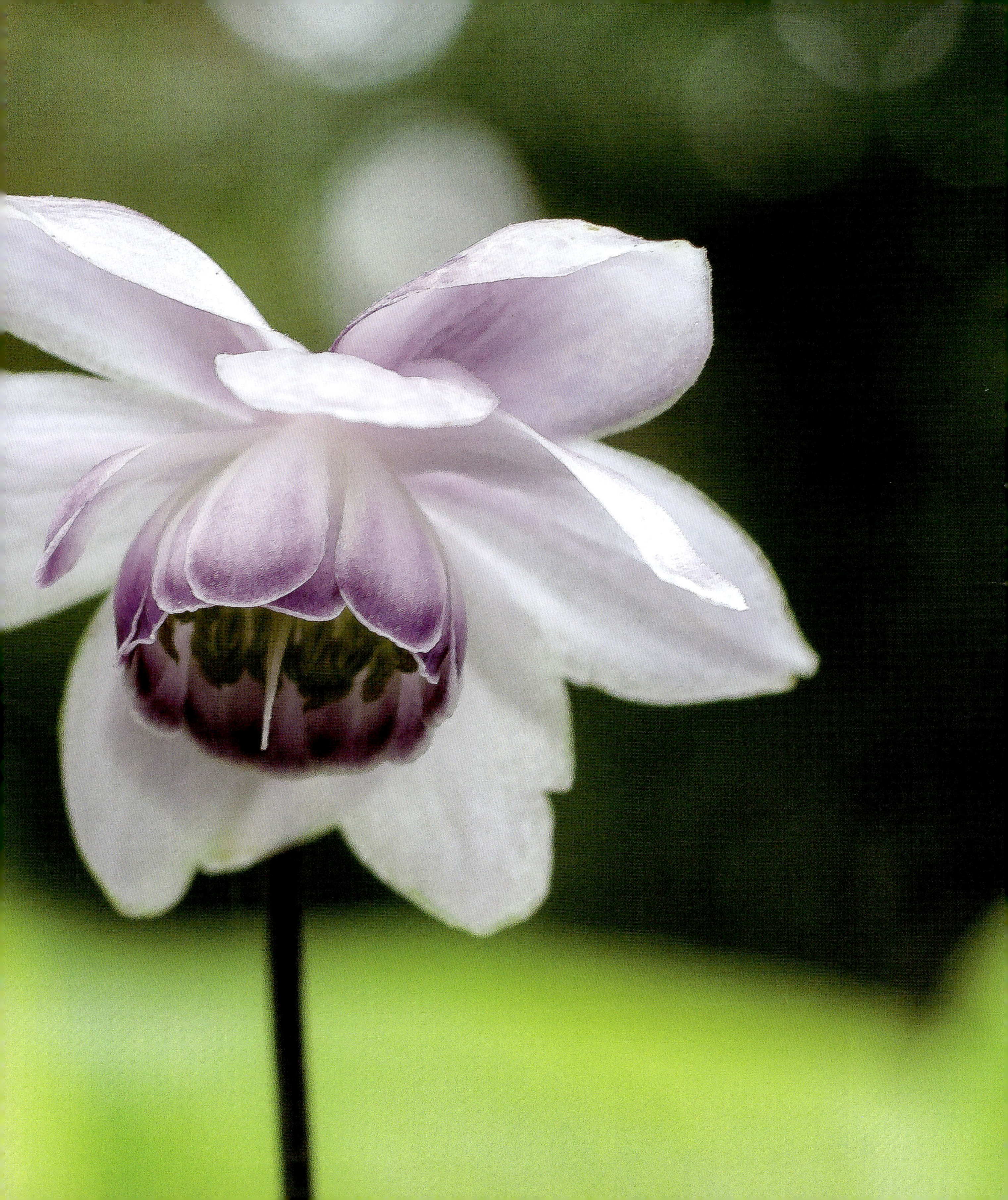

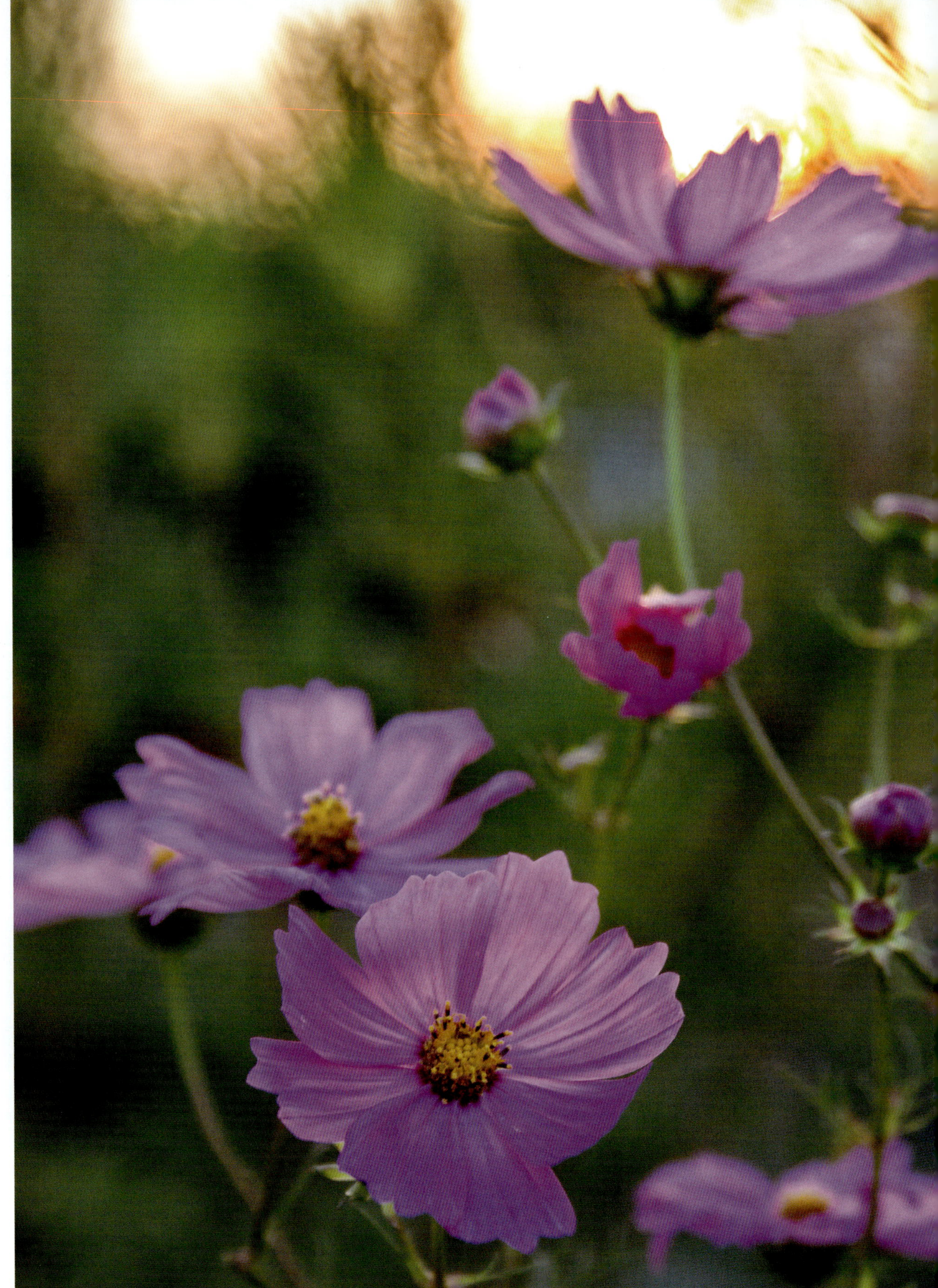

■ Ohne Licht geht es in der Fotografie nicht. Licht haucht dem Motiv Leben ein und schafft durch Licht und Schatten plastische Strukturen. Zwar muss im Fotostudio auf Sonnenlicht verzichtet werden, aber künstliche Lichtquellen haben den Vorteil, dass man sie zielgenau steuern kann. Das ist in der Gartenfotografie leider kaum möglich. Man arbeitet mit verfügbarem Licht (Available Light) und muss sich als Fotograf darauf einstellen.

◀ *Die untergehende Sonne erzeugt um das Schmuckkörbchen herum (Comos bipinnatus) eine warme Lichtstimmung, in der der Himmel im Hintergrund glüht.*

Brennweite 60 mm :: Blende f/2.8 :: Belichtungszeit 1/125 s :: ISO 100

▼ *Der Enzian (Gentiana acaulis) reckt seine blauen Blüten ins tief stehende Abendlicht. Der schräge Einfallswinkel sorgt für eine strukturvolle Schattierung der Pflanzen.*

Brennweite 85 mm :: Blende f/4.5 :: Belichtungszeit 1/125 s :: ISO 160

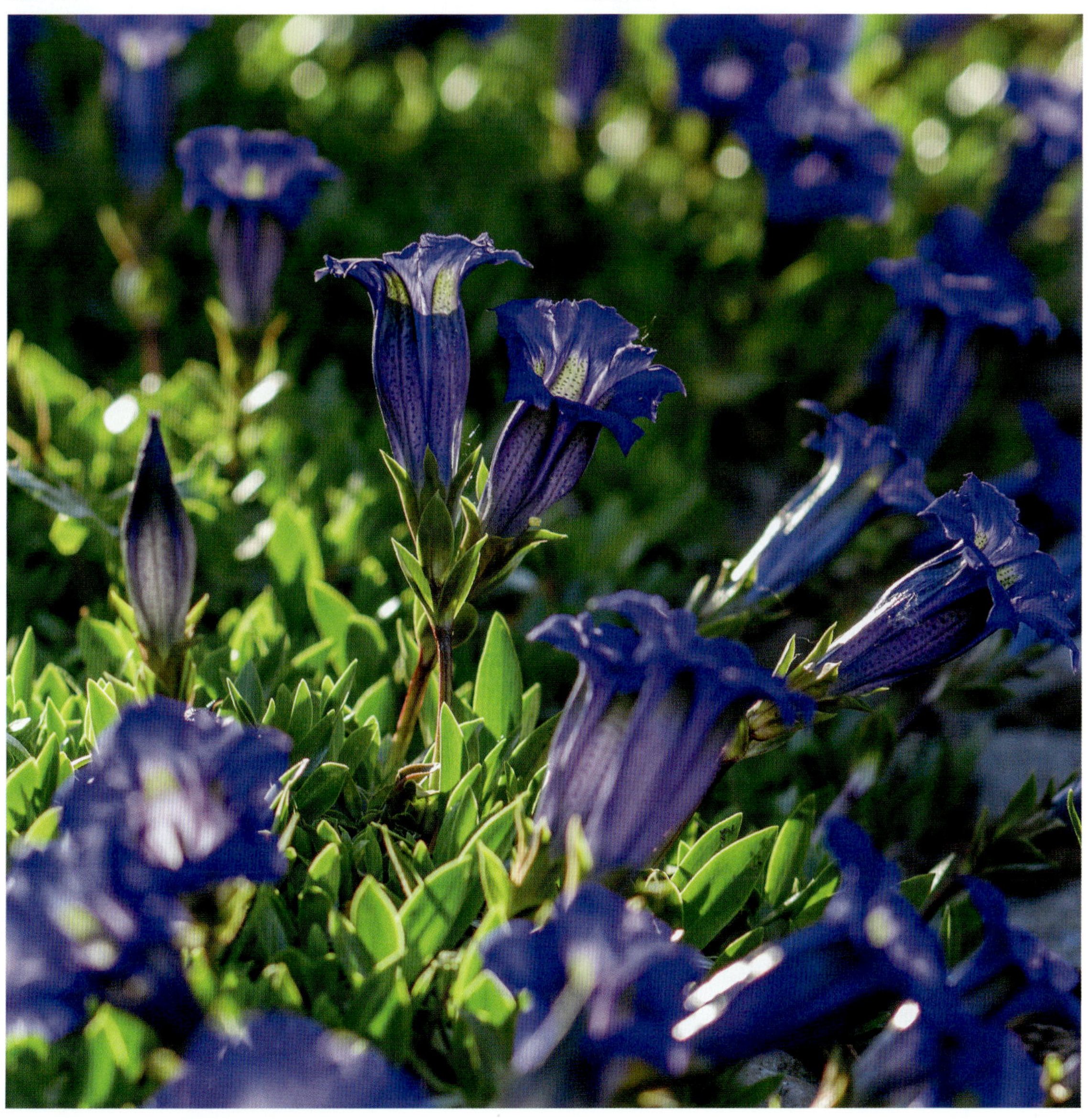

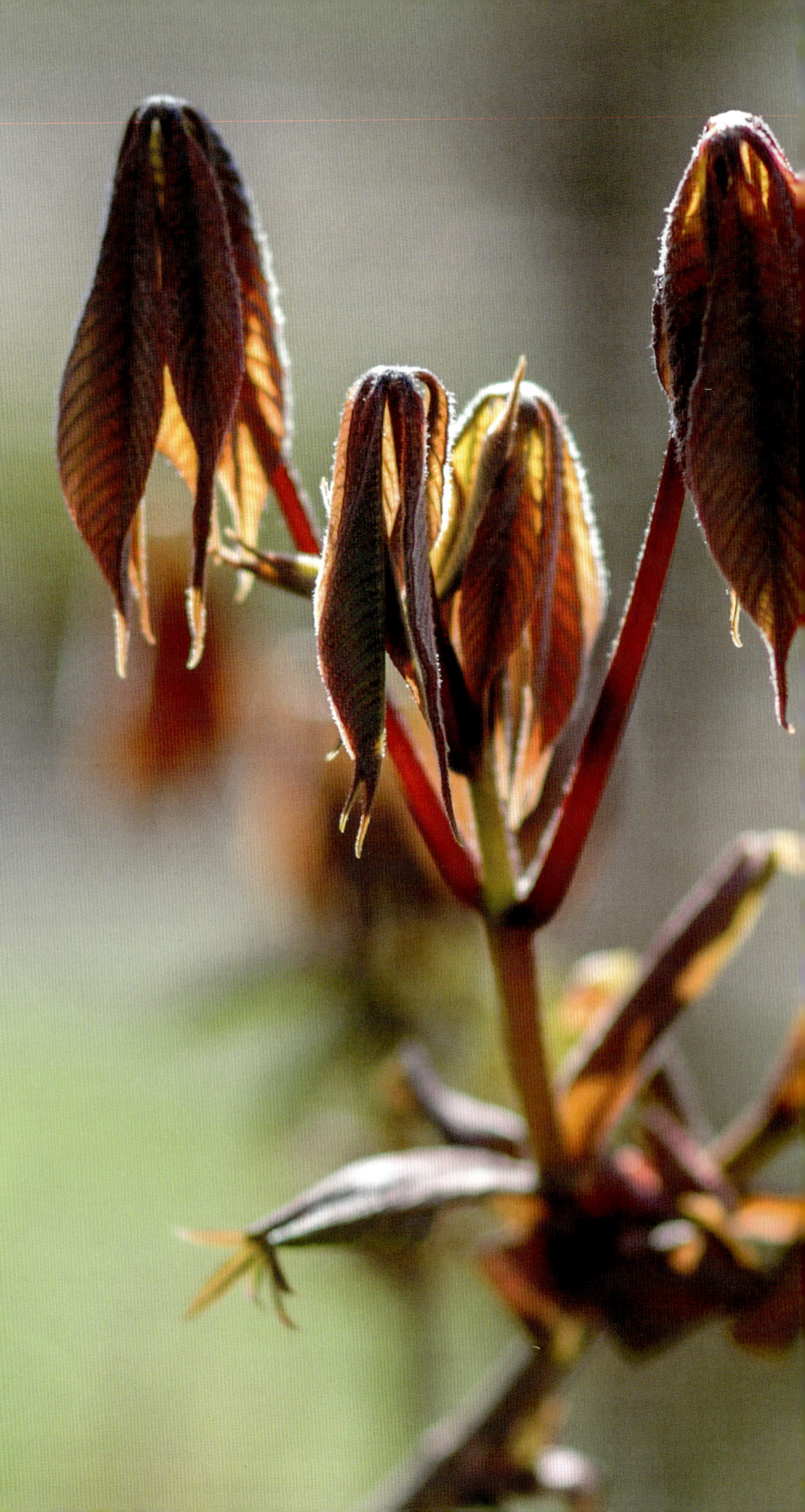

Die Strauchkastanie (Aesculus parviflora) zeigt im Frühling ihren rötlichen Austrieb. Das Morgenlicht zeichnet eine Lichtkante um die Blätter.

Brennweite 85 mm :: Blende f/2.8 :: Belichtungszeit 1/400 s :: ISO 100

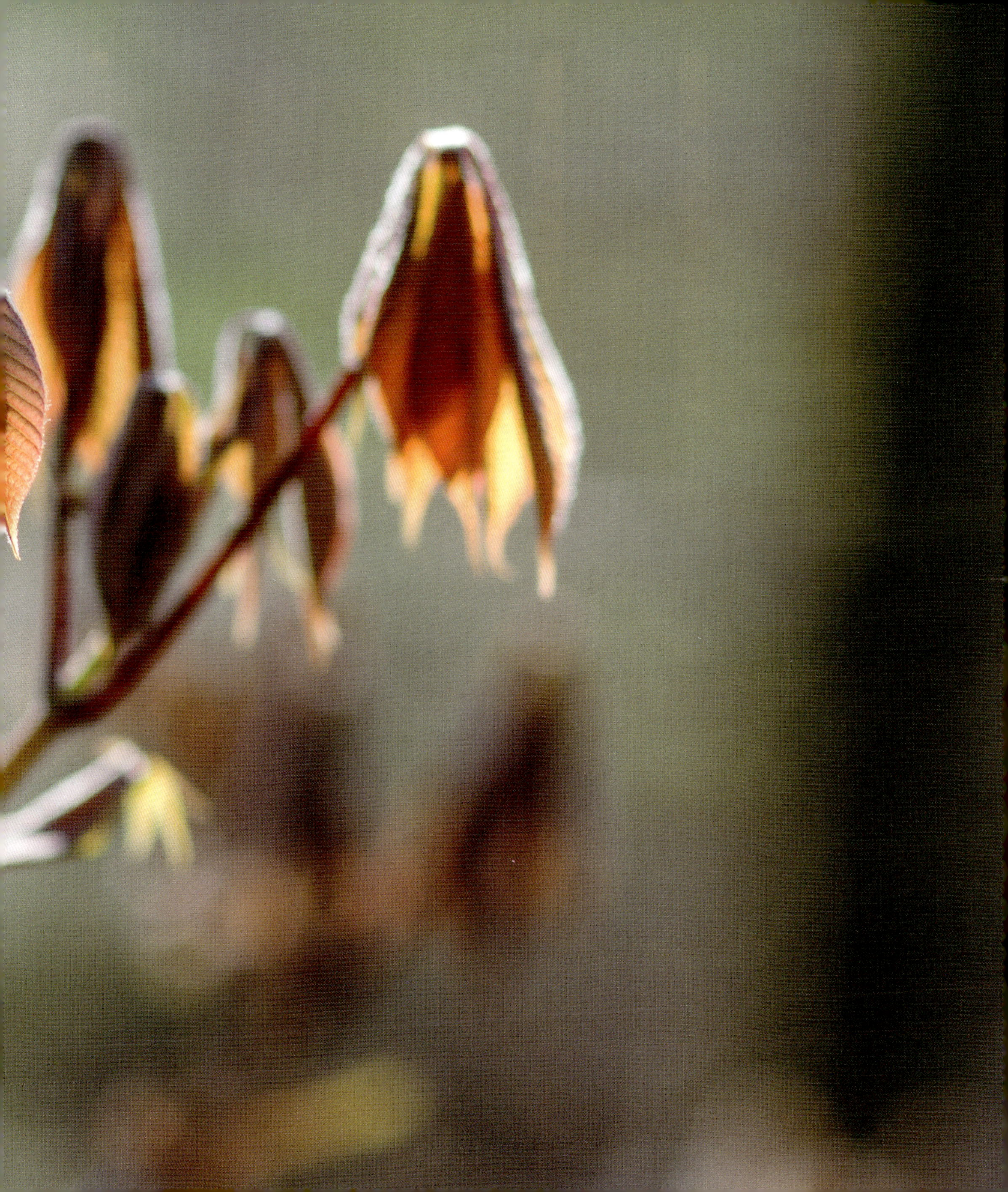

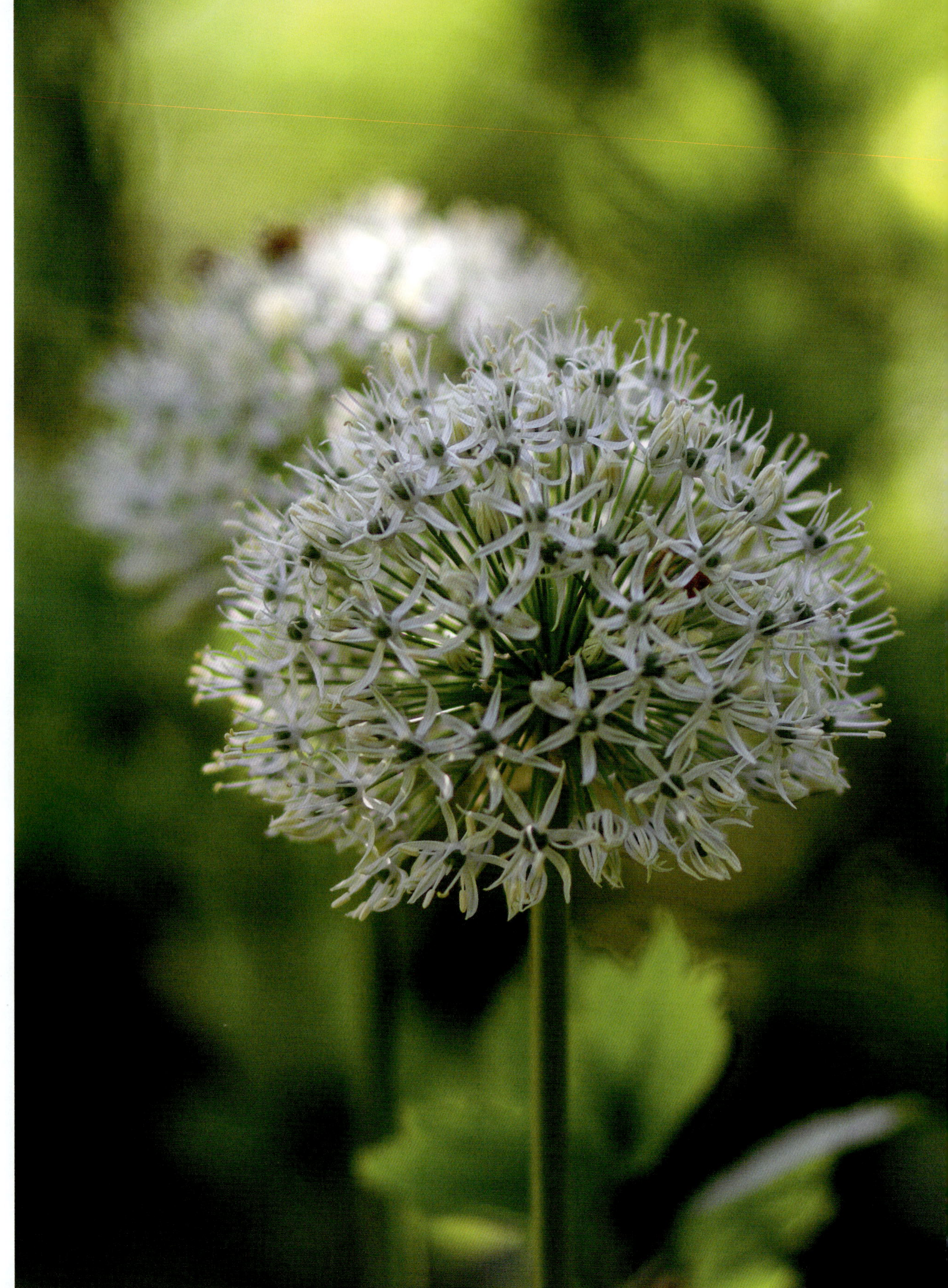

LICHTSTIMMUNGEN NUTZEN

Fotografie im Freien ist immer etwas schwieriger als geschützt in geschlossenen Räumen. Im Garten wird die Sonne als Lichtquelle genutzt. Tageszeit, Wolken, schattierende Bäume oder Bauwerke beeinflussen die Lichtrichtung wie auch die Lichtintensität unmittelbar. Bereits innerhalb kürzester Zeit können sich Lichtstimmungen verändern, zum Beispiel dann, wenn sich Wolken vor die Sonne schieben oder die Sonnenstrahlen durch die Kronen großer Bäume wandern.

◀ Der weiß blühende Riesen-Kugellauch (Allium giganteum ›Mont Blanc‹) ist eine auffällige Zwiebelpflanze, deren Blüten wie weiße Gartenleuchten wirken.

Brennweite 85 mm :: Blende f/2.2 :: Belichtungszeit 1/800 s :: ISO 100

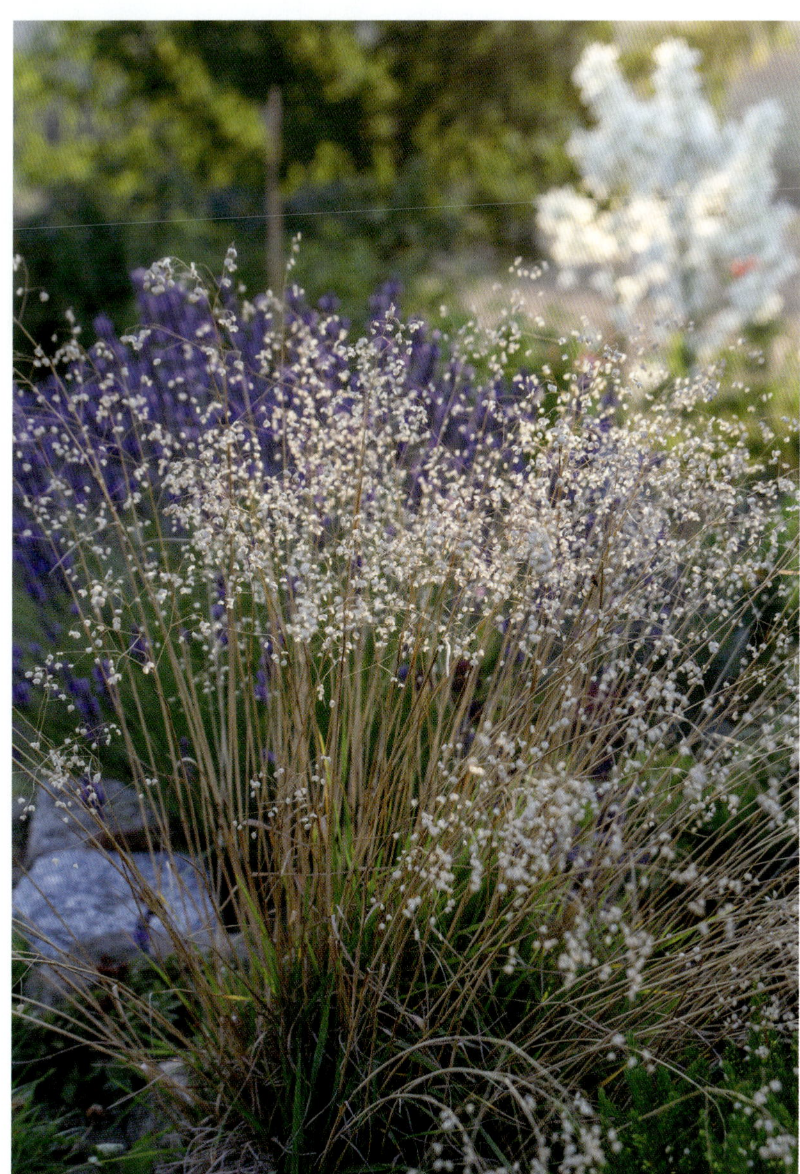

▶ Die feingliedrigen Samenstände des Grases werden vom Abendlicht durchleuchtet. Die Schärfe lässt sich bei der Detailfülle nur schwer einfangen.

Brennweite 85 mm :: Blende f/4.5 :: Belichtungszeit 1/125 s :: ISO 160

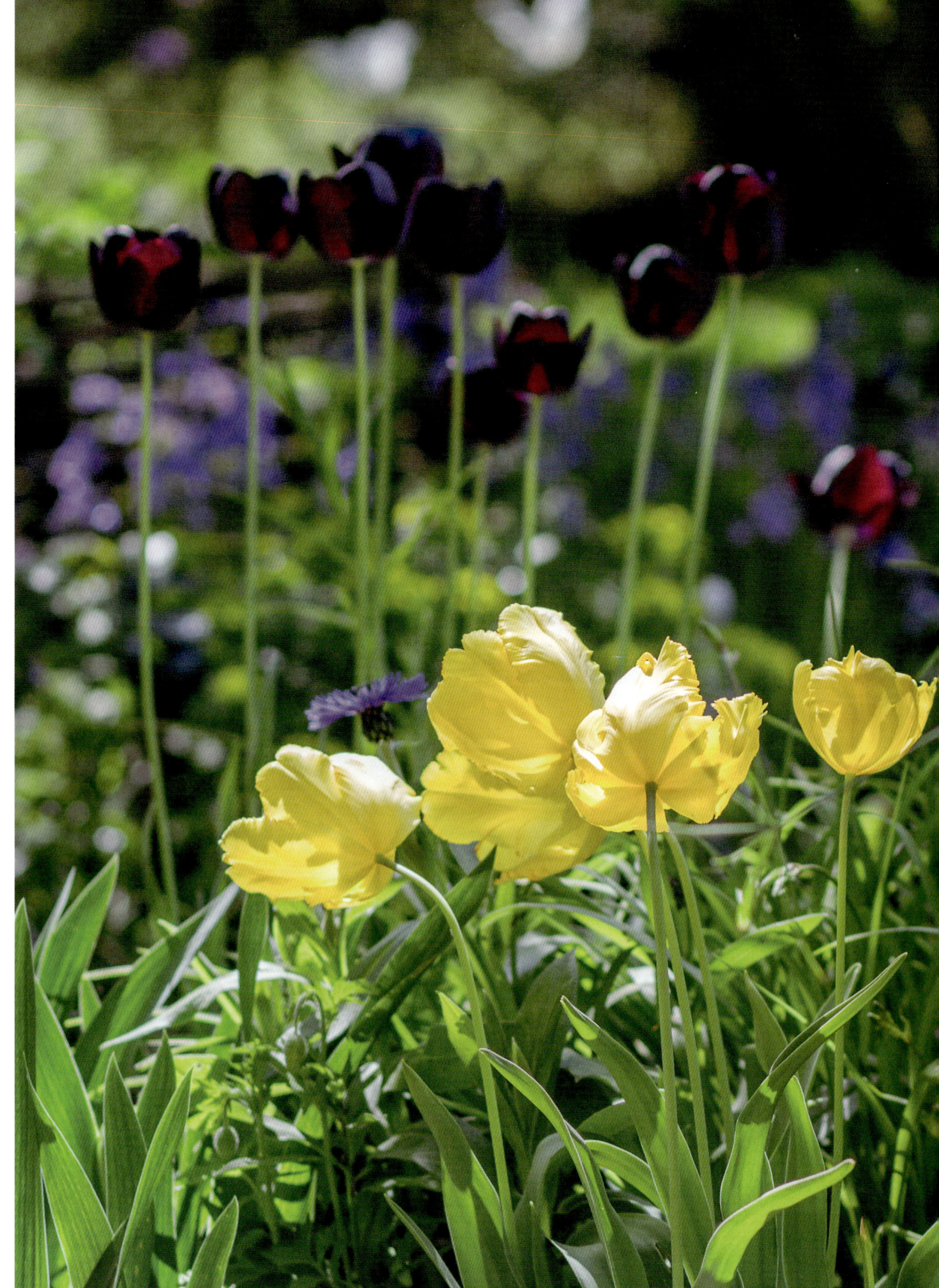

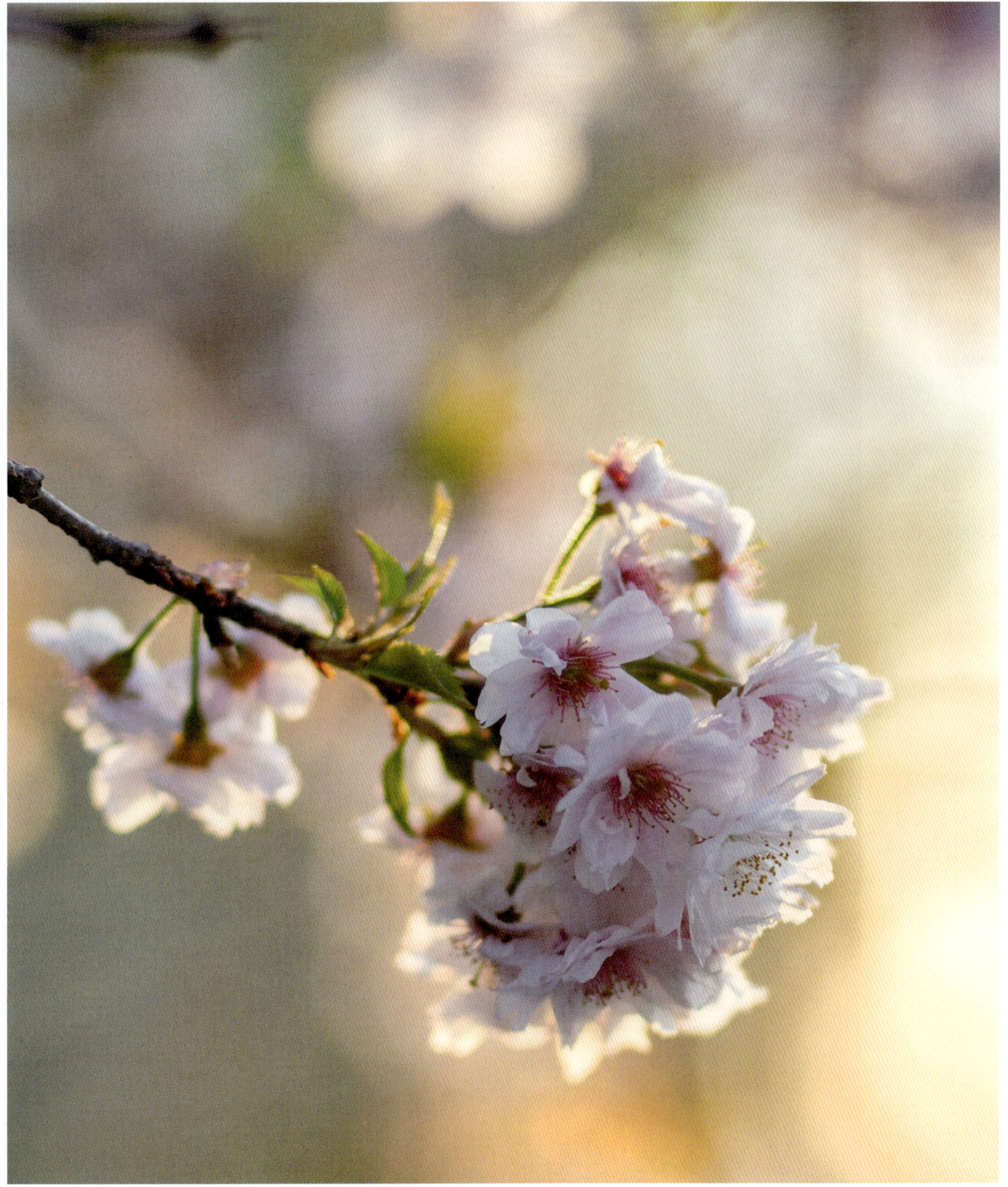

◂ *Helligkeit und Schärfe sind fotografische Mittel, um einen Bildfokus zu setzen. Erst wenn die gelben Tulpen in den Blick gesprungen sind, fällt die dunkle Sorte ›Queen of Night‹ auf. Ihre dezente Wirkung wird durch den Schattenwurf eines Strauchs nochmals reduziert.*

Brennweite 85 mm :: Blende f/2.8 :: Belichtungszeit 1/800 s :: ISO 100

▴ *Abendlicht in der Kirschblüte (Prunus). Die warme Lichtstimmung sorgt für ein harmonisches Farbklima.*

Brennweite 85 mm :: Blende f/2.2 :: Belichtungszeit 1/500 s :: ISO 100

▸ Baum- und Strauchkronen bieten natürliche Lichtspiele, weil nur kleine Bereiche ausgeleuchtet werden (Spots). So erhalten markante Pflanzenmerkmale ihre Gewichtung, wie z. B. die Blüte des Patagonischen Eisenkrauts (Verbena bonariensis).

Brennweite 50 mm :: Blende f/4.0 :: Belichtungszeit 1/160 s :: ISO 100

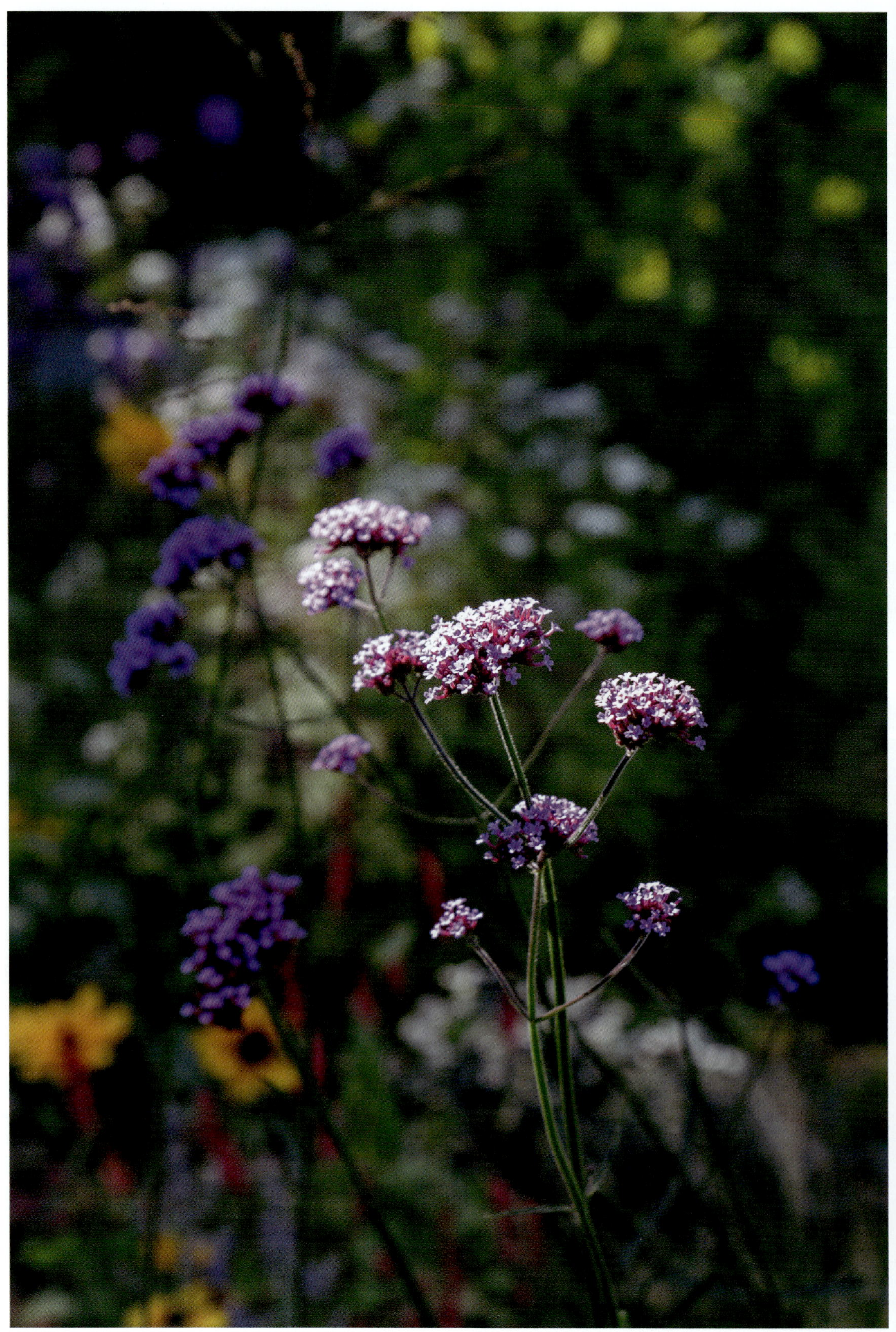

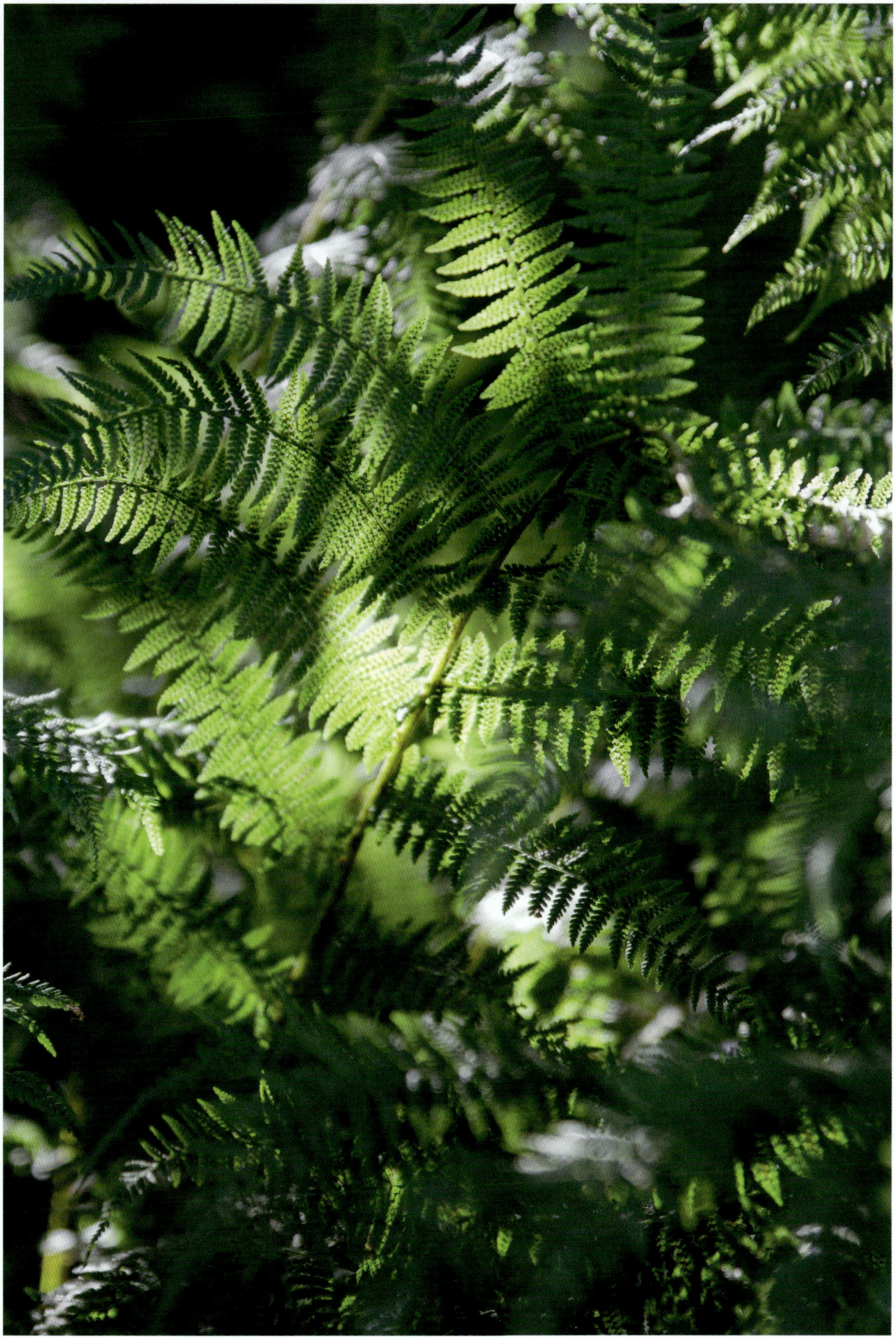

◀ *Die natürlichen Spotlights sorgen für atemberaubende Lichteffekte. Jedoch sind sie nicht von langer Dauer, denn der Sonnenlauf verändert stetig den Einfallswinkel des Lichts.*

Brennweite 70 mm :: Blende f/2.8 :: Belichtungszeit 1/100 s :: ISO 160

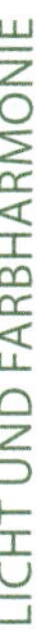

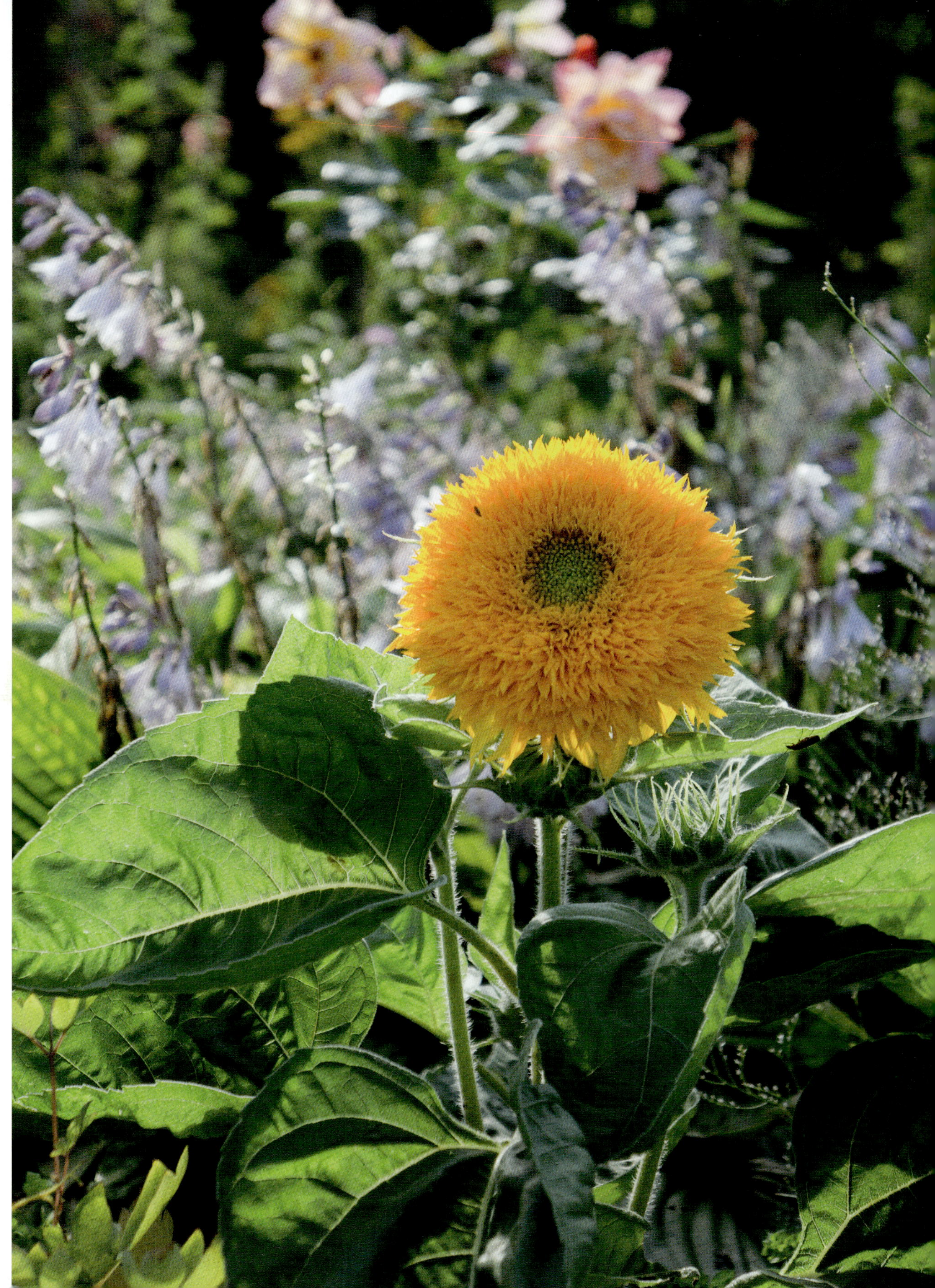

KREATIVE LICHTGESTALTUNG

Licht erzeugt Schatten und Strukturen, es wird absorbiert und reflektiert, wodurch Farben und Muster entstehen. Somit ist es nicht verwunderlich, dass die Lichtgestaltung ein unentbehrliches Mittel zur kreativen Fotogestaltung ist. Im Fotostudio hat man den Vorteil, dass Fotomotive durch künstliches Licht perfekt ausgeleuchtet werden können. Im Freien bzw. in der Natur ist man vom natürlichen bzw. verfügbaren (Sonnen-)Licht abhängig.

Die Sonne als Lichtquelle bietet Vor-, hat aber auch Nachteile. Interessante Lichtsituationen, z. B. in Schattenbereichen oder im Gegenlicht, zählen für jeden Gartenfotografen unumstritten zu den Vorteilen. Nachteilig wirken jedoch starke Kontraste, die einzelne Bildteile überbelichten und andere im Dunkeln verschwinden lassen. Im Großen fast unmöglich umsetzbar, helfen im Kleinen Reflektoren und Zusatzlicht beim Ausleuchten eines Motivs.

Licht vor Sonnenaufgang

Der Tag beginnt im Sommer für Fotografen etwas früher – zuweilen schon gegen 5 Uhr morgens. Vor Sonnenaufgang herrscht ein einzigartiges Licht mit einer kühlen, bläulichen Stimmung vor. Dieses Licht ist sehr beliebt, aber leider von kurzer Dauer. Während des Tages verwandelt sich die Farbtemperatur über Weißgelb zur Mittagszeit hin zu einem rötlichen Ton in den Abendstunden. Morgens und abends lassen sich tolle Stimmungsbilder einfangen.

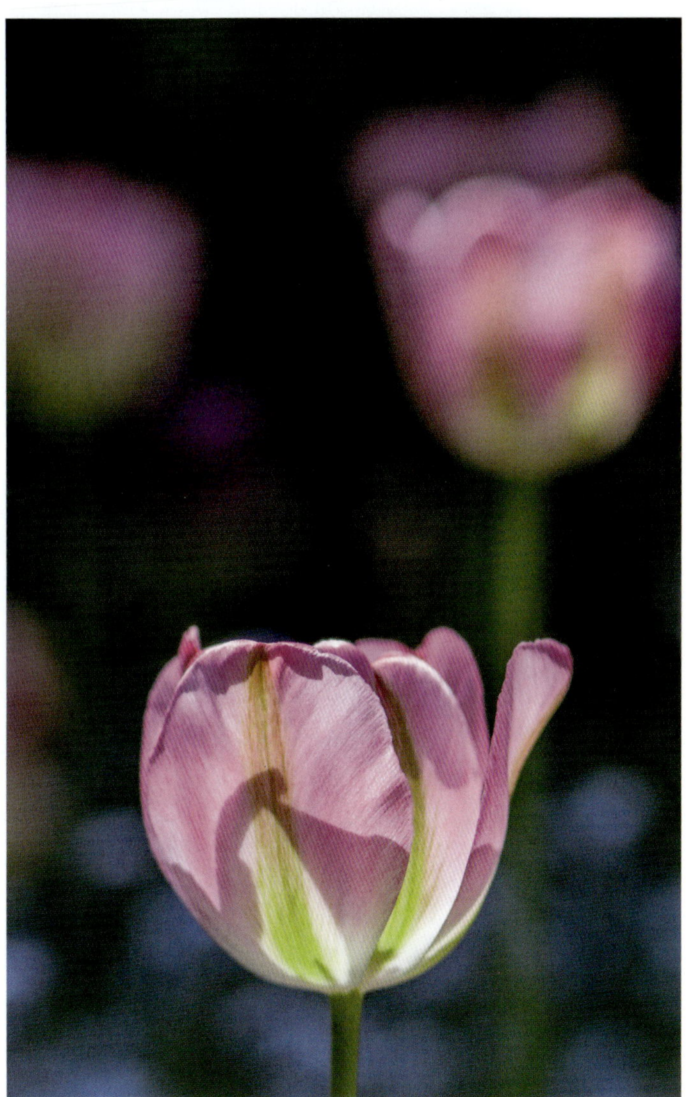

▲ *Fast malerisch wirken die Tulpenblüten im hinteren Bereich. Durch die Reflexion in den Blüten entstehen bunte Lichtpunkte im Kontrast zum immer dunkler werdenden Hintergrund.*

Brennweite 85 mm :: Blende f/2.8 :: Belichtungszeit 1/1600 s :: ISO 100

◀ *Tief stehendes Licht, beispielsweise in den Abendstunden, sorgt für Lichtkränze um die Blüten.*

Brennweite 45 mm :: Blende f/4.5 :: Belichtungszeit x/400 s :: ISO 200

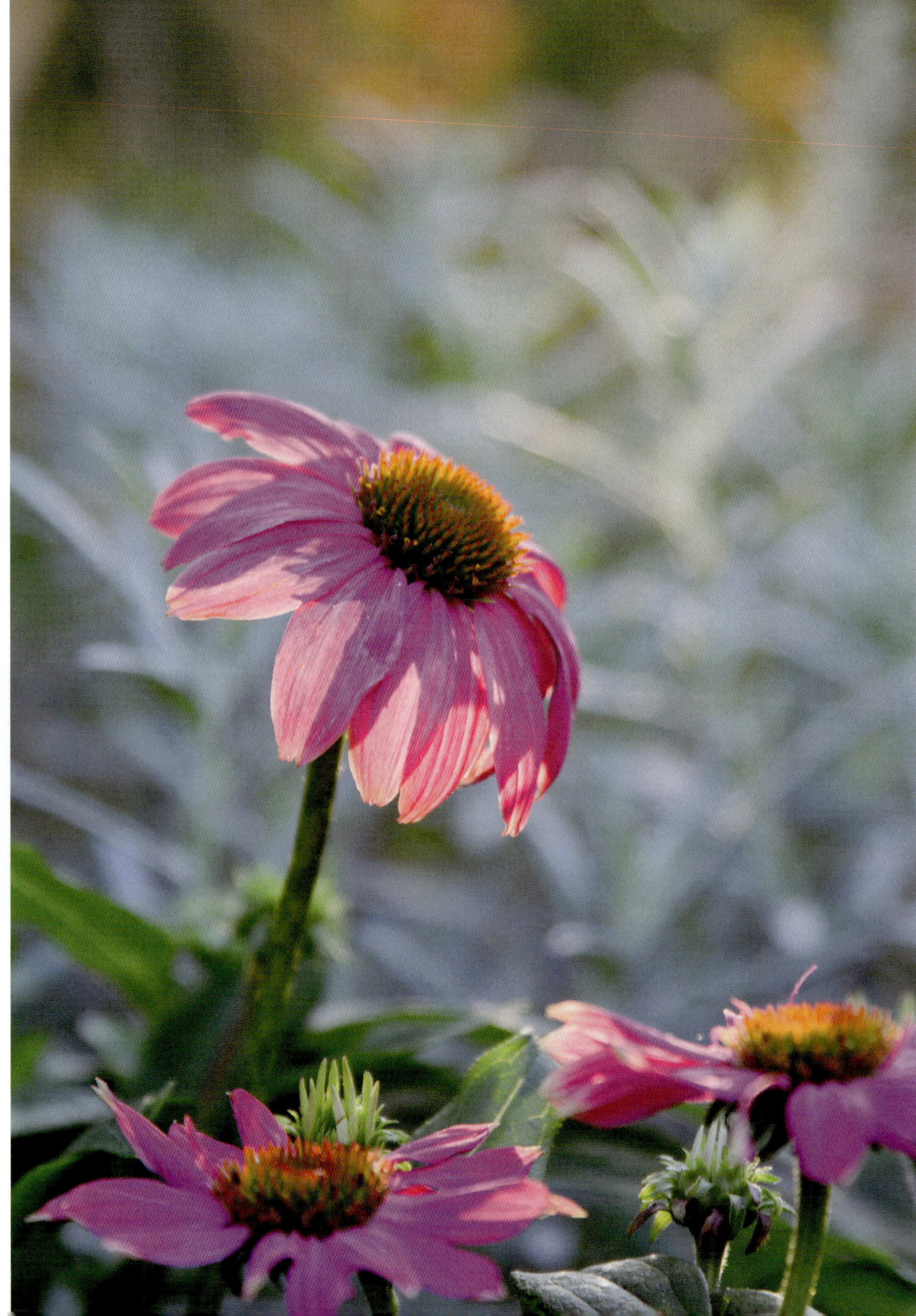

Starke Kontraste mindern

Gut ausgeleuchtete Bildmotive weisen Kontraste auf, die nicht gleichzeitig Über- und Unterbelichtungen zeigen. Direktes Sonnenlicht ist im Laufe des Tages zum Teil so dominant, dass die Schere zwischen Hell und Dunkel zu groß wird. Eine weiße Styroporplatte dient dann als Aufheller, um eine weiche, gleichmäßige Lichtführung zu erzeugen. Die Größe des Aufhellers entscheidet über die Größe des Bereichs, der aufgehellt werden soll.

Eine große Styroporplatte wird so ausgerichtet, dass das reflektierte Sonnenlicht in die Pflanze zurückgeworfen wird und dunkle Schattenbereiche an Helligkeit gewinnen. Die Wirkung lässt sich mit einem Reflektor noch deutlich verstärken. Bei grellem Sonnenlicht ist darauf zu achten, dass die Reflexion nicht unnatürlich wirkt. Es empfiehlt sich, den goldfarbenen Reflektor auszuprobieren. Er hinterlässt eine warme und geschmeidige Lichtwirkung.

Markante Details betonen

Licht und Schärfe ziehen den Blick magisch an. So verwundert es nicht, dass besondere und markante Details im Bild betont werden. Sticht eine Blüte aus einem Blütenmeer hervor, kann sie durch zusätzliches Licht akzentuiert werden. Hierzu lässt sich einfach ein kleinerer Reflektor verwenden, der das Licht gebündelt in die Blüte hineinlenkt. Gleiches kann man mit einem Blatt ausprobieren, indem man ein künstliches Gegenlicht erzeugt. Der Reflektor wird unter einem Blatt positioniert. Es entsteht ein interessantes Gegenlicht, das Blattnerven oder Texturen markant hervorhebt.

Noch stärker als ein Reflektor wirken kleine Spiegelstücke, die nur wenige Zentimeter groß sind. Sie lassen sich geschickt als sogenanntes Spotlight einsetzen. Das Sonnenlicht wird fast verlustfrei auf einer kleinen Fläche im Bild, beispielsweise einer Blüte oder auf Staubblättern, zentriert. Es entsteht ein sehr kleiner, äußerst heller Bereich, der eine außergewöhnliche Lichtstimmung schafft.

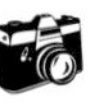

REFLEKTOR SELBST HERSTELLEN

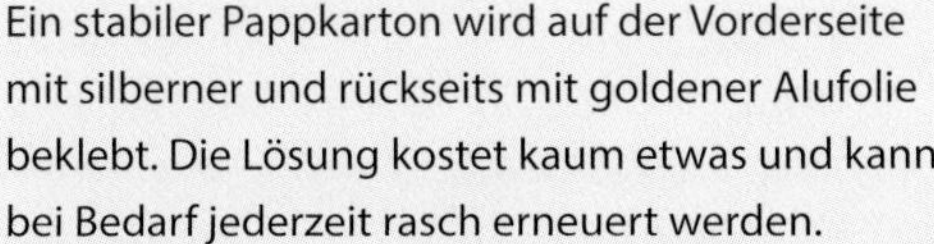

Ein stabiler Pappkarton wird auf der Vorderseite mit silberner und rückseits mit goldener Alufolie beklebt. Die Lösung kostet kaum etwas und kann bei Bedarf jederzeit rasch erneuert werden.

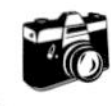

STATIV UND FERNAUSLÖSER

Sind keine helfenden Hände verfügbar, vereinfacht ein Stativ in Verbindung mit dem Fernauslöser das Arbeiten. So bekommt man die Hände frei, um Details im Bild mit dem Reflektor auszuleuchten.

◀ *Tief stehendes Abendlicht in der goldenen Stunde sorgt für spektakuläre Impressionen. Der Purpur-Sonnenhut (Echinacea purpurea) wird förmlich durchleuchtet und hebt sich kontrastreich vom silberlaubigen Perlkörbchen (Anaphalis margaritacea) ab.*

Brennweite 70 mm :: Blende f/2.8 :: Belichtungszeit 1/125 s :: ISO 100

Brennweite 50 mm :: Blende f/4.5 :: Belichtungszeit 1/160 s :: ISO 100

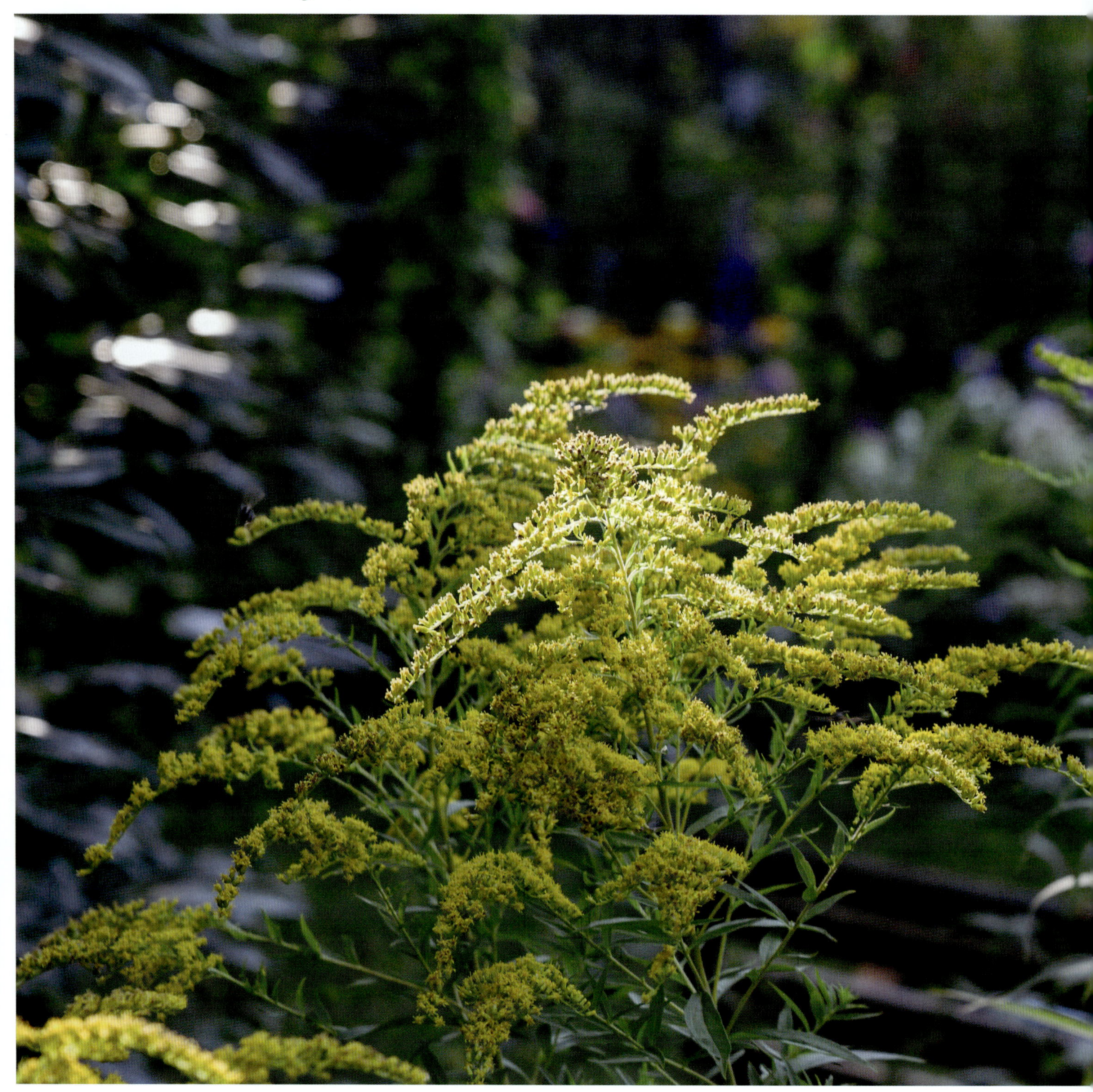

▲ *Die Kanadische Goldrute (Solidago canadensis) gilt zwar als verbreitungssüchtiges Unkraut, zur Blütezeit jedoch ist die Pflanze attraktiv und mit der richtigen Lichtstimmung eine wahre Zierpflanze.*

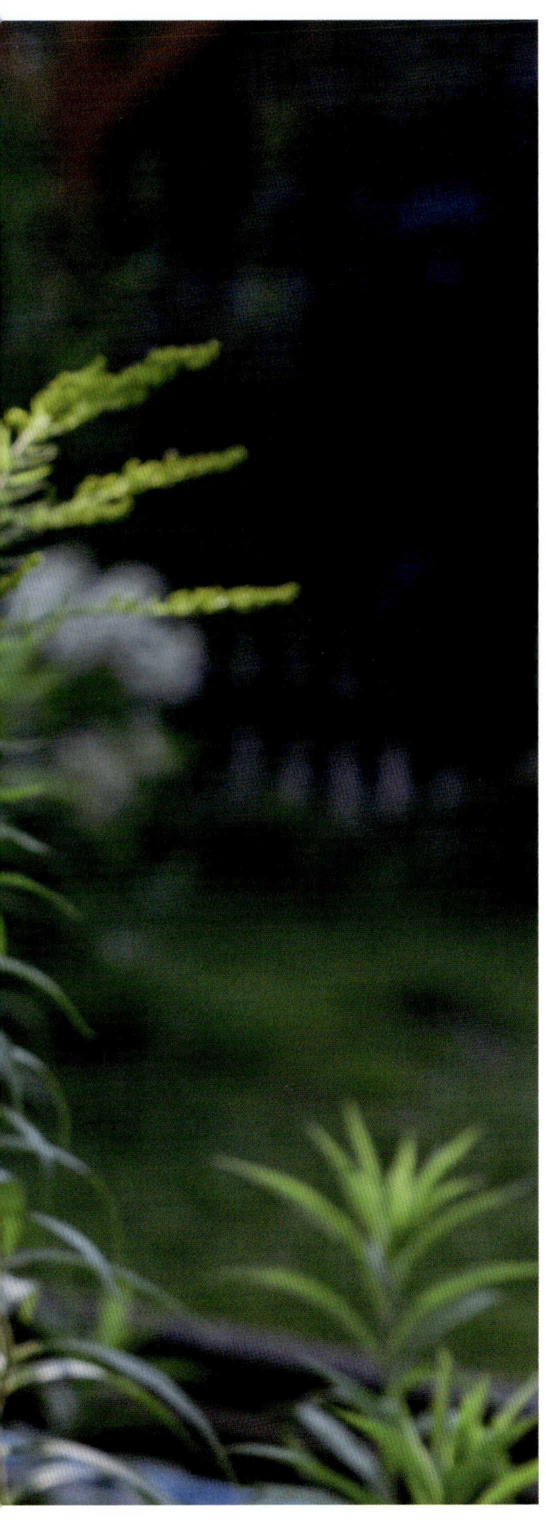

Sonnenlicht pro und kontra

Die unterschiedlichen Lichtverhältnisse haben Einfluss auf die Helligkeit und die Farbwirkung, die durch die Farbtemperatur definiert wird. Die Sonne ist eine hervorragende Lichtquelle. Blumen und Blüten wirken in der Sonne brillant. Aus der richtigen Perspektive beschienen, leuchten die Farben kräftig, und die Pflanzen werden durch Schattierungen plastisch gezeichnet. Ein Zuviel an Sonnenlicht kann sich jedoch negativ auswirken. Diese Situationen treten im Sommer bei hoch stehender Mittagssonne auf. Das Licht kommt fast senkrecht von oben. Damit fallen die Schatten nach unten, und die Pflanze verliert ihre plastische Wirkung. Kontraste nehmen stark zu, und die Farben verlieren an Kraft. Erfahrene Gartenfotografen nutzen im Sommer die Zeit zwischen 10 und etwa 16 Uhr zum Baden oder Eisessen.

Wolken streuen das Licht

Unbestritten sind Wolken am Himmel schöne Motive, jedoch beeinflussen sie die Lichtverhältnisse. Wolken streuen das Licht wie eine Folie und machen es weich. Die Übergänge zwischen hellen und dunklen Bereichen sind weicher und Strukturen gut erkennbar. Eigentlich optimal, solange die Brillanz nicht gänzlich verloren geht. Zudem müssen Wolkenbewegungen im Fotografenblick bleiben, denn durch sie wechseln Lichtverhältnisse kurzzeitig. Die Farbtemperatur sollte individuell angepasst werden.

Auf der Schattenseite

Wo Sonne ist, ist auch Schatten. Gerade unter Bäumen oder durch Gebäude findet man schwierige Lichtsituationen vor. Die Helligkeitsunterschiede zwischen Schatten und durchdringenden Sonnenstrahlen können so stark sein, dass die Kamera Bildbereiche über- oder unterbelichtet. In diesen Situationen könnte das Aufhellen mittels Blitzgerät die dunklen Bereiche optimieren. Es empfiehlt sich, die Lichtmessung auf Spot- oder Selektivmessung umzustellen. Zudem kann es im Schatten zu einem bläulichen Farbstich kommen. Unter Umständen hilft der Versuch, auf den Weißabgleich für bewölkten Himmel umzustellen.

Mit der Sonne im Rücken

»Die Sonne im Rücken kann den Fotografen nicht entzücken!« – Die Sonne im Rücken des Fotografen ist sehr unangenehm. Das Licht fällt in Blickrichtung auf das Objekt. Die Schatten fallen nach hinten, und die Zeichnung geht gänzlich verloren. Die Folge sind platt wirkende Pflanzen, die kaum Strukturen besitzen. Optimales Licht für die Gartenfotografie ist dann vorhanden, wenn ein ganz leichter Wolkenschleier das Sonnenlicht streut. Dieses Licht ist hell und gleichmäßig.

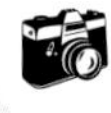

BELICHTUNG IN REIHE

Spiegelreflexkameras und Systemkameras bieten die Möglichkeit, Belichtungsreihen durchzuführen. Im Kameramenü wird ein Blendenabstand von bis zu +/–3 eingestellt. Bei einer Reihenaufnahme entstehen drei Aufnahmen mit unterschiedlichen Blendenwerten, wovon eine unter-, eine normal und die letzte überbelichtet ist. Diese Methode empfiehlt sich, wenn bei schwierigen Lichtverhältnissen fotografiert wird. Belichtungsreihen, die aus drei und mehr Einzelbildern bestehen, werden zudem in der HDR-Fotografie eingesetzt.

Lichtführung und Helligkeit

Jeder Fotograf ist bestrebt, Motive so gut wie möglich aufzunehmen, wobei diese Beurteilung natürlich ganz im Auge des Betrachters liegt. Wir Menschen haben jedoch bestimmte Gewohnheiten, die sich auf viele Bereiche übertragen lassen. Für Mitteleuropäer verläuft die Leserichtung von links nach rechts und von oben nach unten. Genau auf diese Art betrachten wir auch Bilder.

Als Landschaftsfotograf versucht man, mithilfe der Lichtführung eine Helligkeitsdiagonale im Bild zu erreichen. Die größte Helligkeit ist in der linken oberen Ecke zu finden. Nach rechts unten nimmt die Helligkeit im Bild ab. Der Blick wird automatisch links oben einsteigen und das Bild nach rechts unten erkunden. Zugegebenermaßen ist es in der Gartenfotografie unter natürlichen Lichtbedingungen nicht immer möglich, Motive so einzufangen, dennoch sollte man diese Lichtführung in der Bildgestaltung zu berücksichtigen versuchen.

BELICHTUNG PRÜFEN

Digitale Spiegelreflexkameras bieten zwei Hilfsmittel an, die unmittelbar nach der Aufnahme eine Belichtungsrückmeldung liefern.

- **Überbelichtungswarnung** – In den Kameraeinstellungen lässt sich die Darstellung einer Überbelichtung aktivieren. Bei der Anzeige der Fotos auf dem Display blinken überbelichtete Bildbereiche schwarz. Ist das der Fall, sollte die Blende mit der nächsten Aufnahme verkleinert werden.
- **Histogramm** – Das Histogramm sieht relativ technisch aus, es ist jedoch eine gute Hilfe, um die Helligkeitsverhältnisse im Bild zu bestimmen. Ideal ist eine mittlere Verteilung (Ausschlag in der Mitte), denn das entspricht in etwa der vorherrschenden Lichtsituation. Eine Gewichtung der Kurve auf der linken Seite signalisiert geringe Helligkeit, ein Ausschlag rechts große Helligkeit. Beide Ausschlagrichtungen lassen sich später in der Bildbearbeitung korrigieren, jedoch ist der rechte Ausschlag (Tendenz zur Überbelichtung) mit weniger Qualitätsverlusten verbunden. Zu vermeiden sind Anschläge am Rand, denn in diesen Bereichen existiert keine Zeichnung mehr, das heißt, sie sind im Bild schwarz oder weiß.

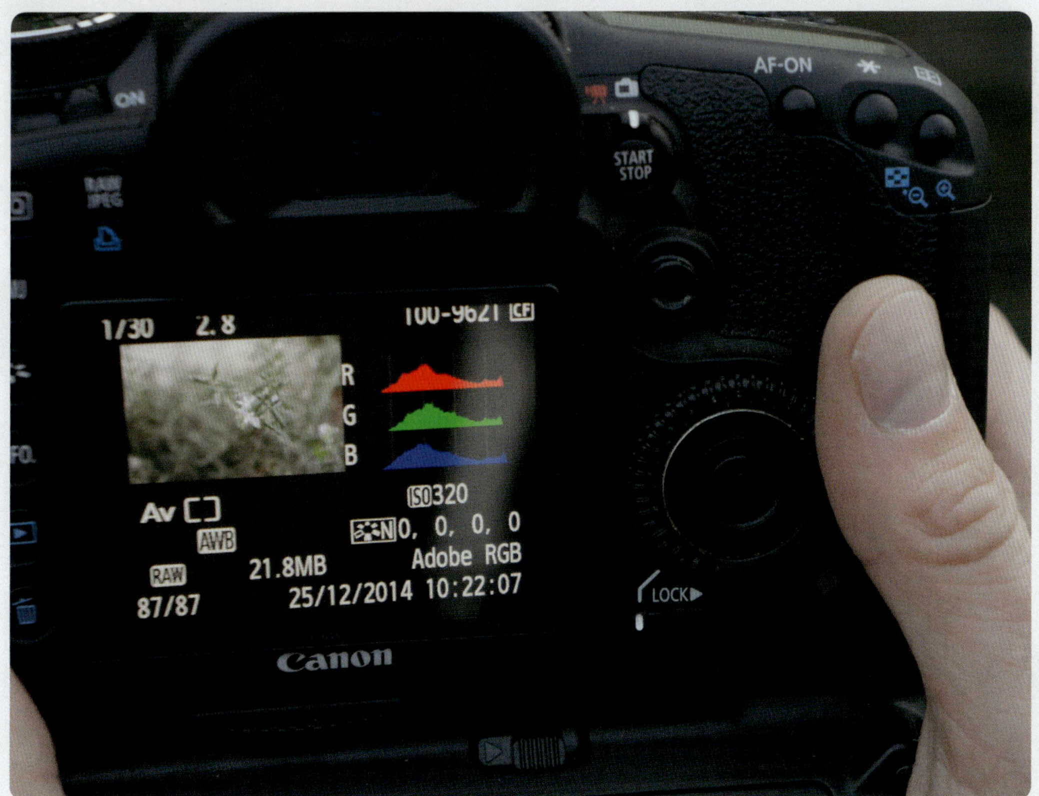

▲ *Das Histogramm zeigt an, wie die Helligkeit im Bild verteilt ist. Schlägt die Kurve an den Seiten an, sind Bildbereiche über- oder unterbelichtet.*

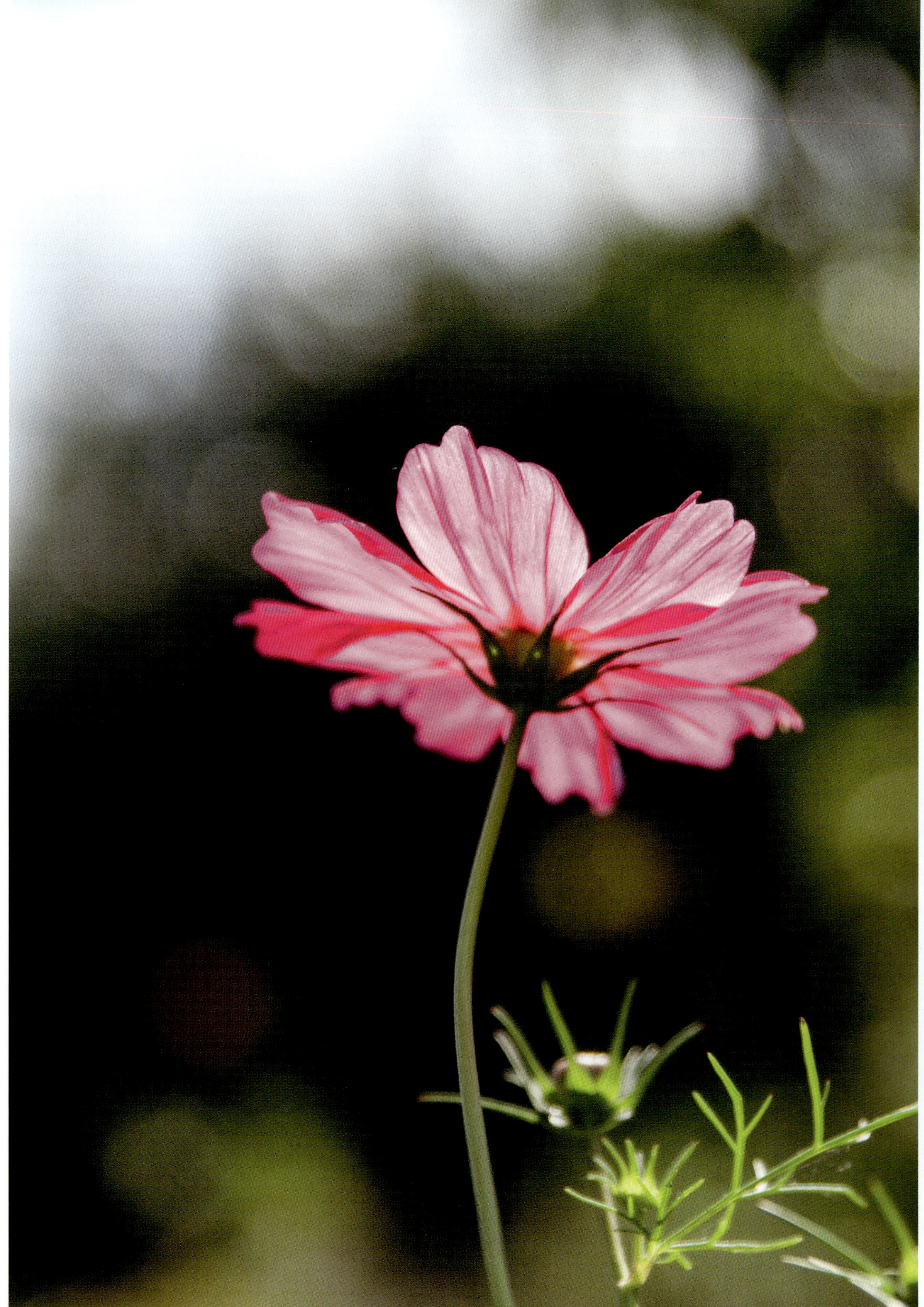

▸ *Die Helligkeit nimmt von links oben nach rechts unten ab und lenkt den Blick auf die rote Blüte des Schmuckkörbchens (Cosmos bipinnatus) vor dem dunklen Hintergrund.*

Brennweite 65 mm :: Blende f/2.8 :: Belichtungszeit 1/250 s :: ISO 100

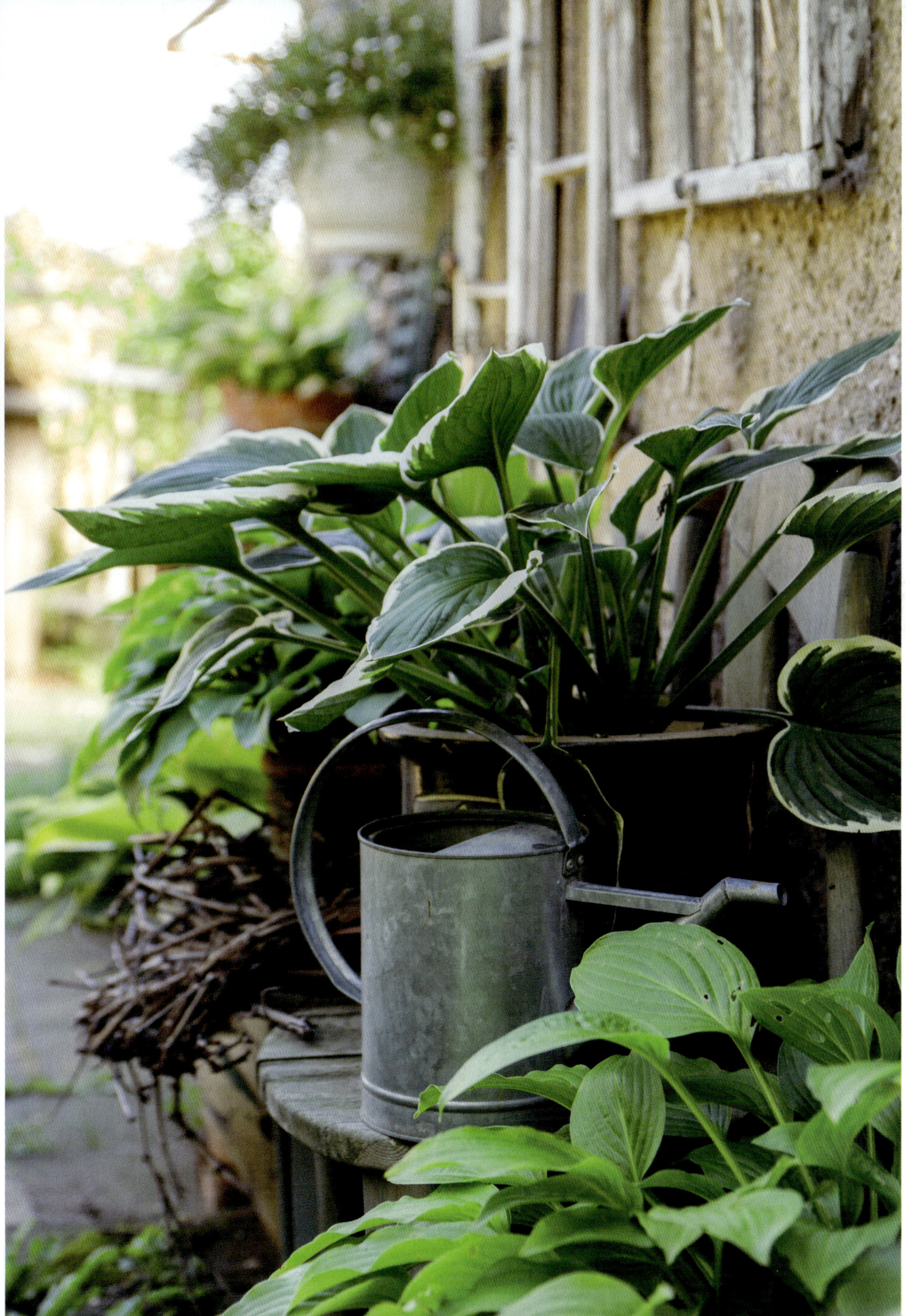

◂ *In vielen Gärten lassen sich natürliche Arrangements finden, die ihre Motivqualitäten erst auf dem zweiten Blick offenbaren.*

Brennweite 85 mm :: Blende f/3.2 :: Belichtungszeit 1/500 s :: ISO 100

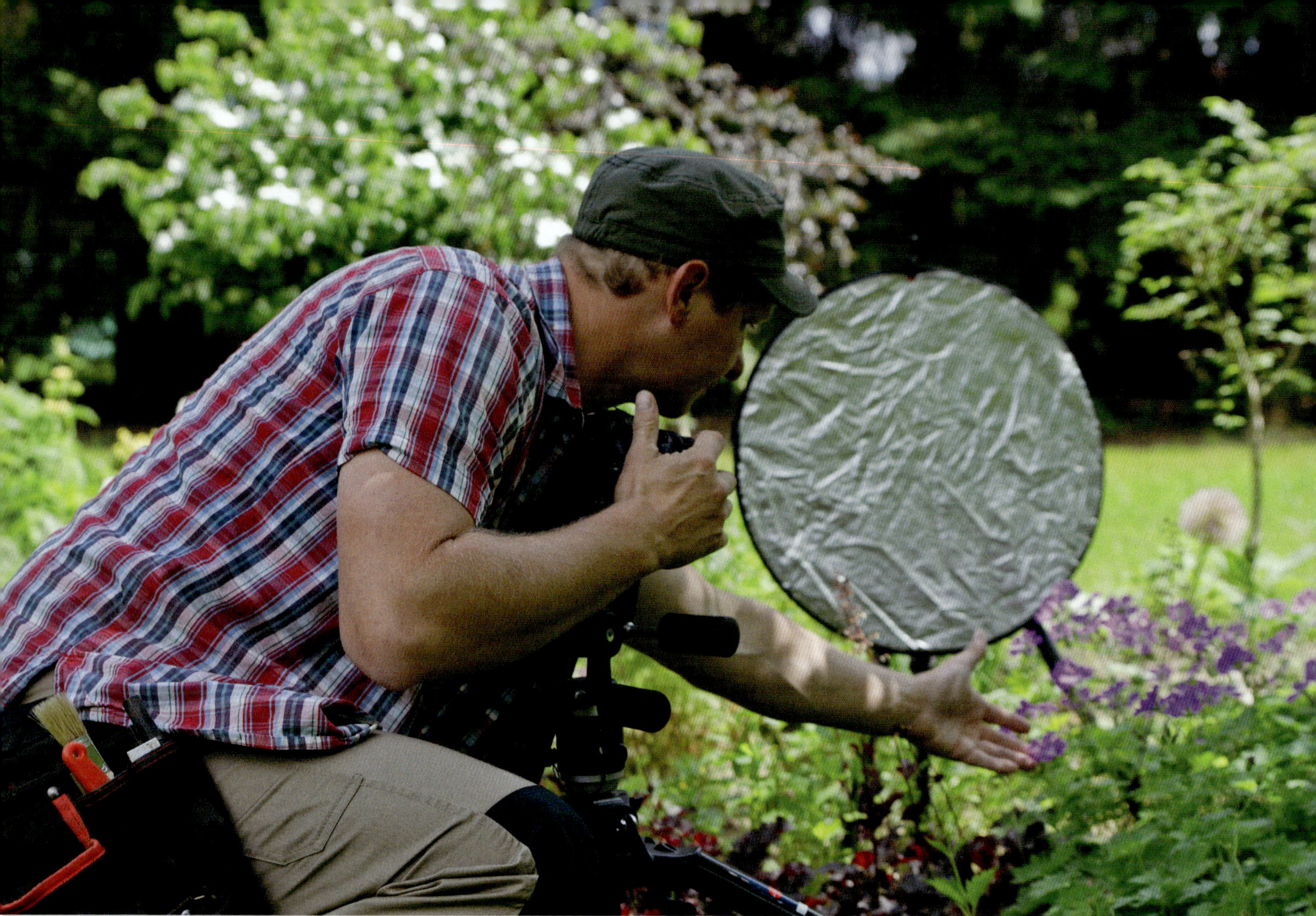

▲ *Mit Reflektoren können kleinere Gartensituationen oder einzelne Pflanzen individuell ausgeleuchtet werden.*

Brennweite 42 mm :: Blende f/3.5 :: Belichtungszeit 1/250 s :: ISO 100

Licht gezielt steuern

Es gibt durchaus Möglichkeiten, Licht gezielt zu steuern. Die Verwendung von Blitzen ist in der Gartenfotografie etwas aufwendig, sodass ich persönlich lieber auf Reflektoren zurückgreife. Sie erzielen auch bei ungünstigen Lichtverhältnissen noch gute Aufhellungen im Motiv. Blüten können durch Seitenlicht betont werden, eine ganze Pflanze kann mehr Plastizität erhalten. Auch das Gegenteil ist möglich, indem eine dunkel angestrichene Pappe das Licht absorbiert und Helligkeit auslaufen lässt.

- **Starkes Aufhellen** – Professionelle Faltreflektoren aus dem Fachhandel oder beklebte Pappe mit Alufolie dienen der direkten Aufhellung. Warme Farbtöne erreicht man durch goldene Folien bzw. Reflektoren.
- **Weiches Aufhellen** – Styroporplatten sorgen für sanfte Helligkeitsverläufe.
- **Abdunkeln** – Dunkel angestrichene Pappe oder Kunststoffplatten absorbieren das Licht. Bei starker Sonne ist der Effekt jedoch kaum sichtbar.

Hartes Licht aufweichen

Hartes Licht ist bei Gartenfotografen nicht beliebt, denn es dämpft die Farben und die Strukturen. Manchmal lässt es sich aber nicht vermeiden, in der Mittagssonne zu fotografieren. Bei kleineren Objekten und Motiven lässt sich die Härte des Lichts mit einem Diffusor aufweichen. Sie haben eine ähnliche Wirkungsweise wie Wolken und zerstreuen das Sonnenlicht. Es wird weicher, die Kontraste verringern sich, und die Strukturen der Pflanze werden deutlicher. Eingesetzt werden sie zwischen Sonne und Motiv. Dabei ist darauf zu achten, dass der Rahmen keine Schatten wirft. Diffusoren sind meist Teil der Faltreflektoren aus dem Fachhandel.

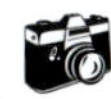

DIFFUSOR IM SELBSTBAU

Ein schmaler Bilderrahmen lässt sich mit einer Milchfolie aus dem Baumarkt bespannen. Wird er mehrfach bespannt, erhöht sich die lichtbrechende Wirkung. Alternativ gibt es im Baumarkt halb transparente Kunststoffplatten, die ähnlich gute Dienste verrichten.

▼ *Diffusoren brechen hartes Licht und machen es weicher. Obwohl es nicht die gängige Praxis ist, lassen sich auch einfache Freisteller im Beet und Gegenlicht auf diese Weise fotografieren.*

Brennweite 26 mm :: Blende f/14 :: Belichtungszeit 1/200 s :: ISO 100

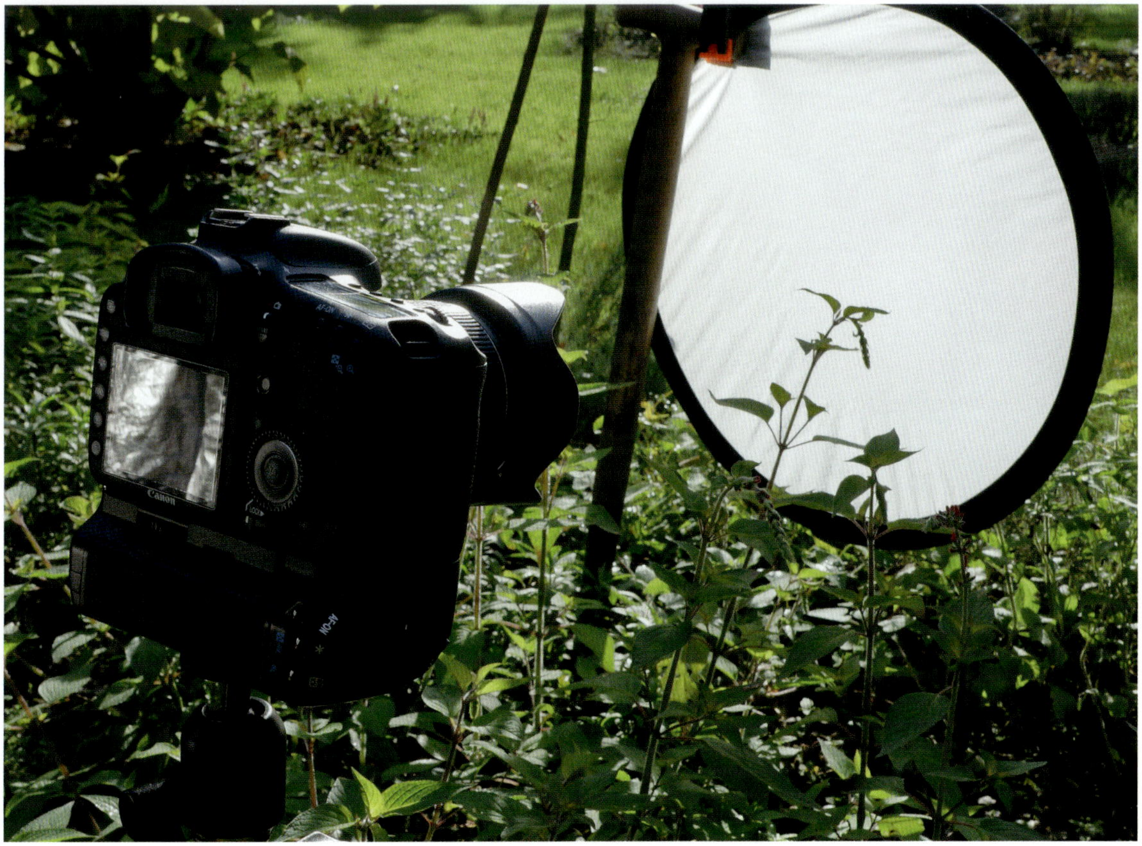

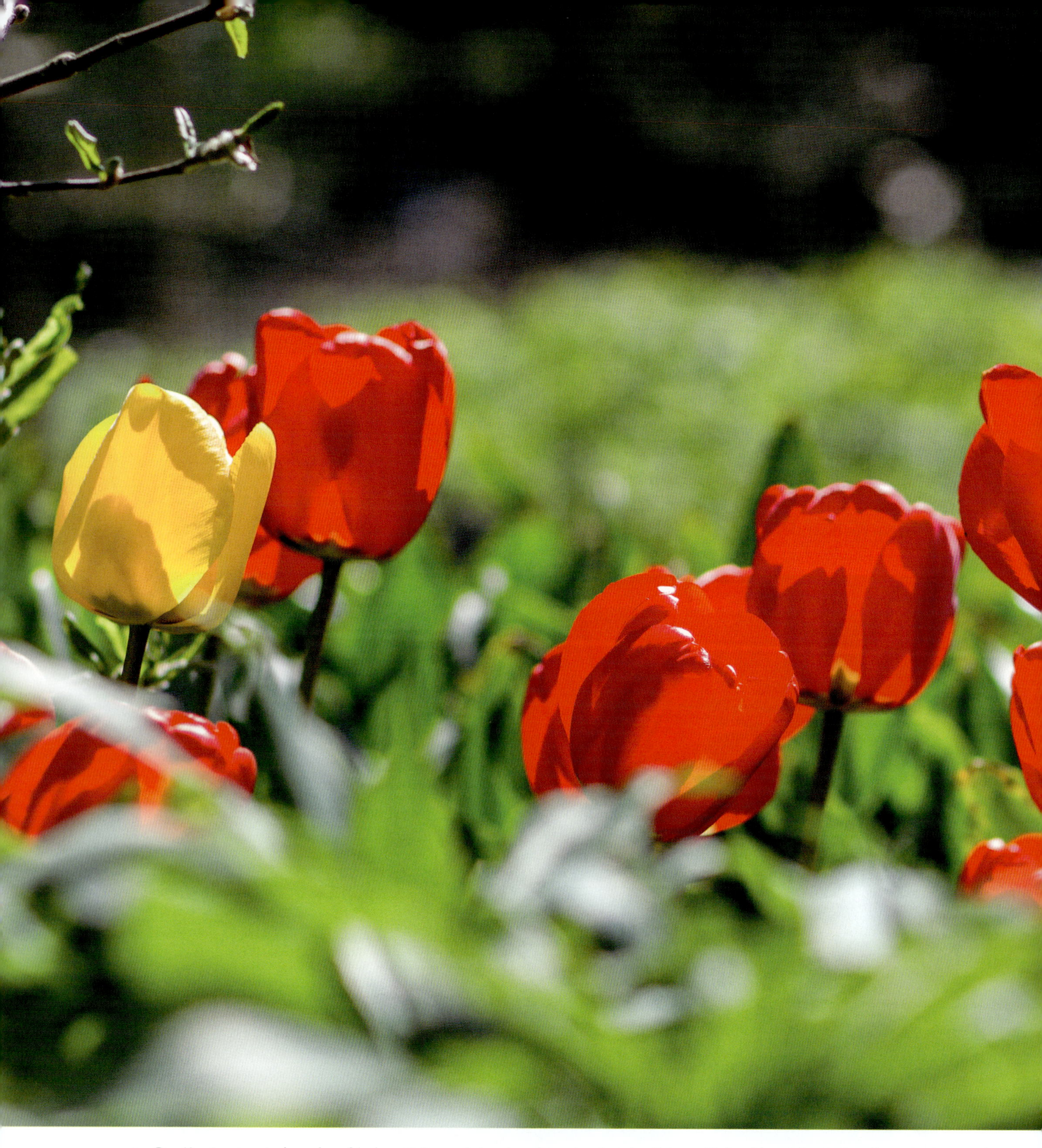

▲ *Der Kontrast zwischen dem frischen Grün und dem leuchtenden Rot der Tulpen (Tulipa) bewirkt ein knalliges Farbenspiel.*

Brennweite 85 mm :: Blende f/2.8 :: Belichtungszeit 1/1000 s :: ISO 100

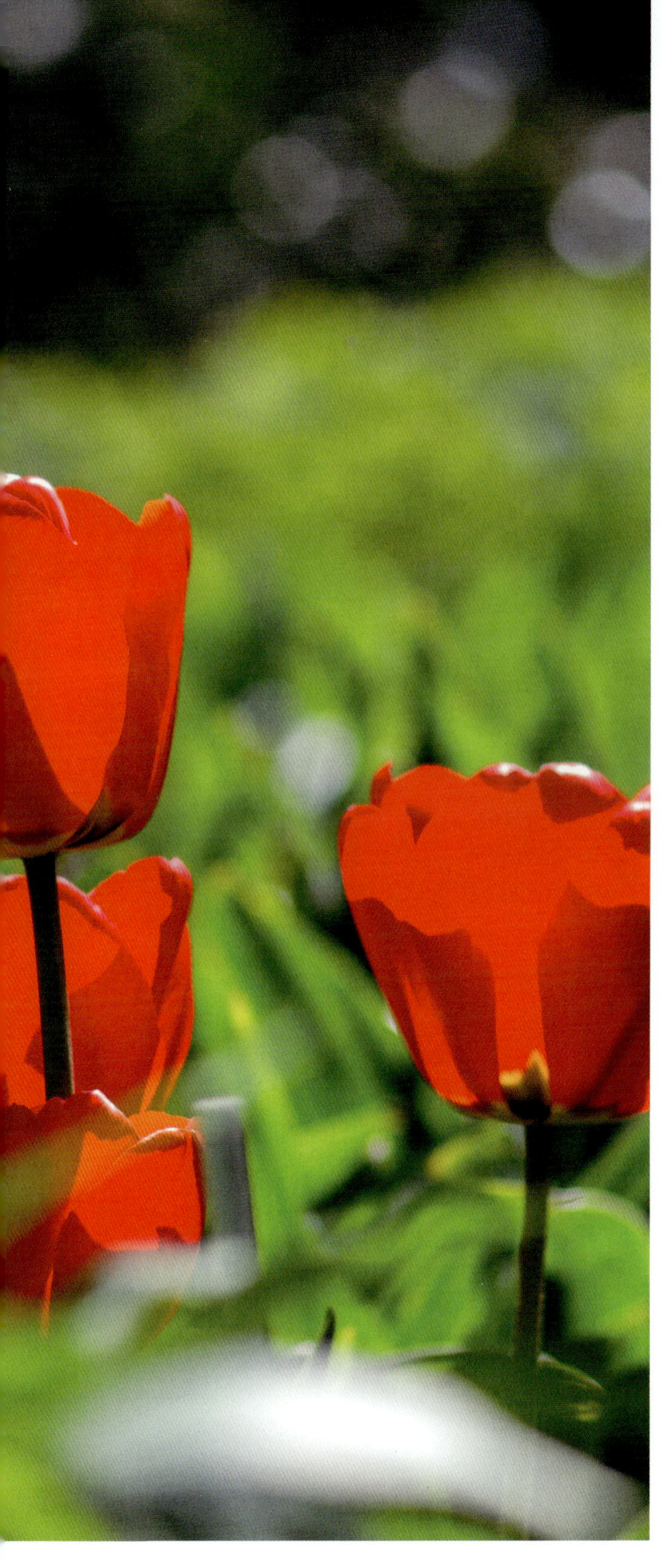

KONTRASTE UND **FARBEN**

Die Natur ist für ihre atemberaubenden Farbenspiele bekannt. Im Garten bildet sie förmlich einen Malkasten, der die Attraktivität der grünen Oase ausmacht. Je nach Bepflanzung ergeben sich farbliche Kombinationen, die das fotografische Auge magisch in ihren Bann ziehen.

Kontraste erzeugen Aufmerksamkeit

Kontraste sind es, die sowohl im Leben als auch in der Fotografie gleichermaßen für Aufmerksamkeit und Aufregung sorgen. Häufig zeichnen sich Gartengestaltungen sowohl durch ihre Farbenpracht als auch ihre zahlreichen Kontraste aus. Wirkungsvoll sind Blütenfarben, die im Farbkreis gegenüberliegen bzw. sich von ihrer Wirkung her stark unterscheiden. Dunkle Blüten heben sich von hellen Blüten oder Blättern im Hintergrund bestens ab. Umgekehrt treten helle Blüten besonders vor dunklem Hintergrund hervor. Es müssen nicht immer die gewöhnlichen Grüntöne des Blätterwerks dominieren, auch rote oder gelbe Laubfärbungen im Herbst bilden wunderschöne Farbkontraste.

Harmonische Farbkombinationen

Im Gegensatz zu Kontrasten sorgen harmonische Farbkombinationen für Ausgeglichenheit, Ruhe und Schlichtheit. Die Farben sind wenig gegensätzlich und liegen im Farbkreis zumeist nah beieinander. Für Harmonie sorgen zusätzliche Gräser. Sie sind nicht als Farbknaller im Garten bekannt, dafür überzeugen sie durch ihre grazile Erscheinung und die Wuchsform der linealischen Blätter. Allein ihre Anwesenheit erzeugt Harmonie und verhilft durch die Blätteranordnung zu einer Linienführung im Bild.

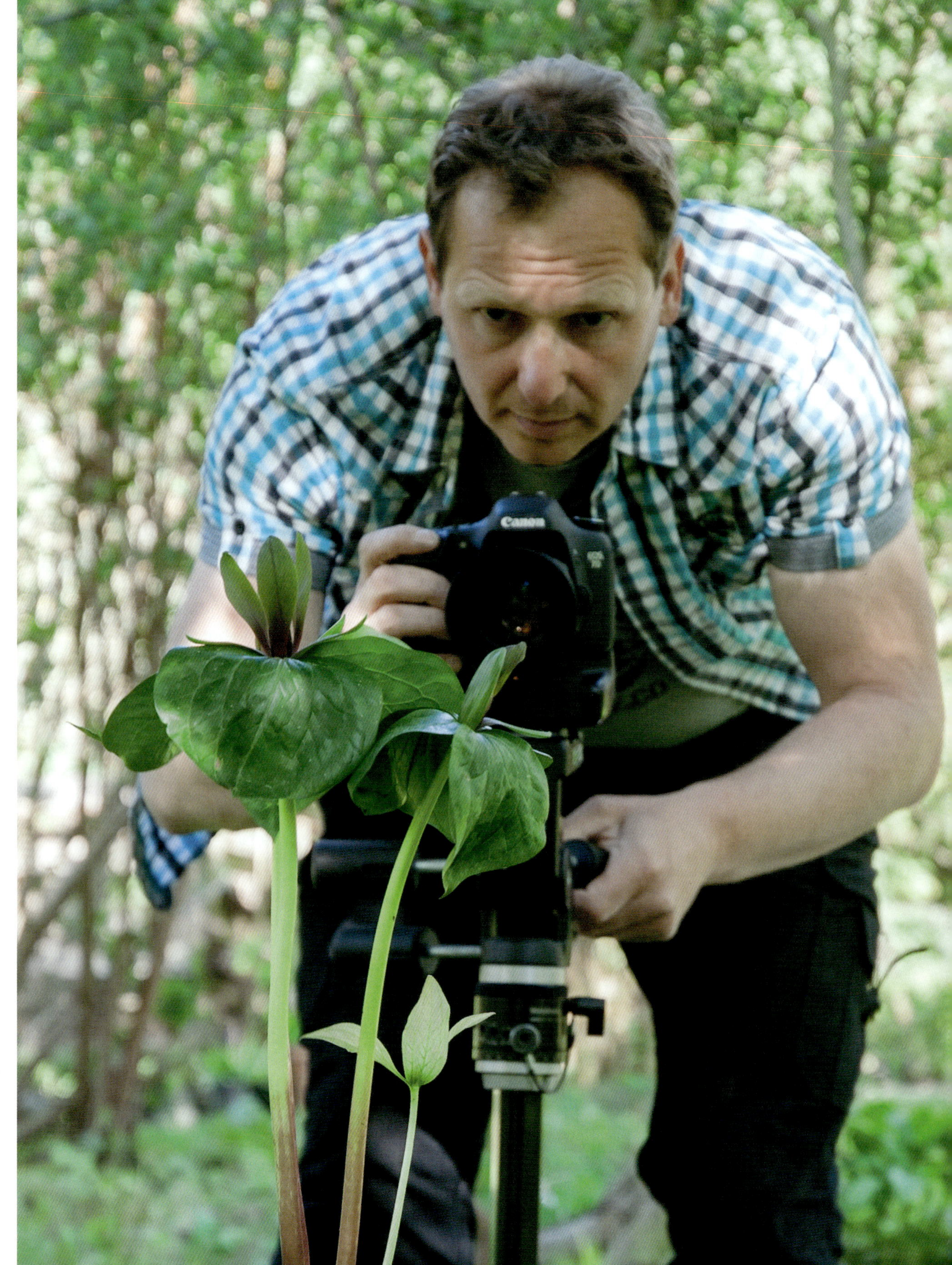
Canon

MOTIV UND NEBENROLLE

In einem Garten findet man täglich neue Motive. Selten ist es der Garten in seiner Gesamtheit. Viel mehr sind es die Details oder Situationen, die aus Hauptmotiv und Umgebung bzw. Hintergrund bestehen.

Motivabstand zum Hintergrund

Die Hauptrolle spielt das eigentliche Fotomotiv, etwa eine Blüte, eine Pflanze oder auch eine Pflanzengemeinschaft. Die Nebenrolle spielt die Umgebung bzw. der Hintergrund, wobei diese Rolle wie immer mindestens genauso wichtig ist. Kein Hauptmotiv kommt gut zur Geltung, wenn die Umgebung ablenkt bzw. der Hintergrund den Blick wegzieht. Idealerweise befindet sich das Motiv in etwas Abstand vor dem Hintergrund. In der Fotopraxis lässt sich eine Blüte im Bild mit einer weit geöffneten Blende herauslösen, und der Hintergrund verschwimmt.

Mit dem Model auf Augenhöhe

Aus der Porträtfotografie ist bekannt, dass Fotomodelle auf Augenhöhe fotografiert werden. Für uns Menschen wirken Bilder harmonisch, wenn wir unserem Gegenüber auf gleicher Höhe in die Augen blicken. Gleiches gilt auch in der Gartenfotografie. Werden Pflanzen im Porträt aufgenommen, stellen ihre Blüten das Gesicht dar. Kamera und Blüten sollten sich auf etwa der gleichen Ebene befinden. Das entstehende Seitenprofil wirkt realitätsnah und unverzerrt. Für Stauden und Sommerblumen heißt das: ab in die Hocke.

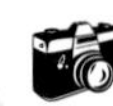

SPIEL MIT KONTRASTEN

Besonders wirkungsvoll ist das Spiel mit Kontrasten. Helle Blütenfarben heben sich vor dunklem Hintergrund, z. B. einer grünen Hecke, besonders gut ab. Dunkle Blütenfarben wirken intensiv vor hellem oder silbernem Laub. Man kann den Blüten noch mehr Ausdruck verleihen, indem man Reflektoren gezielt ein Seitenlicht auf die Blume fallen lässt.

◂ *Die Blende und der Abstand von der Kamera zur Waldlilie (Trillium) bestimmen, wie groß die Schärfentiefe im Bild ist. In dunklen Bereichen (z. B. unter Gehölzen) empfiehlt sich immer die Verwendung eines Stativs.*

Brennweite 55 mm :: Blende f/4.5 :: Belichtungszeit 1/80 s :: ISO 200

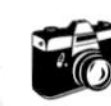

GARTENSPAZIERGANG

Pflanzen haben keine ewige Blüte. Insekten, Feuchtigkeit, Wind oder Temperaturen sind Faktoren, die eine Blütezeit stark verkürzen können. Morgens noch fotogen, ist die Pflanze abends bereits verblüht. Häufige Spaziergänge durch den Garten sind für den Fotografen unerlässlich.

PERSPEKTIVEN FINDEN

Auch abseits der gewohnten Gartenwege ergeben sich interessante und neue Perspektiven. Suchen Sie sich Standpunkte im Beet oder in Randbereichen, die man seltener einnimmt.

▸ *Tautropfen auf den feinen Blättern des Federgrases (Stipa tenuissima) wirken nach einem Sommerregen wie kleine Glitzerperlen.*

Brennweite 65 mm :: Blende f/4.5 :: Belichtungszeit 1/100 s :: ISO 100

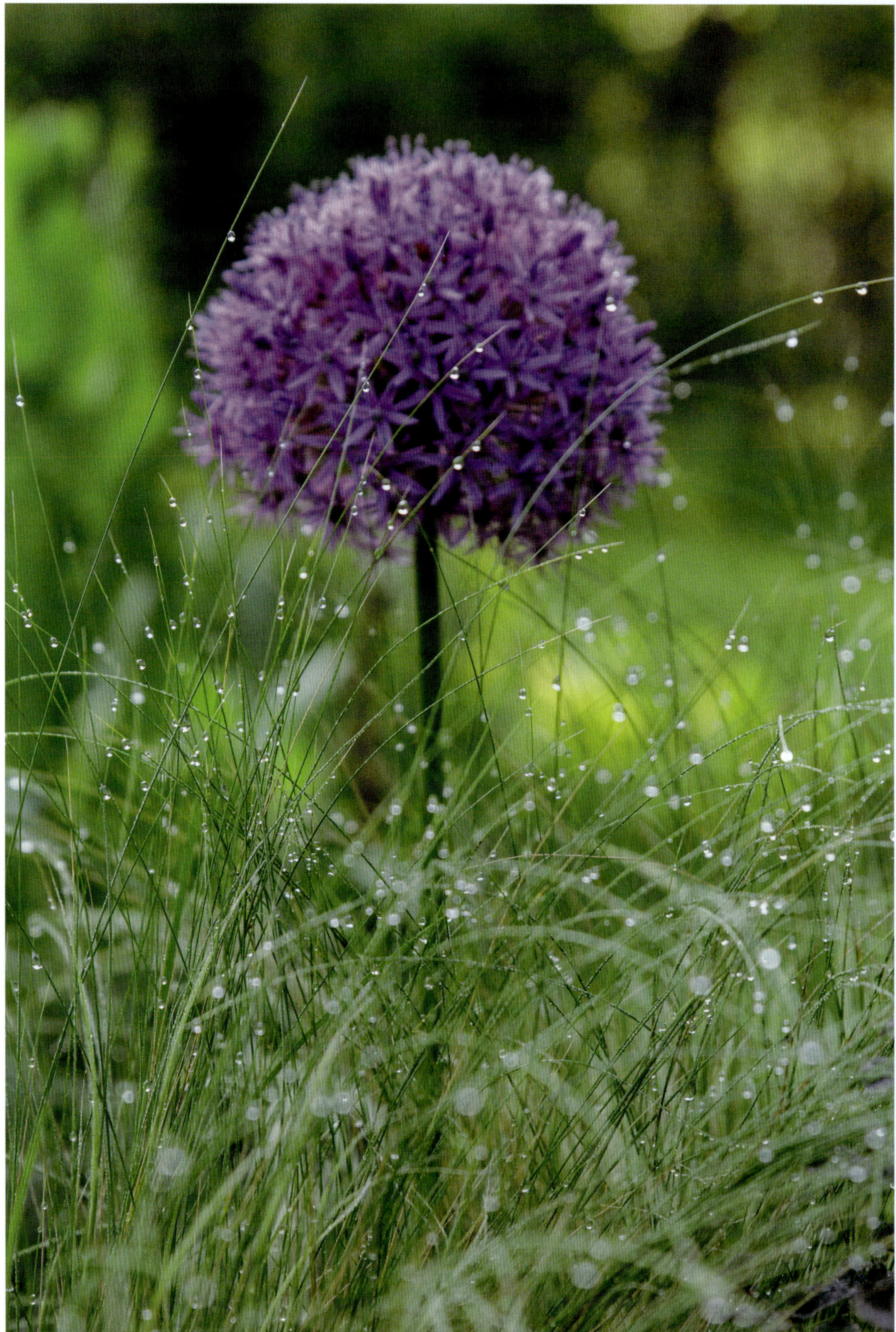

GRÄSER – UNVERZICHTBARES STILMITTEL

Die Wirkung von Gräsern wird in Gärten leider immer noch unterschätzt. Sie sind pflegeleicht, geben Struktur, bieten Sommerblumen und Stauden eine Bühne. Ein gut angelegter Staudengarten besteht mindestens zu einem Viertel aus Gräsern.

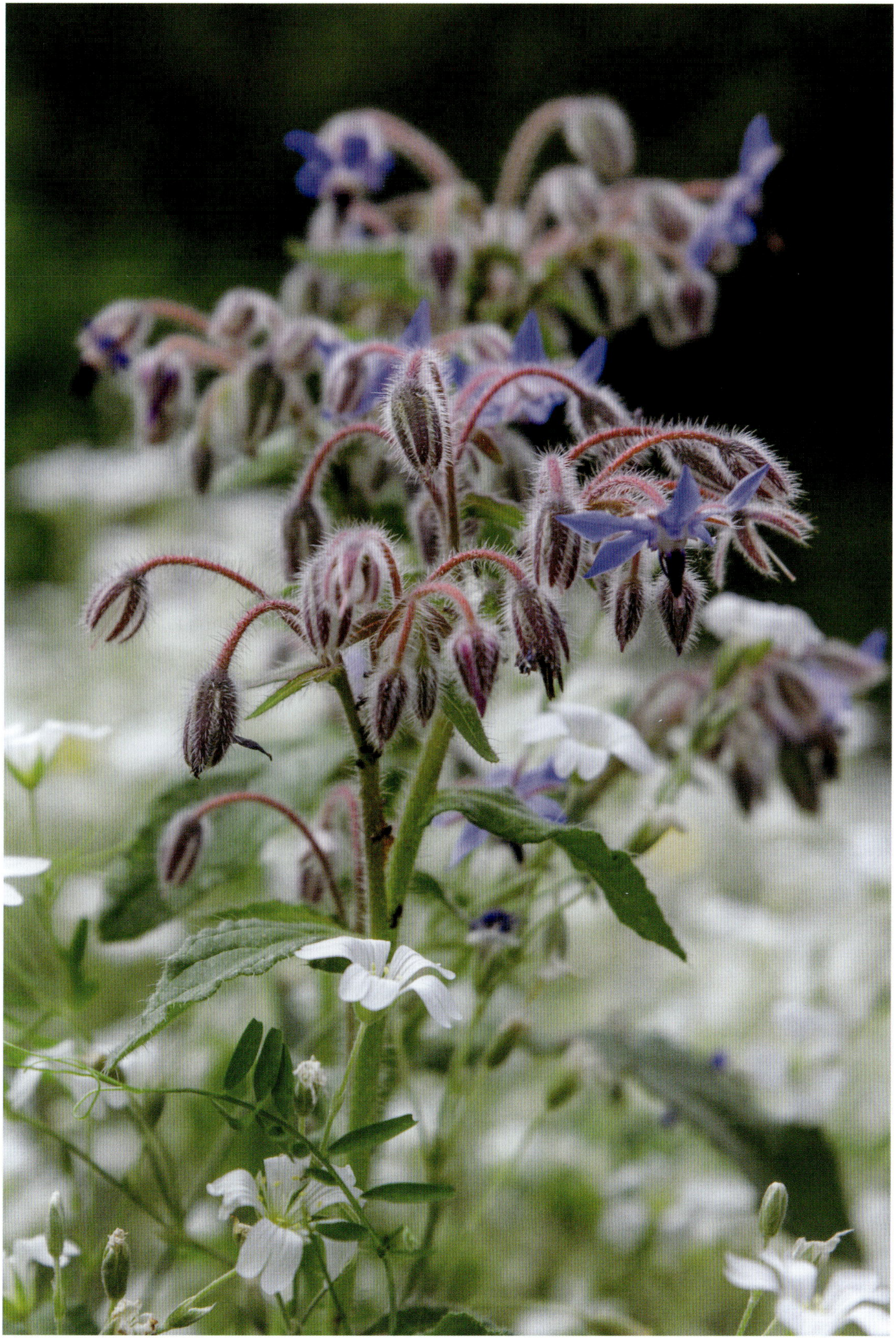

◀ *Der Borretsch (Borago officinalis) ist nicht nur ein vielseitiges Küchenkraut, sondern besitzt durch seine markanten Blüten sowie seine behaarten Knospen und Stiele beste Model-Qualitäten.*

Brennweite 70 mm :: Blende f/5.0 :: Belichtungszeit 1/200 s :: ISO 100

AUF BLICKFÄNGE ACHTEN

Der Garten bietet reichlich zauberhafte Facetten, die durch Farben und Licht Emotionen auslösen. Hört man beim Gartenspaziergang bewusst in sich hinein, erleichtert das die Suche nach Fotomotiven ungemein.

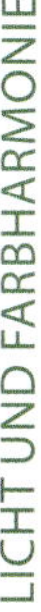

Auf die Naheinstellgrenze achten

Unterschreitet man beim Fotografieren die Naheinstellgrenze des Objektivs, verliert das Bild seine Schärfe. Grundsätzlich hängt der Abstand zum Motiv davon ab, wie weit man sich ihm nähern kann. Im Gegensatz zu Tieren oder Menschen sind Blumen und Pflanzen geduldige Models. Sie laufen nicht weg und halten bei Windstille ihre Position. Man kommt relativ nah an das Objekt heran.
Große Brennweiten sind nicht zwangläufig nötig. Möglicherweise gibt man damit etwas an selektiver Schärfe und Bokeh auf, behält aber eine höhere Lichtstärke am Standardteleobjektiv.
Große Brennweiten bieten sich dann an, wenn man nur aus größerer Entfernung fotografieren kann oder eine starke selektive Schärfe anstrebt. Man sollte sich jedoch bewusst sein, dass mit größerer Brennweite eine kürzere Belichtungszeit notwendig ist. Lassen das die Lichtverhältnisse nicht zu, wird ein Stativ gebraucht.

GROSSE BRENNWEITE VERWACKELT

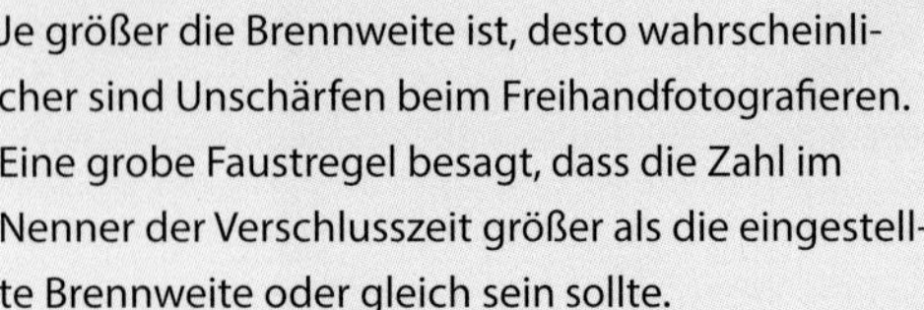

Je größer die Brennweite ist, desto wahrscheinlicher sind Unschärfen beim Freihandfotografieren. Eine grobe Faustregel besagt, dass die Zahl im Nenner der Verschlusszeit größer als die eingestellte Brennweite oder gleich sein sollte.

Beispiel: Lässt sich bei einer Brennweite von 135 mm und einer Verschlusszeit von 1/160 Sekunde noch scharf aus der Hand fotografieren, sind bei einer knapp längeren Verschlusszeit von 1/125 Sekunde Verwacklungen und Unschärfen möglich. Deshalb sollte man auch bei sonnigem Wetter immer ein Stativ griffbereit haben.

Andere Sichtwinkel ausprobieren

Fotografie hat mit Perspektiven zu tun. Je nachdem, von welcher Richtung man ein Objekt betrachtet, werden bestimmte Merkmale deutlicher, und andere rücken in den Hintergrund. Selbstverständlich möchte man nur die Schokoladenseiten seiner Gartenbewohner im Bild einfangen. Es lohnt sich, die Pflanzen nicht nur vom gewohnten Weg aus zu betrachten. Abseits des Gartenwegs, mitten aus dem Beet heraus, wirkt eine Blume durch die geänderte Perspektive und mit neuem Hintergrund ganz anders. Und da man schon im Beet sitzt, können auch gleich die braunen oder abgestorbenen Pflanzenteile abgezupft und das Unkraut entfernt werden. So schlägt man zwei Fliegen mit einer Klappe.

In der Gartenfotografie ist es geläufige Praxis, auf Augenhöhe zu fotografieren. Dieser Blickwinkel vermittelt Ästhetik und porträtiert Blumen, Pflanzen und Gartensituationen optimal. Andere Perspektiven helfen jedoch, neue und bislang verborgene Details zu entdecken.

- **Auf Augenhöhe** – Begeben Sie sich auf Augenhöhe mit Ihren Gartenpflanzen. Ihre Erscheinung und ihre Wuchsform wirken aus dieser Perspektive angenehmer und natürlicher. Besitzt die Kamera kein klappbares Display, lässt sich das Hinlegen auf den Boden bei flachwüchsigen Pflanzen, z. B. Bodendeckern und Blütenteppichen, nicht vermeiden.
- **Froschperspektive** – Der Blickwinkel von unten nach oben ist in der Porträtfotografie selten erwünscht, schafft er doch tiefe Blicke in die Nase und verstärkt das menschliche Doppelkinn. Bei Blumen und Pflanzen erhält der Gartenfotograf hingegen ungewohnte Ansichten. Nickende

oder hängende Blüten, die man eigentlich nur im Seitenprofil kennt, offenbaren aus der Froschperspektive ihr tatsächliches Gesicht. Der Himmel bildet aus dem niedrigen Sichtwinkel häufig den Hintergrund. Aus farblicher Sicht erzeugen weiße, gelbe oder rote Blüten besonders wirkungsvolle Kontraste vor der blauen Leinwand.

- **Vogelperspektive** – Der Blick von oben wird in der Gartenfotografie kaum gebraucht. Einerseits ist die vertikale Blickrichtung nach unten ungewöhnlich, denn normalerweise schaut das menschliche Auge in die Horizontale. Andererseits kommen Strukturen und Silhouetten nicht zur Geltung. Die Vogelperspektive hat jedoch ihre Berechtigung, wenn ein Überblick benötigt wird. Durch die Bepflanzung eines Beets und die unterschiedlichen Wuchshöhen werden in der horizontalen Sichtlinie ganze Bereiche im Beet verdeckt. Garten- und Beetformen sind aus der normalen Ansicht kaum erkennbar. Erst in der Draufsicht lassen sie sich deutlich erkennen.

Gestaltungshilfe Goldener Schnitt

Last, but not least – der Goldene Schnitt und die Drittel-Regel. Hierbei handelt es sich um eine Bildaufteilung, die geometrisch berechenbar ist, jedoch nicht aus der Geometrie stammt. Es ist eine empirische Zahl, die auf dem ästhetischen Empfinden beruht. Ganz grob wird das Bild sowohl in der Horizontalen als auch in der Vertikalen gedrittelt. Die vier Schnittpunkte vermitteln den meisten Betrachtern eine höhere Ästhetik als das Zentrum. Die Ausnahme bilden symmetrische Motive, z. B. spitz zulaufende Farnwedel. Sie wirken in ihrer Gleichmäßigkeit zentriert ausgewogener als im Goldenen Schnitt. Zwar kann jedes Bild im Zuge der Bildbearbeitung passend zugeschnitten werden, aber es empfiehlt sich, bereits beim Fotografieren auf die optimale Bildgestaltung zu achten.

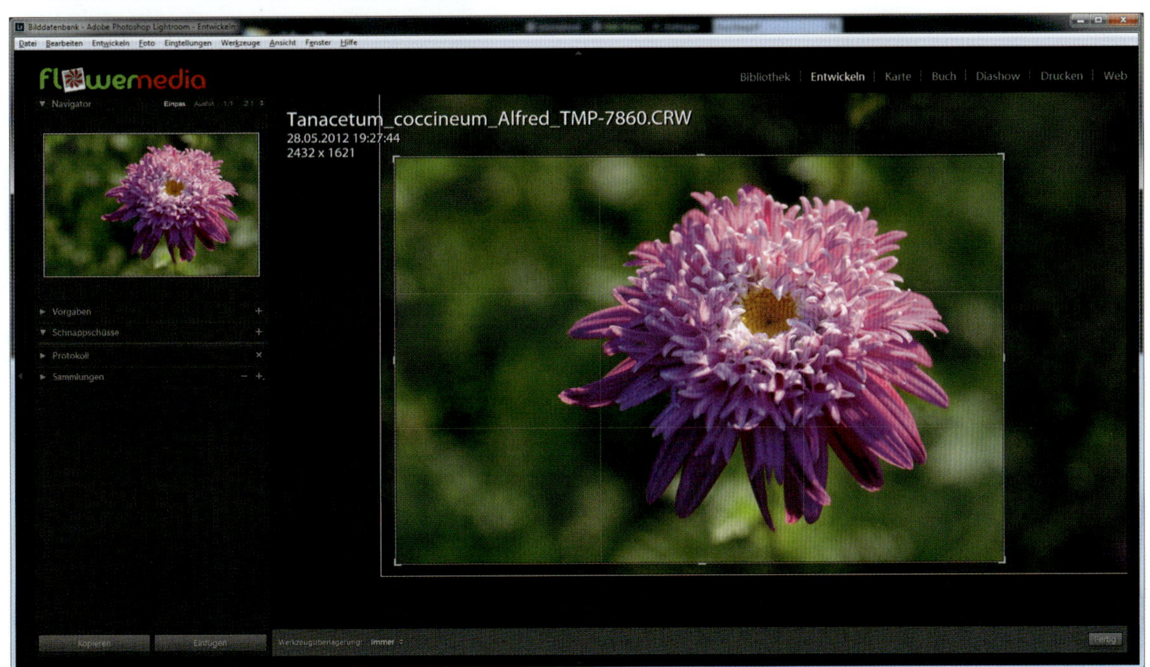

▲ *Das Motiv sitzt perfekt im Goldenen Schnitt.*

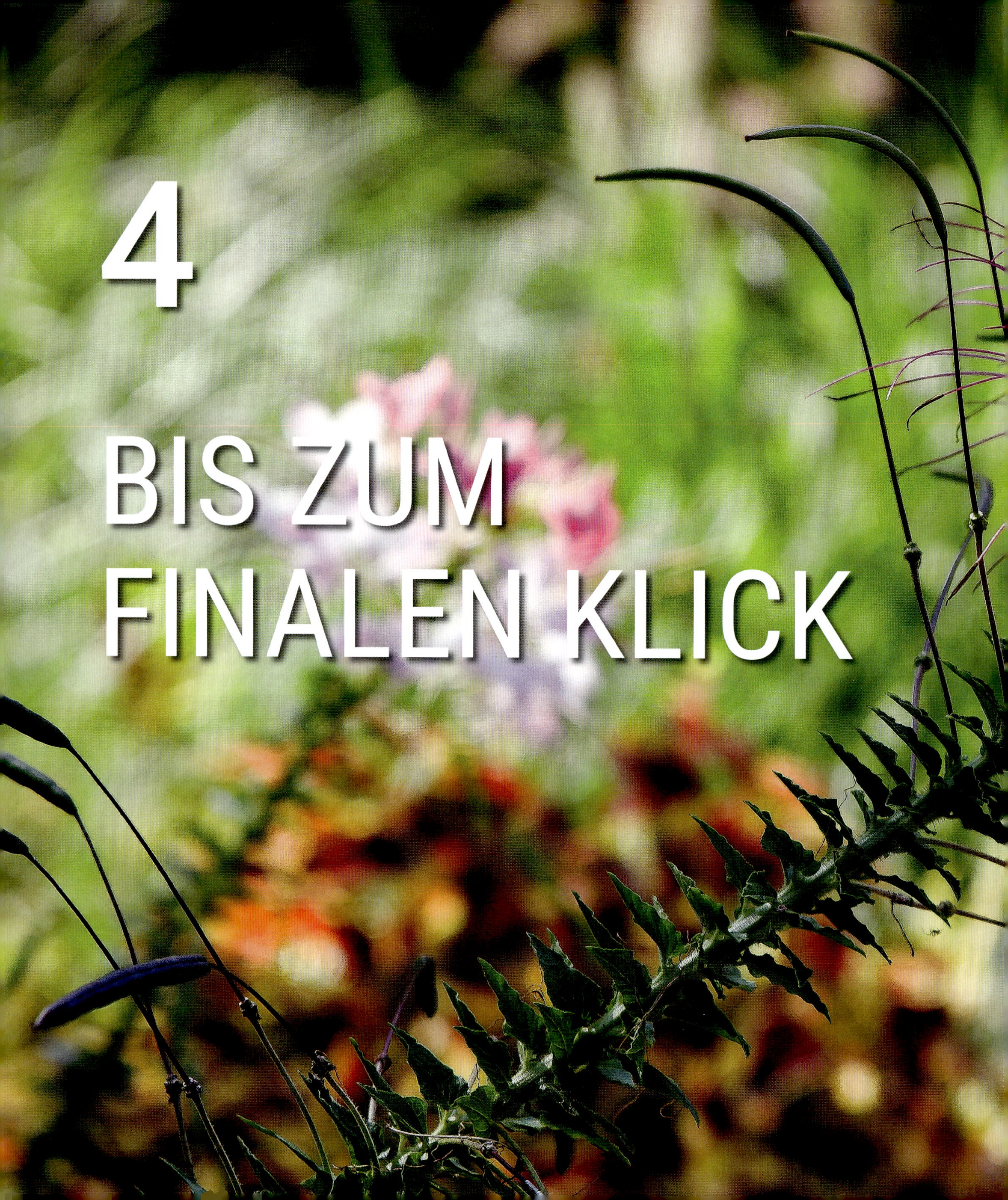

4

BIS ZUM FINALEN KLICK

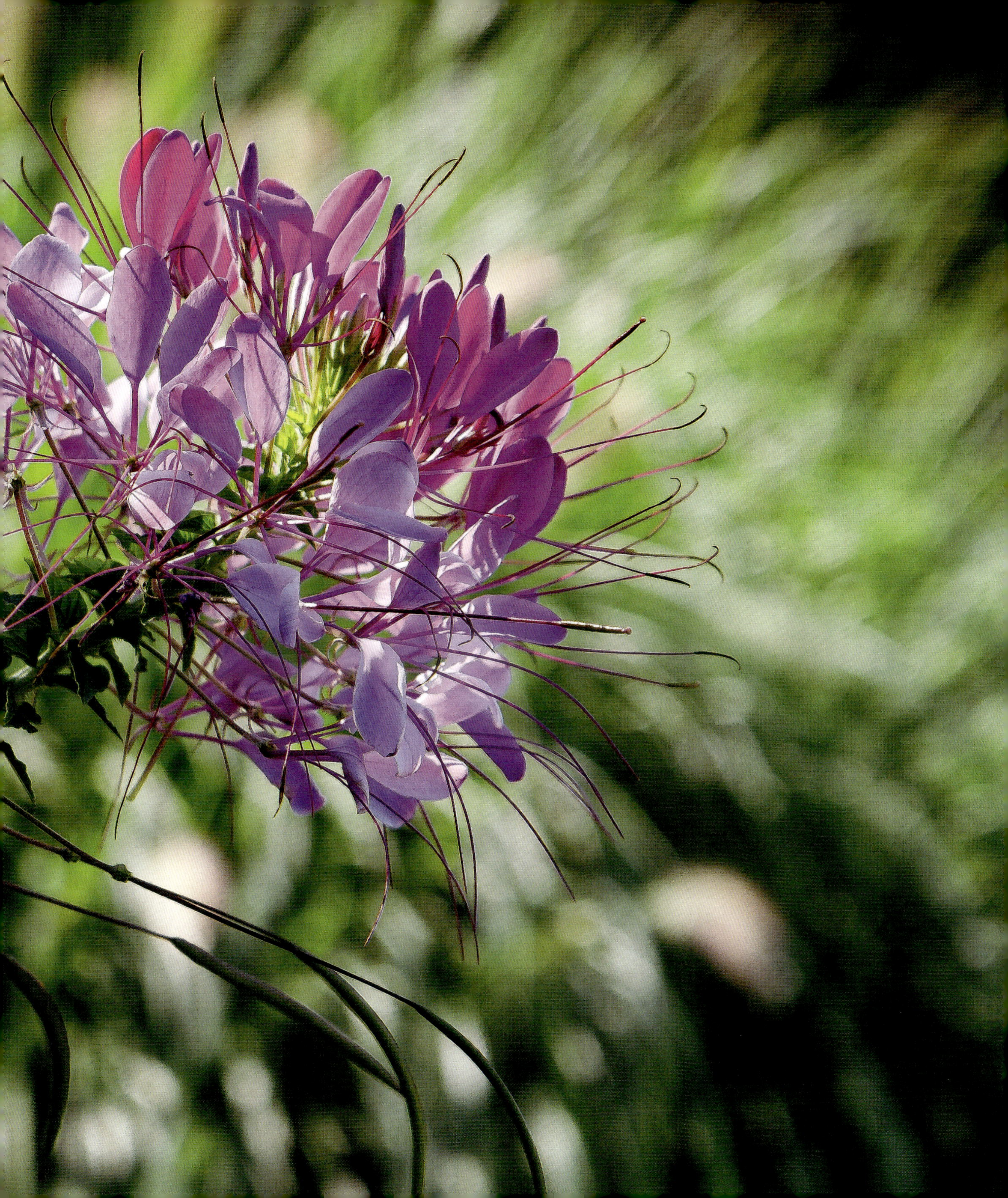

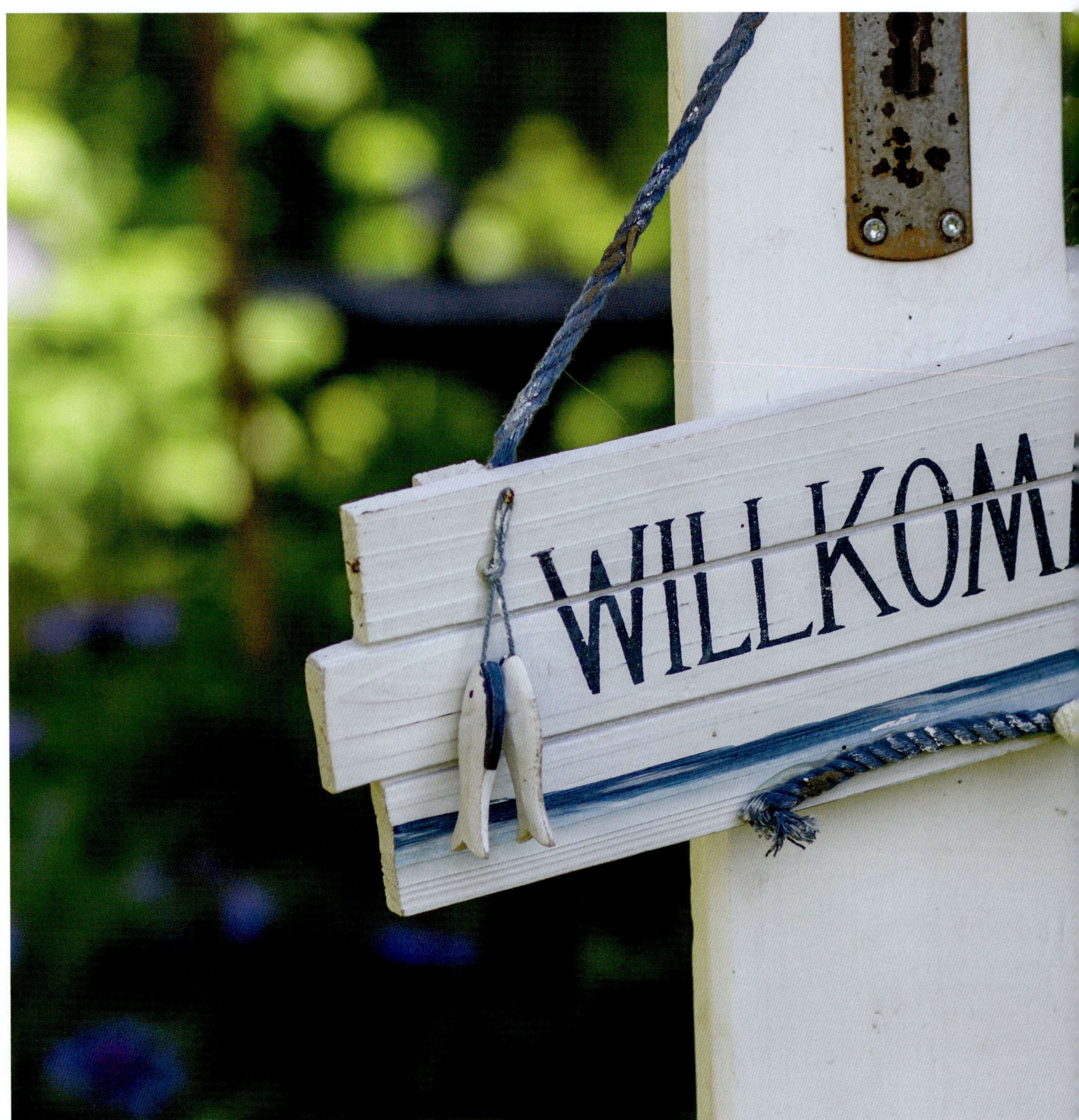
WILLKOM

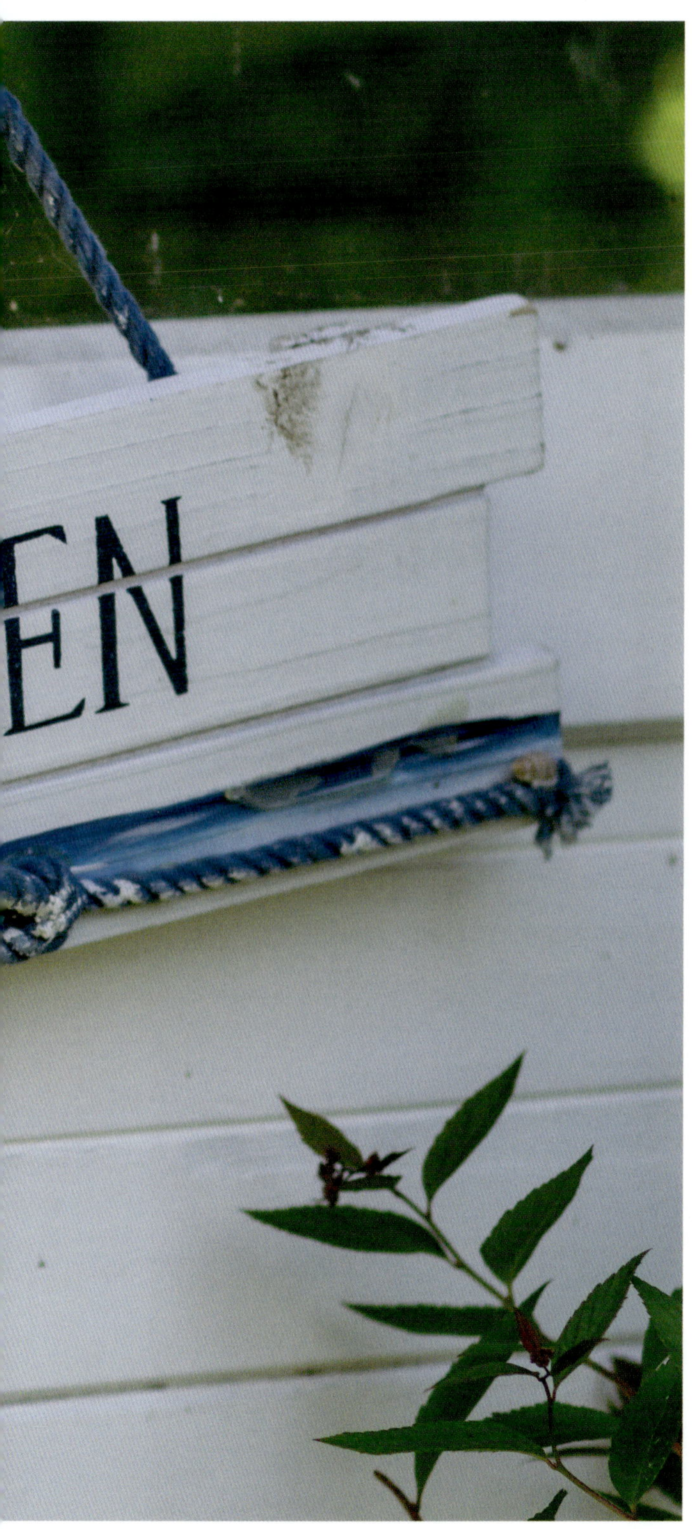

■ Die Location liegt vor der Haustür, das Wetter frohlockt, der Bewuchs zeigt sich von der prächtigsten Seite, und die Kamera ist griffbereit – das sind die perfekten Zutaten für die Gartenfotografie. Carpe diem, denn schöne Gartenmotive sind vergänglich.

KAMERA **KLARMACHEN**

Digitalkameras bieten einen riesigen Funktionsumfang. Zahlreiche Einstellungsmöglichkeiten und Automatismen erleichtern das Fotografieren. Mit den grundsätzlichen Funkionen der Kamera kann man sich dank der Bedienungsanleitung sowie mithilfe zahlreicher Kamerabücher im Fachhandel vertraut machen. Ist die Funktionsweise verinnerlicht, wirft man vor dem Einsatz einen kurzen Blick auf die Kamera.

1. Ist der Akku geladen, und hat man einen Ersatzakku dabei?
2. Sind die Bilder vom letzten Shooting auf dem PC gesichert, und kann die Karte bedenkenlos formatiert werden?
3. Ist eine Speicherkarte eingelegt?
4. Sind die Dioptrien am Sucher der DSLR korrekt eingestellt?
5. Muss das Objektiv gesäubert werden?

◀ *Accessoires mit Botschaft. Selbst gemacht oder in Fülle im Gartenfachhandel zu finden, ziehen sie im Garten die Blicke auf sich.*

Brennweite 85 mm :: Blende f/2.8 :: Belichtungszeit 1/1000 s :: ISO 100

Obwohl diese Fragen selbstverständlich klingen, denkt man im Eifer des Gefechts nicht immer daran. Einige Kameras können beispielsweise ohne Speicherkarte auslösen. Fotografiert man den ganzen Tag, ohne die Wiedergabetaste zu benutzen, ist abends der Ärger über die verlorenen Motive groß. Einen Sicherheitsblick in den Kartenslot kann ich aus eigener Erfahrung nur wärmstens empfehlen.

Brillenträger werden beim ersten Blick durch den Sucher einer digitalen Spiegelreflexkamera häufig eine Unschärfe feststellen, die sich durch Einstellen des Dioptrienrädchens am Sucher justieren lässt. Diese Einstellung ist zwingend notwendig, denn spätestens beim manuellen Scharfstellen wird es ansonsten problematisch.

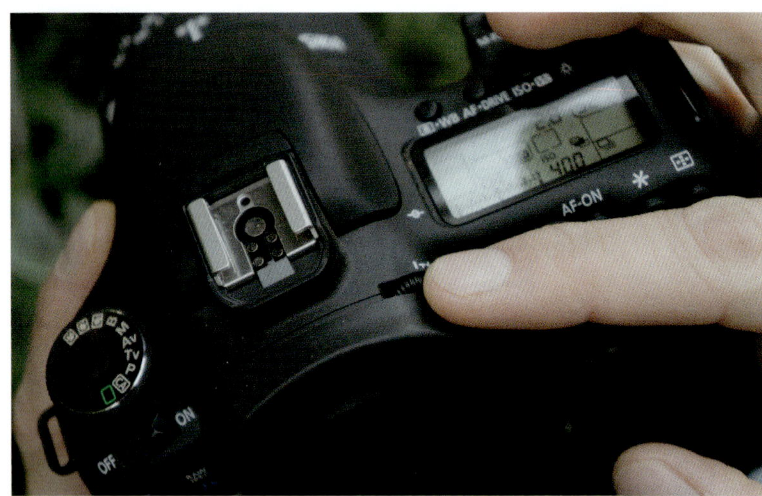

◀ *Die Dioptrieneinstellung befindet sich bei den meisten Spiegelreflexkameras neben dem Sucher.*

▼ *Bei der Gartenfotografie verstauben Objektive sehr schnell. Regelmäßiges Säubern gehört zu den Standardaufgaben.*

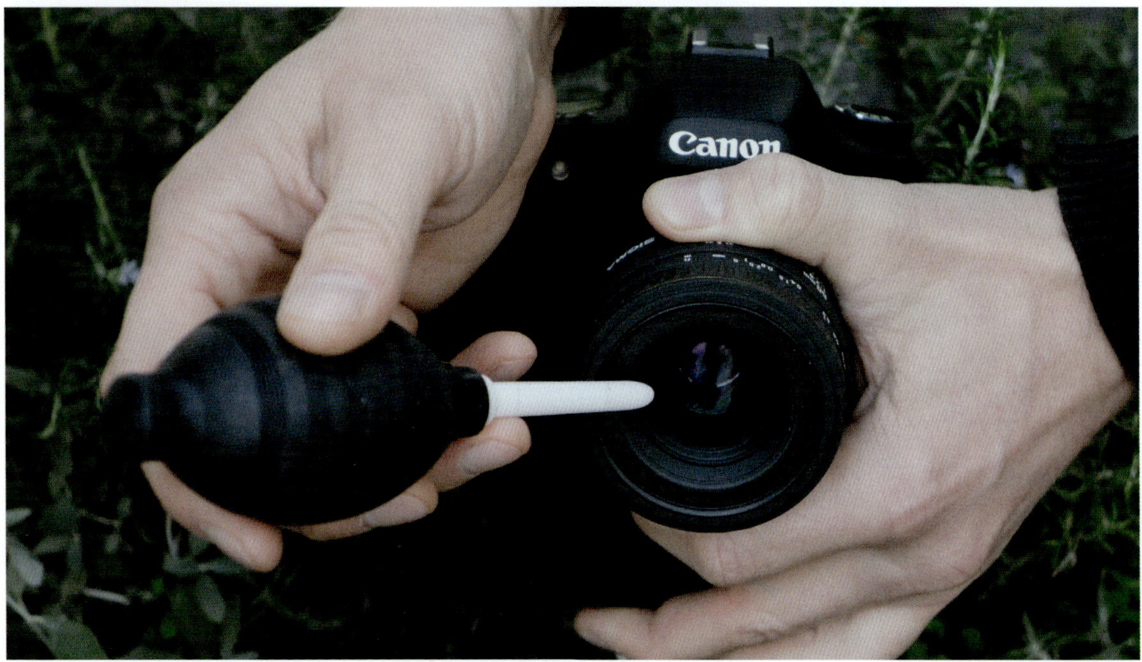

Abbildungsfehler von Objektiven

Alle Kameraobjektive haben sogenannte Abbildungsfehler, auch als Aberrationen bezeichnet. Diese Fehler sind nicht auf die Fertigung zurückzuführen, sondern rein optischer Natur. Sie werden durch die unterschiedliche Wellenbrechung des Lichts im Linsensystem hervorgerufen. Typische Beispiele sind rote und grüne Farbsäume an kontrastreichen Kanten bei weit geöffneten Blenden (chromatische Aberration) oder die Randabschattung in den Ecken eines Bilds (Vignettierung). Die Fehler sind wenig dramatisch, denn sie lassen sich in jeder guten Bildbearbeitung fast vollständig beseitigen.

JPEG, RAW oder gleich beides?

Die meisten Kameras bieten verschiedene Formate zur Bildspeicherung an. Im Regelfall findet man das JPEG- und das kameraeigene RAW-Format. Beide Formate haben Vor- und Nachteile, die man für seinen eigenen Gebrauch abwägen muss. Viele Kameras bieten aber die Möglichkeit, JPEG-Bilder und RAW-Daten gleichzeitig zu speichern. Bei den aktuell günstigen Speicherkartenpreisen sollte die Entscheidung eigentlich immer zugunsten der bestmöglichen Bildqualität, also JPEG+RAW, fallen.

- **JPEG** – Das JPEG-Format wird auf der Speicherkarte komprimiert und bereits von der Kamera optimiert abgelegt. Mögliche Linsenfehler und Vignettierungen sind korrigiert, Belichtungen und Farbwerte automatisch optimiert. Großer Pluspunkt ist die geringe Speichergröße der Aufnahmen.
- **RAW** – Strebt man nach mehr Qualität, wird man nicht um das RAW-Format herumkommen. Hierbei handelt es sich um die Rohdaten eines Bilds, die weder optimiert noch komprimiert sind. Das RAW-Format verschlingt deutlich mehr Speicher, liefert aber auch wesentlich detailliertere Einzelinformationen zum Bild. Mit dem Format lassen sich Fehlbelichtungen, mangelhafte Zeichnungen oder Farbwerte im Nachgang mühelos korrigieren. Sind beispielsweise Schattenbereiche zu dunkel oder Wolken durch die Sonne überbelichtet, können sie später in der Bildbearbeitung wieder an Zeichnung gewinnen.

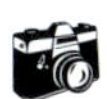

ANFÄNGERFEHLER VERMEIDEN

Anfängerfehler gibt es einige. Manche können einem das Fotografenleben richtig schwer machen. Spielt man abends an den Kameraeinstellungen, ohne ihre Funktionen zu kennen, hat das Auswirkungen auf die nächsten Fotografien. Beliebtes Beispiel sind die Bildstile, die sich unmittelbar auf die Farben auswirken. Vergisst man diese Einstellungsänderung, sucht man frustriert nach dem Grund für verdorbene Bilder.

ISO-WERT FESTLEGEN

In der analogen Fotografie ließ sich die Empfindlichkeit nur mit den Filmrollen wechseln. Heute kann der ISO-Wert für jedes Bild direkt an der Kamera gesteuert werden. Je weniger Licht vorhanden ist, desto empfindlicher muss der Sensor reagieren. Das zeigt sich in einem hohen ISO-Wert. Kehrseite ist jedoch, dass Bilder beim späteren Heranzoomen gleichmäßiger Farbflächen körnig oder pixelig wirken. Dieses Phänomen bezeichnet man als Bildrauschen, das unter Fotografen nicht sehr beliebt ist.

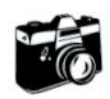

AUSWIRKUNG DES ISO-WERTS

Erhöht man den ISO-Wert von 100 auf 200, halbiert sich die Verschlusszeit bei gleicher Helligkeit und unveränderter Blende. Für die Praxis empfiehlt sich die manuelle Einstellung eines möglichst geringen ISO-Werts. Alternativ können Sie die ISO-Automatik Ihrer Kamera auf einen festgelegten ISO-Bereich von z. B. ISO 100 bis maximal ISO 400 einstellen. So wählt die Kamera in der Regel immer die passende Empfindlichkeit.

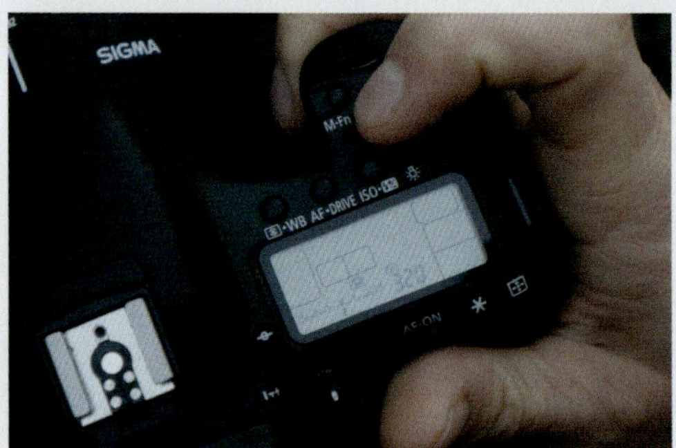

▲ *Der ISO-Wert wird über Funktionstaste und Einstellrad festgelegt.*

Die meisten Bilder im Garten entstehen bei guten bis mittleren Lichtverhältnissen, sodass man relativ niedrige ISO-Werte zwischen ISO 100 und ISO 400 verwenden kann und damit auf der sicheren Seite ist. Lediglich bei starker Bewölkung oder in der Dämmerung sollte der ISO-Wert nach und nach erhöht werden.

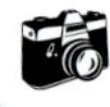

WIE ENTSTEHT BILDRAUSCHEN?

Zum einen ist die kamerainterne Signalverstärkung für mehr oder weniger starkes Rauschen verantwortlich. Je mehr die Kamera ein Lichtsignal verstärken muss, um eine akzeptable Aufnahme zu erhalten, umso höher ist das Bildrauschen. Zum anderen kann Bildrauschen auch auf die Erwärmung der Kameraelektronik zurückgeführt werden.

WEISSABGLEICH EINSTELLEN

Das sichtbare Licht weist eine Farbtemperatur auf, die die farbliche Wirkung einer Lichtquelle definiert. Künstliche Lichtquellen haben genormte Farbtemperaturen. Im Gegensatz dazu ändern Wolken, Schatten oder die Tageszeit die Farbwirkung des Sonnenlichts. Um die Farben möglichst natürlich darzustellen, wird an der Fotokamera ein Weißabgleich durchgeführt. Er unterbindet Farbstiche und -verzerrungen in den Bildern.

Fotokameras bieten verschiedene Einstellungsoptionen, *Sonne*, *Bewölkt*, *Schatten* und weitere. Sie sind besonders für diejenigen wichtig, die ihre Bilder im JPEG-Format aufnehmen. Zwar lassen sie sich im Nachhinein korrigieren, jedoch ist mit Qualitätsverlusten zu rechnen. Fotografiert man im RAW-Format, lässt sich der Weißabgleich nachträglich in der Bildbearbeitung einstellen. Die Automatik (AWB) liefert weitgehend gute Ergebnisse, und notfalls kann bei Farbabweichungen durch eine Korrektur noch nachgebessert werden.

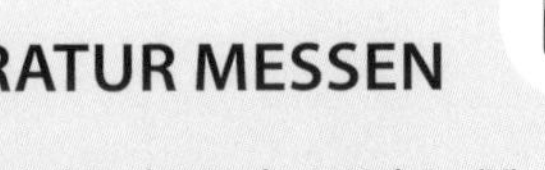

FARBTEMPERATUR MESSEN

Der Wert für Farben wird in der Einheit Kelvin (K) gemessen. Je höher der Kelvin-Wert, desto höher ist der Blauanteil in der Farbe (kaltes Licht), je niedriger der Wert, desto höher ist der Anteil von Gelb/Rot (warmes Licht). Farblich neutral (weiß) ist Licht mit einer Farbtemperatur von ca. 5.000 Kelvin. Digitale Kameras unterscheiden Farbtemperaturen in einem Intervall von ungefähr 2.000 Kelvin (Kerzenlicht) bis 12.000 Kelvin (blaues Tageslicht im Schatten).

Ein Beispiel: Fotografiert man im Schein einer Kerze (gelbes Licht) eine weiße Wand und stellt dabei den Weißabgleich an der Kamera auf Glühlampenlicht oder auf 1.500 Kelvin, gleicht die Kamera die Farben im Bild so aus, dass die Wand tatsächlich mehr oder weniger weiß wiedergegeben wird.

Manueller Weißabgleich im Garten

Schwierige Lichtverhältnisse sind in der Gartenfotografie häufig anzutreffen. Mischlicht sowie Licht in den Morgen- und Abendstunden führen häufig zu Farbverzerrungen. Gelbe Blüten vor grünem Hintergrund im Morgenlicht wirken gelbstichig, Schattenbereiche, besonders mit rötlichen Blüten, häufig blaustichig. In diesen Situationen setzen Fotografen auf den manuellen Weißabgleich. Diese Methode ist aufwendiger, aber manchmal unausweichlich.

1. Hochwertige Kameras bieten eine Funktion zum manuellen Weißabgleich. Sie wird entsprechend den Anweisungen des Kamerahandbuchs aktiviert.
2. Anschließend wird eine gut ausgeleuchtete Fläche fotografiert, die als reines Weiß im Bild dargestellt werden soll. Ist keine entsprechende Fläche vorhanden, verwendet man Graukarten aus dem Fotofachhandel.
3. Abschließend wird auf die weiße Fläche oder die Graukarte scharf gestellt und ausgelöst. Die Kamera gibt eine Rückmeldung und korrigiert automatisch die Farbtemperatur aller nachfolgenden Fotos in Bezug auf das Referenzbild.

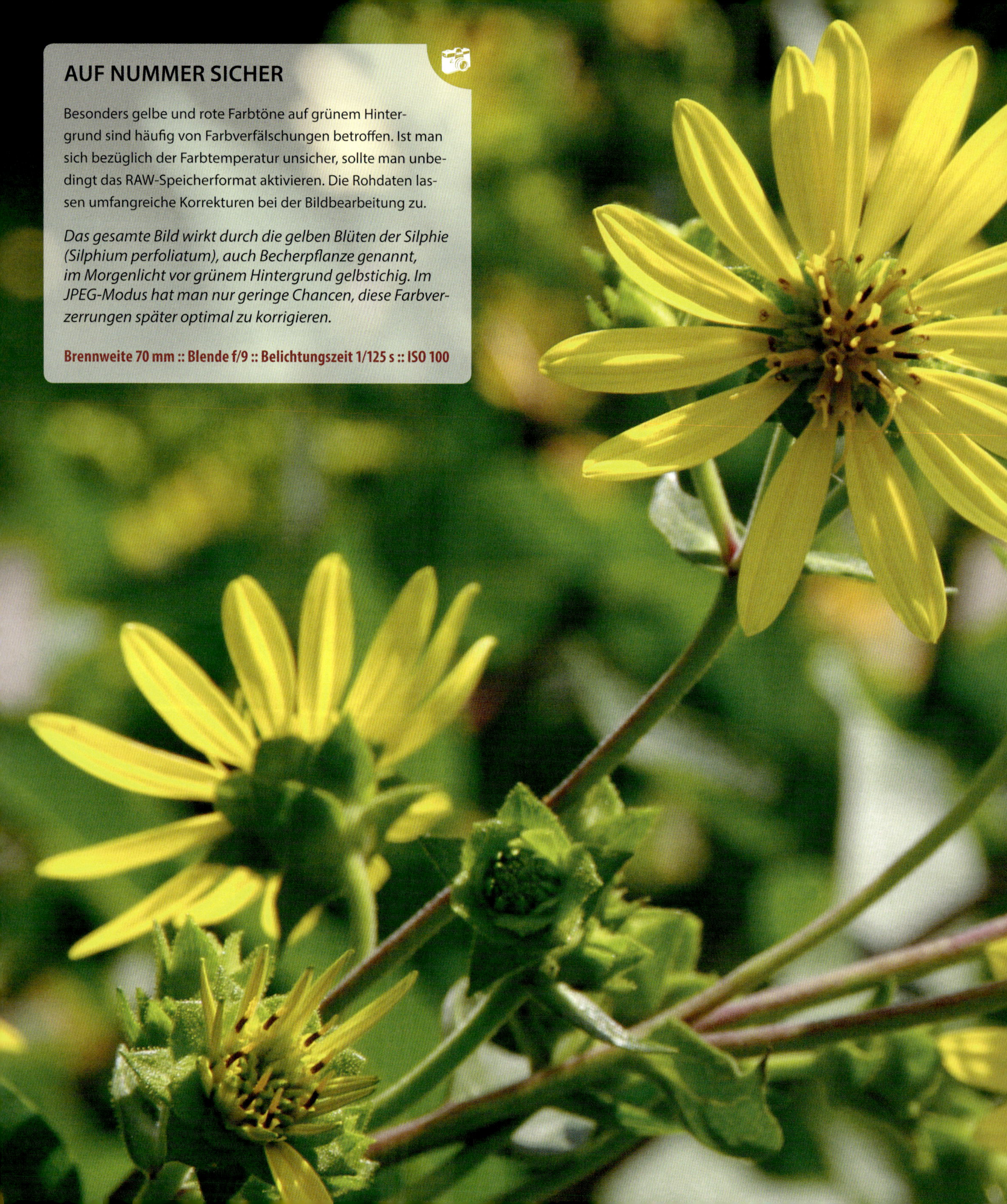

AUF NUMMER SICHER

Besonders gelbe und rote Farbtöne auf grünem Hintergrund sind häufig von Farbverfälschungen betroffen. Ist man sich bezüglich der Farbtemperatur unsicher, sollte man unbedingt das RAW-Speicherformat aktivieren. Die Rohdaten lassen umfangreiche Korrekturen bei der Bildbearbeitung zu.

Das gesamte Bild wirkt durch die gelben Blüten der Silphie (Silphium perfoliatum), auch Becherpflanze genannt, im Morgenlicht vor grünem Hintergrund gelbstichig. Im JPEG-Modus hat man nur geringe Chancen, diese Farbverzerrungen später optimal zu korrigieren.

Brennweite 70 mm :: Blende f/9 :: Belichtungszeit 1/125 s :: ISO 100

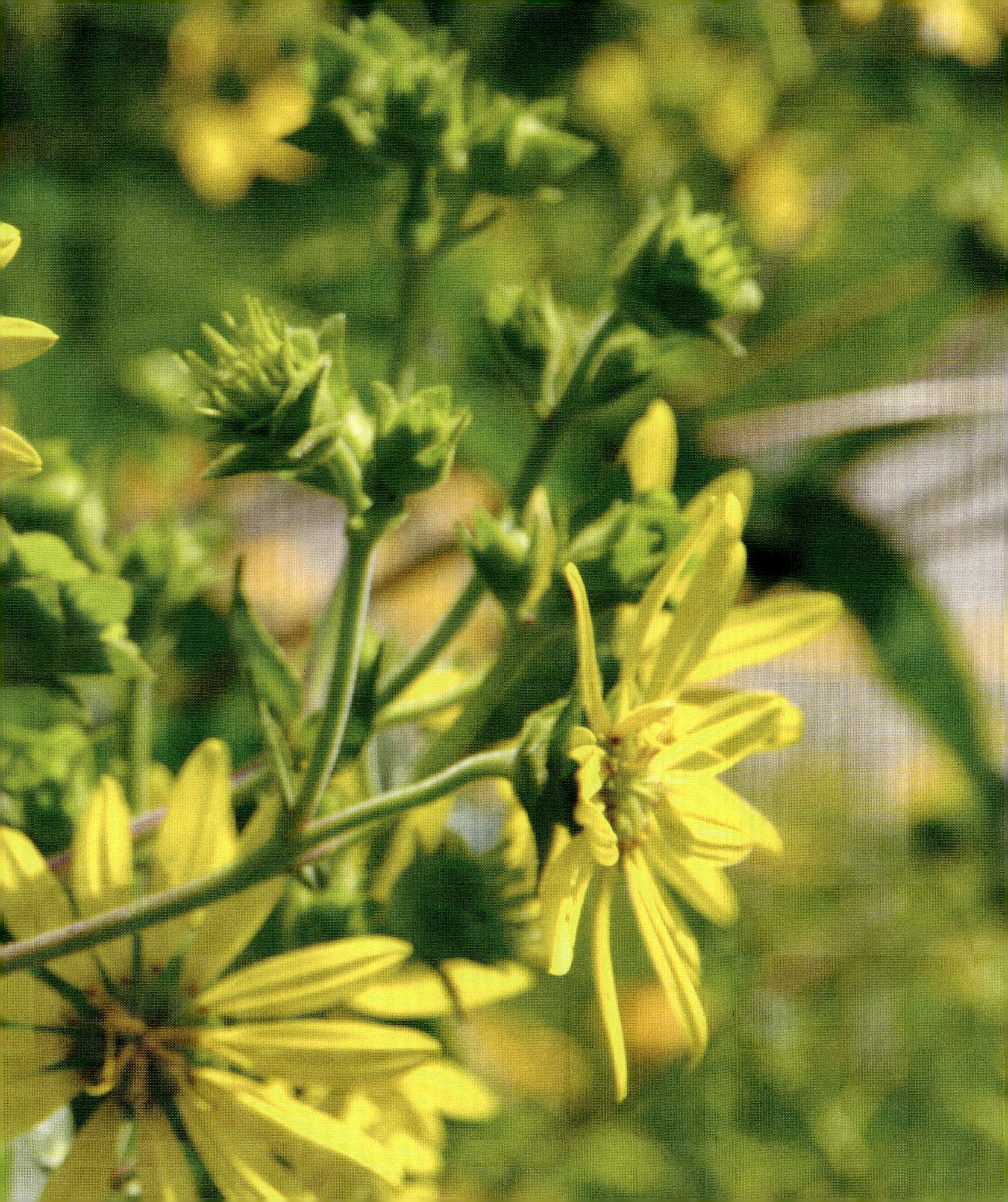

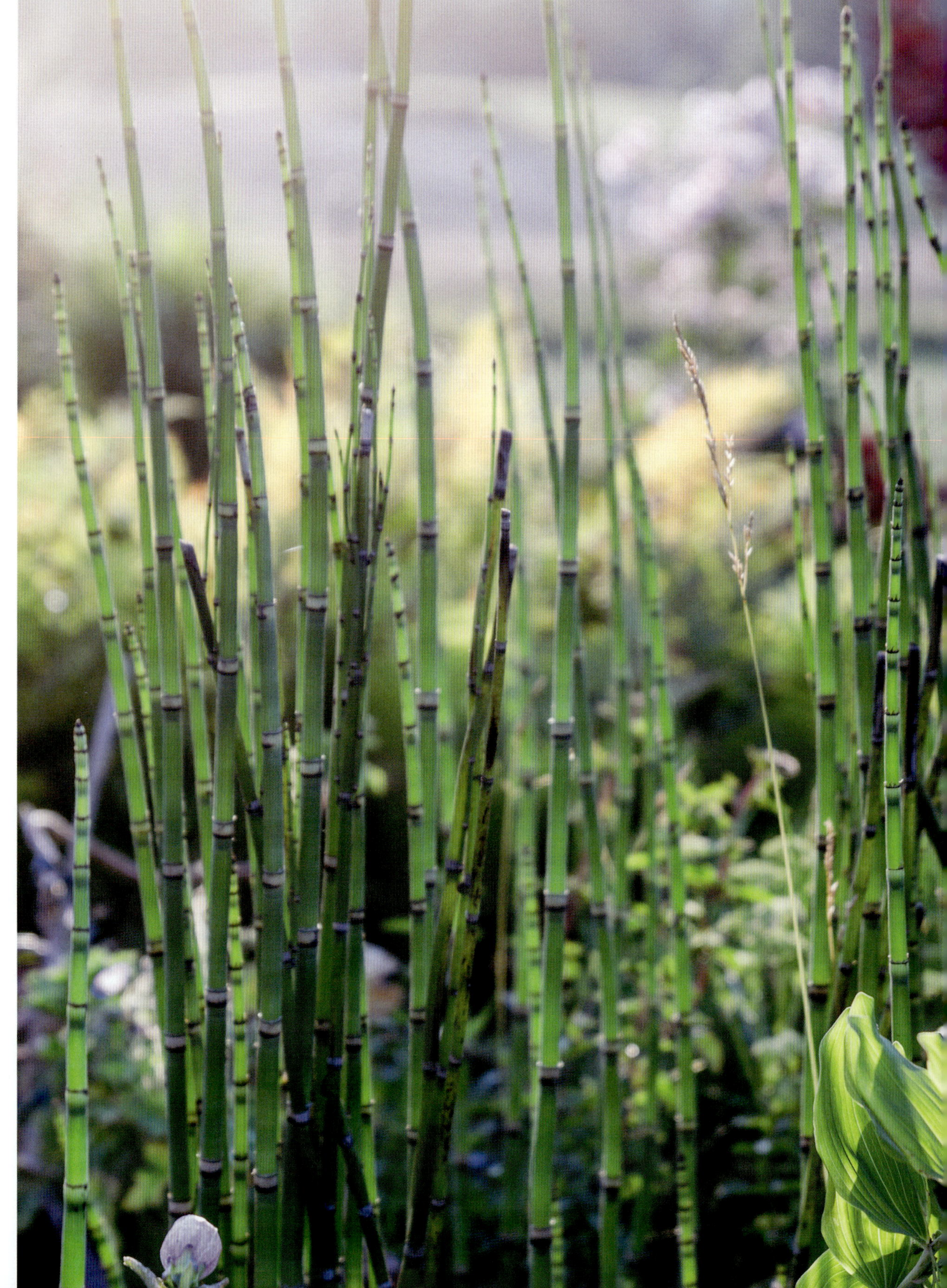

GRUNDLEGENDE **BELICHTUNG**

Moderne Kameras bieten diverse Einstellungsmöglichkeiten. Was alle Modelle eint, ist das halb automatische Belichtungsprogramm mit der Bezeichnung Programmautomatik, kurz P. Daneben gibt es noch zwei weitere halb automatische Belichtungsmodi (A/Av und S/Tv), auf die ich gleich ausführlich eingehen werde. Mit der Programmautomatik kann man relativ wenig falsch machen, denn sie kombiniert ISO-Empfindlichkeit, Blende, Belichtungszeit und Farbtemperatur (Weißabgleich) in einem optimalen Verhältnis ohne jegliches Zutun. Sind alle Parameter auf Automatik gestellt, misst die Kamera die Lichtverhältnisse und passt die Werte automatisch an. Diese Einstellung ist ideal für Einsteiger.

Wichtige Belichtungsparameter

Mit wachsender Erfahrung und Übung stößt man in vielen Motivsituationen jedoch häufig an die Grenzen der Programmautomatik. In der Praxis werden Sie feststellen, dass Bienen und Hummeln schneller aus dem Bild sind, als die automatische Belichtungszeit arbeitet. Dunkle Bereiche im Schattenbeet werden mit einer hohen Empfindlichkeit aufgezeichnet, die sich später als Bildrauschen am Monitor zeigt. Das sind zwei von mehreren Gründen, die Belichtungsparameter individuell einzustellen.

◀ *Der Winter-Schachtelhalm (Equisetum hyemale) wirkt als Strukturpflanze zwischen Stauden besonders. Damit er sich nicht ungebremst ausbreitet, ist eine Wurzelsperre ratsam. Im Abendlicht kommen seine markanten Blätter besonders gut zur Geltung.*

Brennweite 50 mm :: Blende f/3.5 :: Belichtungszeit 1/125 s :: ISO 100

- **ISO-Wert** – Kennzahl der Lichtempfindlichkeit des Kamerasensors. Je größer der ISO-Wert, desto weniger Licht wird benötigt. Eine hohe ISO-Empfindlichkeit verursacht jedoch ein Farbrauschen, das an einer pixeligen Körnung im Bild erkennbar ist.
- **Blende** – Kennzahl für den Lichteinfall durch das Objektiv. Je kleiner die Blendenzahl, desto größer sind die Blendenöffnung und damit der Lichteinfall. Zudem lässt sie sich zur kreativen Bildgestaltung einsetzen.
- **Verschlusszeit** – Gibt als Belichtungszeit den Zeitraum an, in dem die Blende geöffnet wird und Licht auf den Sensor fällt.
- **Farbtemperatur** – Definiert die Farbwirkung einer Lichtquelle, die durch den Weißabgleich meist automatisch oder manuell eingestellt werden kann. Eine falsche Einstellung führt zu Fotos mit einem Farbstich (das Bild wird beispielsweise blau- oder gelbstichig).

Regelt die Farbtemperatur lediglich die Farbwirkung eines Bilds, sind der ISO-Wert, die Blende und die Verschlusszeit in Wechselwirkung für die Belichtung der Aufnahme verantwortlich. Diese Parameter müssen optimal aufeinander abgestimmt sein, um ein Bild korrekt zu belichten.

Bildgestaltung mit der Blende

Die Blende ist in der Fotografie ein essenzielles Element. Sie wird gestalterisch eingesetzt, um die Schärfentiefe zu steuern. Je größer die Blende, desto kleiner ist der Schärfebereich. Mit dieser Fokussierung werden bestimmte Bildausschnitte scharf, und der Hintergrund verliert an Schärfe. Je kleiner die Blende, desto schärfer wirkt das gesamte Bild.

Merke also: Die Blendenöffnung bestimmt, wie viel Licht durch das Objektiv auf den Sensor fällt. Je kleiner die Blendenzahl, desto größer sind Blendenöffnung und Lichtausbeute. Im Umkehrschluss bedeutet eine große Blendenzahl eine kleinere Blendenöffnung und weniger Licht.

Die Blende kann man sich grob wie die menschliche Pupille vorstellen. In normaler Umgebung entspricht die Pupille der Blende f/8.0. In dunkler Umgebung vergrößert sich die Pupille – und damit der Lichteinfall – z. B. um das Doppelte auf Blende f/4.0. Wird es hingegen sehr hell, schließt sich die Pupille und verringert den Lichteinfall – z. B. halbiert auf Blende f/16.

Verschlusszeit als Zeitgeber

Um die Belichtung zu vervollkommnen, muss das Licht für eine bestimmte Zeit durch die Blende auf den Sensor fallen. Die Zeit ist abhängig vom eingestellten ISO-Wert und der jeweiligen Blendenöffnung. Die Verschlusszeit ist in der Gartenfotografie ein wichtiger Parameter, denn im Freien gibt es immer Bewegungen. Wird für eine Aufnahme eine längere Belichtungszeit benötigt, kann es zu Verwacklungen und Unschärfen kommen. Speziell bei Insekten oder leichten Luftbewegungen in der Makrofotografie sind lange Verschlusszeiten kritisch.

Nahaufnahmen von langstieligen Blüten, Insekten oder Makromotiven sind häufig von Eigen- oder Windbewegungen betroffen. Bei diesen Aufnahmen empfehlen sich generell sehr kurze Belichtungszeiten von unter 1/200 Sekunde. Ungünstigen Lichtbedingungen lässt sich beispielsweise mit der Erhöhung des ISO-Werts entgegenwirken.

Belichtungsmodi P, S, A, M

Belichtungsprogramme erleichtern das Fotografieren sehr. An den meisten System- und Spiegelreflexkameras gibt es verschiedene Aufnahmemodi, die individuelle Einstellungen für einen reibungslosen Workflow zulassen. Die Bezeichnungen für die »halb automatischen« Belichtungsprogramme haben sich weitestgehend eingebürgert und standardisiert.

Wenn es ganz schnell gehen muss, ist man mit der Vollautomatik oder einem Motivprogramm auf der sicheren Seite. Nehmen Sie sich aber die Zeit und probieren Sie die Aufnahmemodi Programmautomatik P, Blendenautomatik S und Zeitautomatik A/Av einmal aus. Denn erst mit diesen Programmen werden Sie die Zusammenhänge zwischen Brennweite, Blende, Belichtungszeit und ISO-Empfindlichkeit praktisch erlernen und begreifen, um dann auch im manuellen Aufnahmemodus M sicher fotografieren zu können.

Grundsätzlich ist es egal, welches der »halb automatischen« Belichtungsprogramme Sie wählen. Die Ergebnisse sind identisch, der Unterschied liegt nur in den Vorgaben, die Sie als Fotograf treffen. Jedoch erreichen Sie mit den geeigneten Vorgaben Ihr fotografisch gestecktes Ziel einfach schneller.

- **Programmautomatik P** – Der einfachste halb automatische Aufnahmemodus ist die Programmautomatik P. Durch Antippen des Auslösers bis zum ersten Druckpunkt ermittelt die Kamera den richtigen Lichtwert zur Belichtung und stellt Belichtungszeit und Blende in Abhängigkeit von der ISO-Empfindlichkeit ein. Das Interessante an der Programmautomatik ist, dass Sie nach dem Antippen des Auslösers mit einem Einstellrad an der Kamera die Werte für Blende und Belichtungszeit parallel verschieben können, um zum Beispiel für ein Porträt eine große Blendenöffnung zu wählen. Der ermittelte Lichtwert bleibt konstant, und die Belichtungszeit wird von der Kamera entsprechend der geänderten Blende automatisch angeglichen.

- **Programm-Shift P*** – Dieser manuelle Eingriff in die Programmautomatik wird als Programm-Shift bezeichnet. Bedenken Sie dabei, dass die möglichen Blende-Zeit-Kombinationen von den Lichtverhältnissen, dem verwendeten Objektiv und der ISO-Empfindlichkeit abhängig sind.

  Ermittelt die Kamera Blende f/11 und eine Belichtungszeit von 1/125 Sekunde, kann man entweder in Richtung Blende f/8 – 1/250 Sekunde, Blende f/5.6 – 1/500 Sekunde, Blende f/4 – 1/1000 Sekunde etc. oder in Richtung Blende f/16 – 1/60 Sekunde, Blende f/22 – 1/30 Sekunde etc. verstellen.

- **Blendenautomatik S** oder **Tv** – Mit der Blendenautomatik S/Tv, auch als Zeitvorwahl bezeichnet, gibt der Fotograf eine Belichtungszeit vor, und die Kamera passt die Blende automatisch an, um korrekt zu belichten. Das ist vor allem in lichtkritischer Umgebung interessant, wenn man nicht verwackeln möchte. Sie geben z. B. eine relativ sichere Verschlusszeit von 1/125 Sekunde vor, tippen den Auslöser an und kontrollieren, welche Blende die Kamera beisteuert. Blinkt die Blendenzahl, bedeutet das, dass die größtmögliche Blendenöffnung nicht für korrekte Belichtungen ausreicht.

  Drei Möglichkeiten haben Sie dann: Sie können entweder die Belichtungszeit verlängern (1/60 Sekunde, 1/30 Sekunde und länger – Verwacklungsgefahr) oder die Empfindlichkeit auf z. B. ISO 800 oder mehr erhöhen. Die dritte Alternative ist natürlich der Einsatz von Blitzlicht. Nicht nur für das Fotografieren in düsterer Umgebung, auch für Sportaufnahmen ist die Zeitvorwahl gut geeignet. Um Bewegungen einzufrieren, wird einfach eine extrem kurze Zeit eingestellt.

- **Zeitautomatik A** oder **Av** – Das Gegenteil der Blendenautomatik ist die Zeitautomatik A/Av, auch als Blendenvorwahl bezeichnet. Der Fotograf gibt die Blende vor, und die Kamera passt die Belichtungszeit automatisch an. Die Zeitautomatik kommt immer dann zum Einsatz, wenn der Fotograf die zu erreichende Schärfentiefe, sei sie klein oder groß, mit der Blende gezielt steuern will. Die Kamera ermittelt dann automatisch die richtige Belichtungszeit zur vorgegebenen Blende. Dabei ist aber darauf zu achten, dass die Belichtungszeit nicht zu lang wird, wenn man gerade ein Freihandfoto macht.

- **Manuelle Belichtung M** – Im manuellen Aufnahmemodus M hat der Fotograf alle Freiheiten bei der Belichtung. Hierbei zeigt die Kamera im Sucher oder auf dem Display lediglich an, ob die gewählten

Werte für Blende und Belichtungszeit zu einer korrekten Belichtung führen. Verändern muss der Fotograf die Werte jedoch von Hand. Woher er diese Werte nimmt, bleibt ihm überlassen – aus Belichtungsmessungen, aus vorherigen Testaufnahmen, aus Erfahrung, durch Probieren, oder er belichtet absichtlich über oder unter.

Anwendungsgebiete für manuelle Belichtungseinstellungen sind generell Probeaufnahmen. Statt eine Belichtungskorrektur mit der Automatik durchzuführen, kann man bei schwierigen Lichtsituationen direkt zur manuellen Eingabe übergehen. Auch Nachtaufnahmen gelingen nach eventuellen Probeaufnahmen mit manuellen Einstellungen häufig besser. Spezielle Effekte, insbesondere auch mithilfe externer Lichtquellen (Blitze), können mit manuellen Einstellungen optimiert werden.

Belichtungsmessmethoden

Jede System- oder Spiegelreflexkamera besitzt eine Belichtungsmessung und arbeitet mit einer AE-Belichtungsautomatik (AE = *Automatic Exposure*). Sie wird aktiviert, sobald das Objekt fokussiert und der Auslöser halb durchgedrückt wird. Die Belichtungsautomatik basiert auf unterschiedlichen Messmethoden, die sich individuell einstellen lassen. Im Sucher sieht man, welche Blende zur Verschlusszeit die Kamera unter den vorherrschenden Lichtbedingungen wählt. Die Lichtmessung lässt sich über die AE-Taste individuell einstellen.

P, A, S

- **Programmautomatik (P)** – Die Kamera stellt Blende und Verschlusszeit in Bezug auf den eingestellten ISO-Wert optimal ein. Die Zuschaltung des Blitzes wird jedoch ausgeschlossen.
- **Zeitautomatik (A/Av = Aperture Value)** – Die Blende wird vom Fotografen gewählt, und die Kamera passt die Verschlusszeit dem ISO-Wert an. Die Methode eignet sich für Bildgestaltungen mit selektiver Schärfe.
- **Blendenautomatik (S/Tv = Time Value)** – Der Fotograf stellt die Verschlusszeit individuell ein, und die Kamera passt die Blende dem ISO-Wert an. Diese Automatik eignet sich für bewegte Motive, beispielsweise für Insekten, oder bei leichten Windbewegungen.

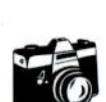

ISO

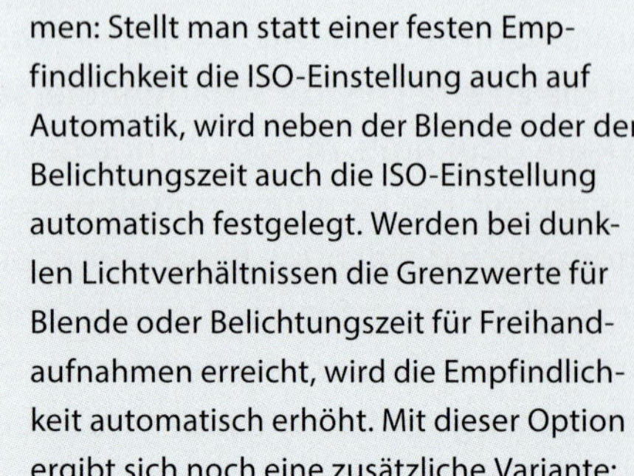

- **ISO-Automatik** – Bei jeder dieser drei Varianten kann eine weitere Option hinzukommen: Stellt man statt einer festen Empfindlichkeit die ISO-Einstellung auch auf Automatik, wird neben der Blende oder der Belichtungszeit auch die ISO-Einstellung automatisch festgelegt. Werden bei dunklen Lichtverhältnissen die Grenzwerte für Blende oder Belichtungszeit für Freihandaufnahmen erreicht, wird die Empfindlichkeit automatisch erhöht. Mit dieser Option ergibt sich noch eine zusätzliche Variante: die ISO-Empfindlichkeitsautomatik. Entsprechend der eingestellten Blende und/ oder Belichtungszeit legt die Kamera automatisch die beste ISO-Empfindlichkeit fest.

Im Display werden verschiedene Auswahlmöglichkeiten zur Verfügung gestellt.

- **Mittenbetonte Integralmessung** – Geeignet für Motive, deren Schwerpunkt in der Mitte liegt, die aber ungleichmäßig belichtet sind. Gemessen wird das Licht stärker in der Mitte, es werden aber auch die Randbereiche berücksichtigt. Ideal für Nahaufnahmen von Blüten.
- **Spotmessung** – Geeignet für kontrastreiche Motive unter schwierigen Lichtbedingungen. Das Messverfahren ermittelt aus einem kleinen Sucherbereich die optimale Blende sowie die optimale Verschlusszeit. Das fokussierte Detail wird korrekt belichtet.
- **Selektivmessung** – Geeignet für Motive im Gegenlicht, da die Lichtmessung in einem kleinen Sucherbereich stattfindet. Dunkle Blüten vor hellem Hintergrund werden beispielsweise besser belichtet.
- **Mehrfeldmessung** – Geeignet für Motive, deren Lichtmessung über den ganzen Sucherbereich erfolgen soll. Hierbei errechnet die Kamera einen Mittelwert, der die Basis für Blende und Verschlusszeit bildet. Diese Methode wendet man bei Gartensituationen oder -bereichen an.

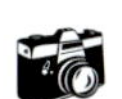

ZEITERSPARNIS

Richtiges Belichten spart Zeit und Mühe in der Bildnachbearbeitung. Je besser ein Foto aufgenommen wurde, desto weniger muss nachgearbeitet werden.

Die Messmethoden werden von Herstellern teilweise unterschiedlich benannt. Es lohnt sich ein Blick ins Kamerahandbuch.

Im manuellen Modus sind die Einstellungen etwas schwieriger. Eine Belichtungsskala im Sucher zeigt die Lichtmessung an und weist auf helle oder dunkle Bildbereiche hin. Orientiert man sich bei der Blenden- und Verschlusseinstellung auf den Mittelwert 0, wird das Bild korrekt belichtet.

GEKONNT **SCHARF STELLEN**

Die Schärfe ist ein unerlässliches Gestaltungsmittel in der Fotografie. Sie dient dazu, den Blick des Betrachters zu lenken und Details im Bild zu betonen bzw. zurückzusetzen. Eine hervorragende Hilfe ist hier der Autofokus. Zuverlässig sorgt er dafür, dass ein anvisierter Bereich scharf aufgenommen wird. Um die automatische Fokussierung zu aktivieren, wird der Auslöser halb durchgedrückt. Im Sucher lässt sich dann die Scharfstellung verfolgen. Mit dem scharf gestellten Motiv im Blick wird der Auslöser durchgedrückt, und das Bild landet auf der Speicherkarte.

Fotografieren mit Autofokus

Der Autofokus ist eine tolle Erfindung. Er erleichtert das Fotografieren sehr und macht das Einfangen bewegter Motive für jedermann möglich. Die klassische Gartenfotografie gehört nicht zu den Fotorichtungen, die von schnellem Fokussieren abhängig sind. Die Motive stehen fest an der gleichen Stelle und laufen nicht davon. Bewegung wird einzig durch Wind und Wetter erzeugt.

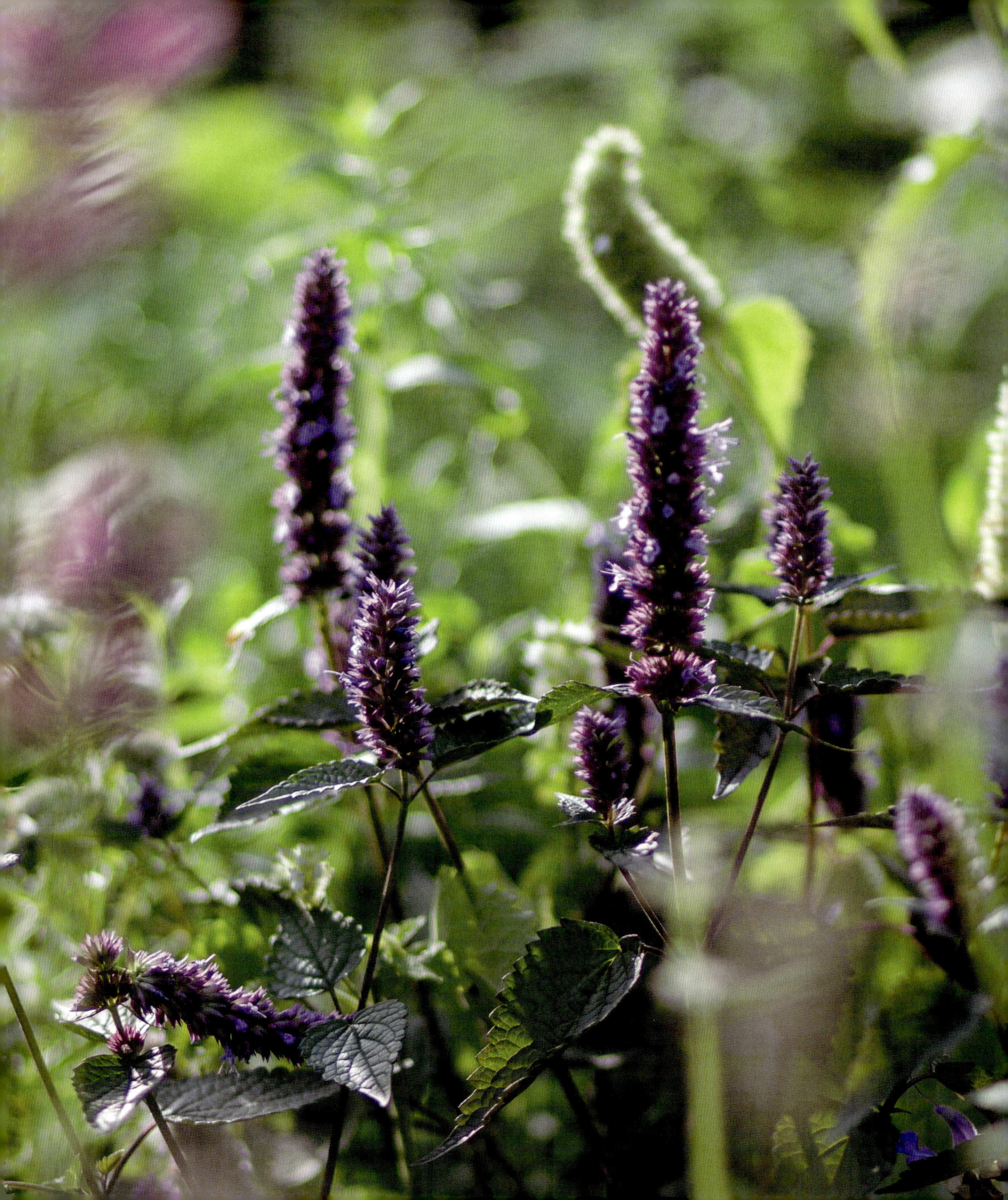

Der Autofokus ist eine praktische Hilfe, wenn aus der Hand fotografiert wird. Sobald der Schärfepunkt anvisiert ist, bestätigt die Kamera die Scharfstellung mit einem Piepton, sofern dieser nicht vorher deaktiviert wurde. Die Ebene, auf der sich das Fotomotiv befindet, hat die volle Schärfe. Die Dinge vor und hinter dem Motiv gehen je nach verwendeter Blende in Unschärfe über.

Mit der Scharfstellung kann die Aufnahme ausgelöst werden. Arbeitet man mit einer offenen Blende (< f/4), wird man recht bald Fokussierungsfehler bzw. Unschärfen bemerken. In der Praxis stelle ich das Problem häufig bei Gräserähren oder feinteiligen Blütenständen fest. Der Autofokus stellt auf einen benachbarten Punkt scharf. Man kann sich behelfen, indem man den Schärfepunkt am Objektiv nach der Fokussierung und vor der Auslösung manuell korrigiert. Das manuelle Korrigieren der Schärfe kann auch aufgrund leichter Windbewegungen oder aufgrund von Insekten notwendig werden.

◀ *Mit einer großen Blende lassen sich interessante Effekte zwischen Schärfe und Unschärfe erzielen. Wenn außerdem Wind Bewegungsunschärfen erzeugt, verschwimmen die unterschiedlichen Unschärfen ineinander.*

Brennweite 85 mm :: Blende f/1.8 :: Belichtungszeit 1/1250 s :: ISO 100

Sobald ein Stativ eingesetzt wird, ist aus praktischer Sicht ein Autofokus nur bedingt sinnvoll. Die Kamera wird auf der Standhilfe fixiert, sobald der Bildausschnitt gewählt ist. Statt in den Einstellungen den Fokuspunkt zu verschieben, bietet sich die Entfernungseinstellung am Objektiv an. Hierzu wird der Schalter am Objektiv von AF (Autofokus) auf M (manuell) umgestellt.

Wo genau liegt die Schärfe?

In der Porträtfotografie ist allgemein bekannt, dass die Schärfe auf einem oder beiden Augen liegen soll. Die Rolle der Augen übernehmen bei der Blumenfotografie die Fruchtknoten und Staubblätter im Zentrum der Blüte. Nur wenn sie scharf abgebildet werden, wirkt das Bild ausgewogen.

Schwieriger zu finden ist der Schärfebereich bei detailreichen Aufnahmen, beispielsweise in einem Blütenmeer. Dort muss ein markanter Punkt gefunden werden, auf den fokussiert wird. Es besteht die Gefahr, dass die meisten Blüten unscharf sind und man den Schärfebereich erst auf den zweiten Blick erkennt. Liegt eine solche Situation vor, empfiehlt es sich, die Perspektive zu ändern bzw. zu verbessern.

Scharf stellen mit Fokusfeldern

Fotokameras bieten mit den Fokusfeldern eine hilfreiche Unterstützung zur Schärfeeinstellung an. Mit ihnen lassen sich Schärfebe-

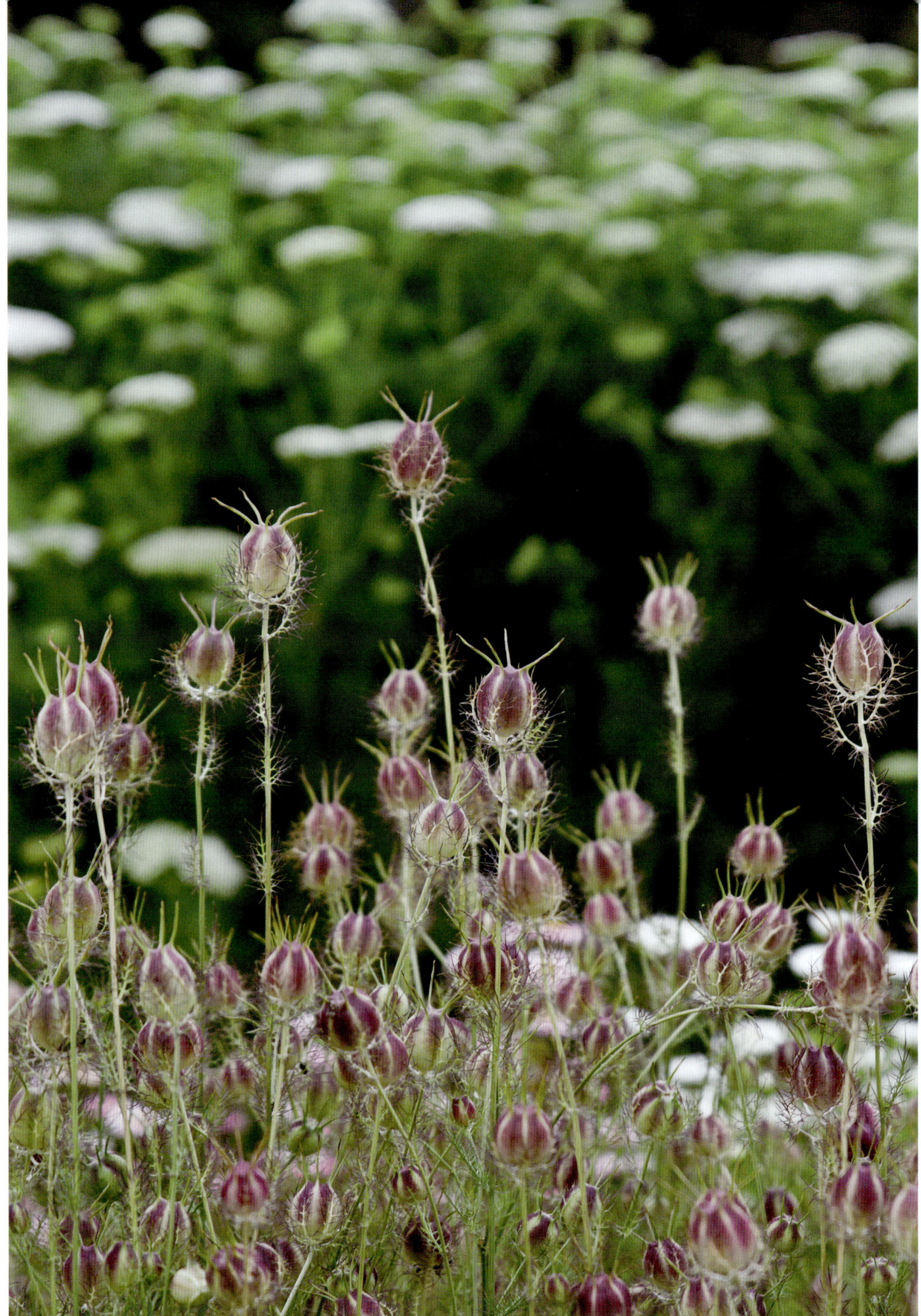

reiche oder einzelne Fokusfelder einstellen. Meine persönliche Empfehlung ist, sich auf ein Fokusfeld zu beschränken. So hat man die Sicherheit, dass der Bereich in diesem Feld auf jeden Fall scharf abgebildet wird. Verwendet man mehrere Fokusfelder als Schärfebereich, kann es sein, dass der Fokuspunkt plötzlich springt. Damit verliert man die Kontrolle und ärgert sich über die falsch gesetzte Schärfe im Bild.

Schärfe manuell einstellen

Wird der Autofokus der Kamera übergangen, muss die Schärfe manuell am Objektiv eingestellt werden. Das setzt voraus, dass bei

SCHARFER BLICK

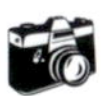

Wenn ich ohne Stativ fotografiere, lege ich ein mittleres Fokusfeld als Schärfepunkt fest. Im Sucher stelle ich mit halb gedrücktem Auslöser auf das anvisierte Detail scharf und ändere nach der Scharfstellung noch den Bildausschnitt. Kleinere Schärfekorrekturen lassen sich vor dem Auslösen manuell am Objektiv vornehmen.

◄ *Durch den Abstand zu den Hintergrundpflanzen liegt die Schärfeebene auf den Samenkapseln der Jungfer im Grünen (Nigella damascena), wodurch eine klare Abgrenzung zwischen Vorder- und Hintergrund zustande kommt.*

Brennweite 70 mm :: Blende f/3.5 :: Belichtungszeit 1/250 s :: ISO 100

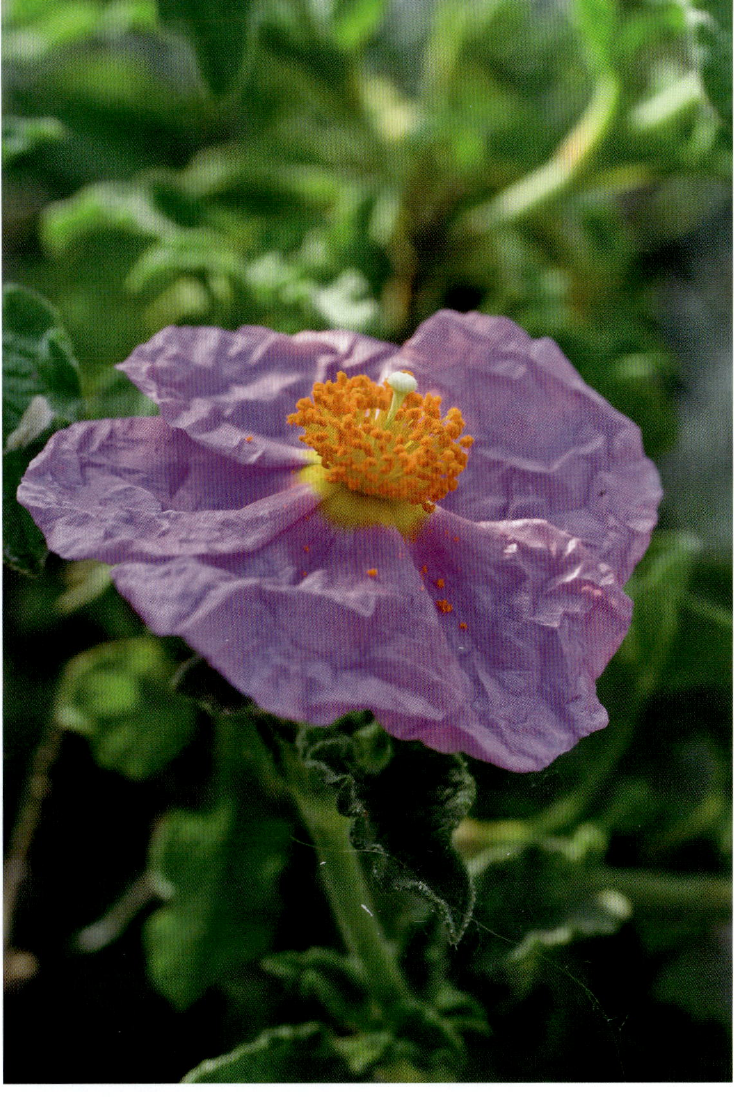

▲ *Die papyrusartige Blüte der Kretischen Zistrose (Cistus creticus) hat in ihrem Zentrum dekorative orangefarbene Staubblätter, die den Schärfebereich bilden.*

Brennweite 50 mm :: Blende f/8 :: Belichtungszeit 1/180 s :: ISO 400

NAHEINSTELLGRNZE

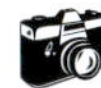

Beim Fotografieren ist auf die Naheinstellgrenze des Objektivs zu achten. Unterschreitet man sie, ist Scharfstellen nicht mehr möglich. Möchte man noch näher an das Motiv heran, ist ein Wechsel zum Makroobjektiv ratsam.

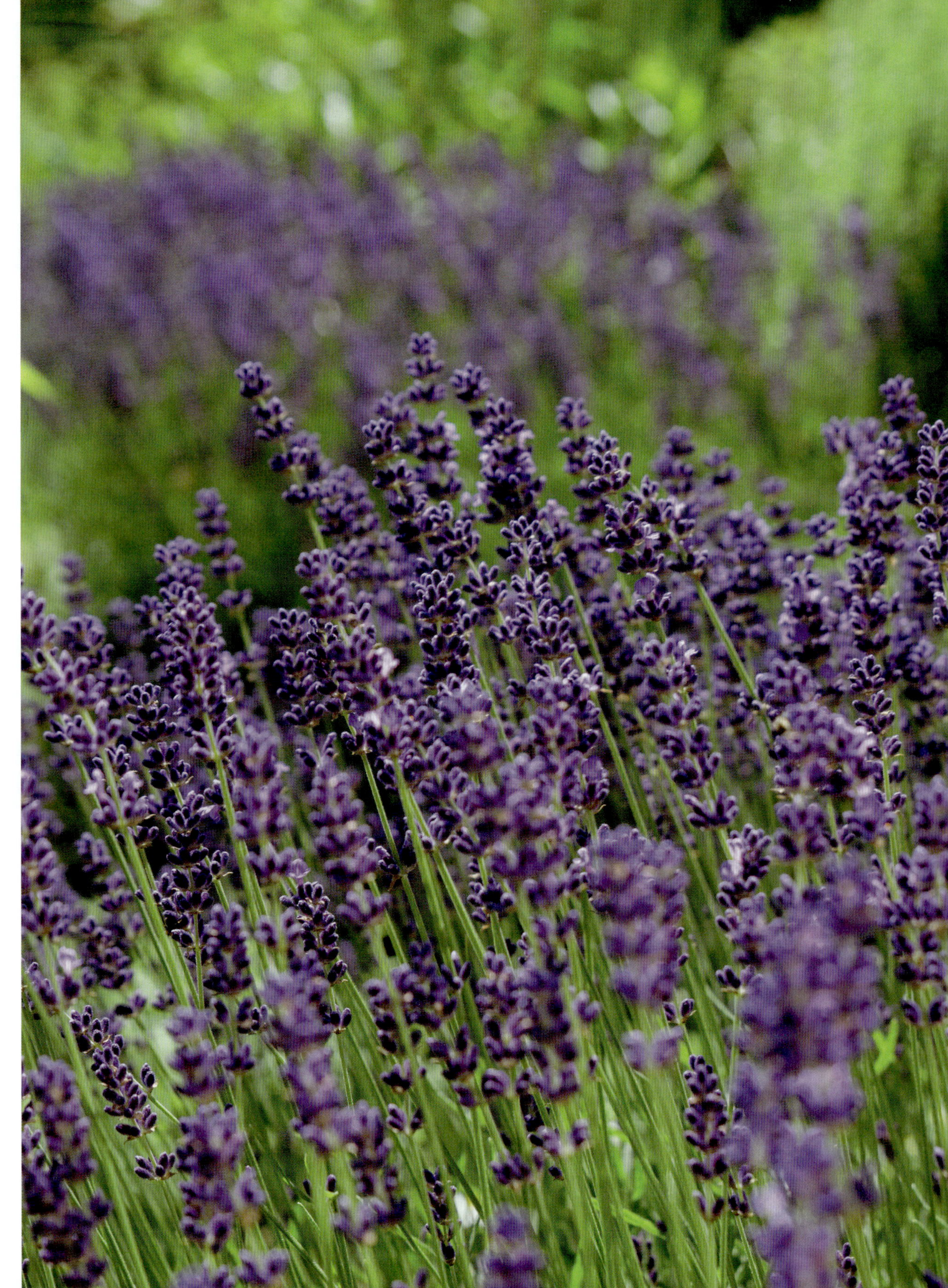

Brillenträgern die Dioptrienkorrektur bereits vorgenommen wurde. Die Schärfe muss im Sucher einwandfrei erkennbar sein. Manuelles Fokussieren ist im Gartenfotoalltag kaum notwendig. Wenn man mit einem Stativ Gartensituationen aufnimmt, im Makrobereich Nahaufnahmen oder im Studio Stillleben fotografiert, ist es jedoch sinnvoll. So lässt sich der Schärfebereich ohne ständige Änderungen des Fokusfelds individuell einstellen.

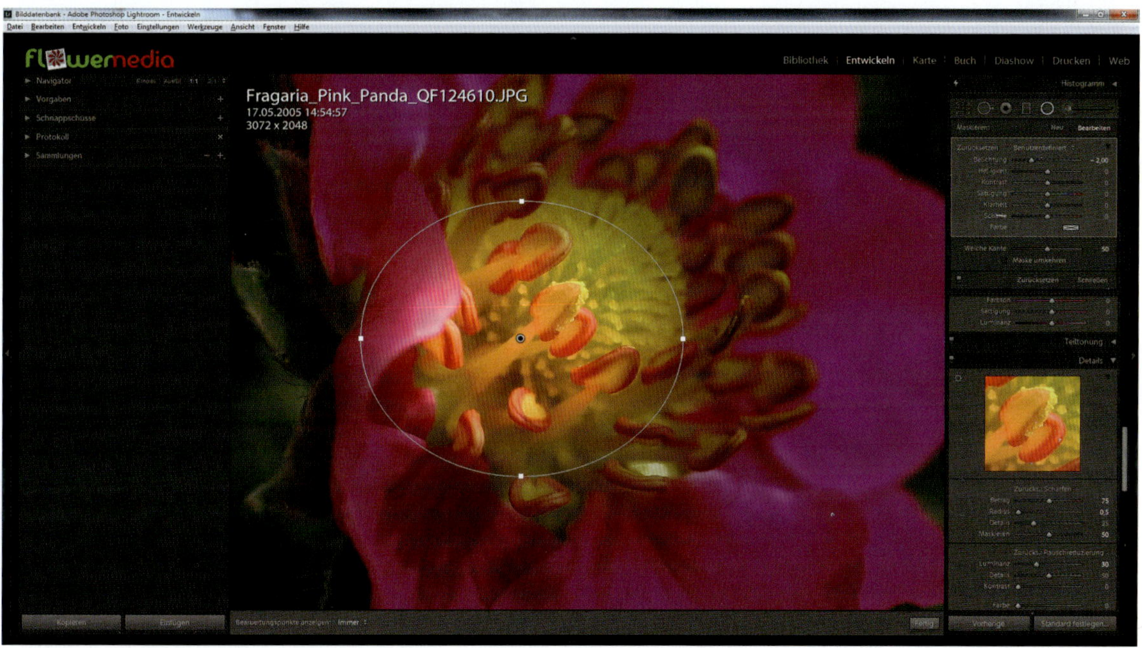

▲ *Die Schärfe liegt bei einer 100 %-Ansicht (1 : 1) auf den vorderen Staubblättern der rosarot blühenden Ziererdbeere (Fragaria ›Pink Panda‹).*

◀ *Bei der Vielzahl von Blüten des Lavendels (Lavandula angustifolia) ist es schwierig, einen Fokuspunkt zu finden. Die Entscheidung fällt auf eine markante Blüte, die entweder besonders angeordnet, ausgeleuchtet oder geformt ist.*

Brennweite 45 mm :: Blende f/4.5 :: Belichtungszeit 1/80 s :: ISO 200

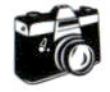

EINSTELLUNGSFEHLER

Verändert sich der Schärfebereich beim Fokussieren ständig, prüfen Sie, ob die Einstellung *AI SERVO* aktiviert ist. Die Kamera verfolgt dann ein Objekt und ändert selbstständig den Schärfebereich, sodass normales Scharfstellen kaum möglich ist.

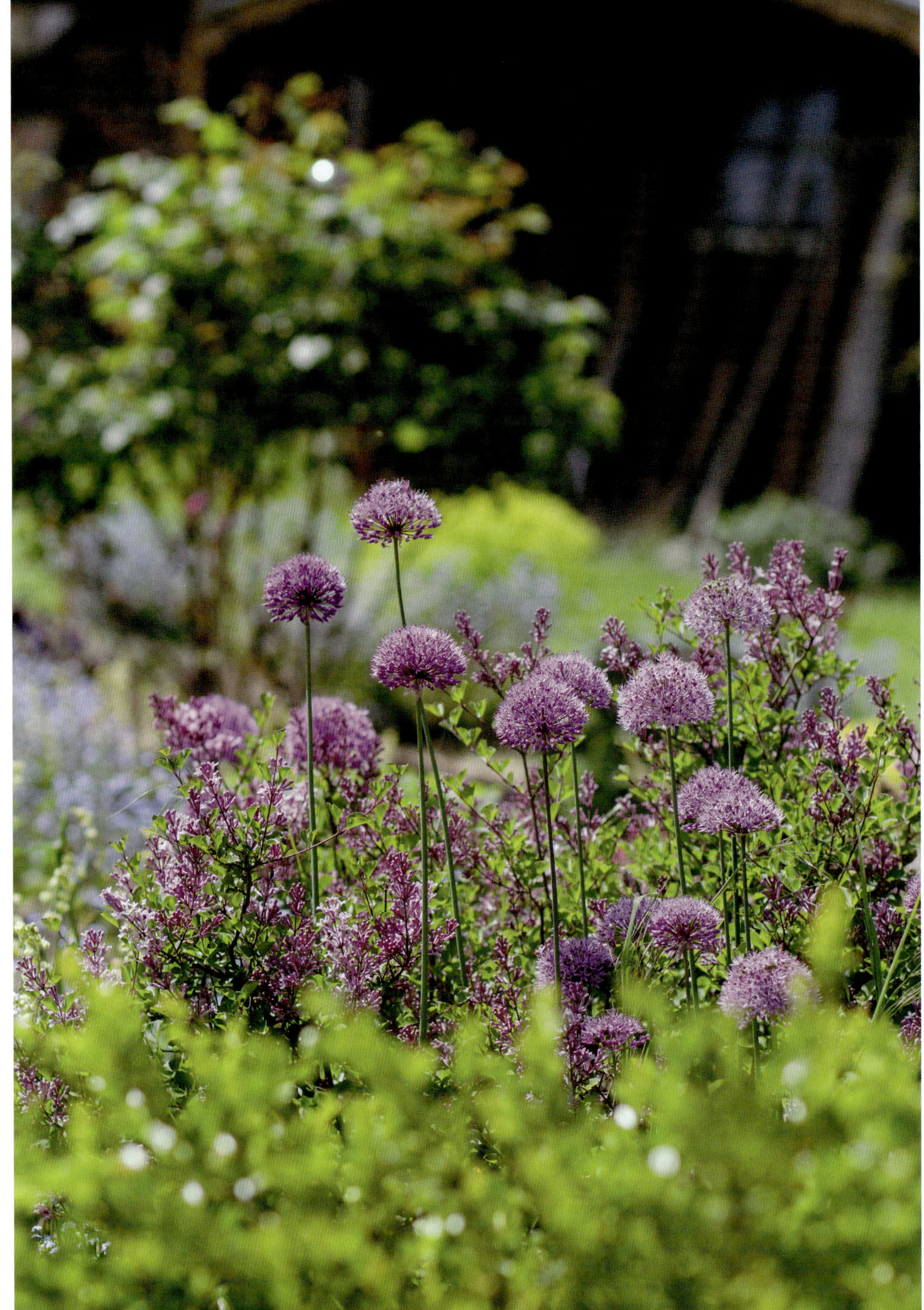

Schärfeprüfung am Computermonitor

Die Schärfe als Produkt unserer visuellen Wahrnehmung lässt sich erst am Monitor überprüfen. Auf dem Kameradisplay ist es schwierig, den Schärfebereich genau zu ermitteln. Bilder mit starken Kontrasten wirken stets schärfer als kontrastarme Bilder. Auch täuscht die Auflösung unser Empfinden, denn je stärker ein Bild verkleinert wird, umso schärfer wirkt es. Ist man sich nicht sicher, empfiehlt es sich, mehrere Aufnahmen zu machen. Unscharfe Fotos werden später am Computer einfach verworfen.

SCHÄRFENTIEFE ODER TIEFENSCHÄRFE?

Die Schärfentiefe lässt sich relativ exakt berechnen und bezeichnet den Bereich vor und hinter dem Scharfstellpunkt. Der Ausdehnungsbereich der Schärfentiefe kann unter anderem mit der Blende gesteuert werden. Die Tiefenschärfe drückt hingegen aus, wie scharf der Hintergrund bzw. der Vordergrund abgebildet wird. Beispiel: Sie fotografieren ein Motiv mit einer größeren Blende, und der Hintergrund wird trotzdem sehr scharf abgebildet. Die Tiefenschärfe ist demnach sehr hoch, und der Hintergrund hebt sich nicht genug vom Hauptmotiv ab.

EXKURS SCHÄRFENTIEFE

Sobald man sich mit der Fotografie näher auseinandersetzt, begegnet man den Begriffen Schärfentiefe und Tiefenschärfe. Im Sprachgebrauch meinen die Begriffe »fast« das Gleiche, obwohl manche Fotografen Differenzierungen vornehmen. Wir Menschen lieben Schärfe und verbinden sie mit einer hohen Qualität. Beim Betrachten von Bildern wird der Blick unweigerlich auf die scharfen Bereiche gelenkt. Diese Eigenschaft macht man sich für die Bildgestaltung zunutze.

Definition der Schärfentiefe

Die Schärfentiefe definiert die Ausdehnung des Schärfebereichs. Sie ist abhängig von Brennweite, Entfernung, Blende und dem Aufnahmeformat. Diese Faktoren entscheiden, in welchem Abstand und wie weit der Schärfebereich sich nach hinten ausdehnt. Das kann je nach Einstellung nur wenige Zentimeter (geringe Schärfentiefe) betragen oder unendlich wirken (große Schärfentiefe).

Eine große Blende von beispielsweise f/2.8 bewirkt, dass Staubblätter scharf sind. Benachbarte Blütenblätter hingegen verlieren nach hinten zunehmend an Schärfe und verlaufen mit dem Hintergrund. Das gleiche Bild mit einer kleineren Blende aus identischem Abstand aufgenommen, wird die Blume als Ganzes scharf zeigen. Eine ähnliche Wirkung hat die

◀ *Der Riesenlauch (Allium giganteum) bietet sowohl für den Garten als auch für die Gartenfotografie vielfältige Möglichkeiten. Die schmalen Silhouetten, die wie aufgespießte Kugeln zwischen den anderen Pflanzen angeordnet sind, verzieren jedes Beet.*

Brennweite 85 mm :: Blende f/2.8 :: Belichtungszeit 1/1250 s :: ISO 100

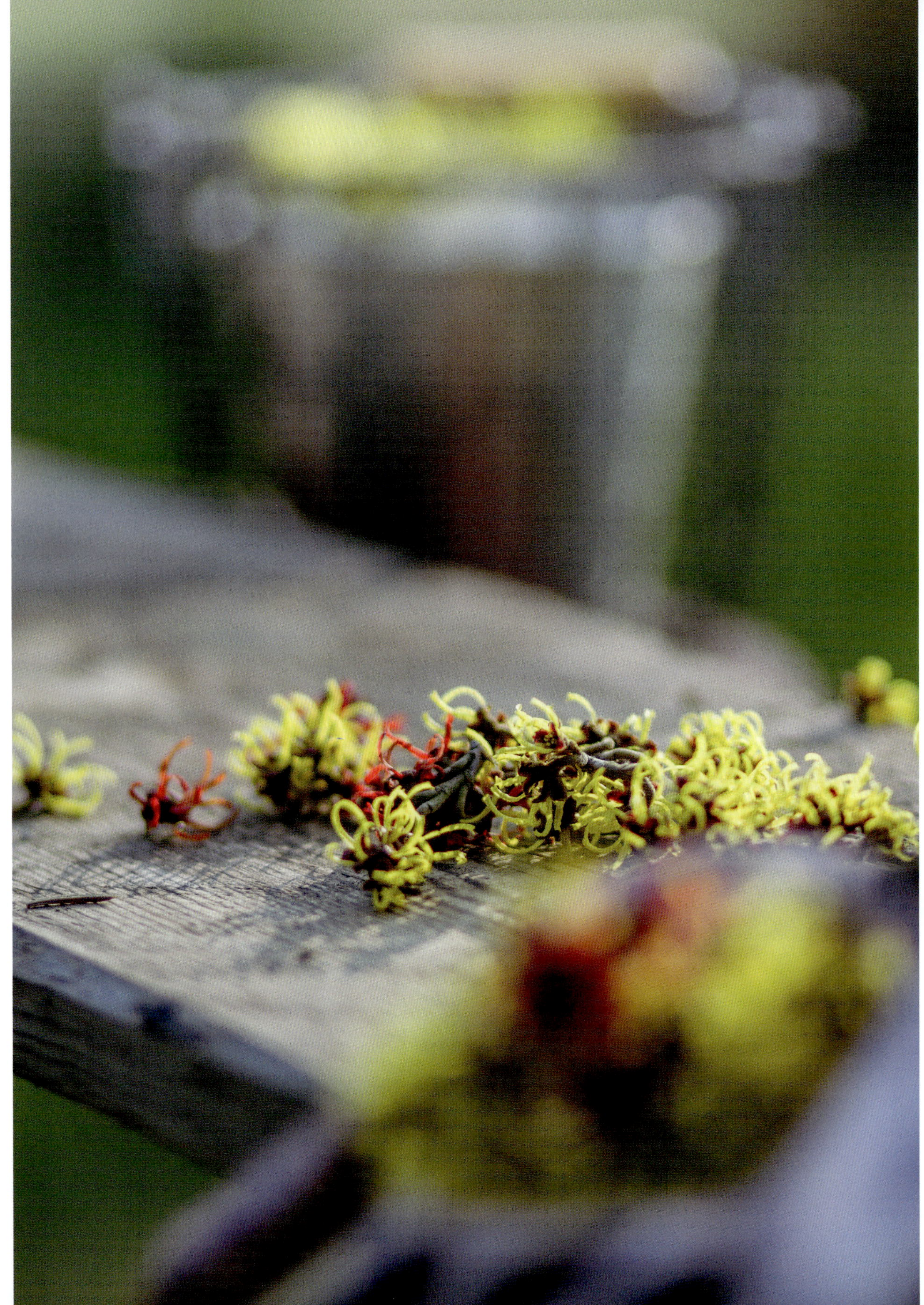

Vergrößerung der Brennweite. Bereits einige Millimeter mehr verkleinern den Schärfebereich deutlich.

BLÜTEN, PORTRÄTS UND STILLS

Details betonen durch einen schmalen Schärfebereich, Unschärfe im Vorder- und Hintergrund:

- Blende weiter öffnen.
- Abstand vergrößern.
- Brennweite verlängern.

GÄRTEN UND LANDSCHAFTEN

Wenig Betonung durch einen großen Schärfebereich, geringe Unschärfe im Vorder- und Hintergrund:

- Blende schließen.
- Abstand verkleinern.
- Brennweite verkürzen.

KEHRSEITE KLEINER SENSOREN

Kleine Bildsensoren sorgen für eine kompakte Bauweise der Kamera, bieten tendenziell eine große Schärfentiefe und machen die selektive Schärfe als Gestaltungsmittel zu einer Herausforderung.

◀ *Schärfentiefe extrem – die Ebene des Schärfenbereichs ist auf einen knappen Zentimeter beschränkt. Der Handschuh im Vordergrund und der Eimer im Hintergrund sind keine 30 Zentimeter auseinander.*

Brennweite 85 mm :: Blende f/1.8 :: Belichtungszeit 1/1000 s :: ISO 100

Schärfentiefe als Gestaltungsmittel

Je nach Motiv oder Bildidee wird die Schärfentiefe als kreatives Gestaltungsmittel eingesetzt und als selektive Schärfe bezeichnet.

Blumiges Bokeh in der Gartenfotografie

Was sich fast floral anhört, ist ein Begriff aus dem Japanischen, der sich von »boke« ableitet und als verschwommen bzw. unscharf übersetzt werden kann. Es handelt sich mehr um ein subjektives Qualitätsempfinden als um eine messbare Größe in der Fotokunst. Besonders in der Blumen- und Gartenfotografie liebt man den Effekt der Unschärfe im Hinter- oder/und Vordergrund. Das Hauptmotiv lässt sich durch die selektive Schärfe förmlich aus dem Hintergrund herauslösen.

Praktisch lässt sich ein Bokeh durch eine möglichst offene Blende und einen Abstand zwischen Hauptmotiv und Hintergrund erzeugen. Auf das Hauptmotiv fällt die gesamte Schärfe, der Hintergrund verschwimmt zu einer unscharfen Fläche. In Verbindung mit interessantem Licht (z. B. Gegenlicht oder in Baumkronen einfallenden Sonnenstrahlen) entstehen tolle Effekte.

Möchte man den Effekt verstärkt nutzen, lohnt es sich, verschiedene Objektive auszuprobieren. Besonders empfehlenswert sind hochwertige, lichtstarke Modelle, die in der Porträtfotografie eingesetzt werden. Gute Bewertungen finden sich für Festbrennweiten und kurze Teleobjektive.

Hat man in der Fotografie schon etwas mehr Erfahrung und kennt sich mit der manuellen Belichtungsmessung und den entsprechenden Einstellungsmöglichkeiten aus, kann man

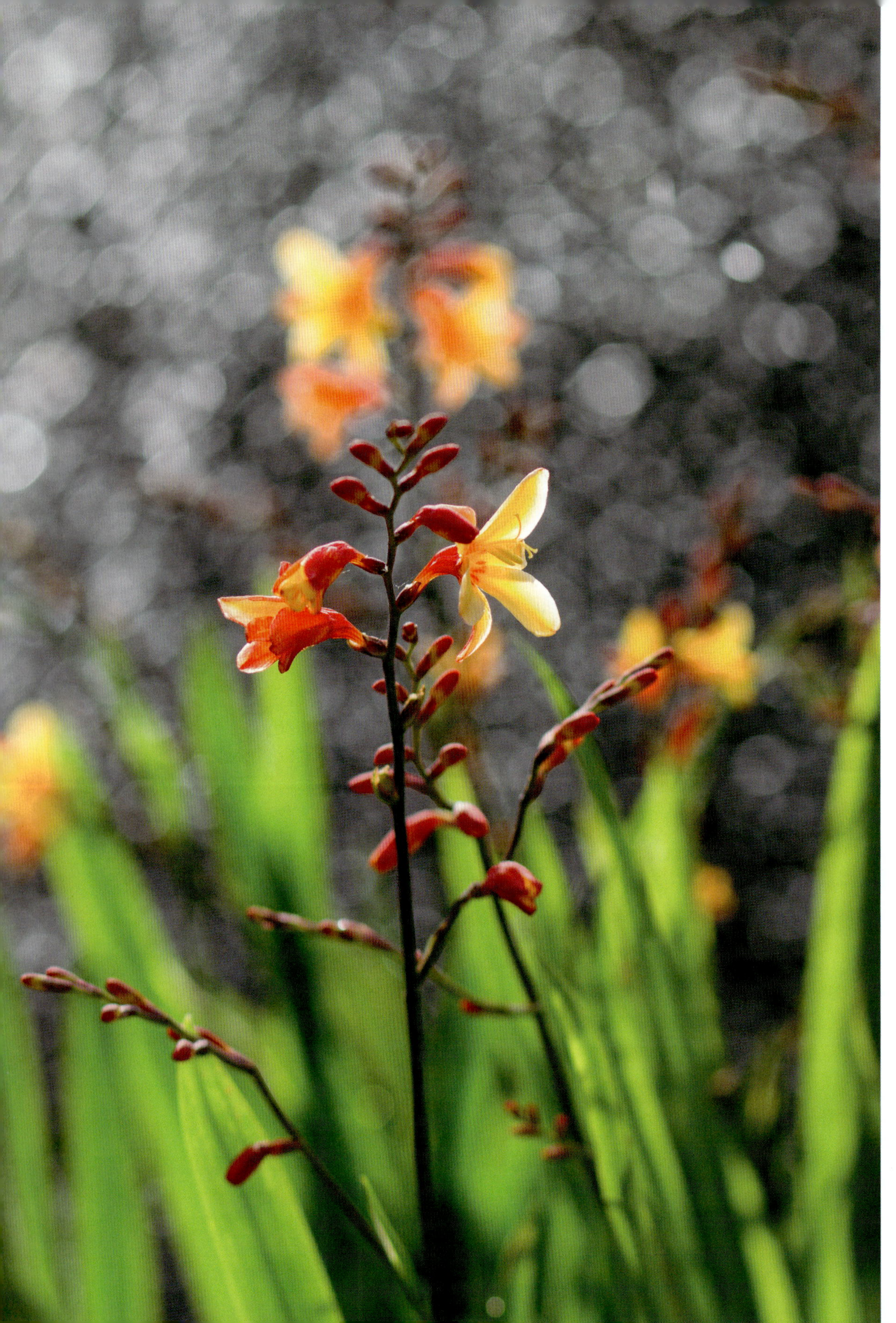

FÜR ERSTE BOKEH-EXPERIMENTE

Gute gebrauchte Festbrennweiten mit hoher Lichtstärke findet man zu günstigen Preisen beim Fotohändler oder im Internet. Sie eignen sich gut für den Einstieg in erste Bokeh-Experimente.

◀ *Experimentelle Gartenfotografie – Gegenlicht und eine Wasserdusche sorgen für einen außergewöhnlichen Hintergrund mit den bekannten Bokeh-Kreisen.*

Brennweite 85 mm :: Blende f/3.2 :: Belichtungszeit 1/500 s :: ISO 100

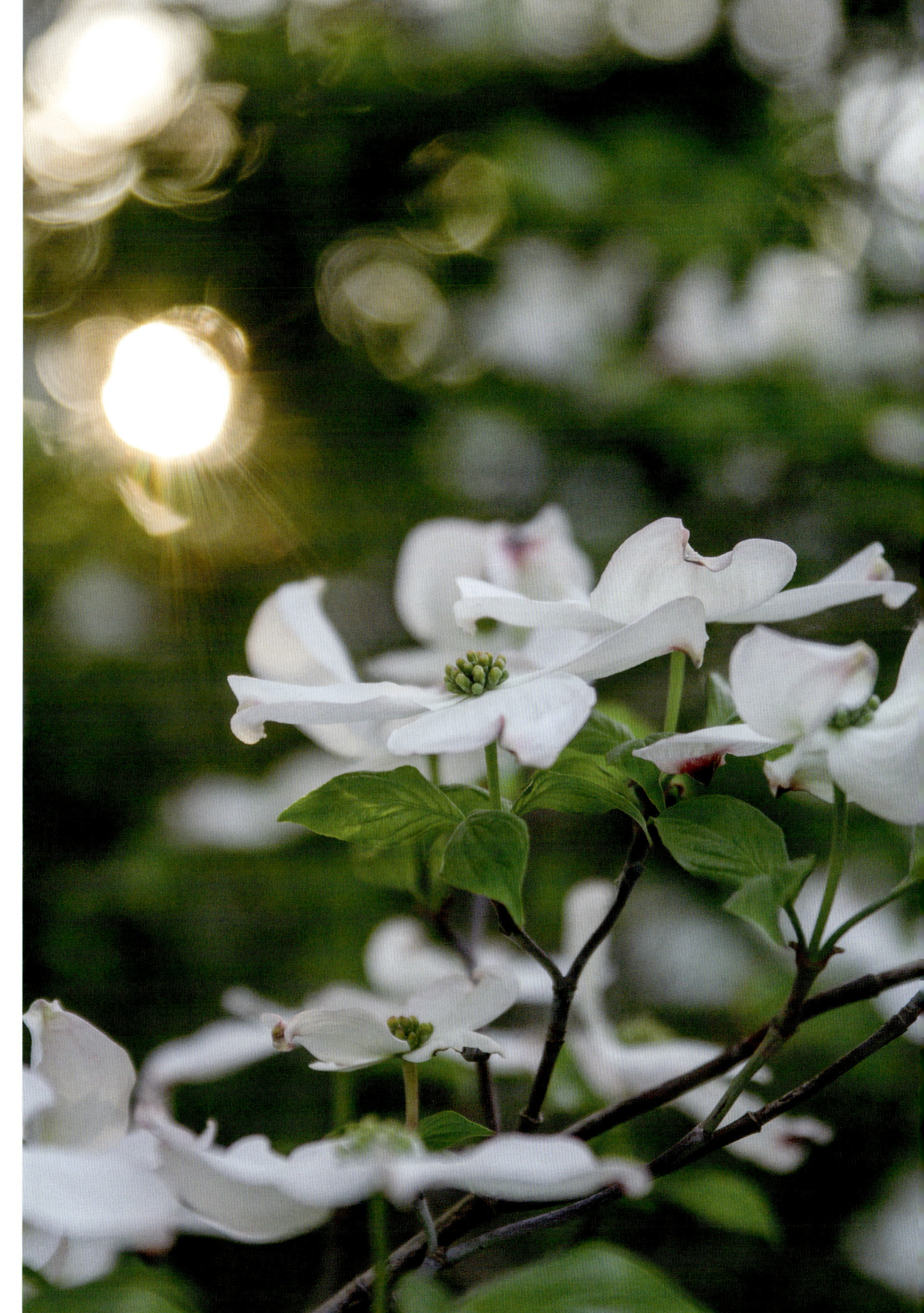

▸ *Durchschimmerndes Abendlicht erzeugt ein wundervolles Bokeh im Blumenhartriegel (Cornus florida).*

Brennweite 70 mm :: Blende f/2.8 :: Belichtungszeit 1/320 s :: ISO 100

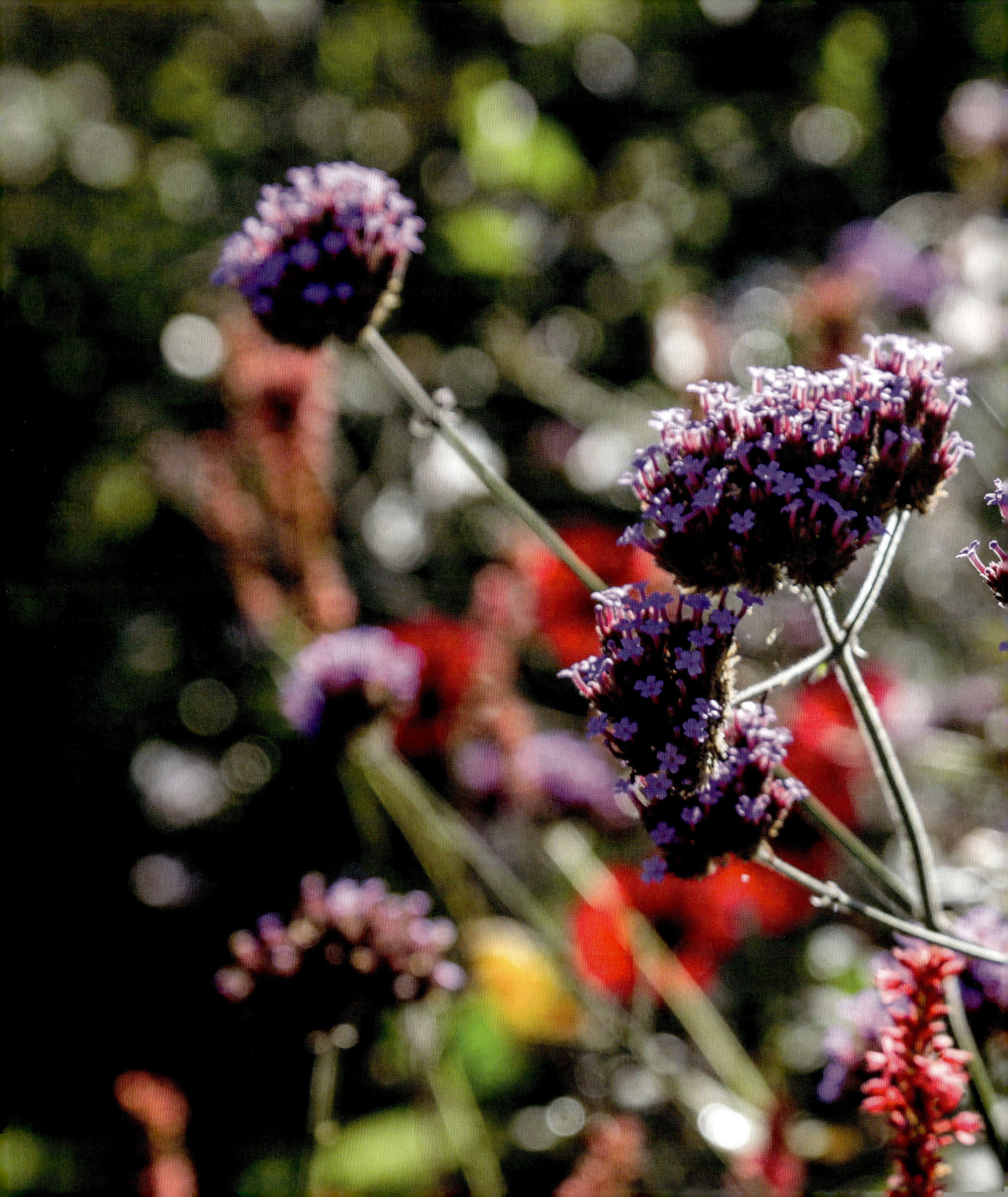

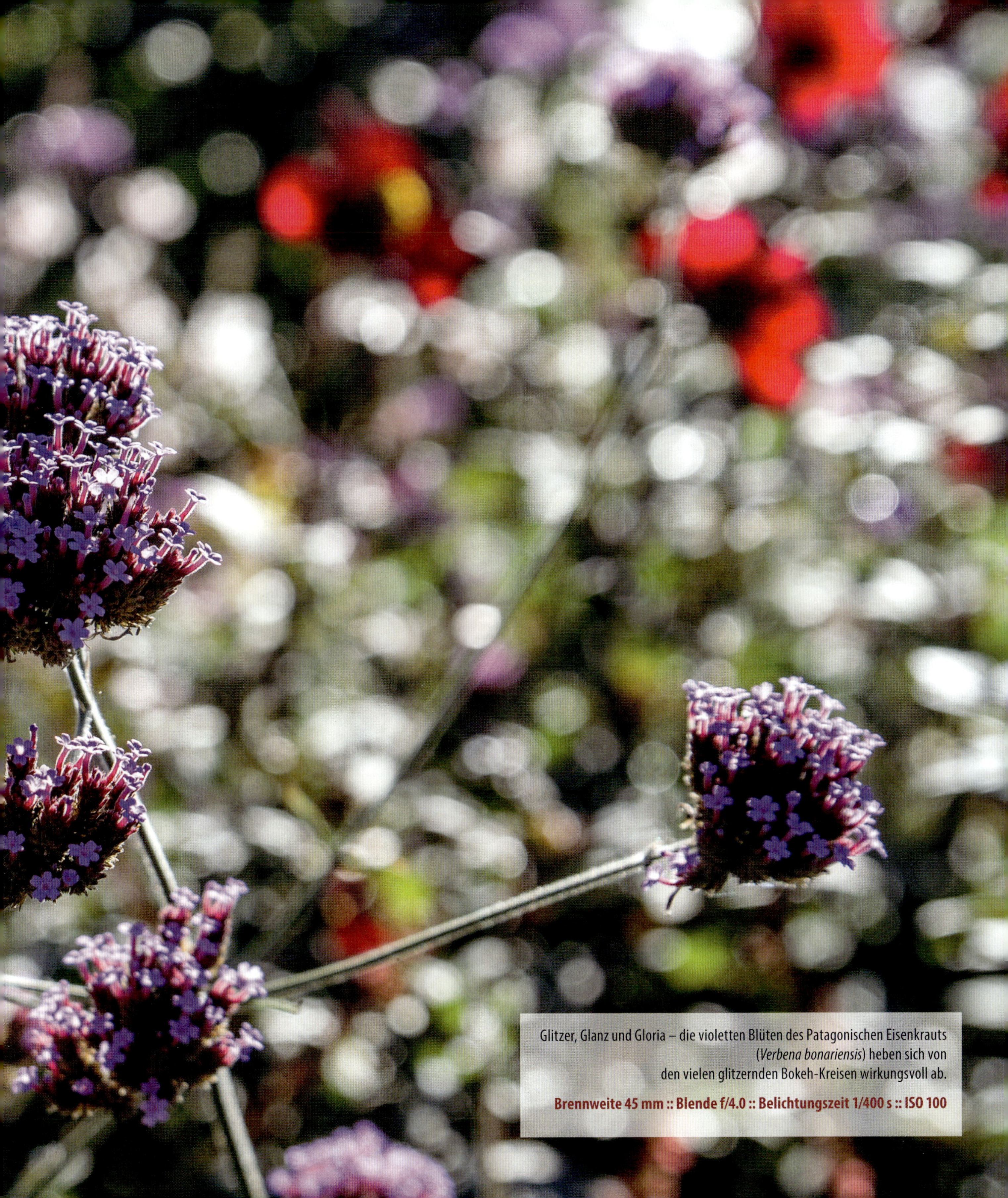

Glitzer, Glanz und Gloria – die violetten Blüten des Patagonischen Eisenkrauts (*Verbena bonariensis*) heben sich von den vielen glitzernden Bokeh-Kreisen wirkungsvoll ab.

Brennweite 45 mm :: Blende f/4.0 :: Belichtungszeit 1/400 s :: ISO 100

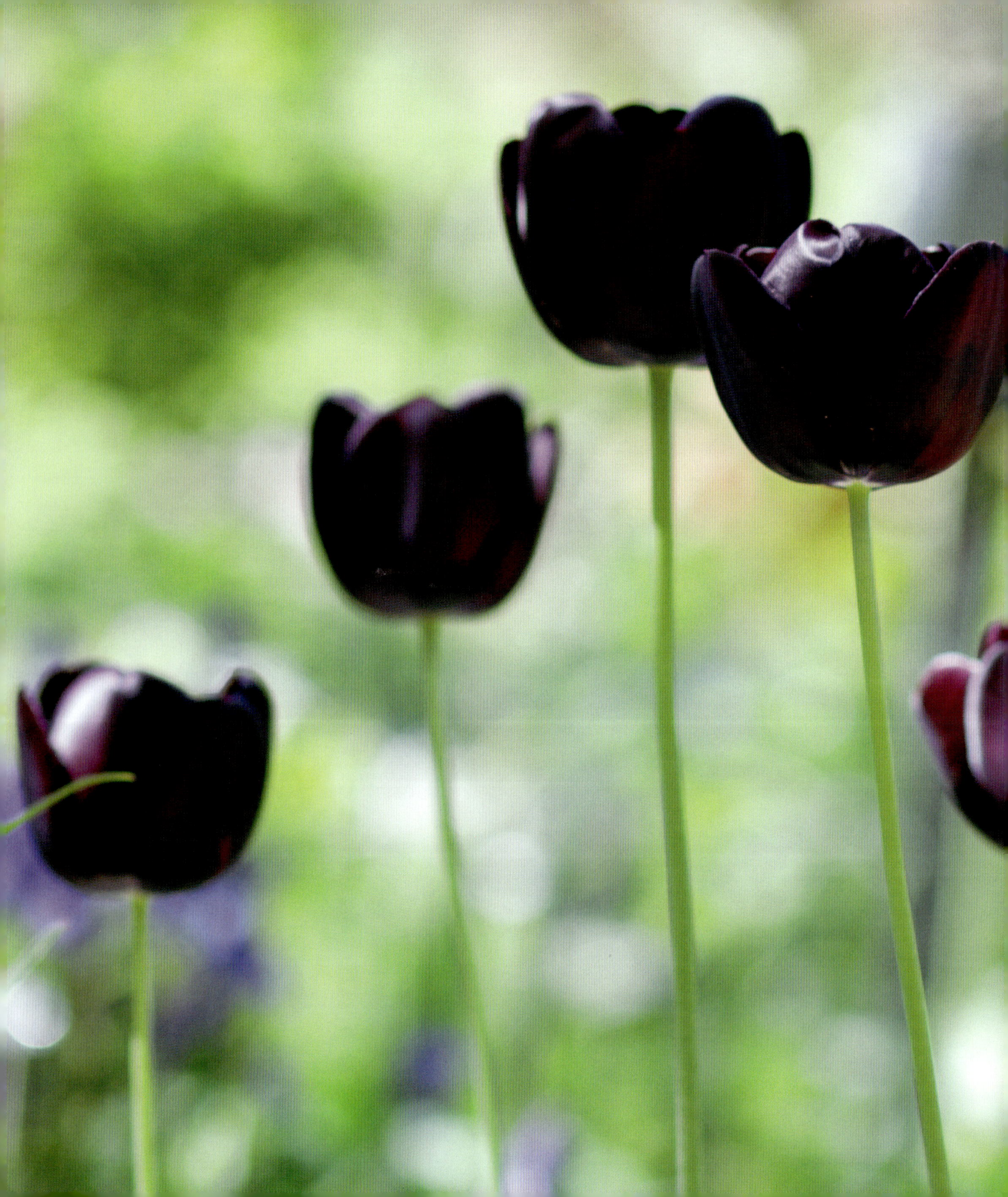

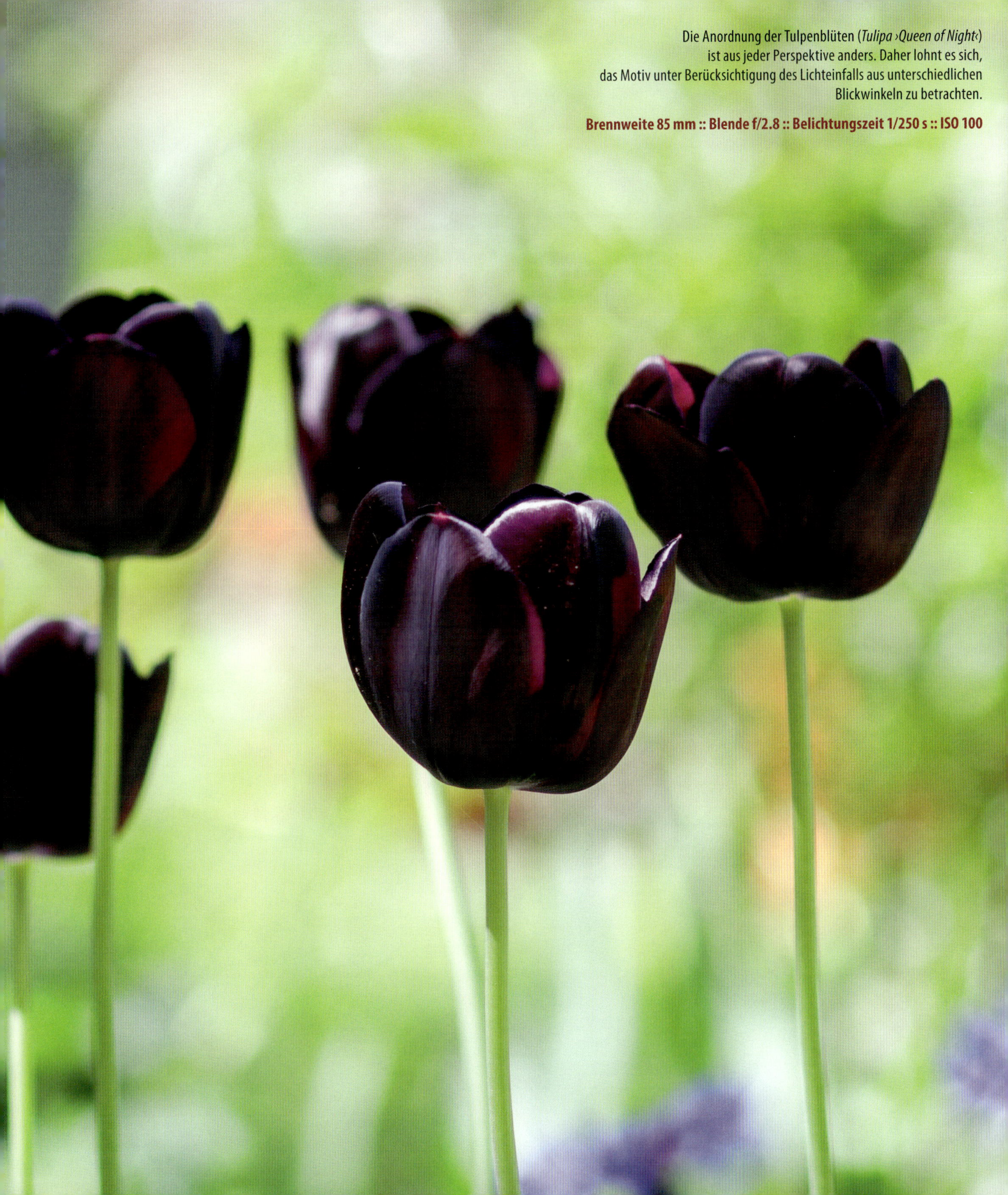

Die Anordnung der Tulpenblüten (*Tulipa ›Queen of Night‹*) ist aus jeder Perspektive anders. Daher lohnt es sich, das Motiv unter Berücksichtigung des Lichteinfalls aus unterschiedlichen Blickwinkeln zu betrachten.

Brennweite 85 mm :: Blende f/2.8 :: Belichtungszeit 1/250 s :: ISO 100

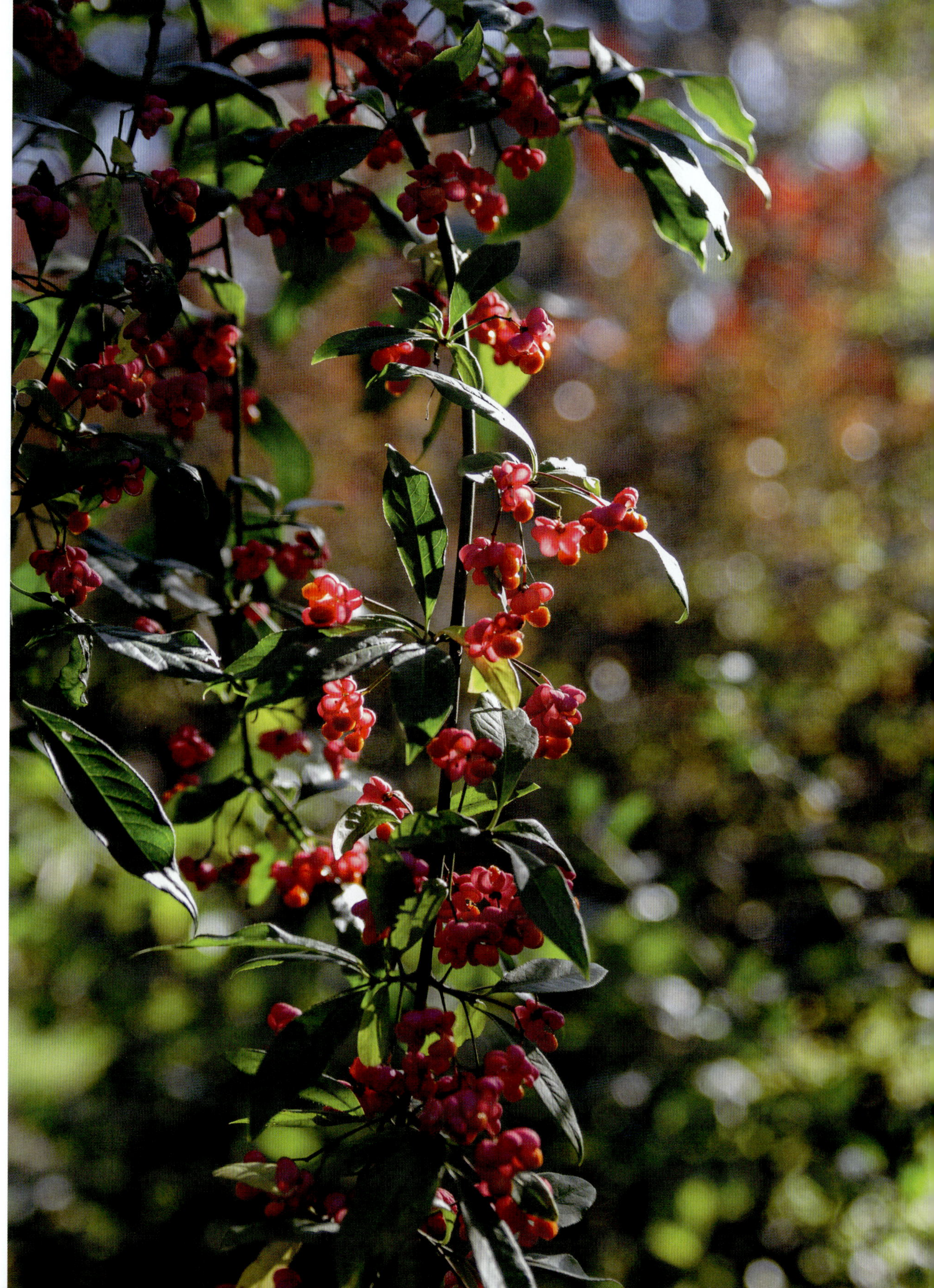

auch versuchen, alte Fotolinsen an die Kamera anzuschließen. Ich verwende meine alten Mittelformatobjektive mittels Adapter an meiner Kamera, denn sie erzeugen ein herrliches Bokeh. Für den Alltagseinsatz ist der manuelle Workflow jedoch nicht geeignet.

Suche nach dem Besonderen

Der Protagonist eines Porträts einer einzelnen Blume ist rasch ermittelt. Anspruchsvoller wird es bei mehreren Blüten oder ganzen Blütenständen. Wer vor die Wahl gestellt wird, hat bekanntlich auch die Qual: Bildmittelpunkt können markante Blüten, besondere Anordnungen oder Lichtstimmungen sein. Diese Details sind selten auf Anhieb zu finden. Mit Erfahrung und Zeit entwickelt man ein Gespür für diese Besonderheiten. Ist das markante Detail im Bild identifiziert, lohnt ein Blick aus unterschiedlichen Perspektiven. Möglicherweise bildet es eine Komposition mit anderen Blüten oder löst sich aus einem Blickwinkel besonders gut vom Hintergrund.

Achten Sie auf das Besondere und Markante, das sich von dem Gewöhnlichen abhebt.

VOLLE SCHÄRFE

In der Landschaftsfotografie wird großer Wert auf die maximale Schärfe im Bild gelegt. Dieser Anspruch gilt auch für Freiräume im Garten, großzügige Gartensituationen oder Parkanlagen. Man überlässt die Blendenwahl nicht der Kamera, sondern wählt die Einstellung M (manuell) oder A/Av (Zeitautomatik). Eine möglichst kleine Blende (f/11 und kleiner) in Kombination mit einer kleinen Brennweite (Weitwinkel) sorgt für eine ausgedehnte Schärfentiefe im Bild. Die Folge sind bei ungünstigen Lichtverhältnissen lange Verschlusszeiten, die ein Stativ unverzichtbar machen.

◀ *Die unterschiedlichen Grün- und Rottöne charakterisieren dieses Bild mit dem Pfaffenhütchen (Euonymus planipes). Das Bildzentrum wird vom tiefen Sonnenlicht in den Fokus gerückt.*

Brennweite 45 mm :: Blende f/2.8 :: Belichtungszeit 1/1000 s :: ISO 320

Schärfe nur auf einen Bereich

Blumen und Pflanzen sind plastische Objekte, die Tiefe haben. Abhängig vom Motiv und der Bildidee, ergibt sich daraus ein Schärfebereich. Soll beispielsweise nur ein schmaler Teil einer Blüte scharf gestellt werden, kann das mit einer großen Blende problemlos umgesetzt werden. Möchte man hingegen die ganze Blume scharf aufnehmen, lautet die Empfehlung: Stativ und kleinere Blende. So weit die einfachen Umsetzungen.

Schwieriger wird es, wenn die Schärfe nur auf einen klar abgegrenzten Bereich beschränkt werden soll. Hierfür benötigt man große fotografische Erfahrung bzw. am Anfang einen Schärfentieferechner. Faktoren wie Brennweite, Blende, Motivabstand und Cropfaktor bestimmen, wie groß der Schärfebereich ist und wie stark die Unschärfe außerhalb dieser Ebene abfällt. Dieses Spielmittel der Fotografie lässt sich kreativ nutzen, um das Hauptmotiv zu gewichten und störende Dinge im Vorder- oder Hintergrund in der Unschärfe verschwinden zu lassen.

Faktoren der Schärfentiefe

Die Schärfentiefe wird durch Brennweite, Blende und Motivabstand beeinflusst und durch den Formatfaktor weiter verstärkt. Mit der Zunahme von Brennweite und Motivabstand bei gleichbleibender Blende steigt die Unschärfe

FAUSTREGEL ZUR SCHÄRFEN-TIEFE

Das erste Drittel der Schärfentiefe befindet sich vor der fokussierten Ebene, zwei Drittel befinden sich dahinter. Der Fokus sollte im ersten Drittel des Schärfebereichs gesetzt werden.

vor und hinter der fokussierten Ebene deutlich an. Um mehr Unschärfen vor und hinter dem Motiv zu erzeugen, muss man einige Schritte zurücktreten und die Brennweite bei gleicher Blendenöffnung erhöhen. Die starken Unterschiede zwischen Schärfe und Unschärfe sorgen dafür, dass sich das Motiv besser aus dem Hintergrund herauslöst bzw. freigestellt wird.

Fotopraxis zum Nachmachen

Eine blühende Staude mit einem Durchmesser von ca. 50 Zentimetern steht etwa 3 Meter vor einem Strauch. Wird sie mit einer Brennweite von 50 mm aus einem Abstand von 3 Metern mit Blende f/4 fotografiert, entspricht die Schärfentiefe (Formatfaktor 1,6/ Canon APS-C) dem Pflanzendurchmesser von ca. 50 Zentimetern. Die Blätter und Details am Strauch im Hintergrund werden bei dieser Einstellung noch recht scharf dargestellt, sodass die Blütenstaude kaum freigestellt wirkt.

Werden der Motivabstand auf 9 Meter und die Brennweite auf 150 mm bei gleicher Blende (f/4) verdreifacht, verändert sich der Bildausschnitt etwas. Die Schärfentiefe bleibt mit etwa 50 Zentimetern gleich. Der große und entscheidende Unterschied ist jedoch die starke Zunahme der Unschärfe im Vorder- und Hintergrund. Der Hintergrund verschwimmt völlig, und es sind kaum noch deutliche Details am Strauch erkennbar. Die blühende Staude löst sich vom Hintergrund und wirkt optimal freigestellt.

BLITZLICHT EINSETZEN

Dämmerung sowie helles Mittagslicht mit seinen starken Kontrasten erfordern ein Aufhellen des Motivs. Eine Alternative zum Reflektor stellt das Blitzlicht dar. Bis auf Ausnahmen besitzt jede Spiegelreflex- und Systemkamera

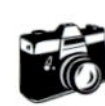

AUFHELLBLITZEN AM TAG

- Blitzbelichtungskorrektur an der Kamera einstellen.
- Blendenautomatik wählen (S oder Tv).
- Verschlusszeit fixieren (z. B. 1/125 Sekunde bei einer Brennweite von 50 bis 130 mm).
- Belichtungsmessung und Blendenermittlung durch Antippen bis zum ersten Druckpunkt.
- Blitzbelichtungskorrektur um zwei Stufen nach unten korrigieren.
- Auslösen und Bildkontrolle.
- Blitzintensität bei Bedarf nachsteuern und neue Aufnahme auslösen.

ein Blitzgerät. Im Automatikmodus wird es von der Kamera bei schwachen Lichtverhältnissen zugeschaltet. Fotografiert man jedoch bei normalem Tageslicht, ist es in den meisten Fällen notwendig, den Blitz manuell zu aktivieren. Kamerainterne Blitze sind im Abstrahlwinkel beschränkt und haben eine geringere Leistung (Leitzahl) als externe Aufsteck- und Zusatzblitze, sie reichen aber für den Regelfall aus, sofern das Motiv nicht zu weit von der Kamera entfernt ist.

Das Aufhellblitzen am Tag ist eine feine Sache, um starke Kontraste zu reduzieren. Da die Kamera selbst die Blende bestimmt, werden sowohl der Hintergrund als auch das Motiv ausgewogen belichtet. Dieses Aufhellen funktioniert zudem bei Gegenlichtaufnahmen und bringt verschwundene Details wieder zum Vorschein. Etwas Experimentieren ist notwendig, um die in der jeweiligen Lichtsituation optimale Blitzintensität zu finden.

BLITZ FRISST AKKU

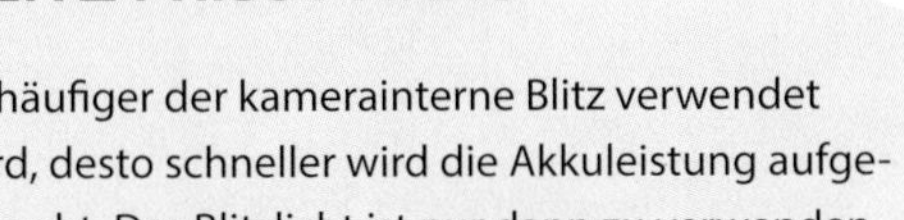

Je häufiger der kamerainterne Blitz verwendet wird, desto schneller wird die Akkuleistung aufgebraucht. Das Blitzlicht ist nur dann zu verwenden, wenn es wirklich gebraucht wird.

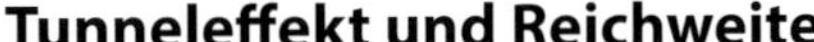

Tunneleffekt und Reichweite

Je weiter ein Motiv von der Kamera entfernt ist, desto geringer ist die Ausleuchtung durch den Blitz. Die Lichtstärke nimmt mit zunehmender Entfernung exponentiell ab. Konkret bedeutet das, dass die Lichtmenge bei einer Erhöhung des Motivabstands von einem auf zwei Meter nur noch ein Viertel beträgt. Die meisten kamerainternen Blitze haben eine Leitzahl zwischen 12 und 14. Das entspricht in etwa einer Ausleuchtung von vier Metern bei ISO 100 und einer Blende von 2.8.

Je höher die Empfindlichkeit eingestellt wird, desto weiter reicht die Ausleuchtung des Blitzes. Zu berücksichtigen ist bei hohen ISO-Werten ein zunehmendes Bildrauschen.

Die Reichweite des Blitzes lässt sich bei ISO 100 grob nach folgender Formel berechnen: Motivabstand = Leitzahl : Blende.

Beim internen Blitz mit einer Leitzahl von 14 und einer Blende von 3.5 reicht die Aufhellung etwa vier Meter.

Blitzlicht tagsüber einsetzen

Blitzlicht lässt sich auch tagsüber kreativ einsetzen. Dazu benötigt man etwas mehr als die Grundausstattung: ein TTL-Steuergerät und Aufsteck- bzw. Zusatzblitze. Diese Zusatzgeräte machen es möglich, die Lichtsituation im Umgebungslicht zu verändern, Schatten aufzuhellen oder Akzente zu setzen. Der natürliche Beleuchtungscharakter einer Situation sollte jedoch unbedingt erhalten bleiben und nicht vom Blitzlicht überlagert werden. Mittels

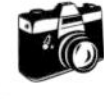

FAUSTREGEL

Das Verhältnis zwischen Blitz- und Tageslicht sollte bei Aufnahmen im Tageslicht ungefähr 1 : 4 betragen. Die Blitzleistung lässt sich über das Einstellmenü oder den Schalter am Gehäuse entsprechend reduzieren. Eine Reduzierung der Blitzleistung um zwei Stufen bewirkt, dass nur noch 25 % der ursprünglichen Lichtmenge ins Bild geworfen werden.

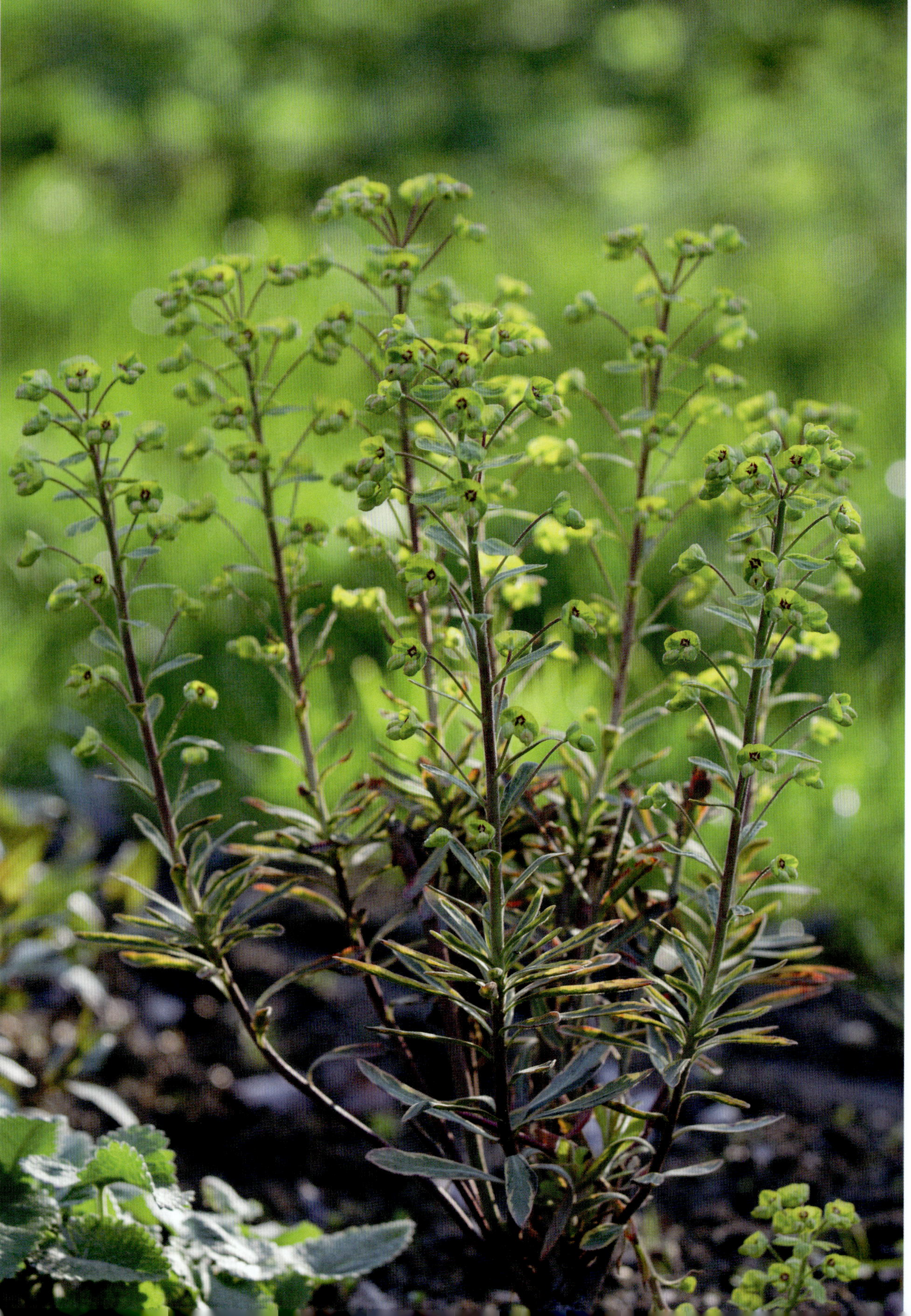

eines TTL-Steuergeräts werden an der Kamera die externen Blitze und deren Leistung eingestellt. Die künstlichen Lichtquellen lassen sich rund um das Motiv einzeln an Stativen als Seiten-, Kopf- oder Fußlicht ausrichten. Insgesamt ist das Spektrum der Möglichkeiten sehr breit gefächert und erfordert viel Ausprobieren, stetige Bildkontrolle und Belichtungsanpassungen.

AUSLÖSEN DREIMAL ANDERS

Nachdem das Motiv gefunden, die Kamera eingestellt und das Objekt anfokussiert ist, fehlt zum fertigen Bild nur noch das Auslösen. Es ist kaum verwunderlich, dass die Kamera für den finalen Arbeitsschritt erneut mehrere Optionen bereithält. Sie ergeben durchaus Sinn, denn es lässt sich wählen, ob man nur eine Aufnahme – sofort oder zeitverzögert – bzw. mehrere Bilder hintereinander fotografieren möchte.

- **Einzelbild** – Löst eine einzelne Aufnahme aus und wird am häufigsten eingesetzt. Mit dem nächsten Fokussieren wird eine neue Belichtungsmessung und -anpassung vorgenommen.
- **Reihenaufnahme** – Löst mehrere Aufnahmen hintereinander aus. Die Belichtungsparameter und der Schärfebereich bleiben bei den Aufnahmen identisch. Reihenbilder können langsam oder schnell aufgenommen werden, um beispielsweise bewegte Motive einzufangen. Insekten sind definitiv schneller, als mehrere Einzelbildaufnahmen hintereinander erfassen. Die Ausnahme bildet die Einstellung *AI SERVO* (Canon-DSLR), die ein bewegtes Objekt nachschärft.
- **Selbstauslösung** – Die Selbstauslösung eignet sich beim Einsatz von Stativen. Verwacklungen lassen sich ausschließen, da die Kamera ohne händischen Eingriff nach zwei oder zehn Sekunden auslöst. Diese Option wird auch eingesetzt, wenn ein Fernauslöser verwendet wird.

◀ *Die Wolfsmilch (Euphorbia) ziert mit grüngelben Blüten und einem bunten Blätterkleid. Die Aufnahme vor dem grünen Hintergrund besticht durch schlichte Eleganz.*

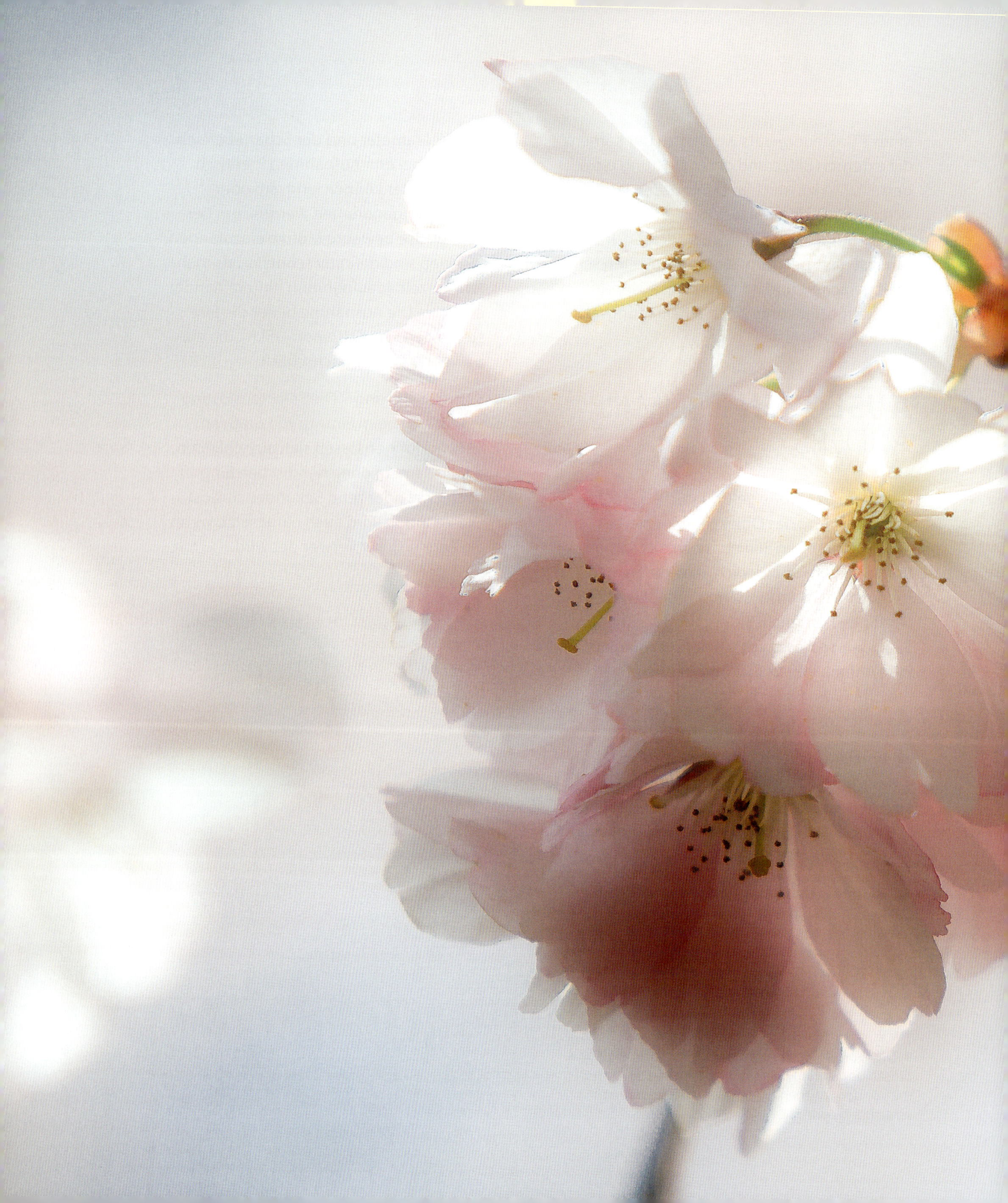

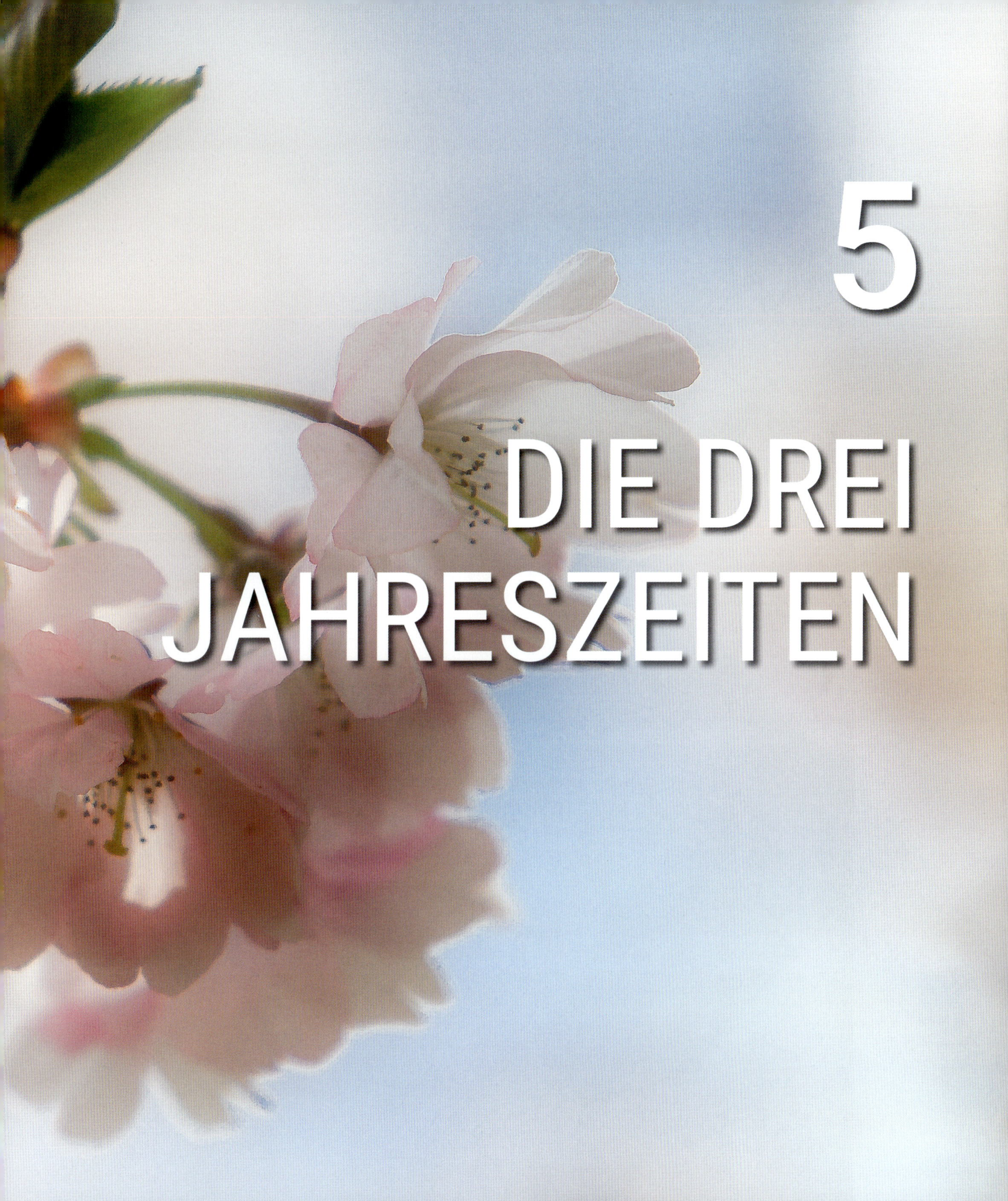

5

DIE DREI JAHRESZEITEN

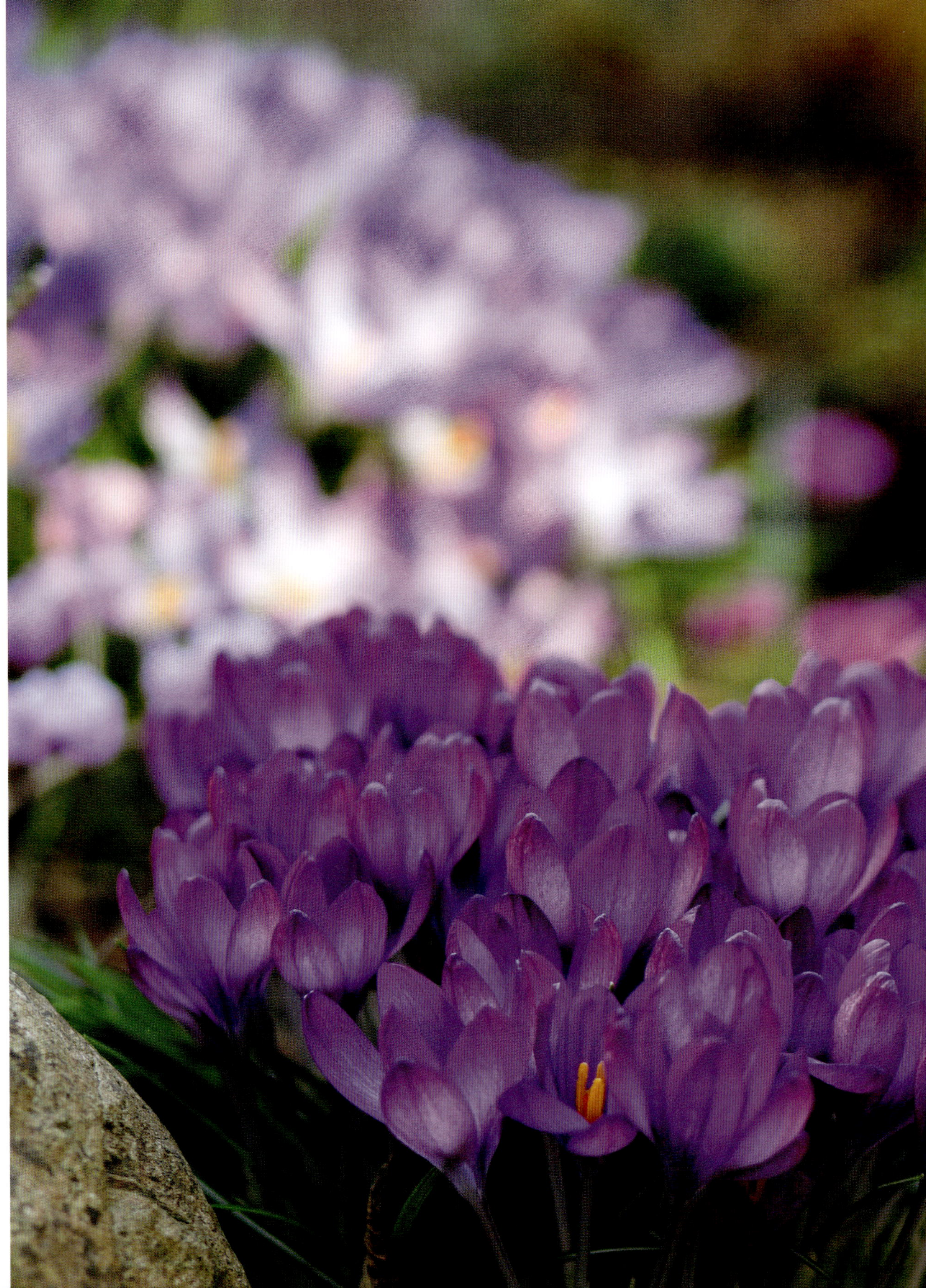

■ Die Faszination des Gartens besteht in seinem ständigen Wandel. Dinge entstehen und vergehen. Zwischendurch präsentieren sie ihre prächtigen Seiten und begeistern mit einer einzigartigen Farben- und Formenvielfalt. Nirgendwo spürt man das Leben und den Wandel der Jahreszeiten besser als im eigenen Garten im Fokus der Fotokamera.

BLÜTENPRACHT IM FRÜHLING

Mit der ersten Frühjahrssonne beginnt sich das Leben im Garten zu regen. Vögel zwitschern in Balzlaune, Frühjahrsblüher zeigen nach der Wintertristesse Farbe, und Grün sprießt aus allen Knospen. Für Gärtner ist der Frühling die Jahreszeit schlechthin, selbst wenn der Genuss aufgrund geballter Gartenarbeit etwas auf der Strecke bleibt.

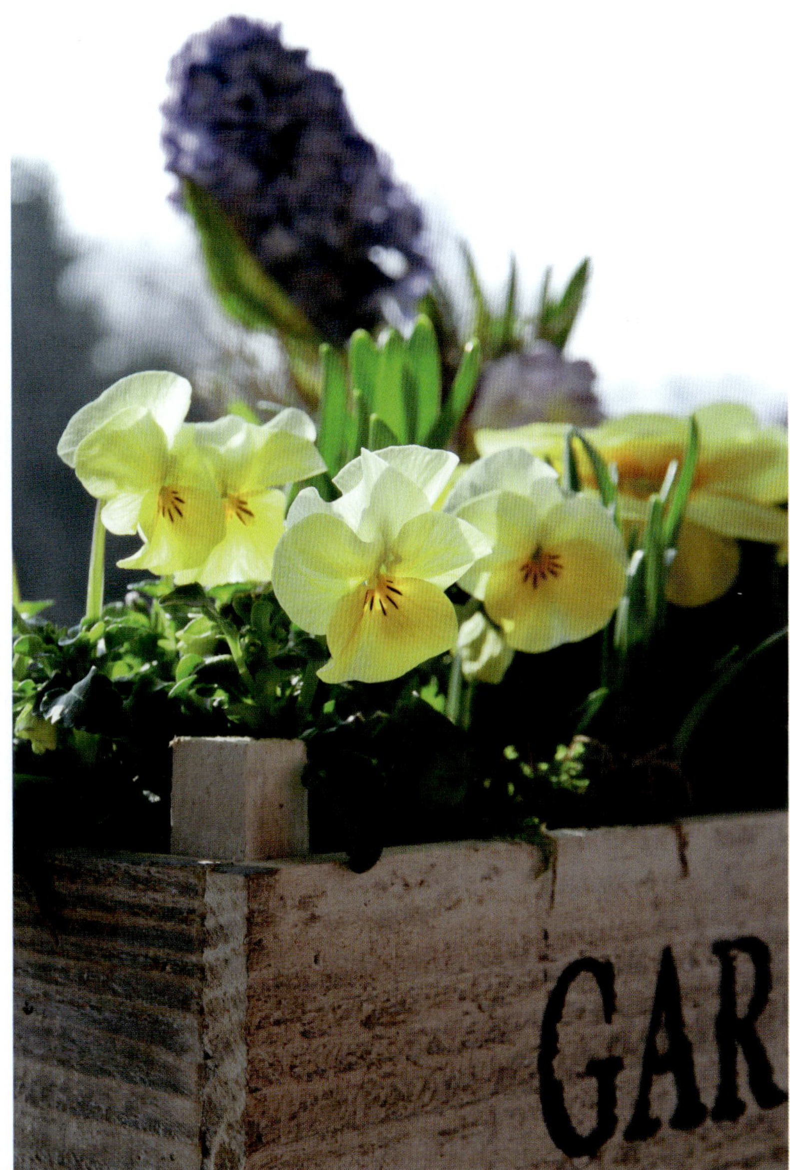

◂ *Der Elfenkrokus (Crocus tommasinianus) zählt zu den beliebtesten Frühlingsmotiven, denn er ist der erste Frühjahrsblüher und erscheint in einem kräftigen Violett.*

Brennweite 85 mm :: Blende f/2.8 :: Belichtungszeit 1/125 s :: ISO 100

▴ *Die morgendliche Frühjahrssonne bringt im Gegenlicht einige Farbverfälschungen mit sich, denn die korrekten Blütenfarben gehen zulasten der weißen Kiste. Sie erhält einen rötlichen Farbstich.*

Brennweite 60 mm :: Blende f/8 :: Belichtungszeit 1/200 s :: ISO 200

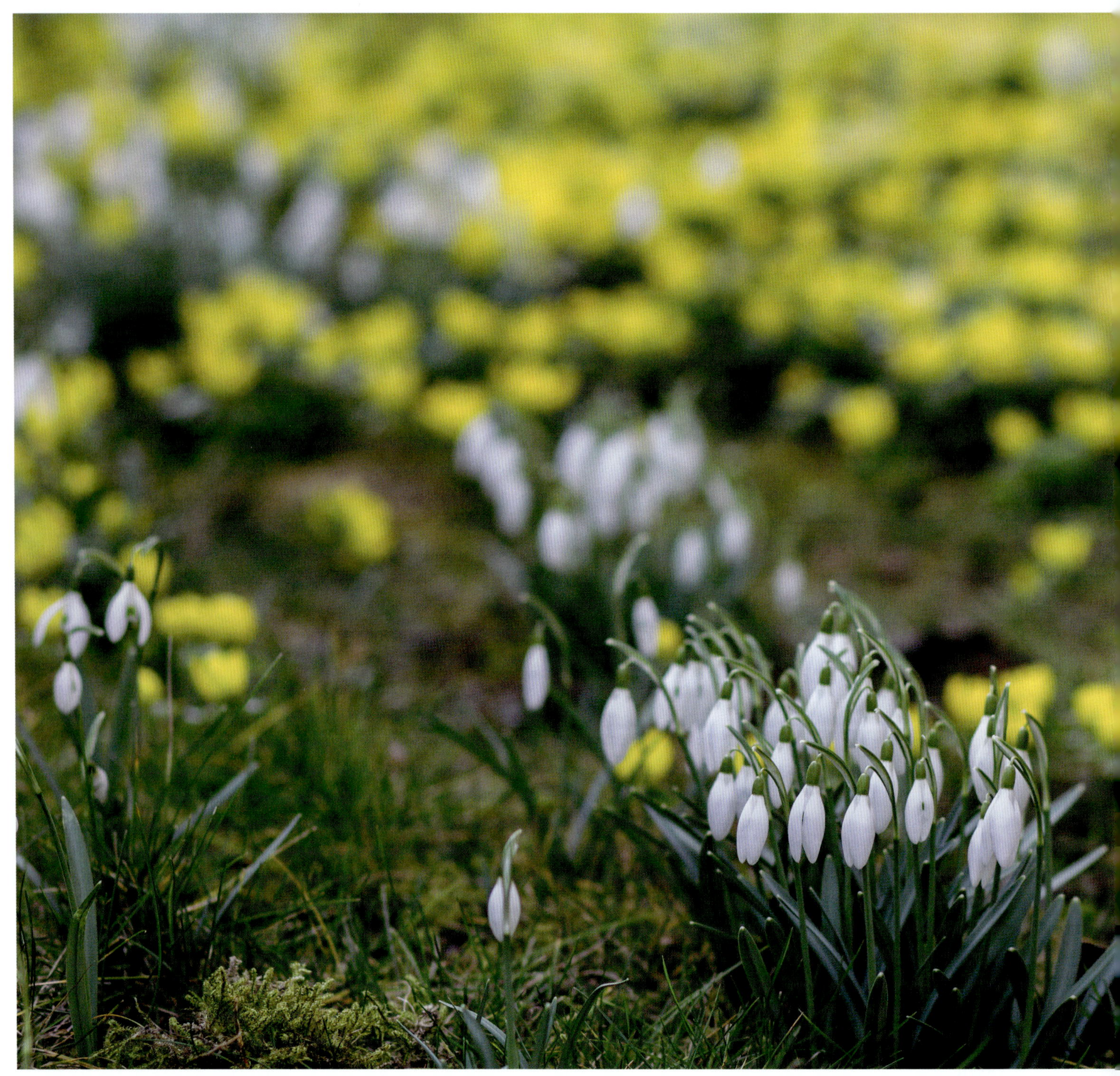

▲ *Schneeglöckchen (Galanthus nivalis) sind unumstritten die bekanntesten Frühjahrsblüher und in nahezu jedem Garten zu finden.*

Brennweite 85 mm :: Blende f/2.8 :: Belichtungszeit 1/160 s :: ISO 125

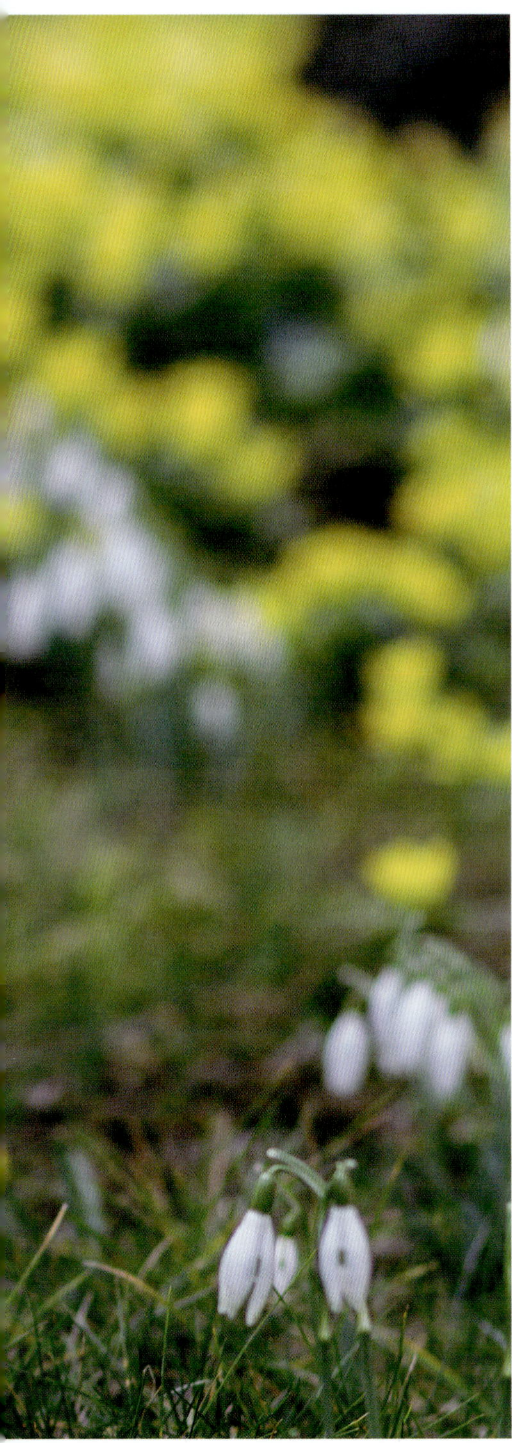

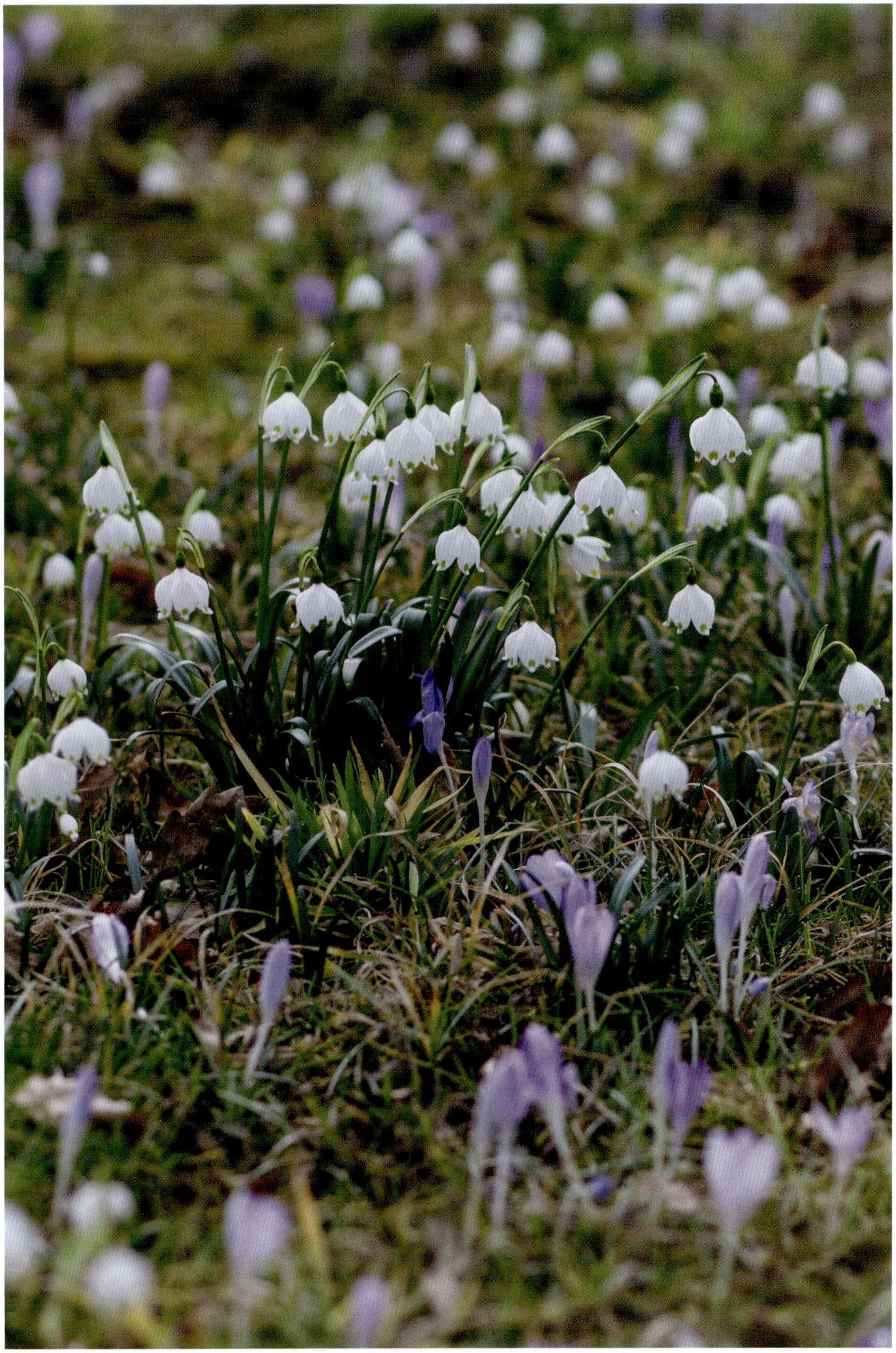

▲ *Der Märzenbecher (Leucojum vernum) ist gleichermaßen bekannt wie selten. Geschützte Wildbestände trifft man nur noch selten an. Fotografisch sind Frühlingswiesen in Kombination mit Krokussen ein optischer Leckerbissen.*

Brennweite 85 mm :: Blende f/2.8 :: Belichtungszeit 1/800 s :: ISO 100

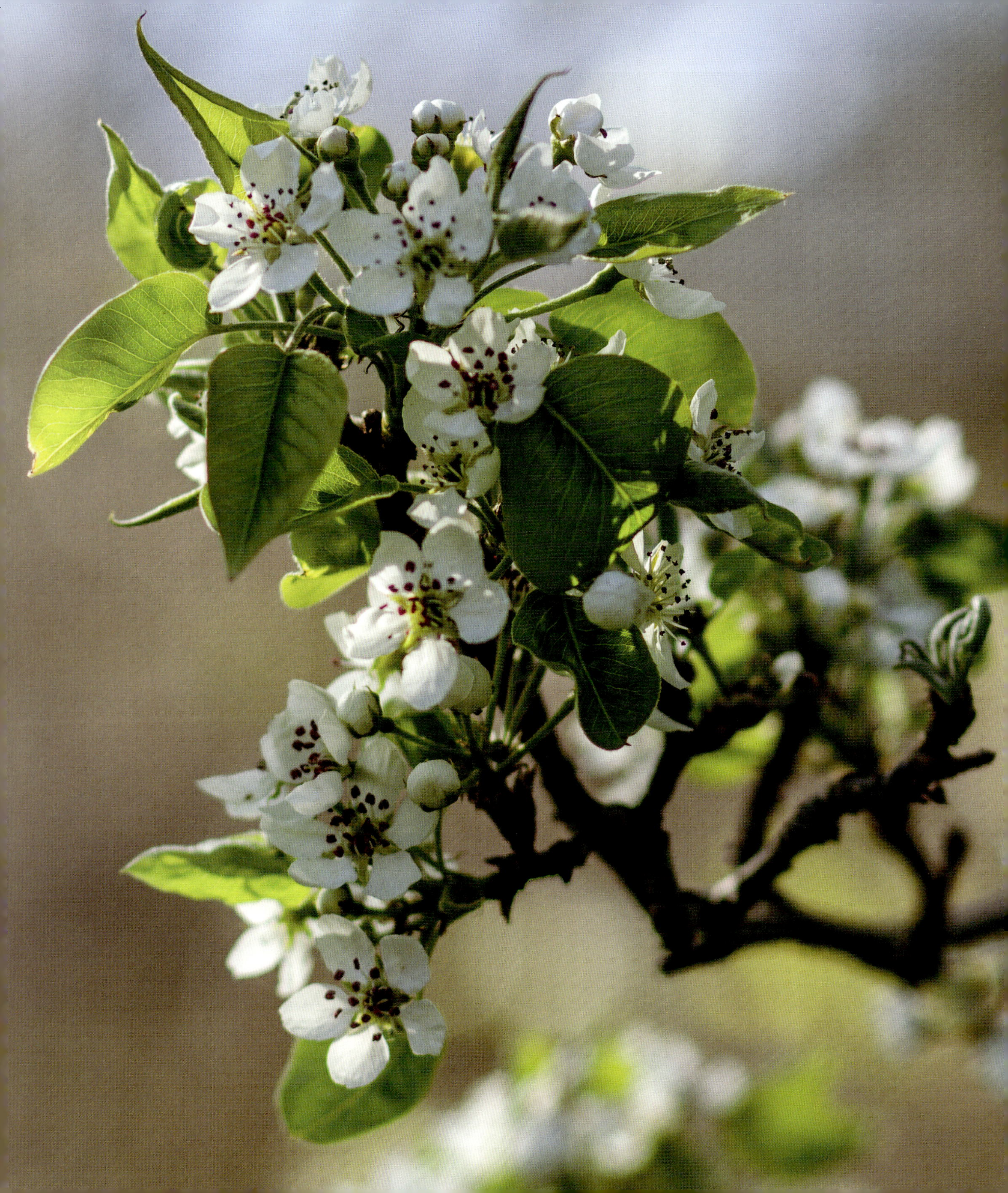

◀ *Die Blüten der Chinesischen Birne (Pyrus calleryana) erscheinen in einem schlichten Weiß. Markant sind die dunkelroten Staubblätter, die optisch hervortreten.*

Brennweite 85 mm :: Blende f/2.8 :: Belichtungszeit 1/640 s :: ISO 100

▼ *Japanische Blütenkirschen (Prunus serrulata) sind wertvolle Ziergehölze, denen beispielsweise in Japan sehr hohe Aufmerksamkeit zuteil wird. Überreich blühen die Bäume und stellen aus jedem Blickwinkel ein hervorragendes Motiv dar.*

Brennweite 200 mm :: Blende f/4.0 :: Belichtungszeit 1/2000 s :: ISO 100

Blüten kleinwüchsiger Obstbäume

Bäume sind aufgrund ihrer Größe im Garten schwierige Motive. Selten findet man sie frei stehend vor, sodass sie optisch mit anderen Gartenelementen konkurrieren. Möchte man sie ohne Anschnitt auf ein Bild bannen, ist zumeist ein größerer Abstand nötig, den jedoch Hecken oder Zäune häufig nicht hergeben. Kleine Brennweiten bzw. Weitwinkelobjektive sind die naheliegende Wahl.

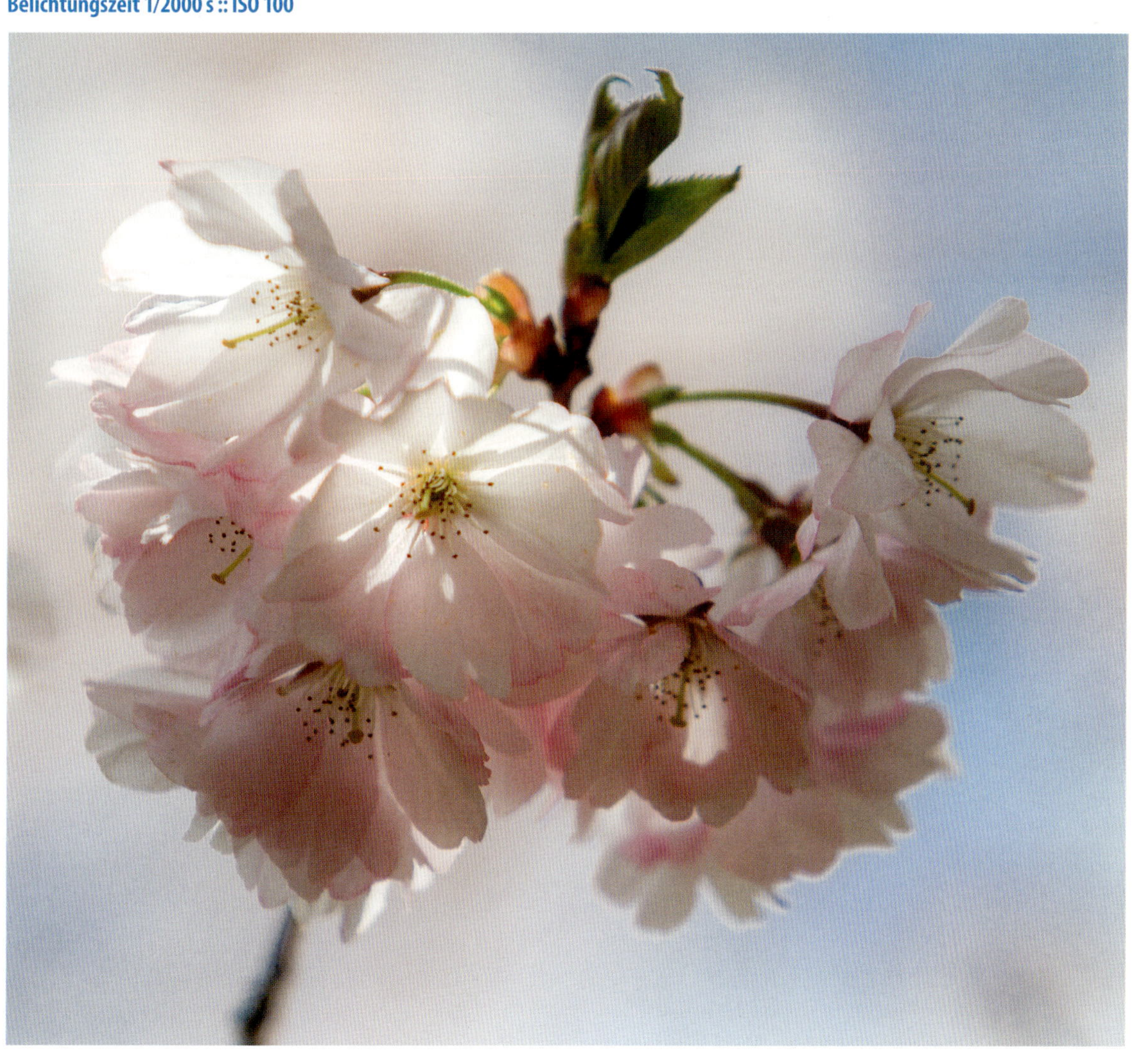

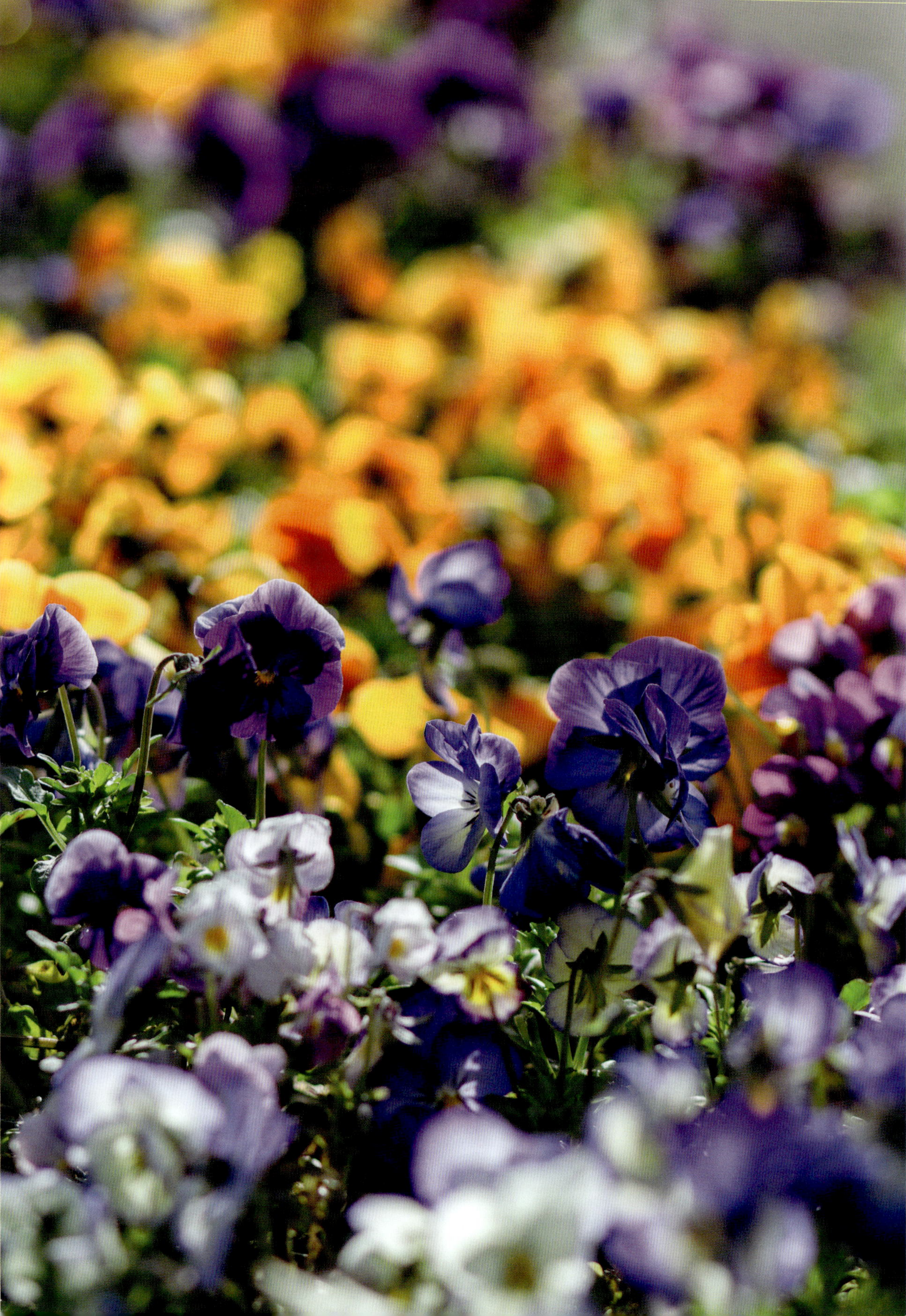

Erste Frühjahrsblüher erwachen

Für die Gartenfotografie im Frühjahr empfiehlt es sich, immer einen Knieschutz dabeizuhaben. Frühjahrsblüher sind meist sehr klein, und für eine gute Perspektive reicht manchmal die Hocke nicht aus. Langes Knien auf dem feuchten Frühjahrsboden kann zu Gelenkschmerzen führen.

HELLE BLÜTENFARBEN

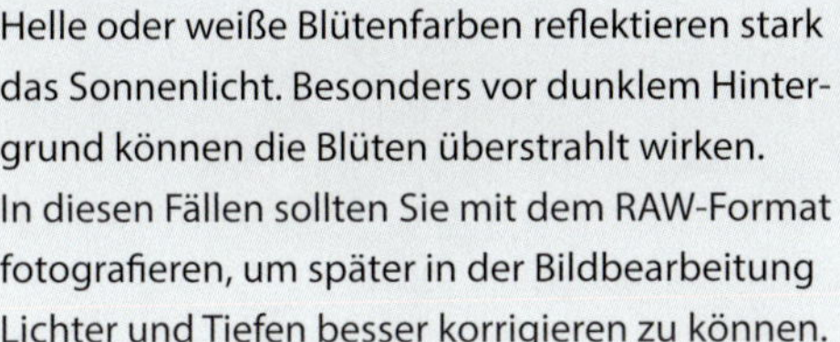

Helle oder weiße Blütenfarben reflektieren stark das Sonnenlicht. Besonders vor dunklem Hintergrund können die Blüten überstrahlt wirken. In diesen Fällen sollten Sie mit dem RAW-Format fotografieren, um später in der Bildbearbeitung Lichter und Tiefen besser korrigieren zu können.

Schnee als natürlicher Aufheller

Es kommt immer wieder vor, dass die Natur von sich aus die Gartenfotografie unterstützt. Schneefälle im zeitigen Frühjahr sind nicht ungewöhnlich. Zu dieser Zeit zeigen schon zahlreiche Frühjahrsblüher ihren Flor. Schnee wirkt wie ein Aufheller, der, vergleichbar mit einer Styroporplatte, das Licht reflektiert. Pflanzen werden von unten aufgehellt und präsentieren sich in einem ganz anderen Licht.

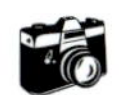

SCHNEE MIT BLAUSTICH

Winteraufnahmen sind anfällig für Blaustiche. Dieses Phänomen entsteht durch die Kombination von Farbtemperatur und Himmelsreflexionen. Konversionsfilter reduzieren die Farbverfälschung. Die restlichen Korrekturen übernimmt das Bildbearbeitungsprogramm.

◀ *Stiefmütterchen (Viola wittrockiana) gibt es in unzähligen Sorten und Farbkombinationen. Besonders in Gruppen wirken sie zauberhaft. Ein Umpflanzen vertragen die Pflanzen gut, sodass die Pflanzenanordnung für abwechslungsreiche Motive gut ausgetauscht werden kann.*

Brennweite 85 mm :: Blende f/2.8 :: Belichtungszeit 1/1600 s :: ISO 100

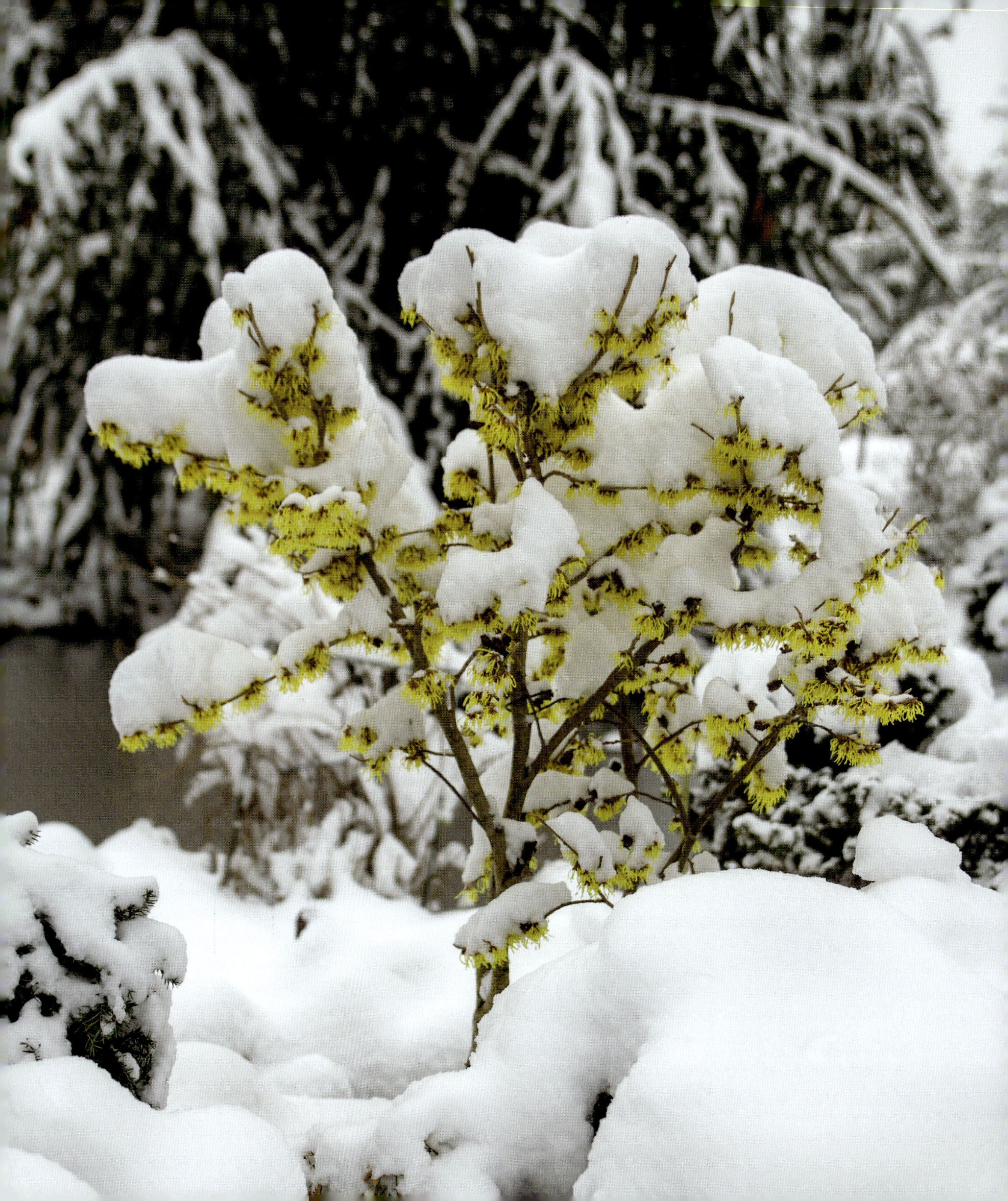

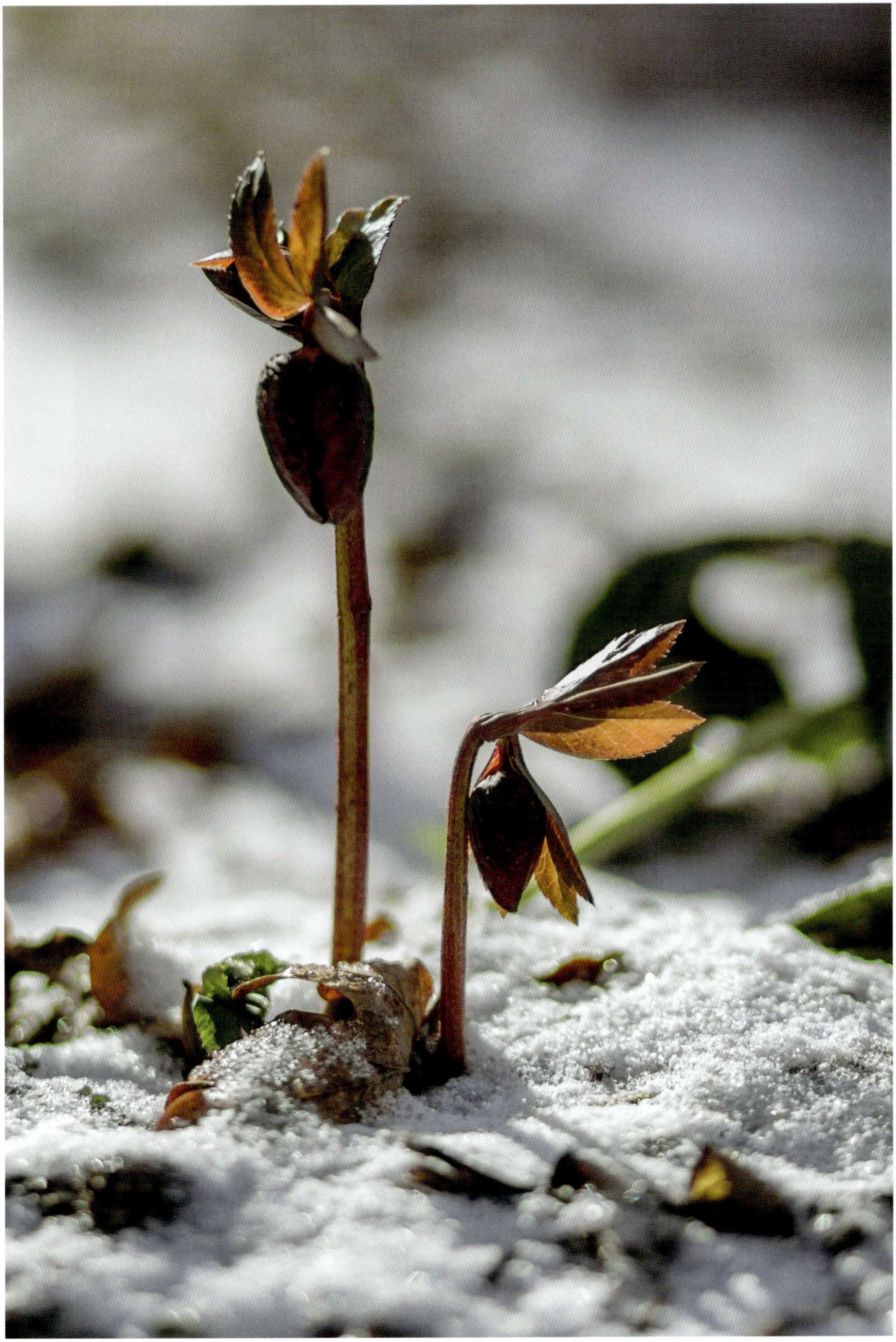

◀ *Noch zart zeigen sich die ersten Lenzrosen (Helleborus) im Schnee. Das frostige Weiß sorgt als natürlicher Aufheller für besondere Lichtstimmungen.*

Brennweite 85 mm :: Blende f/1.8 :: Belichtungszeit 1/2500 s :: ISO 100

◀ *Links: Eine blühende Zaubernuss (Hamamellis x intermedia) mit einer weißen Mütze. Späte Wintereinbrüche schaffen im beginnenden Frühling außergewöhnliche Motive.*

Brennweite 35 mm :: Blende f/2.8 :: Belichtungszeit 1/1250 s :: ISO 100

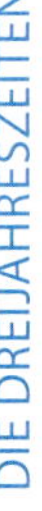

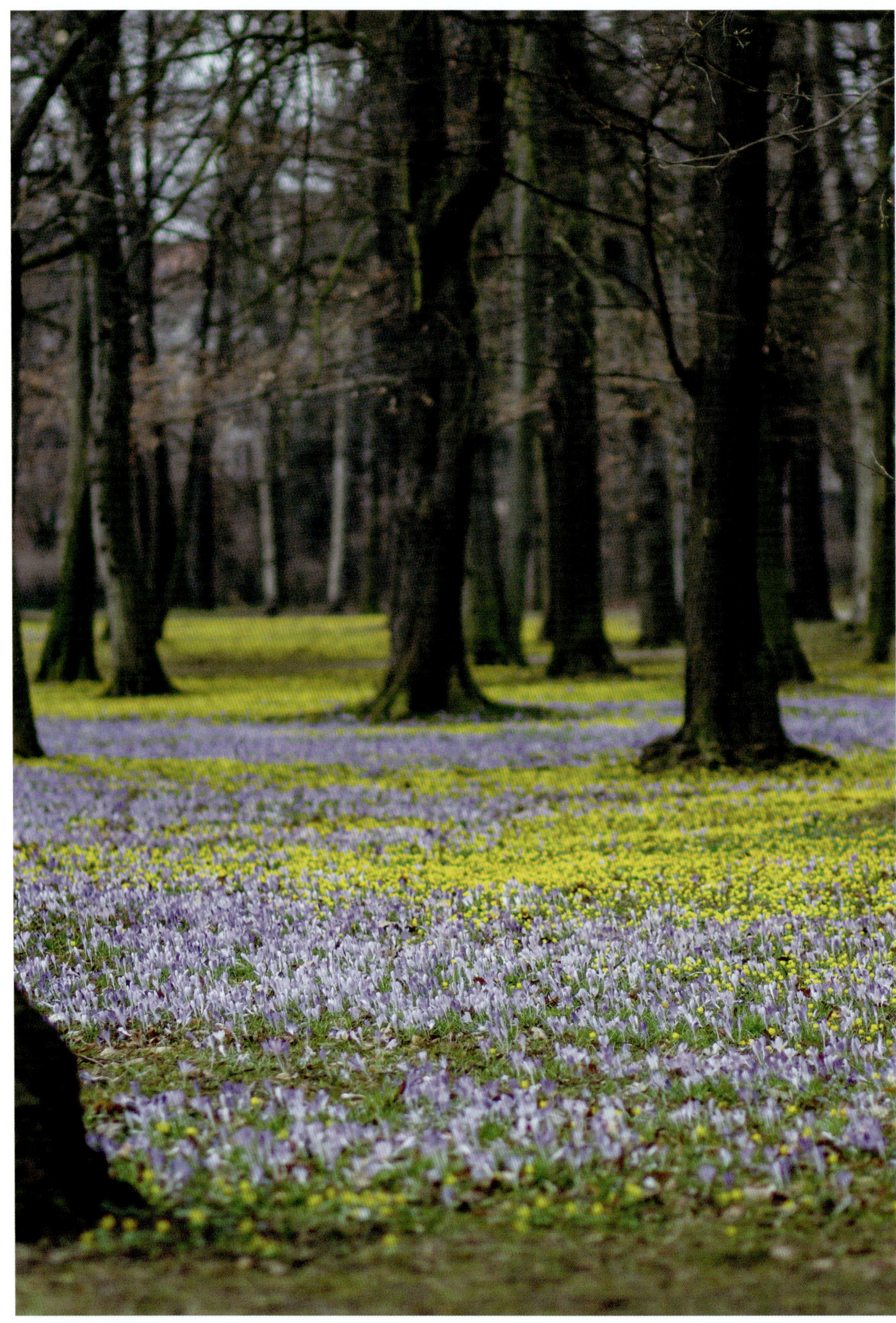

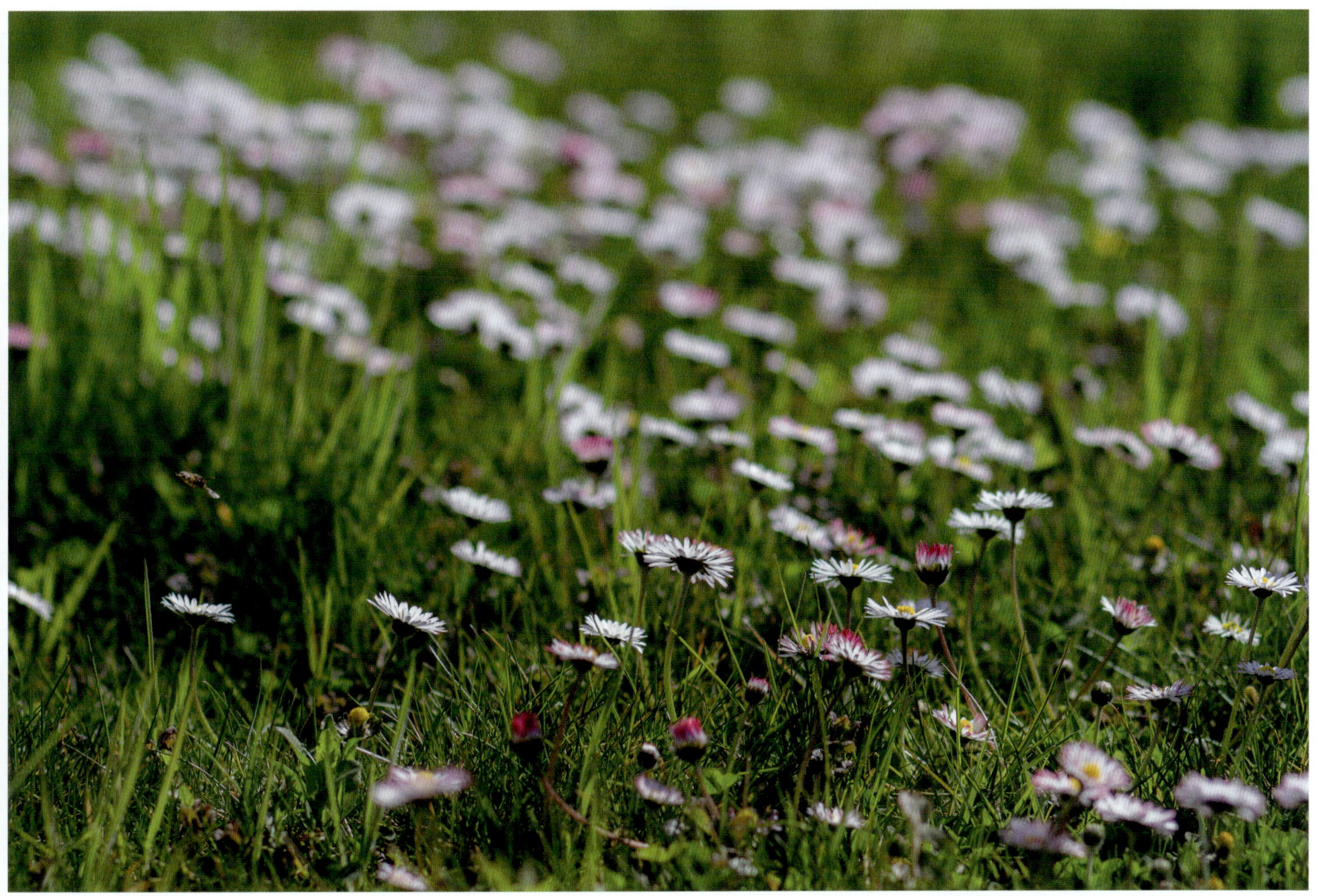

▲ *Selbst auf der Wiese findet der fotobegeisterte Blumenliebhaber tolle Motive. Gänseblümchen (Bellis perennis) – schlicht, zart und zerbrechlich – wirken aus der Nähe überaus reizvoll.*

Brennweite 85 mm :: Blende f/2.8 :: Belichtungszeit 1/2000 s :: ISO 100

◀ *Neben dem heimischen Garten bieten auch öffentliche Gärten und Parks eine Vielzahl von schönen Frühlingsimpressionen. Besonders Krokuswiesen werden nach dem Winter zu Pilgerstätten für frühlingssehnende Blumenliebhaber.*

Brennweite 85 mm :: Blende f/2.0 :: Belichtungszeit 1/1250 s :: ISO 100

In der Natur unterwegs

Die Frühlingsluft lädt zu Spaziergängen in der Natur ein. Wiesen und Wälder bieten vielen Frühjahrsblühern ein Zuhause und präsentieren tolle Motive in der erwachenden Natur. Überbordend blühen Krokus-, Märzenbecher- und Narzissenwiesen. Viele dieser Wiesen stehen unter Naturschutz. Für Pflanzenliebhaber ist es selbstverständlich, aber jeder sollte nachvollziehen können, dass man diese Wiesen nicht betreten darf. Möchte man die Pflanzen dennoch fotografieren, nimmt man eine lange Brennweite und schützt das Foto mit einem Stativ vor Verwacklungen.

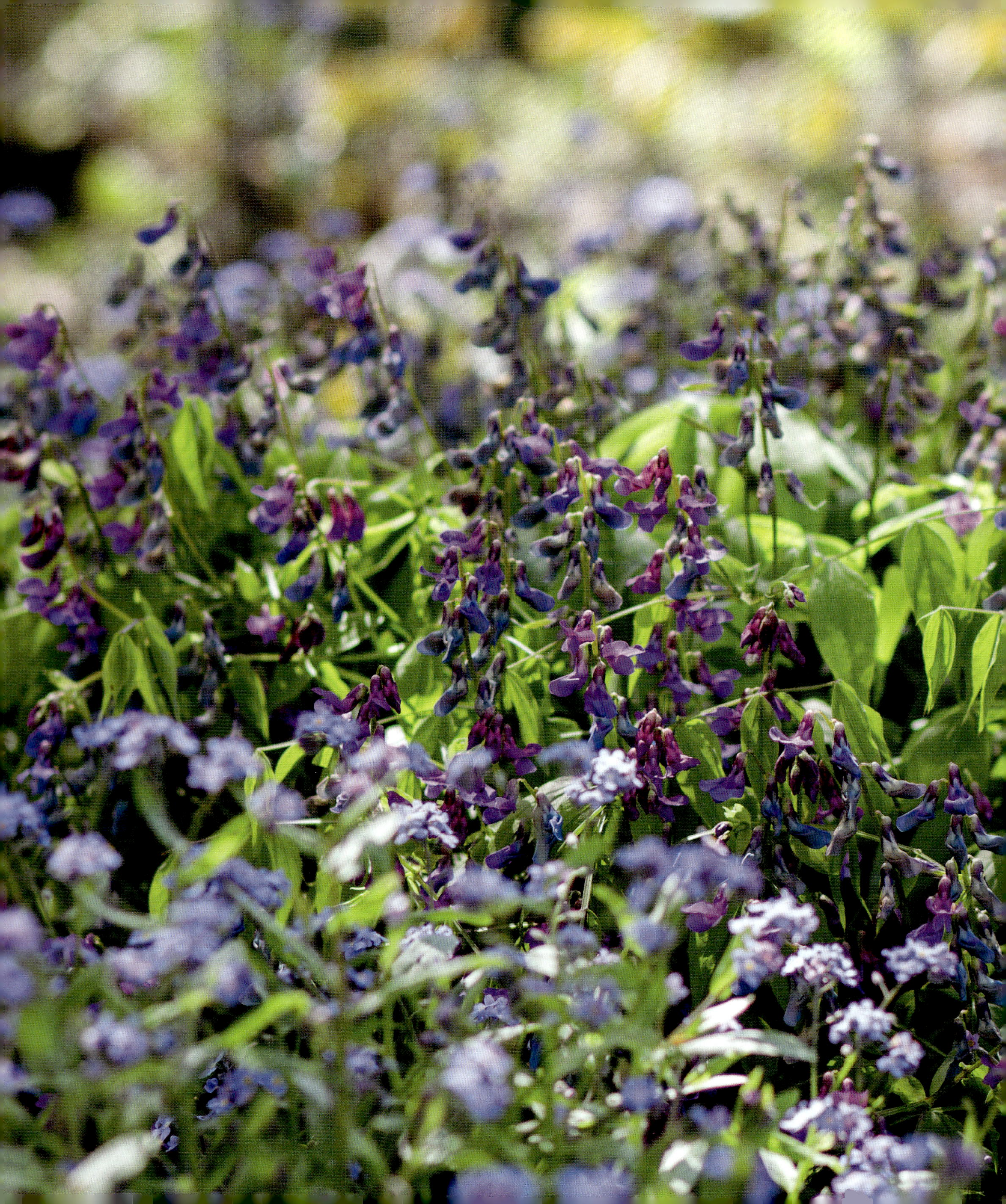

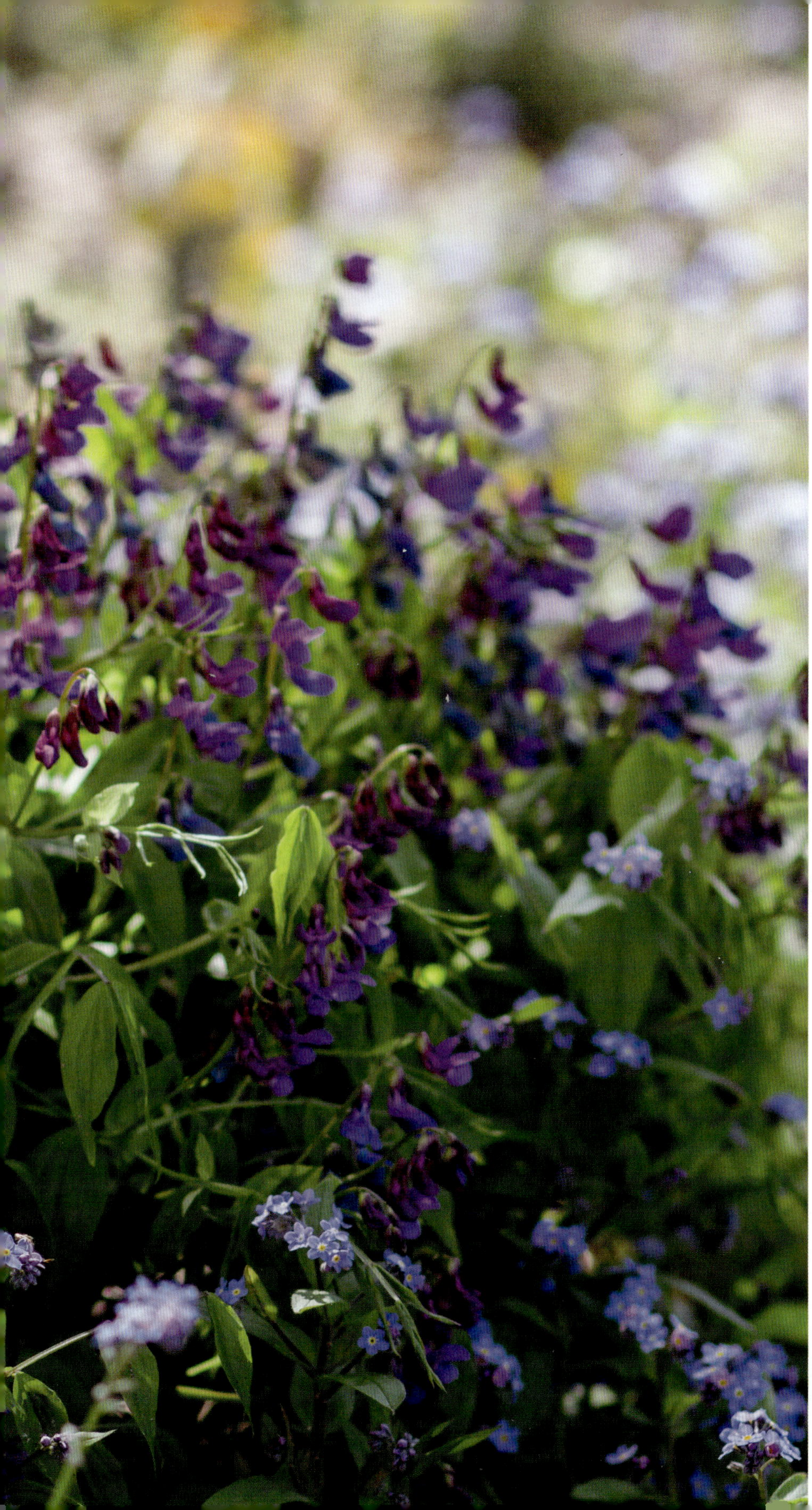

Das Frühjahr schreitet voran

Das Frühjahr ist eine arbeitsreiche Zeit. Sobald der Boden aufgetaut ist, wird altes Herbstlaub aus dem Rasen gefegt. Verrottet es im Gras, begünstigt das die Moosbildung. Pflanzen werden ausgesät, vorgezogen, gepflanzt oder vermehrt. Man weiß gar nicht so richtig, an welcher Stelle man anfangen sollte. Erfahrene Gärtner haben ihren Rhythmus gefunden und wissen, zu welchem Zeitpunkt die Aussaat der Sommerblumen passt. Sobald alle Zutaten besorgt sind, geht es bei schönem Wetter mit aller Kraft los.

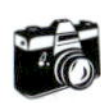

GÄRTNERPRAXIS

Die Teilung von Gartenstauden dient nicht nur der Vermehrung, sondern auch der Verjüngung. Durch die Teilung schöpft die Pflanze neue Wachstumskraft und behält ihre Vitalität. Das Teilen der Wurzelstöcke darf nicht zu spät vorgenommen werden, damit die Jungpflanzen noch von der Frühjahrsfeuchtigkeit profitieren.

◀ *Abwechslungsreich erscheinen Motive, die im Halbschatten liegen. Ein leichter Schattenwurf mit Lichteinfall erzeugt helle und dunkle Bereiche. Die Frühlings-Platterbse (Lathyrus vernus) wird auf diese Weise unterschiedlich betont.*

Brennweite 85 mm :: Blende f/2.8 :: Belichtungszeit 1/500 s :: ISO 100

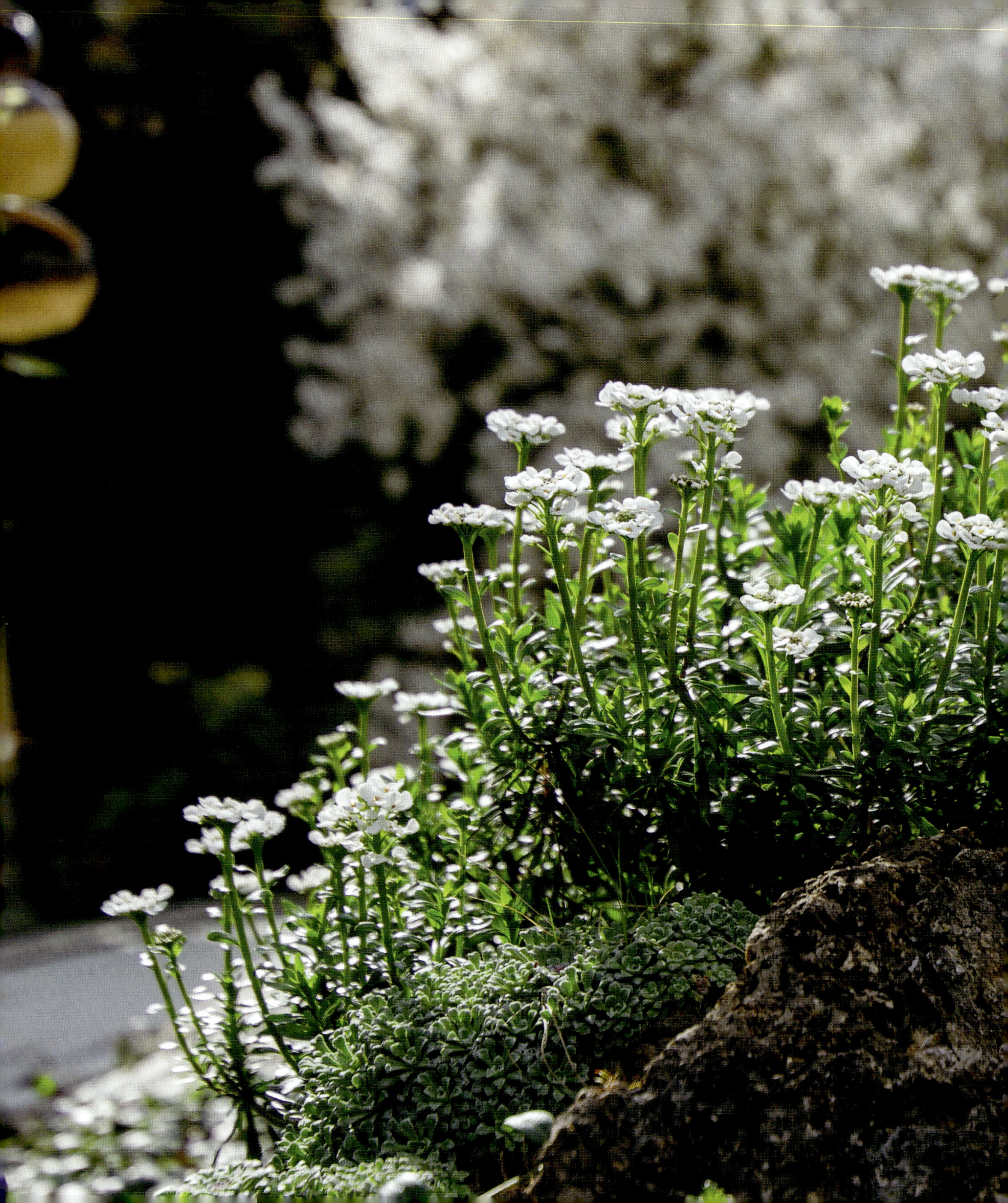

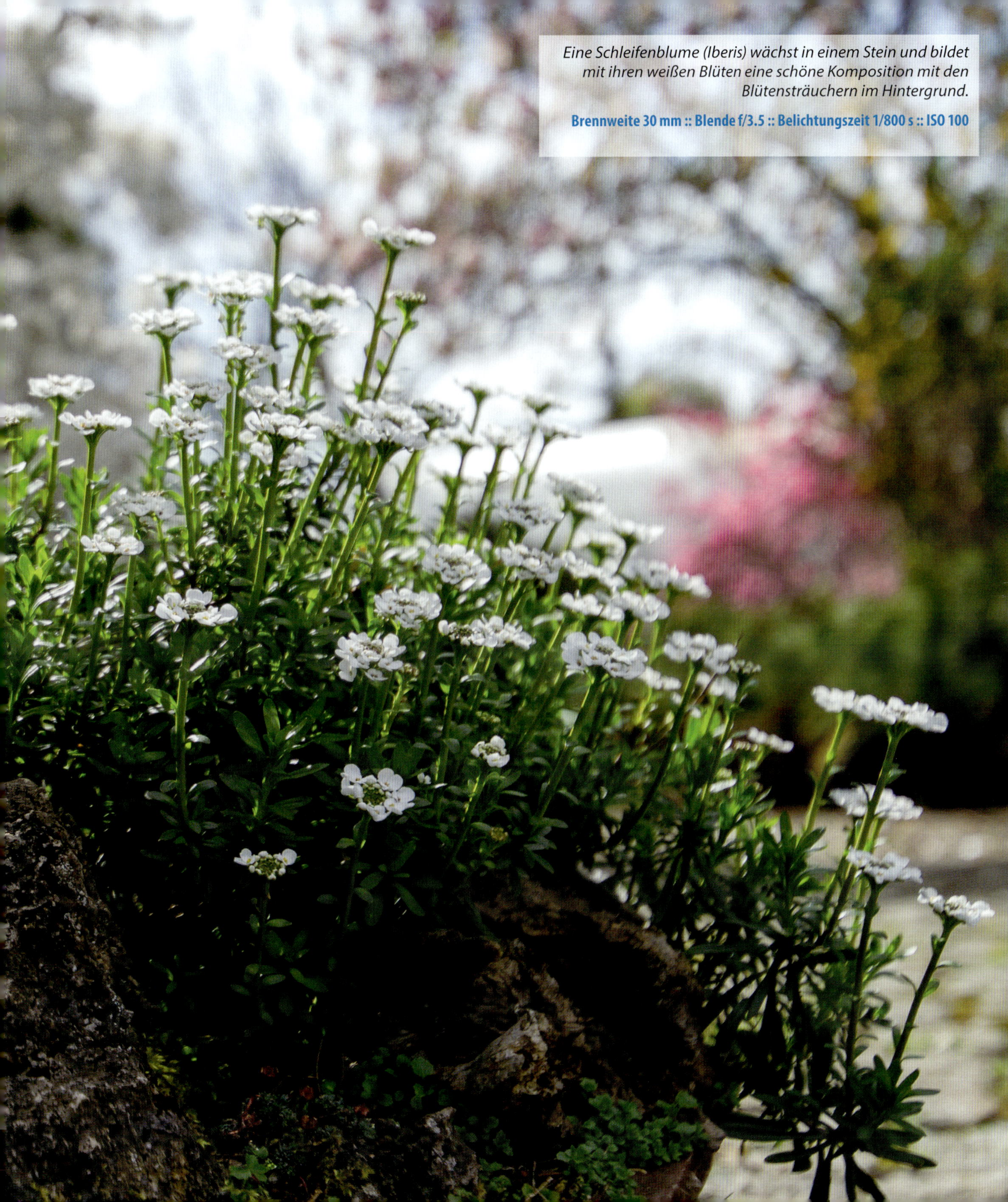

Eine Schleifenblume (Iberis) wächst in einem Stein und bildet mit ihren weißen Blüten eine schöne Komposition mit den Blütensträuchern im Hintergrund.

Brennweite 30 mm :: Blende f/3.5 :: Belichtungszeit 1/800 s :: ISO 100

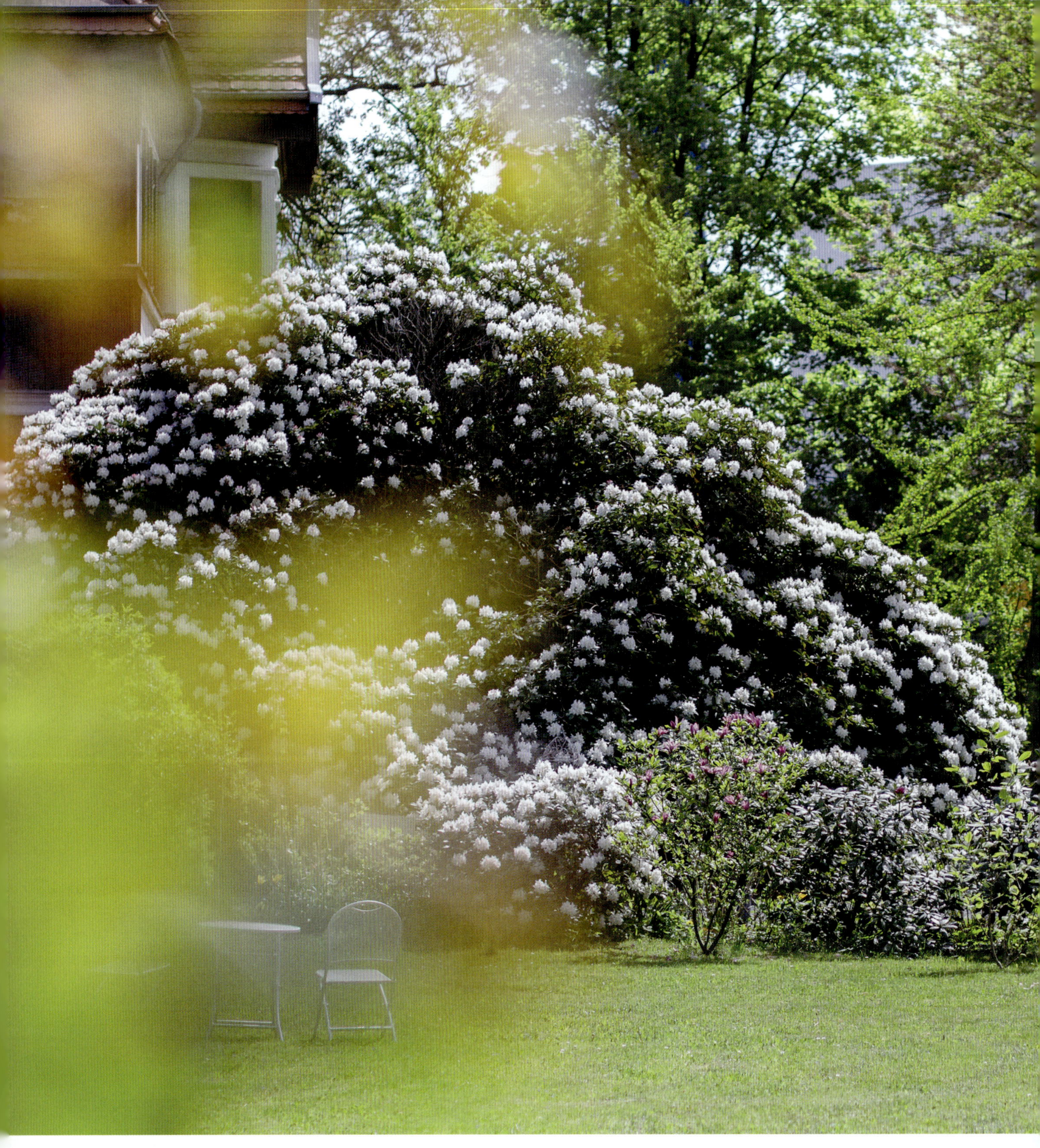

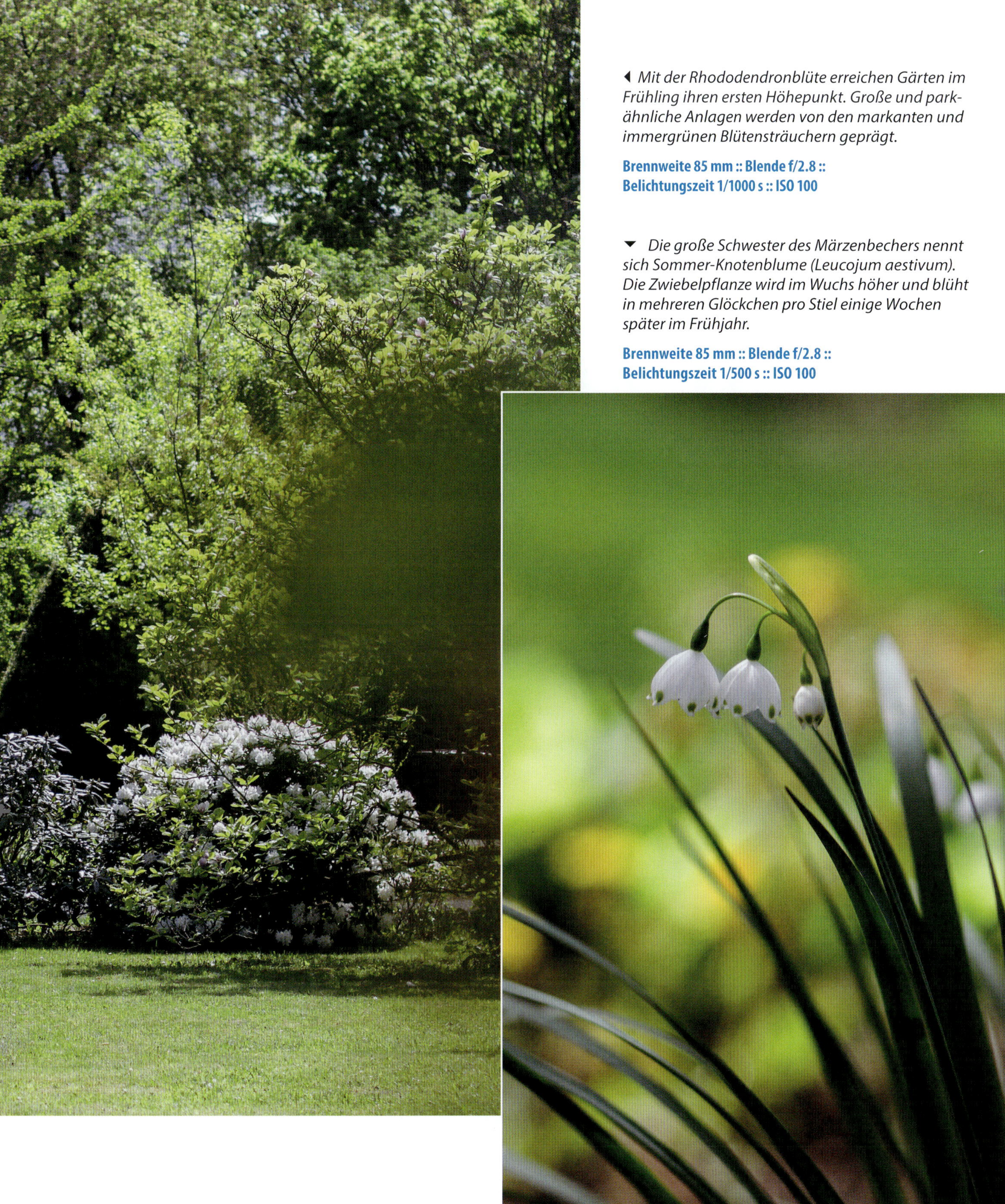

◀ *Mit der Rhododendronblüte erreichen Gärten im Frühling ihren ersten Höhepunkt. Große und parkähnliche Anlagen werden von den markanten und immergrünen Blütensträuchern geprägt.*

Brennweite 85 mm :: Blende f/2.8 :: Belichtungszeit 1/1000 s :: ISO 100

▼ *Die große Schwester des Märzenbechers nennt sich Sommer-Knotenblume (Leucojum aestivum). Die Zwiebelpflanze wird im Wuchs höher und blüht in mehreren Glöckchen pro Stiel einige Wochen später im Frühjahr.*

Brennweite 85 mm :: Blende f/2.8 :: Belichtungszeit 1/500 s :: ISO 100

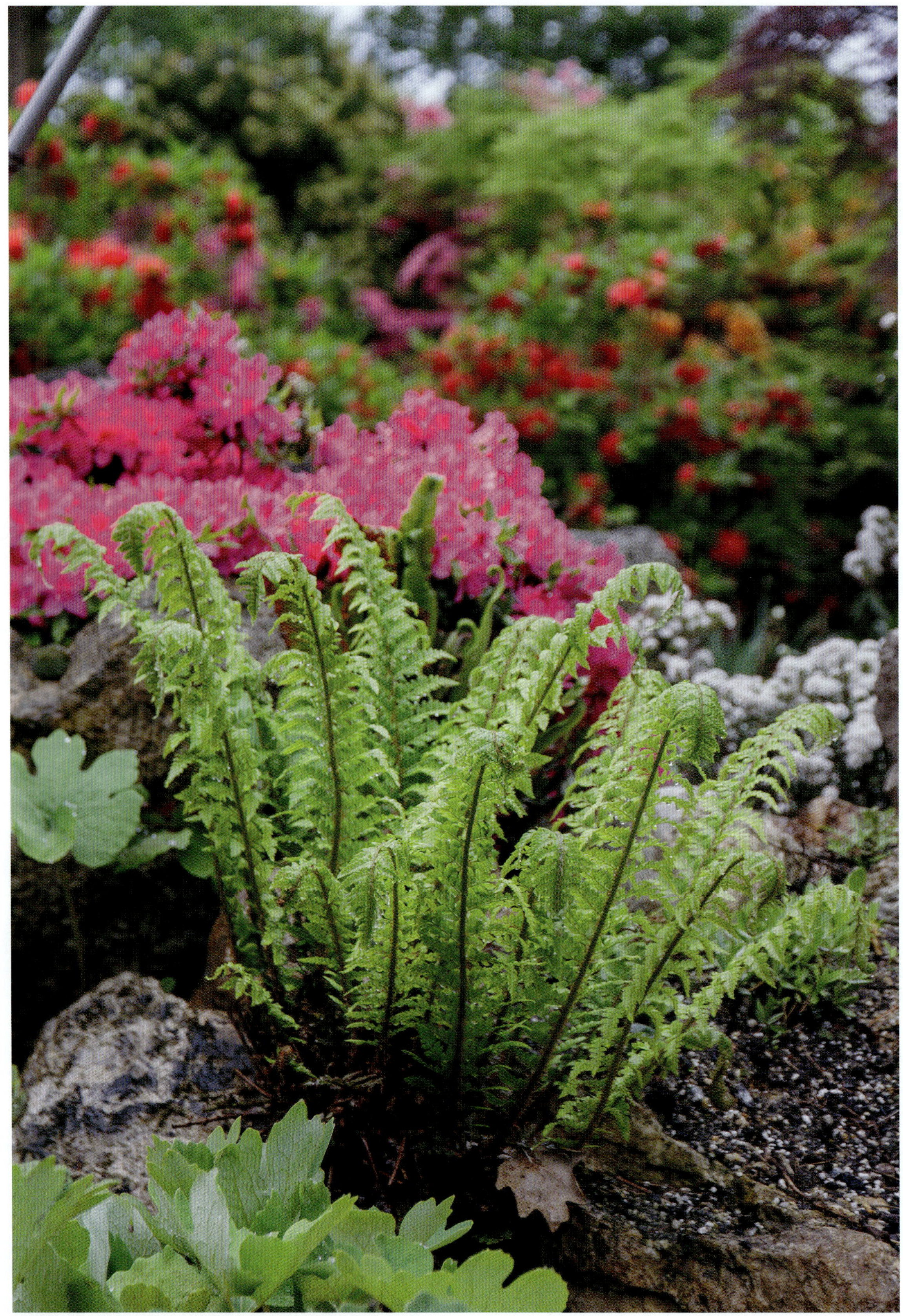

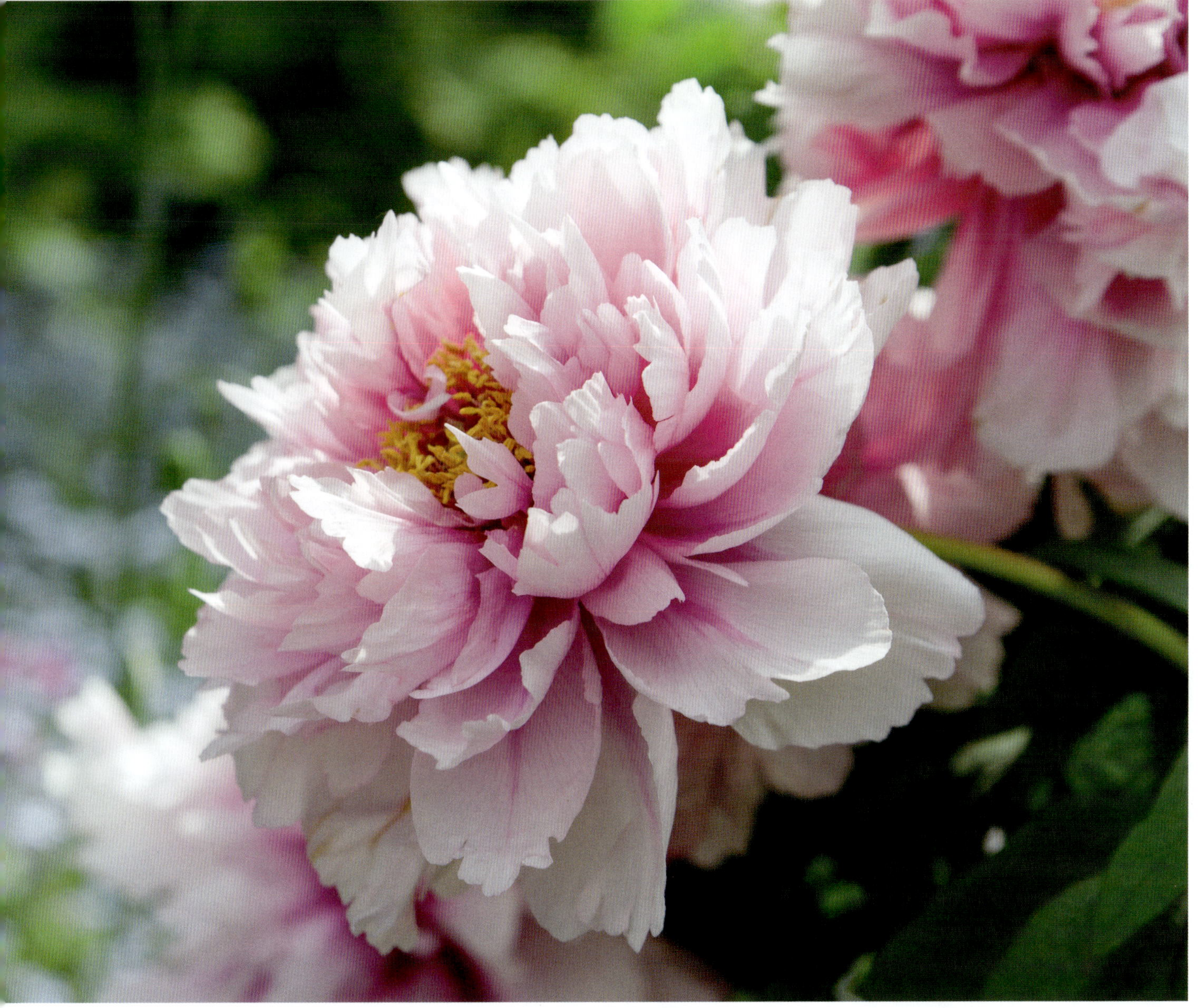

▲ *Pfingstrosen (Paeonia) sind langlebige Prachtstauden, die einen jeden Garten schmücken und geschnitten in der Vase wundervoll duften. Als Motiv sind die zarten Blütenblätter mit ihren Zeichnungen beliebt.*

Brennweite 55 mm :: Blende f/4.0 :: Belichtungszeit 1/100 s :: ISO 100

◀ *Das frische Grün des Farns mit dem knalligen Rosapurpur der Azalee im Hintergrund schafft einen wundervollen Farbkontrast.*

Brennweite 50 mm :: Blende f/5.0 :: Belichtungszeit 1/200 s :: ISO 100

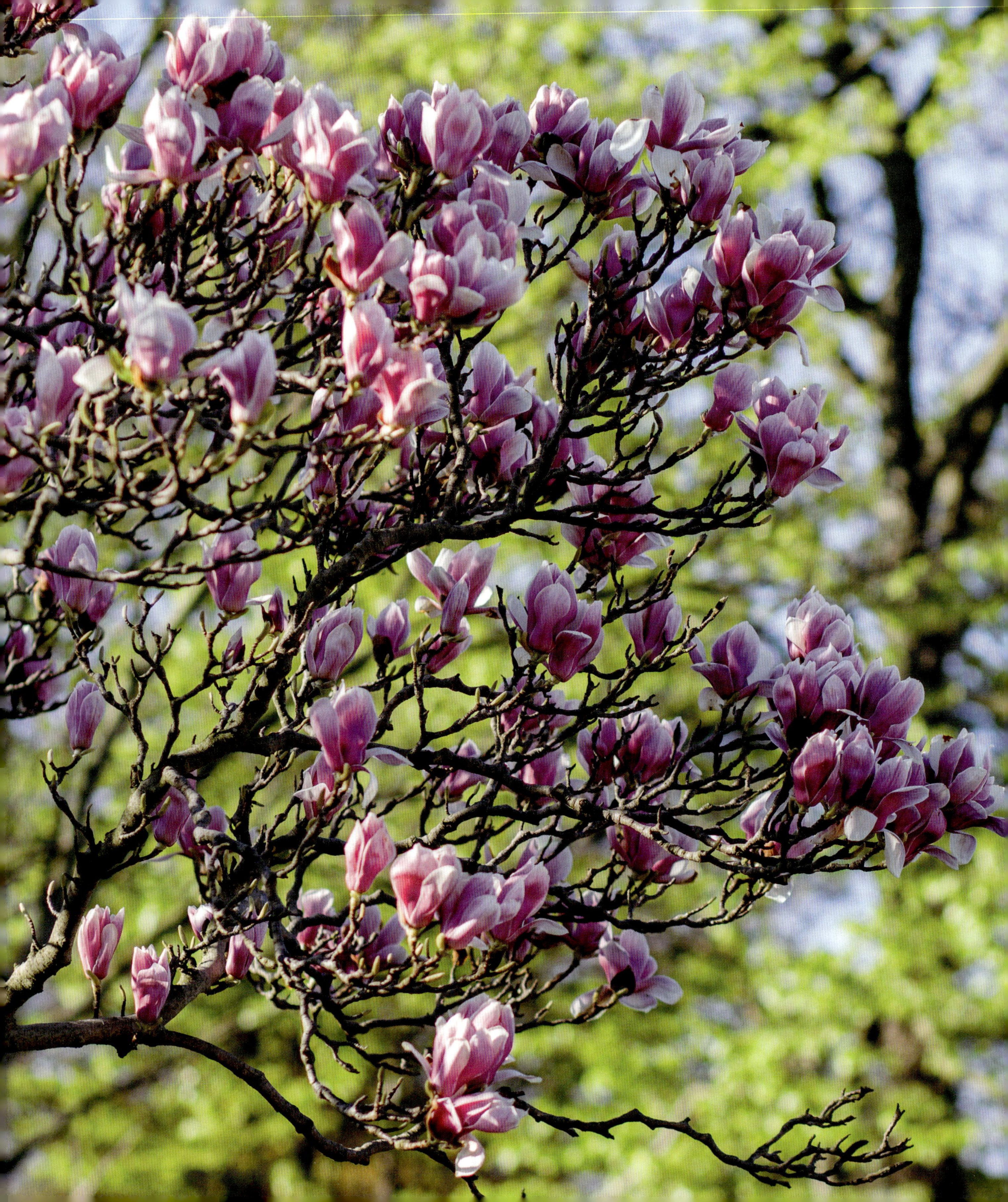

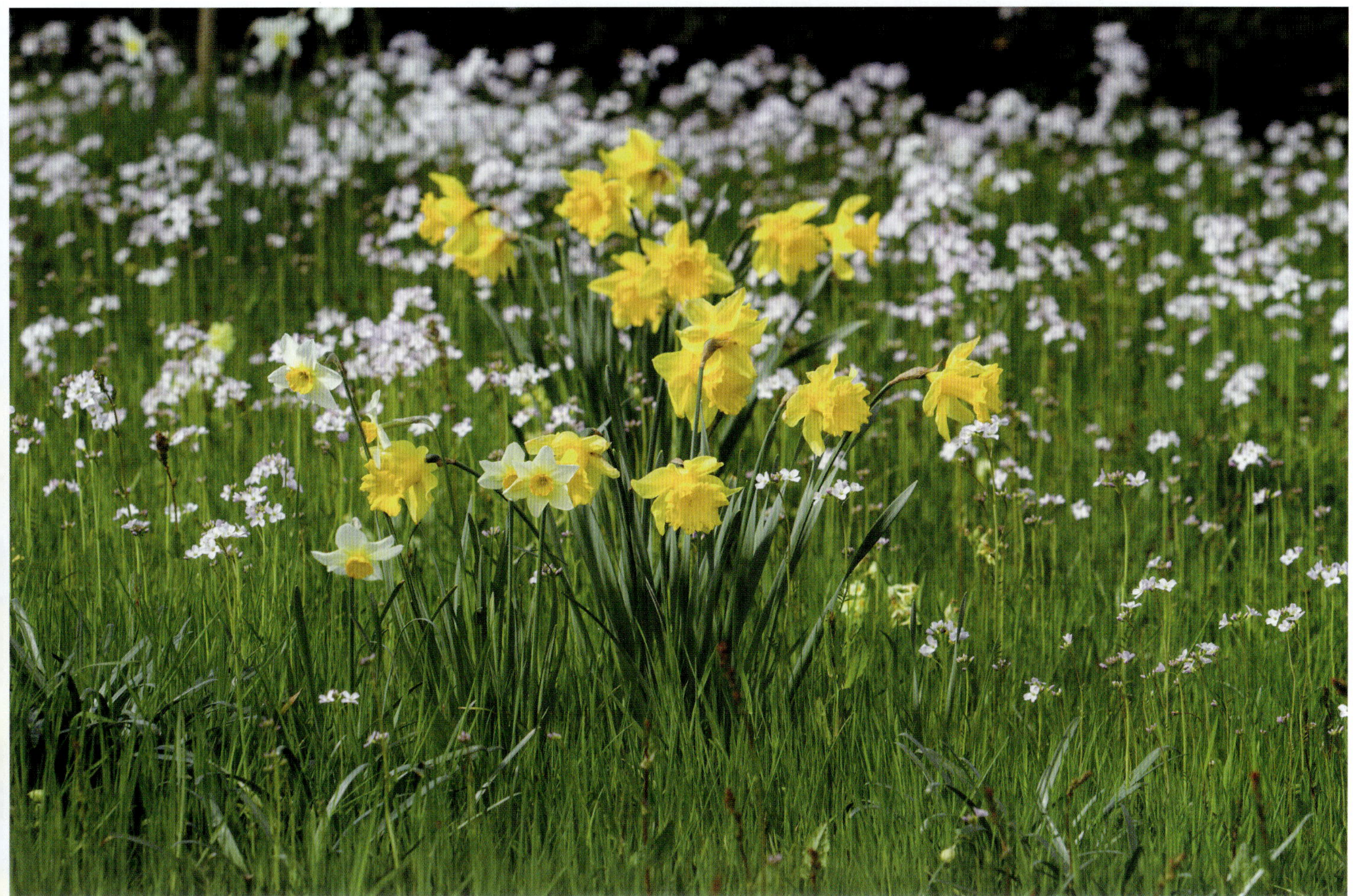

◀ *Tulpen-Magnolien (Magnolia x soulangeana) selbst sind schon wunderschöne Laubgehölze. Ihre rosapurpurnen Blüten wirken mit einem kontrastreichen Hintergrund, beispielsweise dem frischen Grün des Austriebs, besonders reizvoll.*

Brennweite 85 mm :: Blende f/2.8 :: Belichtungszeit 1/640 s :: ISO 100

▲ *Narzissen (Narcissus), umgeben von weißem Wiesenschaumkraut (Cardamine pratensis) auf einer Frühlingswiese.*

Brennweite 120 mm :: Blende f/5.0 :: Belichtungszeit 1/250 s :: ISO 100

Lichtstimmung im Frühling

Das Frühjahr zeigt sich durch die niedrig stehende Sonne in schönen Lichtstimmungen, insbesondere morgens und abends. Blautöne wirken morgens, rote und violette Farben abends intensiver. Das lässt sich bei der Fotografie ausnutzen, indem man die Blüten zur entsprechenden Tageszeit aufnimmt.

Kontrastwirkung und Blickführung

Kontraste sind für das Auge reizvoll. Starke Unterschiede in den Farben sind in der Gartenfotografie beliebt und dienen der Blickführung.

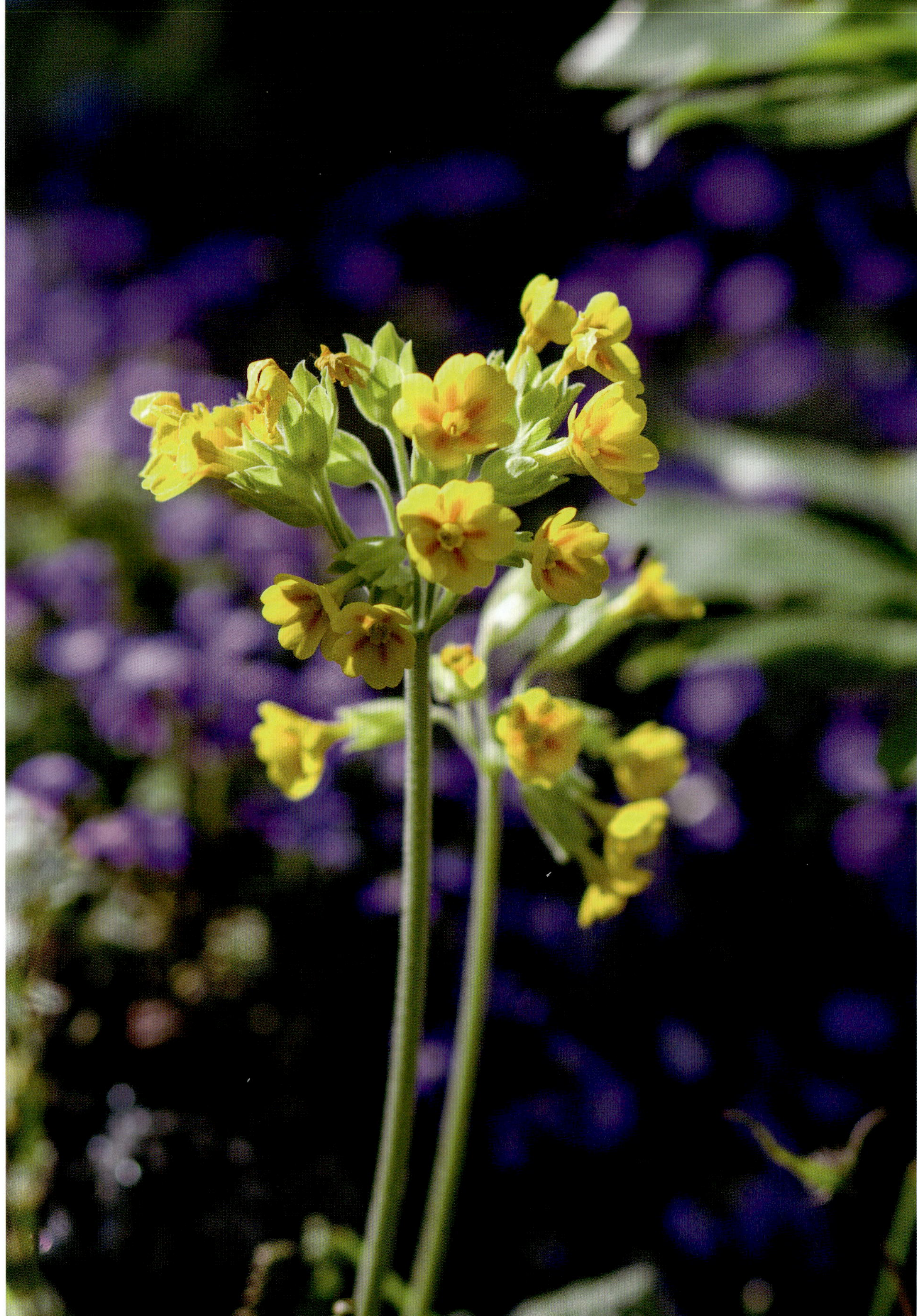

▶ *Gelb auf Violett – ein Farbenspiel mit Kontrasten. Die Sorten der Schlüsselblume (Primula veris) variieren in ihren Blüten und weisen teils interessante Zeichnungen auf.*

Brennweite 85 mm :: Blende f/3.2 :: Belichtungszeit x/1600 s :: ISO 100

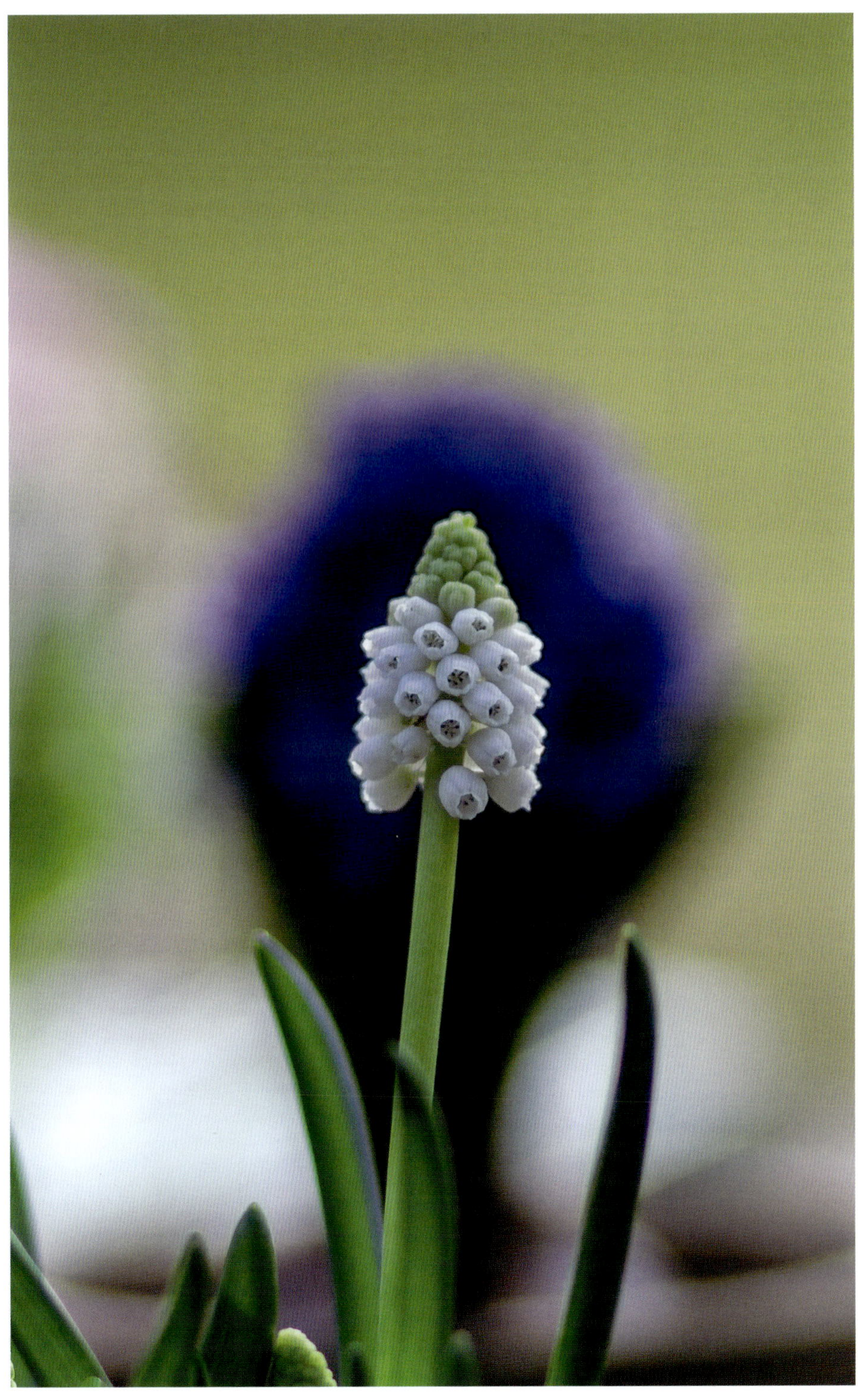

LICHTSTIMMUNG IM FRÜHLING

- **Sonnenstand** – Sehr tief stehende Sonne, die zunehmend an Höhe und Intensität gewinnt.
- **Wirkung des Sonnenlichts** – Je niedriger der Sonnenstand, desto stärker sind die Kontraste zwischen hellen und dunklen Bereichen. Es kommt zudem zu einem langen Schattenwurf.
- **Farbtemperatur** – Durch die kurze Tageslänge ist der Übergang zwischen dem bläulichen Morgenlicht und dem rötlichen Abendlicht recht kurz, verlängert sich jedoch mit dem voranschreitenden Frühjahr.
- **Best Practice** – Zum Fotografieren wählt man je nach vorherrschendem Licht die Zeitspanne zwischen Vor- und Nachmittag. Lichtstarke Objektive (z. B. mit Blende f/2.8) sind die beste Wahl. Harte Kontraste gleicht man durch den Einsatz von Lichtformern, z. B. Aufhellern oder Reflektoren, aus oder wählt je nach Motiv zur Lichtmessung das Spot- oder Selektivmessverfahren an der Kamera aus.

◀ *Die einzelne weiße Blüte der Traubenhyazinthe (Muscari) hebt sich deutlich von der verschwommenen Blütentraube der blauen Hyazinthe im Hintergrund ab.*

Brennweite 85 mm :: Blende f/1.8 :: Belichtungszeit 1/1600 s :: ISO 100

FOTOGENE **FRÜHJAHRSBLÜHER**

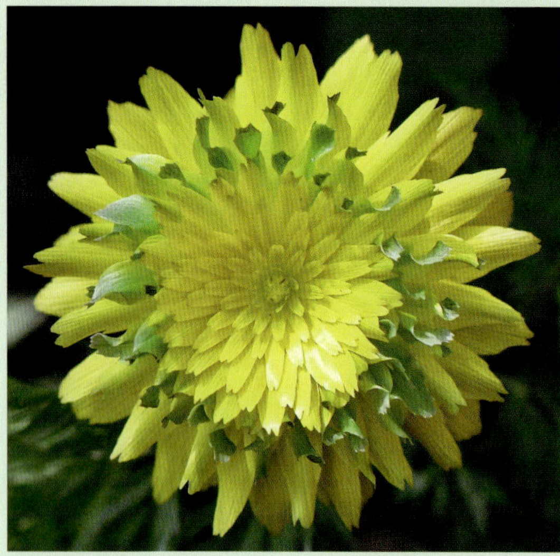

Das gefüllte Adonisröschen (Adonis amurensis ›Sandansaki‹) läutet mit leuchtend gelben Blüten, besetzt mit einem grünen Blütenkranz, das Frühjahr ein. Gesuchte und seltene Gartenrarität.

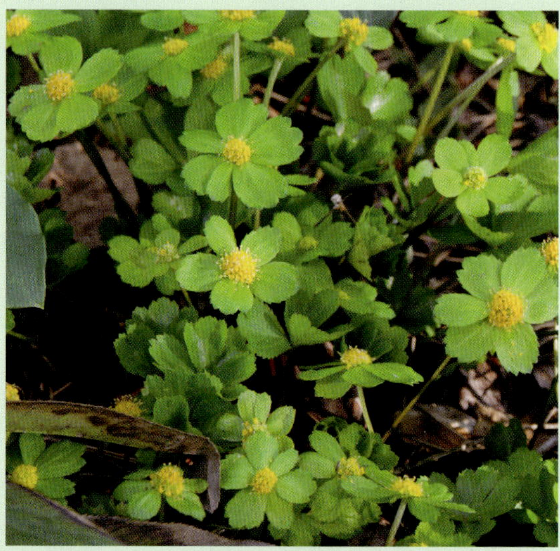

Die Schaftdolde (Hacquetia epipactis) ist eine außergewöhnliche und kaum bekannte Pflanze. Sie begeistert an halbschattigen Plätzen mit grünen Blüten und einer gelben Mitte aus Staubblättern.

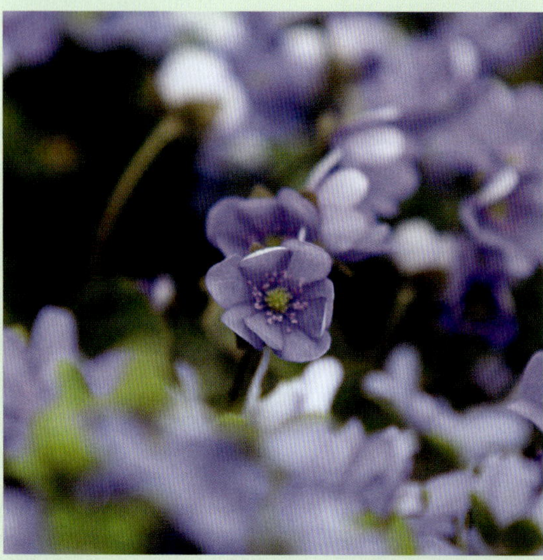

Das Leberblümchen (Hepatica Red Forest) ist ein Frühjahrsblüher, der streng unter Naturschutz steht. Im Garten ist es eine liebenswerte und langlebige Pflanze für humose Schattenplätze.

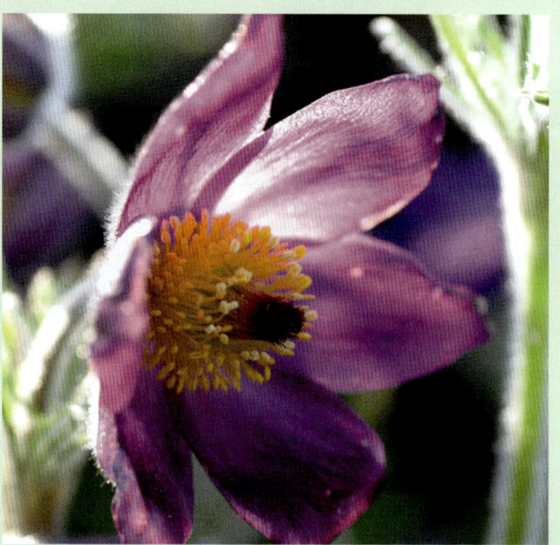

Küchenschellen (Pulsatilla vulgaris) trifft man in Hausgärten in Violett, Weiß oder Rot an. Die gartenwürdigen Stauden sind langlebige Pfahlwurzler.

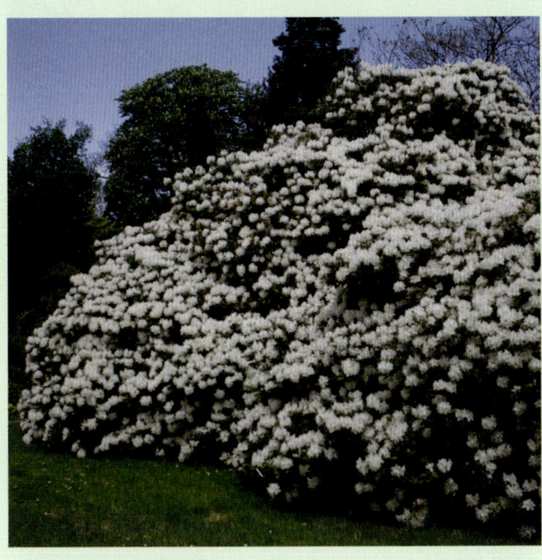

Der Rhododendron (Rhododendron) ist ein beliebtes immergrünes Gehölz, dessen Blütenreichtum im Frühjahr begeistert.

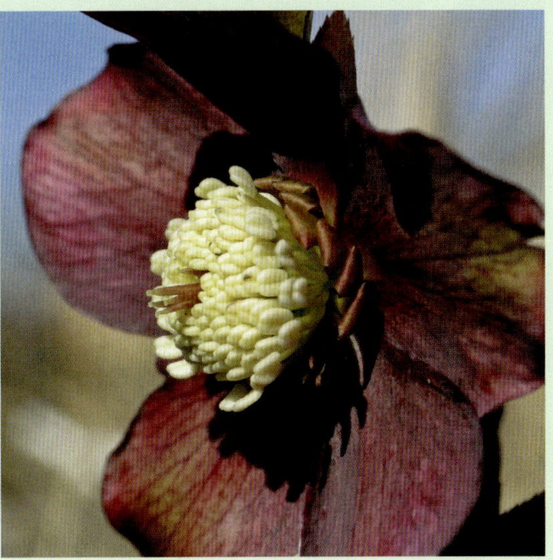

Lenzrosen (Helleborus orientalis ›Atrorubens‹) werden schon im späten Winter aktiv. Erste Knospen sieht man bereits im Januar, und im Februar folgen die ersten Blüten.

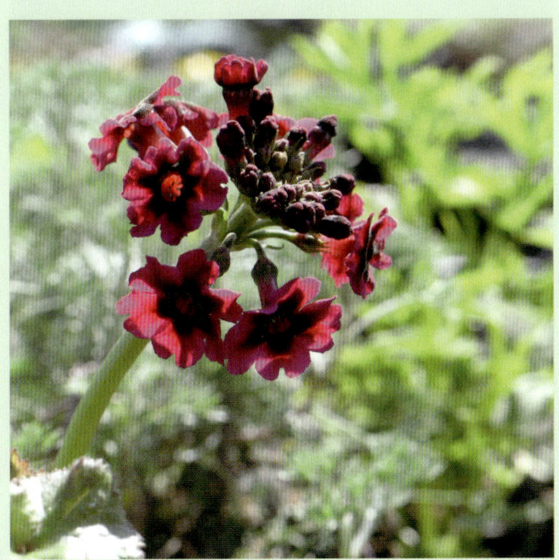

Primeln (Primula ›Millers Crimson‹) sind beliebte Frühjahrsblüher, die in keinem Garten fehlen dürfen. Solange der Boden etwas feucht ist, stellen sie kaum Ansprüche an ihren Standort.

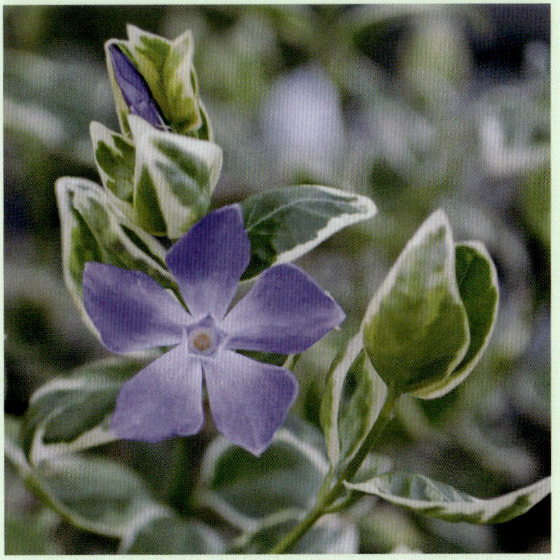

Das Weißbunte Immergrün (Vinca major ›Variegata‹) gilt als zuverlässiger Bodendecker und bringt zum weißgrünen Laub im Frühjahr große violette Blüten hervor. Es ist ein schöner Kontrast.

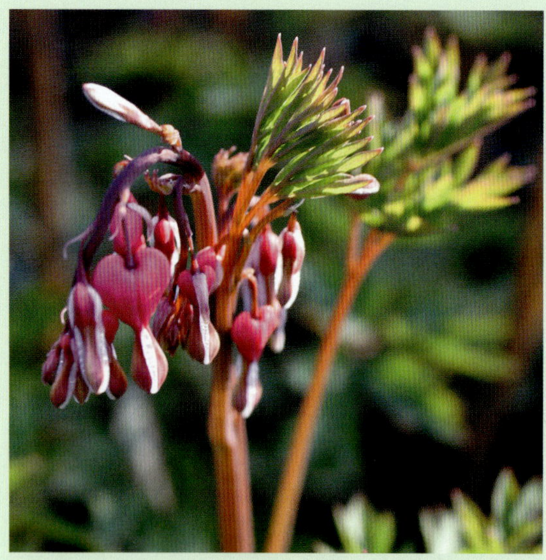

Das Tränende Herz (Lamprocapnos spectabilis) ist eine altbekannte Staude, die von herzförmigen Blüten geziert wird. Im Gegenlicht entsteht ein metallischer Glanz in der Blüte.
Im Sommer beginnt die Pflanze je nach Standort einzuziehen.

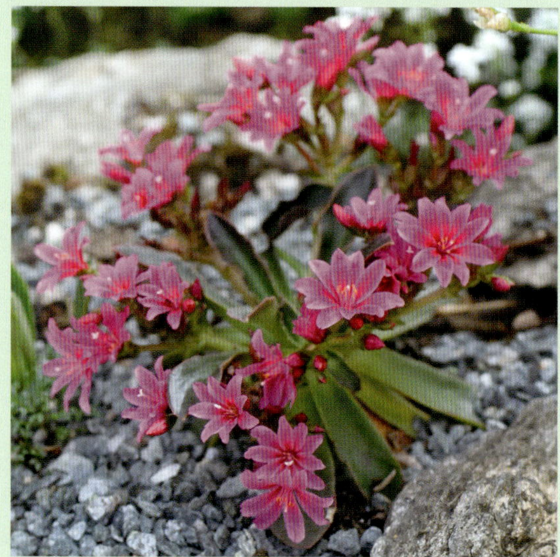

Die Bitterwurz (Lewisia cotyledon) variiert sehr stark in ihren Blütenfarben, die Palette reicht von reinem Weiß bis zu dunklem Purpur. Die Rosettenpflanze reagiert auf Nässe von oben sehr empfindlich.

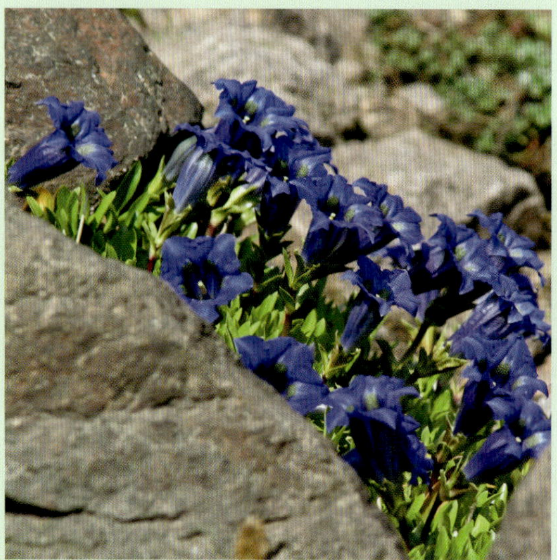

Der Alpenenzian (Gentiana acaulis) ist aus keinem Steingarten wegzudenken. Im Frühling bildet er seine leuchtend blauen Blüten als ansprechendes Fotomotiv aus.

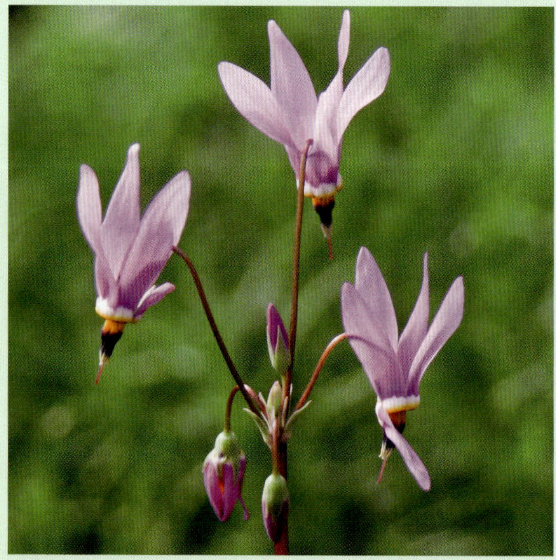

Die Götterblume (Dodecatheon pulchellum) zeigt in halbschattigen Lagen ihre dekorativen Blüten. Nach der Blüte zieht die Pflanze ein, sodass ein Markierungsholz auf die ruhende Pflanze hinweist.

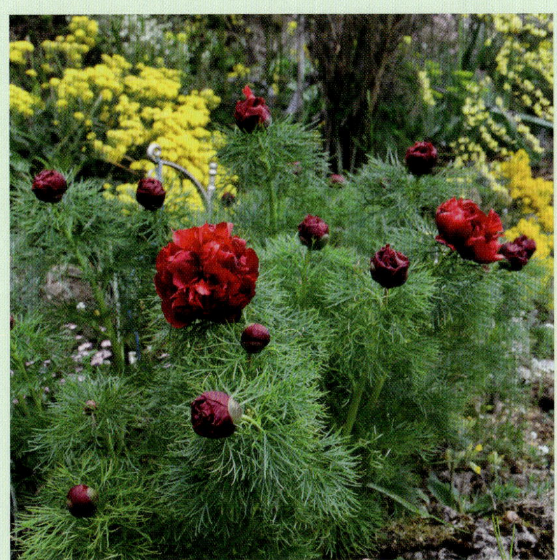

Die Netzblatt-Pfingstrose (Paeonia tenuifolia) ist des Gärtners Liebling. Die roten Blüten und das feine Laub machen die langsam wachsende Staude zu einer gesuchten Rarität.

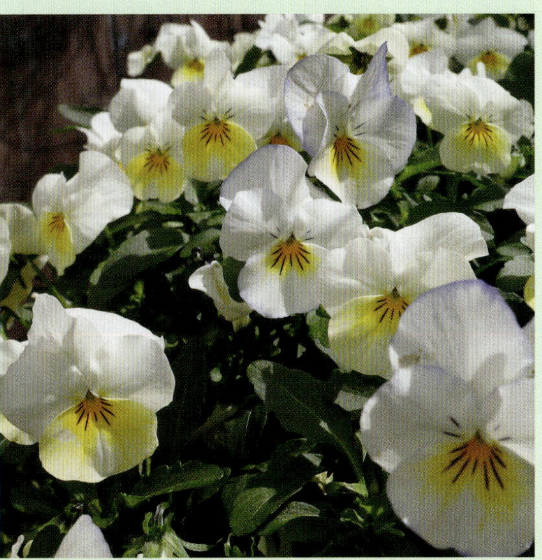

Stiefmütterchen (Viola-Hybriden) finden als Saisonbepflanzung sowohl in Beeten als auch in Gefäßen Verwendung.
Die Sortenvielfalt erfüllt jeden Farbwunsch.

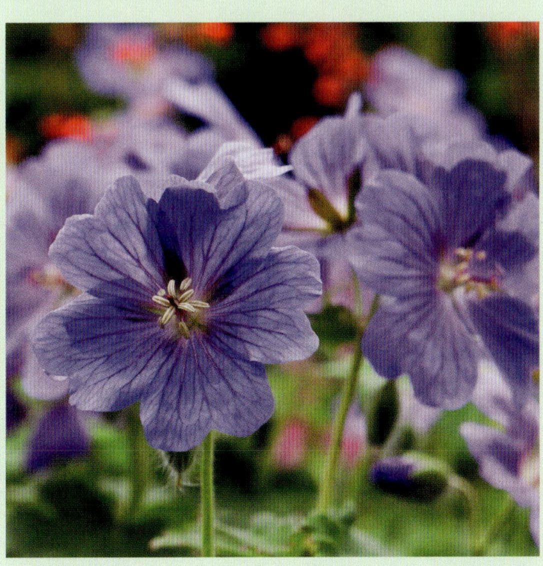

Der Prachtstorchschnabel (Geranium x magnificum) ist wüchsig und hält bei der Blüte, was sein Name verspricht – er zeigt eine prächtige Blüte. Er verträgt sowohl Sonne als auch Halbschatten.

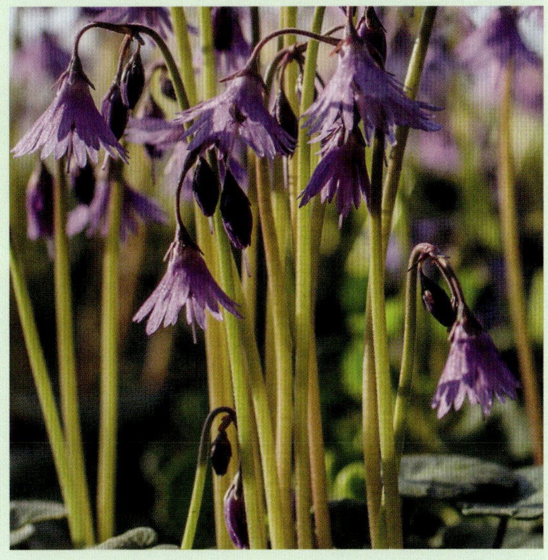

Die Berg-Soldanelle (Soldanella montana), auch als Troddelblume bekannt, ist ein reizvoller Frühjahrsblüher aus den Bergen. Die Blüten durchbrechen häufig schon die abschmelzende Schneedecke und gehören zu den ersten Fotomotiven im Jahr.

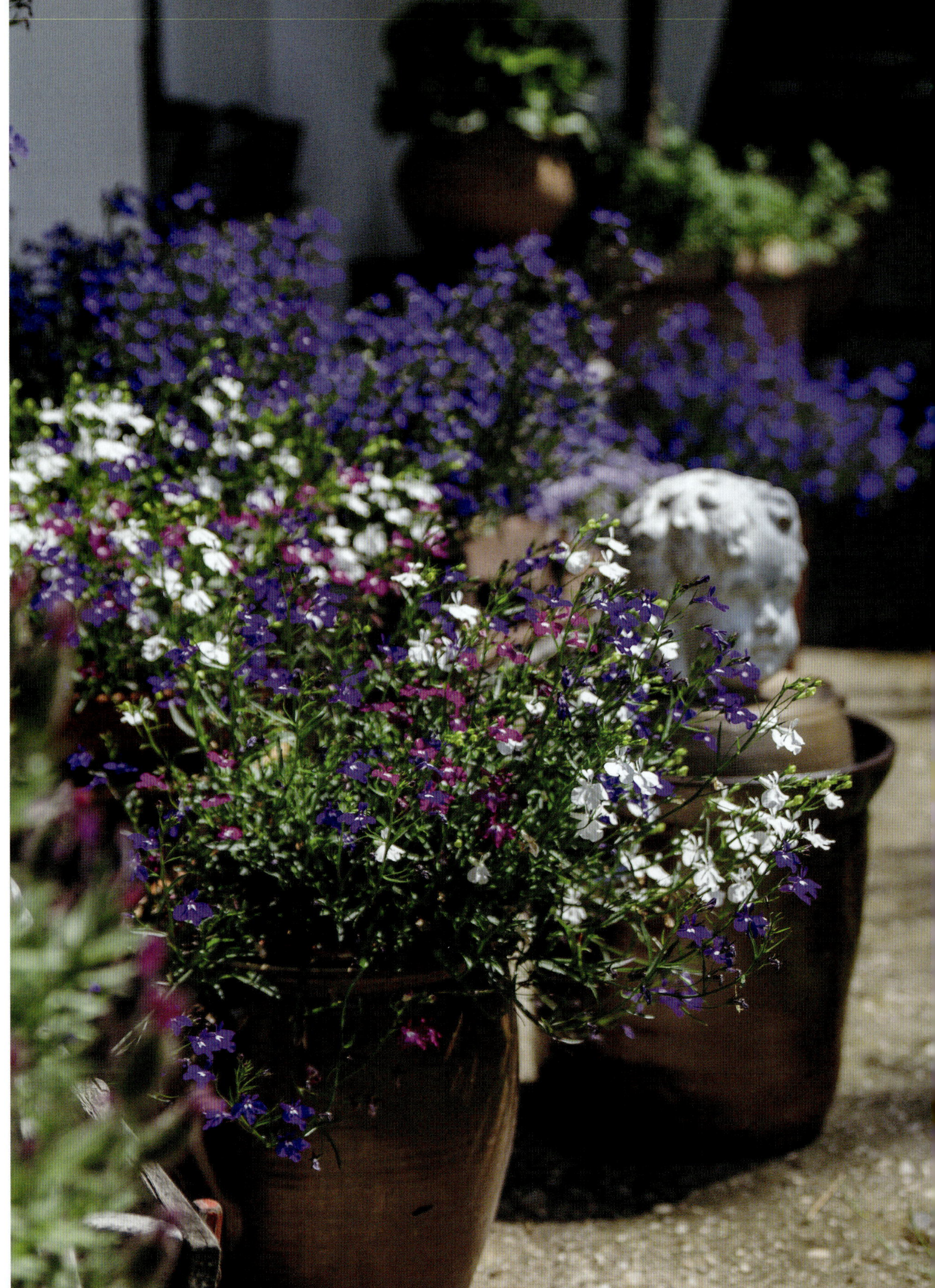

VERSCHWENDERISCHER SOMMER

Der Sommer steht für farbenfrohe Blütenfülle. Viele Gräser, Sommerblumen und Stauden haben dann ihre Hauptblüte und überbieten sich förmlich in ihrer Pracht. Die Ferienzeit eignet sich bestens dazu, das Farbschauspiel zu genießen und zu relaxen. Und im Sommer reifen Obst und Gemüse heran. Was ist gesünder und schmackhafter als die Früchte der eigenen Arbeit?

GÄRTNERPRAXIS

Um die Blütenpracht möglichst lang zu erhalten, sind regelmäßige Wassergaben notwendig. Gegossen wird nur morgens oder abends. Wassertropfen wirken in der Mittagssonne wie eine Lupe und verursachen Blattverbrennungen.

Blüten im harten Gegenlicht

Das Licht im Sommer ist aufgrund der fast senkrechten Stellung der Sonne und der hohen Intensität recht hart. An sonnigen Tagen ergibt das Fotografieren zwischen 10 und 16 Uhr wenig Sinn, es sei denn, man verwendet Diffusoren, um das direkte Licht zu zerstreuen. Hartes Licht kann aber durchaus auch schöne Wirkungen erzielen, beispielsweise bei Blättern mit einer ausgeprägten Nervatur.

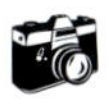

MITTAGSSONE

Das Fotografieren in der Mittagssonne ist nicht nur optisch wenig sinnvoll. Hinzu kommt, dass man sich ohne Kopfbedeckung schnell einen Sonnenstich holen kann. Zudem heizt die Wärme die Kameraakkus stark auf.

◀ *Bepflanzte Tröge, Töpfe und Gefäße können regelmäßig neu und saisonal bepflanzt werden. Da sie mobil sind, können sie unterschiedlich positioniert werden, sodass ständig neue Motive entstehen.*

Brennweite 45 mm :: Blende f/2.8 :: Belichtungszeit 1/1000 s :: ISO 100

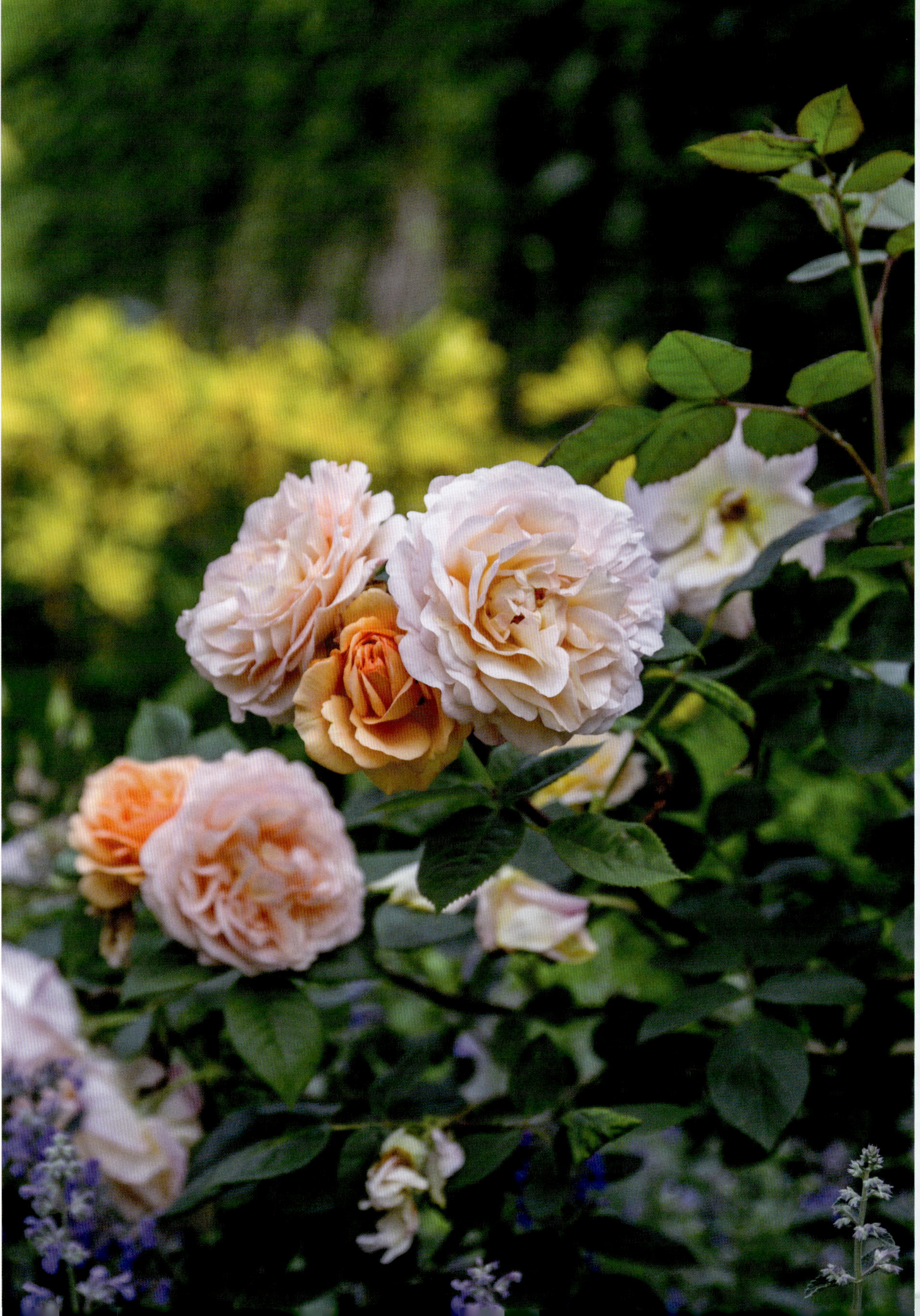

▸ *Rosen (Rosa) sind Klassiker in der Gartenfotografie. In fast jedem Garten sind die blühstarken Ziersträucher zu finden. Für Rosenfans sind die öffentlichen Rosengärten zu empfehlen, die eine große Vielfalt beherbergen.*

Brennweite 50 mm :: Blende f/2.8 :: Belichtungszeit 1/1250 s :: ISO 100

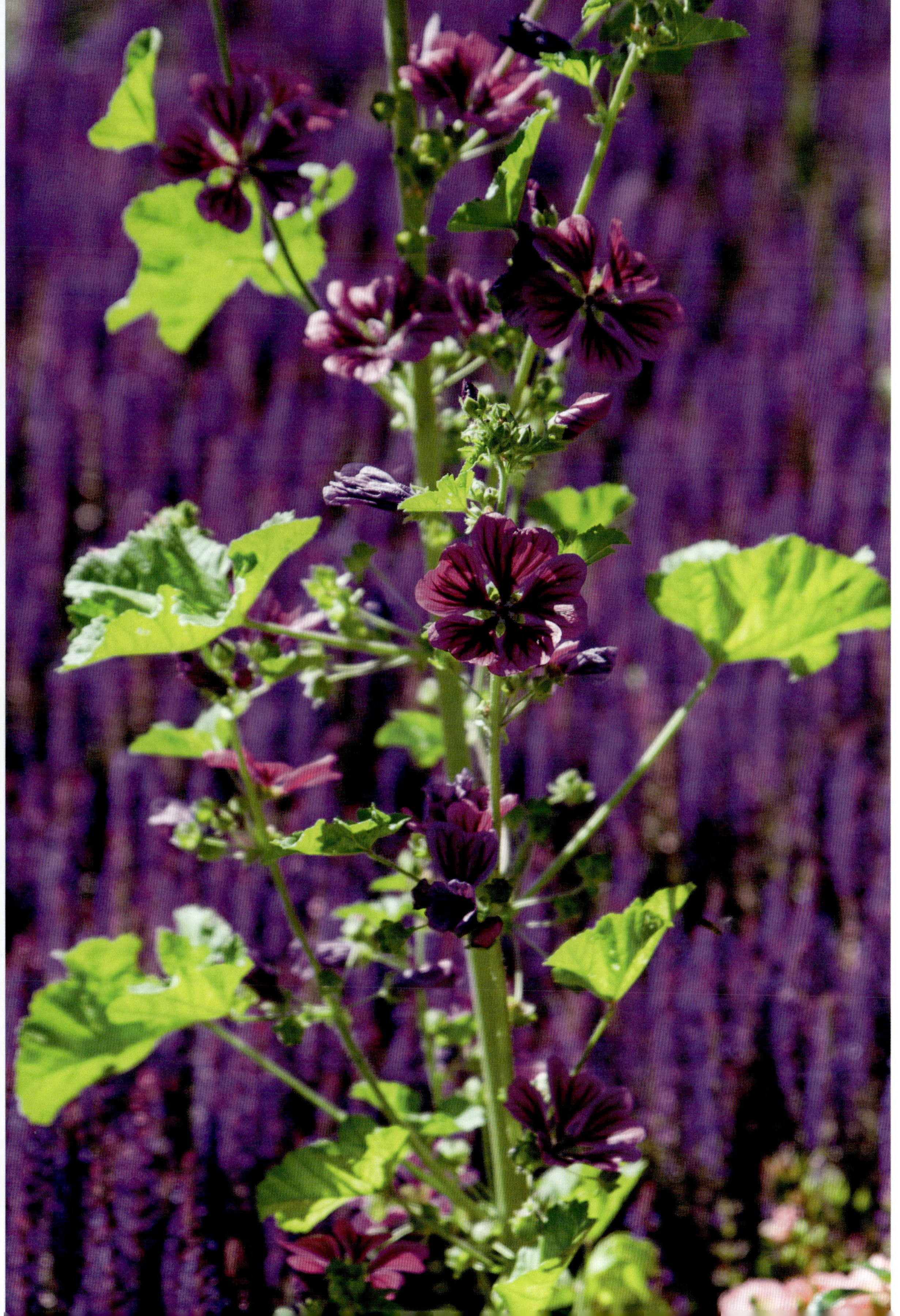

◀ *Die purpurnen Blüten der Mauretanischen Malve (Malva sylvestris var. mauritiana) gehen in dem Meer des Steppensalbeis (Salvia nemorosa) förmlich unter. Dafür bringen die Blätter die notwendige Kontrastwirkung.*

Brennweite 64 mm :: Blende f/3.2 :: Belichtungszeit 1/800 s :: ISO 100

Vielfalt im Farbkreis

Der Sommer bietet eine wahre Farbenvielfalt. Von Blau über Gelb, Orange, Rosa und Rot bis zu violetten Tönen haben Sommerblumen und Stauden alles im Angebot. Bis auf Ausnahmen lieben Blütenpflanzen sonnige Lagen. Stauden- und Blumenbeete sollten nicht unmittelbar im Schattenbereich von Bäumen angelegt werden.

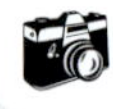

GÄRTNERPRAXIS

Regelmäßiges Entfernen verblühter oder vertrockneter Pflanzenteile gehört zu den Sommeraufgaben des Gärtners.

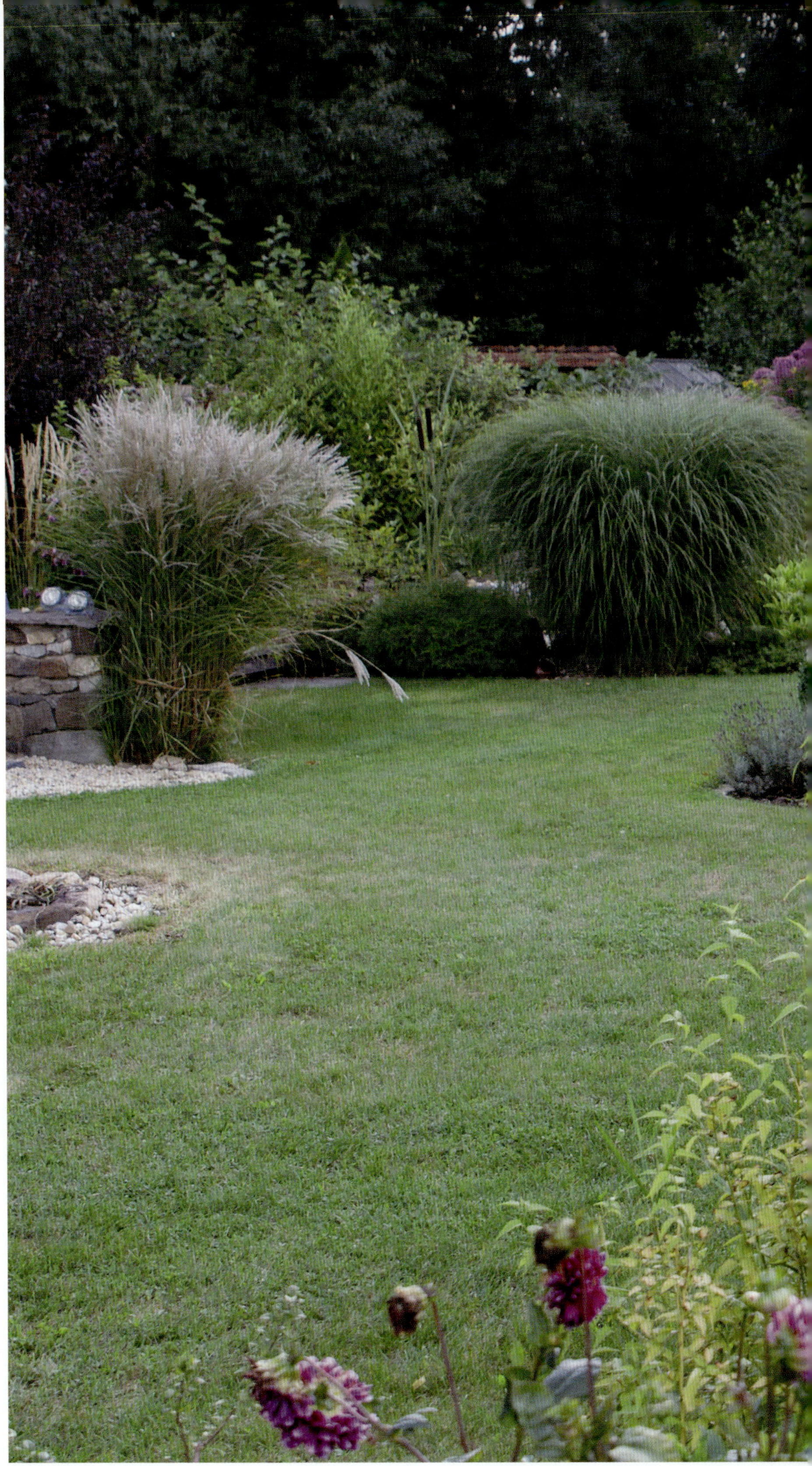

▸ *Gut geplante Staudengärten berücksichtigen eine auf die Farbgestaltung abgestimmte Pflanzenauswahl. Gräser sind essenzielle Bestandteile, denn sie schaffen zwischen den Pflanzen Struktur und bieten fotografisch durch die linealischen Blätter eindrucksvolle Hintergründe.*

Brennweite 24 mm :: Blende f/4.0 :: Belichtungszeit 1/125 s :: ISO 100

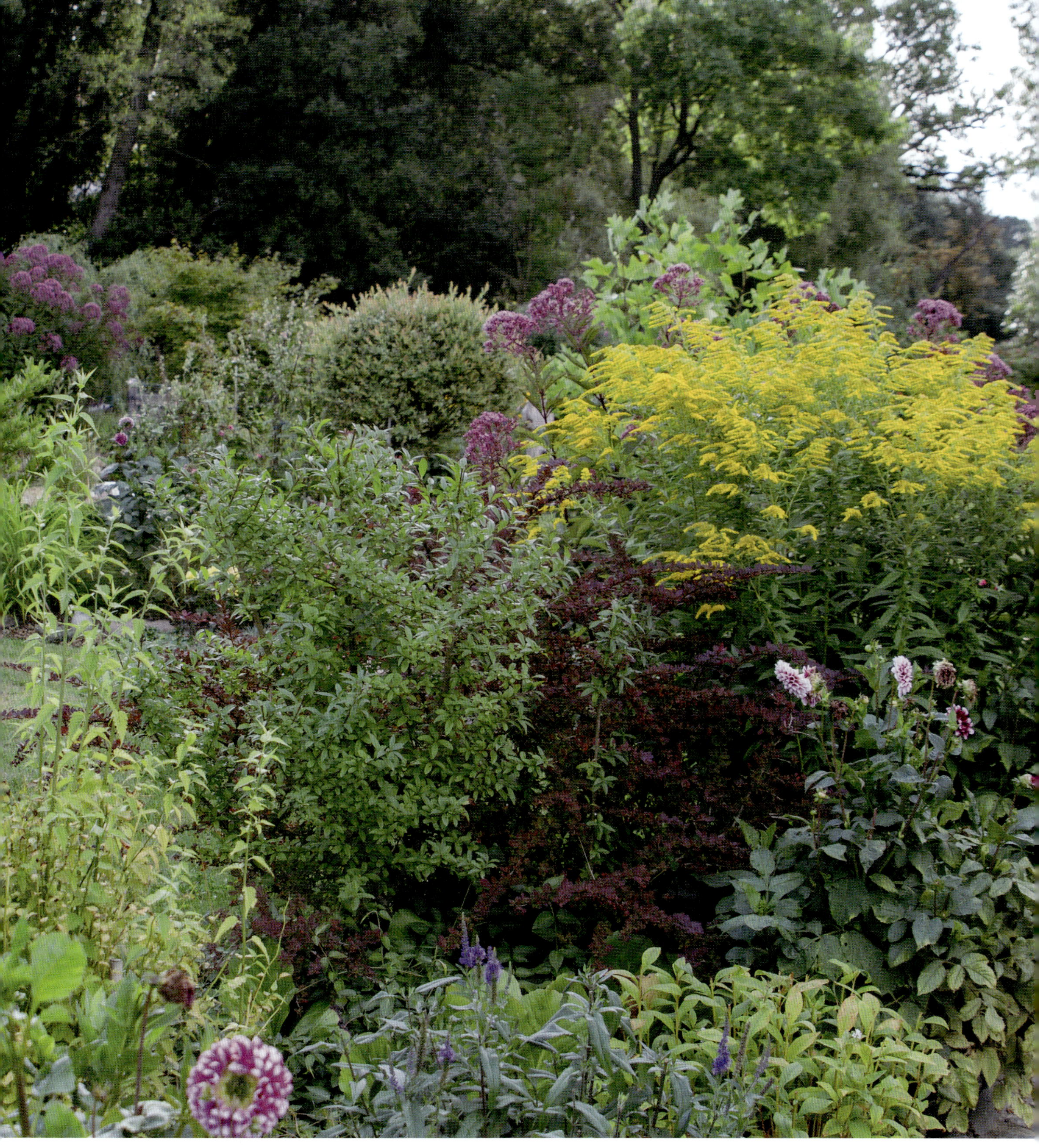

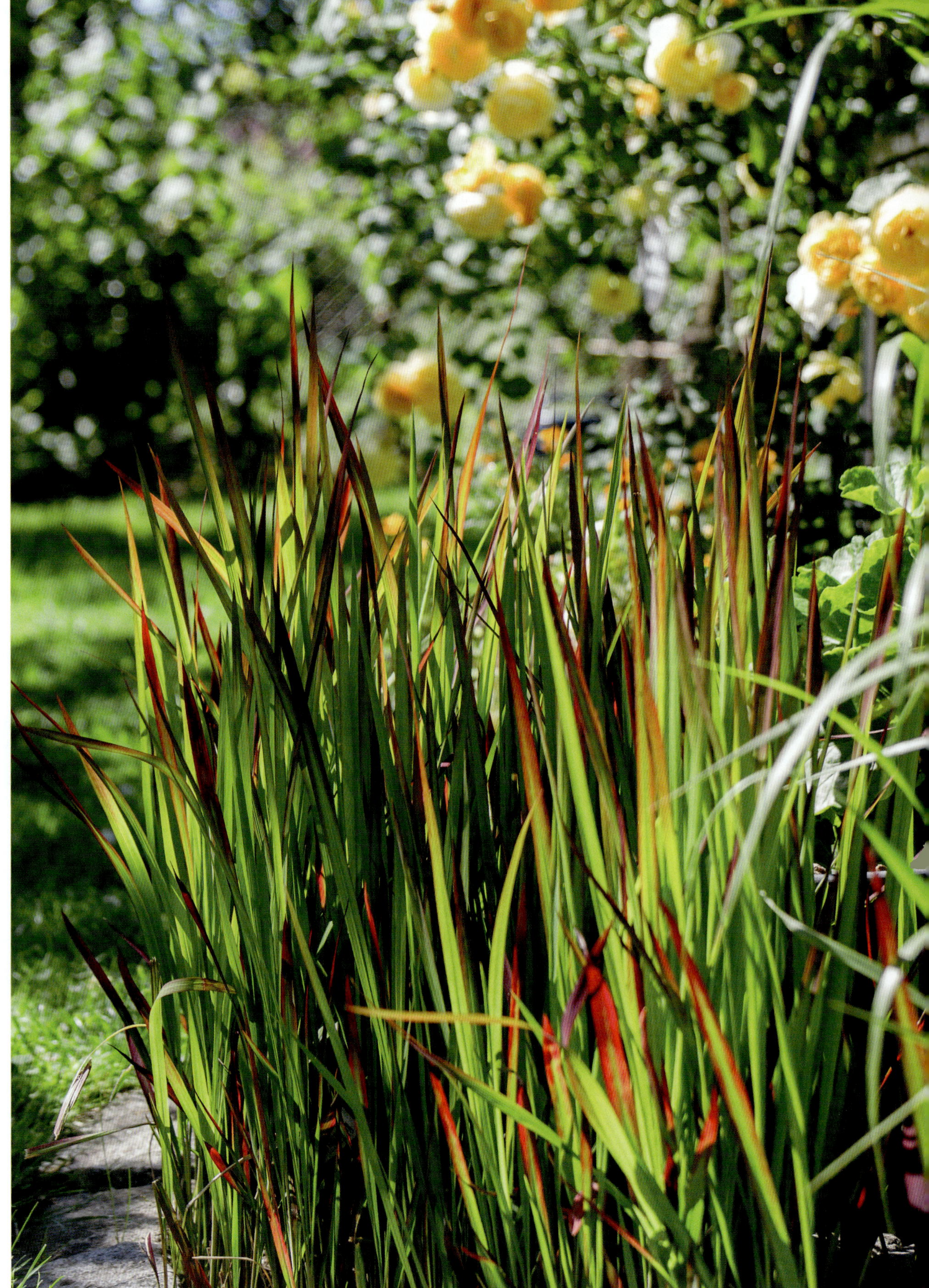

Generative Nachkommen

Wind und Insekten tragen zur Fortpflanzung der Pflanzen bei. Täglich kommen Bienen, Hummeln und Kleintiere vorbei, um Pollen bei der Nahrungssuche von einer Blüte zur nächsten zu übertragen. Nach der Bestäubung entwickeln sich Frucht- und Samenstände, die für die Verbreitung der Pflanzen sorgen.

Zur Samenreife, in der Regel im Altweibersommer, sind Spinnen sehr aktiv und verweben die heranreifenden Fruchtstände. Ein genauer Blick durch den Kamerasucher zeigt Reflexionen im Gegenlicht.

Lichtstimmung im Sommer

- **Sonnenstand** – Hoch stehende Sonne, deren intensives Licht vom Vor- bis zum Nachmittag gefühlt fast senkrecht auf den Boden trifft.
- **Wirkung des Sonnenlichts** – Das direkte Licht zeigt sich von oben sehr hart, Schatten fallen nach unten, und die Plastizität der Pflanze geht vollkommen verloren. Die starke Intensität des sommerlichen Sonnenlichts bewirkt zudem eine hohe Kontrastwirkung zwischen hellen und dunklen Bereichen.
- **Farbtemperatur** – Das bläuliche Morgenlicht wird recht zügig vom weißgelben Tageslicht abgelöst. Erst mit dem Abend verändert sich die Farbtemperatur ins Rötliche.
- **Best Practice** – Ab dem späten Vormittag pausiert man mit dem Fotografieren bis zum Nachmittag. Hartes Licht lässt sich durch einen Diffusor brechen und zerstreuen.

Bei Fotografen ist die blaue Morgenstunde vor bzw. zu Beginn des Sonnenaufgangs sehr beliebt. Das Fotografieren in den Abendstunden ist zwar möglich, aber es ist mit Farbverzerrungen, speziell im Gegenlicht, zu rechnen. Abhilfe kann der Einsatz eines Graufilters schaffen. Sehr wahrscheinlich auftretende Blendenflecken werden durch eine Gegenlichtblende gemildert.

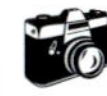

GÄRTNERPRAXIS

Samen von reinen Arten können zur Vermehrung geerntet werden. Man nimmt sie an trockenen Tagen in den Nachmittagsstunden ab, sobald sie sich leicht mit den Fingern aus dem Fruchtstand lösen lassen.

◀ *Das Japanische Blutgras (Imperata cylindrica ›Rubra‹) färbt sich ab dem Hochsommer in seinen Blattspitzen dekorativ ein. Es ist als Blattschmuck wirksam und an fast jedem Standort gut wüchsig.*

Brennweite 38 mm :: Blende f/2.8 :: Belichtungszeit 1/500 s :: ISO 100

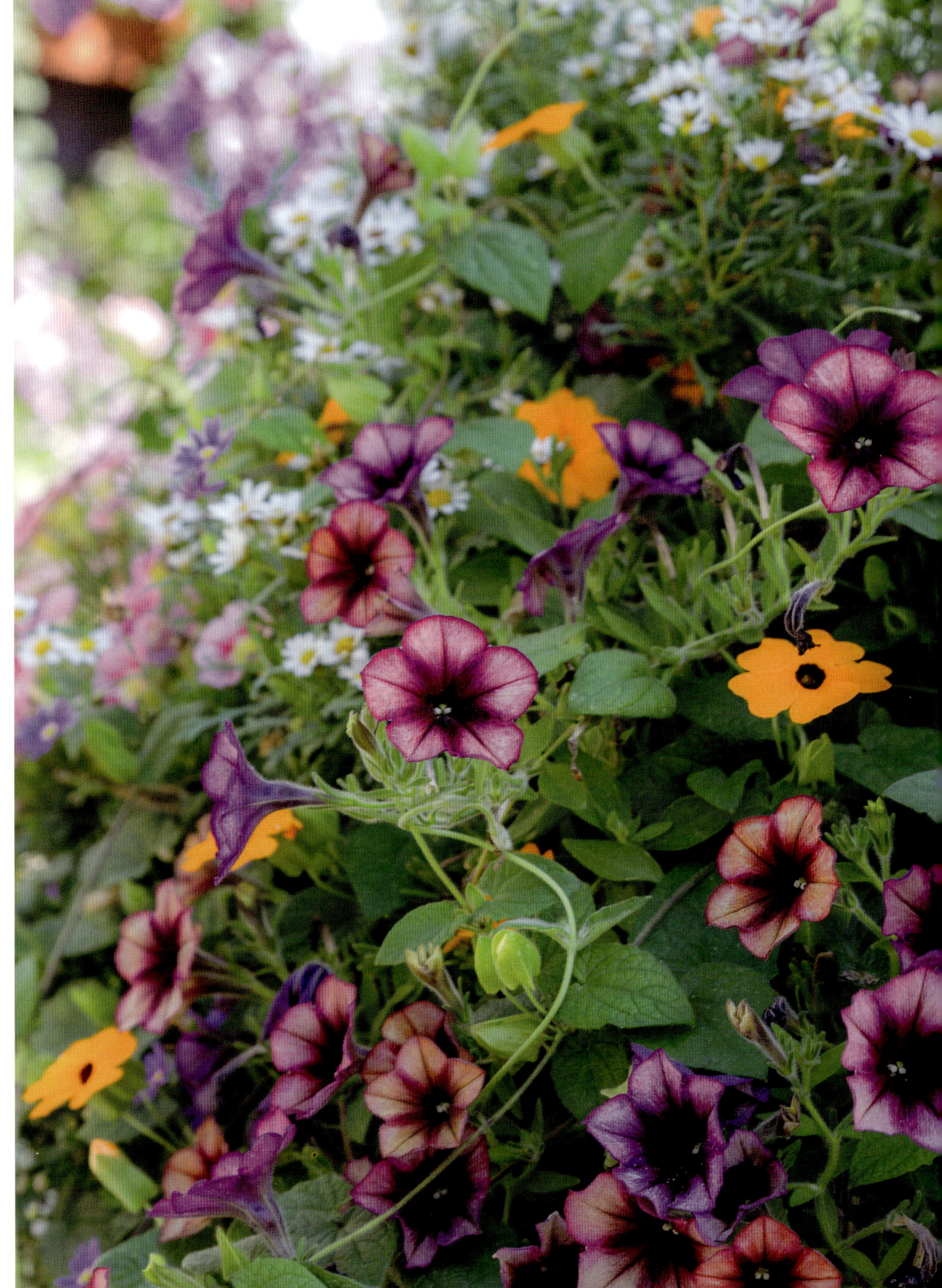

Gemalte Blumenbilder

Geschmäcker sind so verschieden wie die Menschen. Was dem einen gefällt, ist für den anderen eine Zumutung. Mir persönlich sagen Bilder zu, die mehr an ein gemaltes Bild als an eine klassische Fotografie erinnern. Diese Bilder sind recht selten, da es bei ihnen um ein Zusammenspiel aus Bildaufbau, Lichtstimmung und Farbgebung handelt. Meist entstehen sie zufällig und offenbaren ihren Reiz erst bei der Bildbearbeitung am PC.

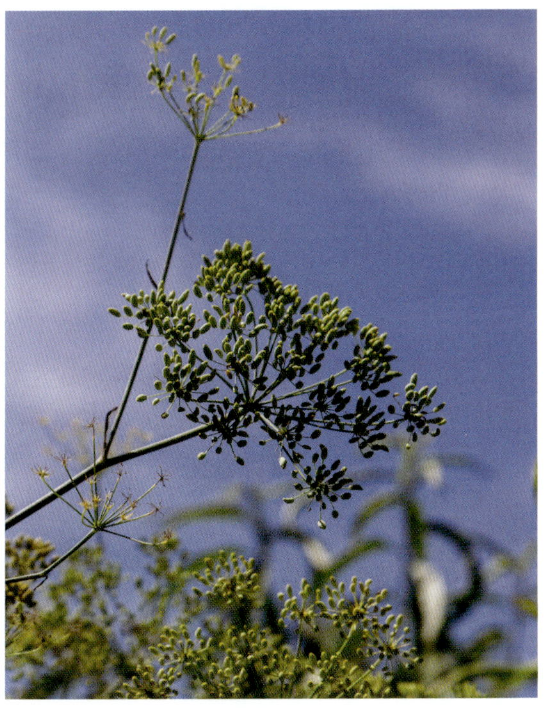

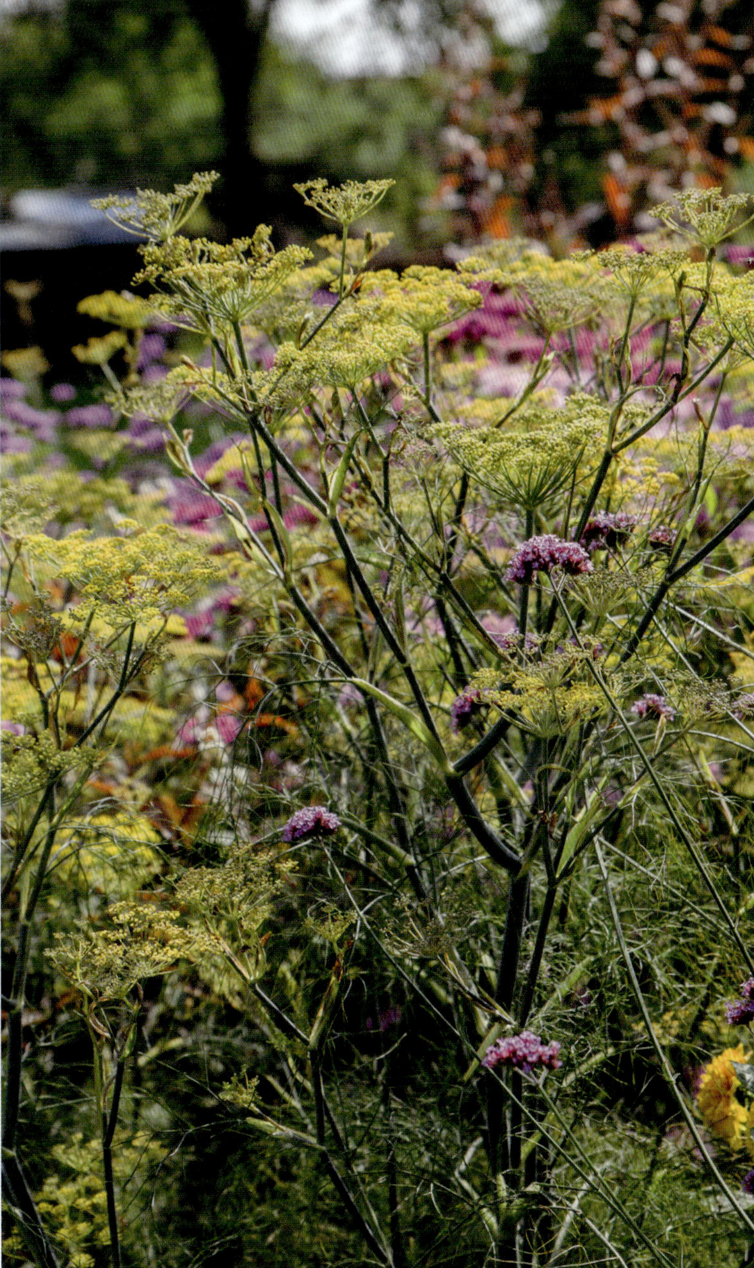

▲ *Fenchel (Foeniculum vulgare) ist ein fotogenes Nutzkraut, denn seine großen, gelben Blütendolden bereichern jedes Staudenbeet.*

Brennweite 55 mm :: Blende f/4.0 :: Belichtungszeit 1/500 s :: ISO 100

◀ *Die Komposition aus Mini-Petunien (Petunia) und der Schwarzäugigen Susanne (Thunbergia x alata) wirkt wie ein gemaltes Bild. Bilder dieser Art entstehen meist zufällig und selten gezielt.*

Brennweite 50 mm :: Blende f/4.5 :: Belichtungszeit 1/125 s :: ISO 100

▲ *Nach der Blüte entwickelt der Fenchel Fruchtstände, in denen sich die Samen befinden. Sie werden als Gewürz verarbeitet oder als Tee genutzt.*

Brennweite 55 mm :: Blende f/4.0 :: Belichtungszeit 1/2000 s :: ISO 100

FOTOGENE **SOMMERBLÜHER**

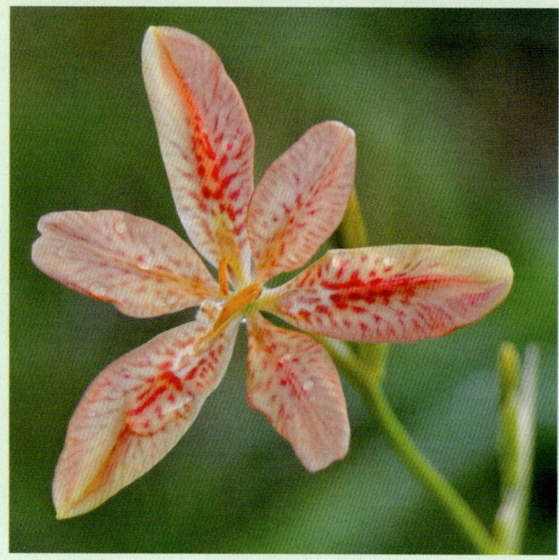

Die Leopardenblume (Iris domestica) ist eine einzigartige Staude, die heute zu den Schwertlilien gezählt wird. Ihre gefleckten Blüten sind ein Augenschmaus für Gartenfotografen.

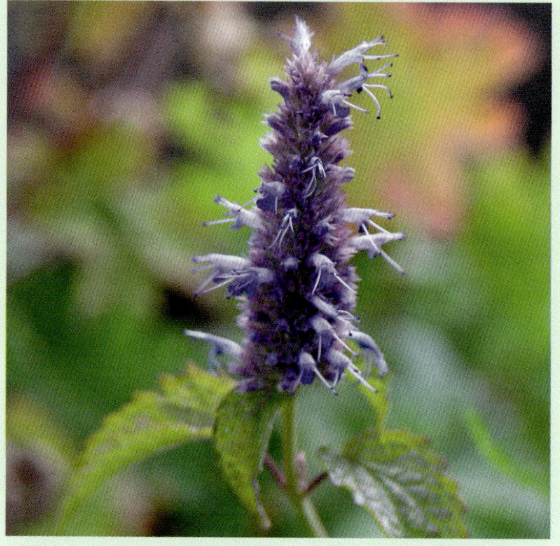

Die Koreanische Minze (Agastache rugosa) ist botanisch eine Duftnessel und wirkt mit violetten Blüten und tollem Minzaroma.

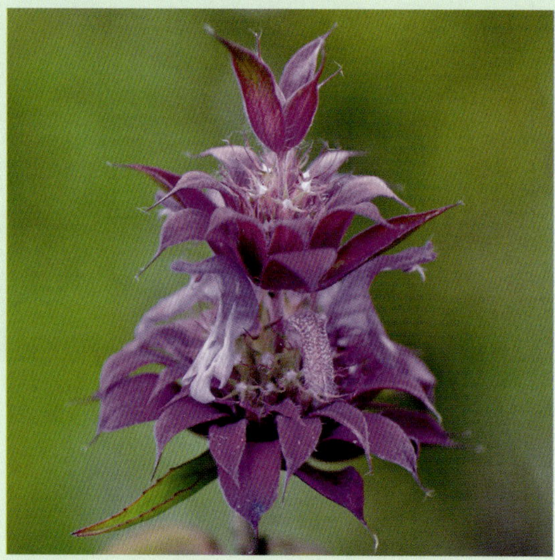

Die Zitronenmonarde (Monarda citriodora) zählt zu den Indianernesseln. Für ihren einjährigen Lebenszyklus entschädigt das einzigartige Zitronenaroma. Die purpurnen Blüten begeistern jeden Fotografen.

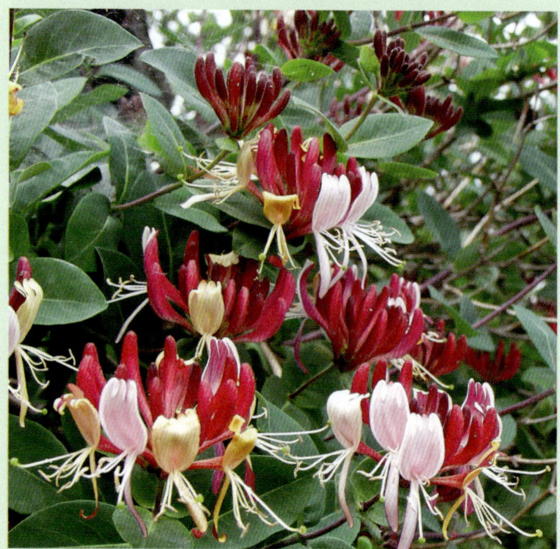

Das Waldgeißblatt (Lonicera periclymenum ›Serotina‹) ist eine beliebte sommerblühende Kletterpflanze, die sich mit wunderschönen rot-weißen Blüten schmückt. Ideal zum Begrünen von Spalieren im Hintergrund.

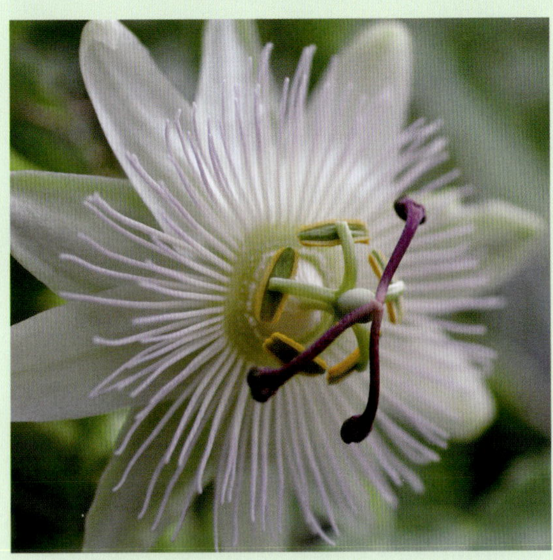

Maracuja (Passiflora edulis) verbindet man eher selten mit einer Passionsblume. Als Kübelpflanze schmückt das exotische Obst Balkone und Terrassen.

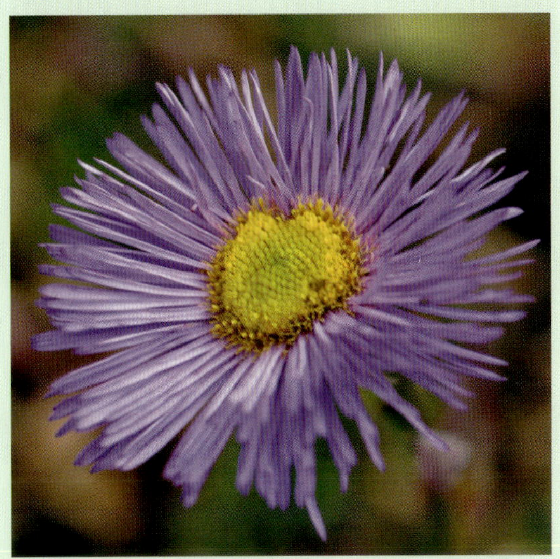

Die Feinstrahlaster (Erigeron ›Schwarzes Meer‹) hat einen leicht ausladenden Wuchs und eignet sich im Staudenbeet gut für die Zwischenpflanzung.

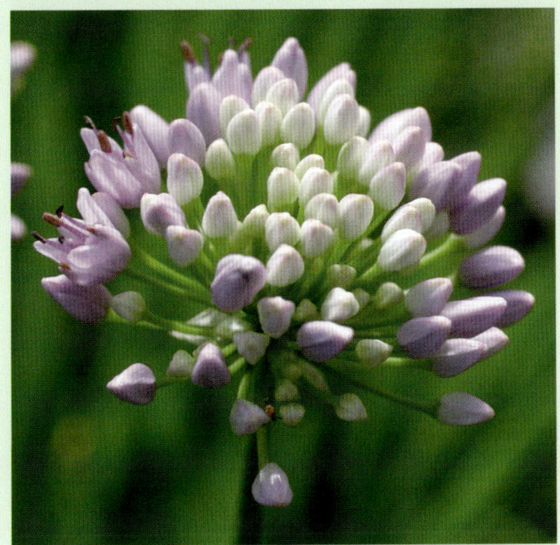

Der Berglauch (Allium senescens) ist eine ausgezeichnete Alternative zum bekannten Bärlauch. Das Zierkraut mit dem Knoblaucharoma verträgt die Sonne und lässt sich fast das ganze Jahr über ernten.

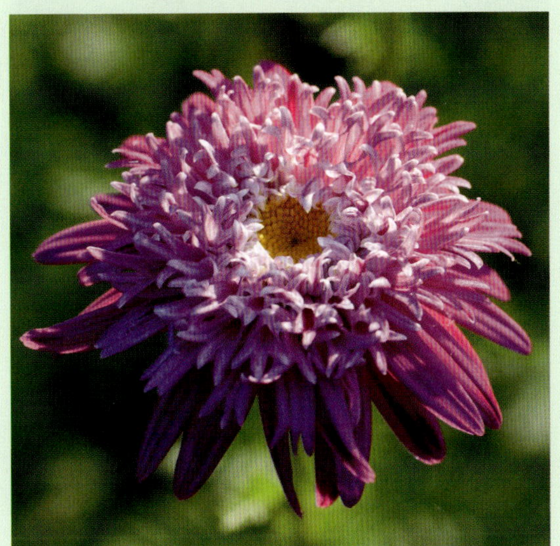

Die Wucherblume (Tanacetum coccineum ›Alfred‹) ist älteren Gartenbesitzern als Pyrethrum bekannt. Große Margeritenblüten in unterschiedlichen Farben bereichern das sommerliche Staudenbeet.

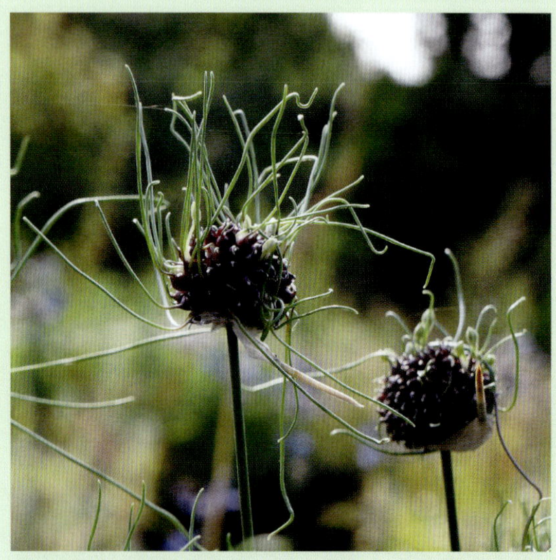

Die bizarre Form des Weinberglauchs (Allium vineale ›Hair‹) wirkt wie ein wilder Strubbelkopf. Nach der Blüte zieht sich der Zierlauch zurück.

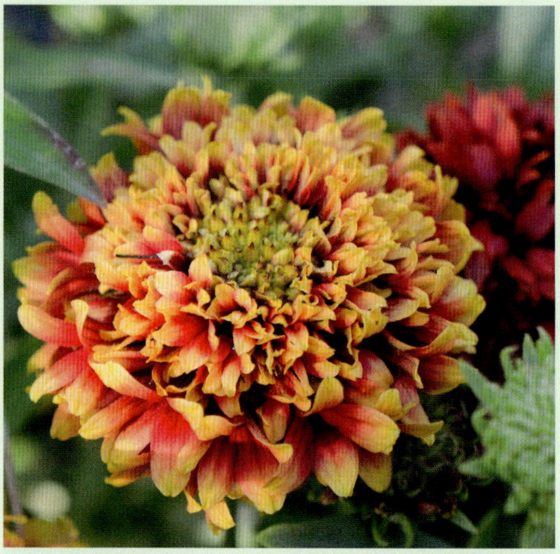

Kokardenblumen (Gaillardia) findet man in unterschiedlichen Sorten im Handel. Sie unterscheiden sich in Farbe, Form oder Wuchs. Wegen ihrer Anspruchslosigkeit ist sie in jedem Staudengarten pflegeleicht.

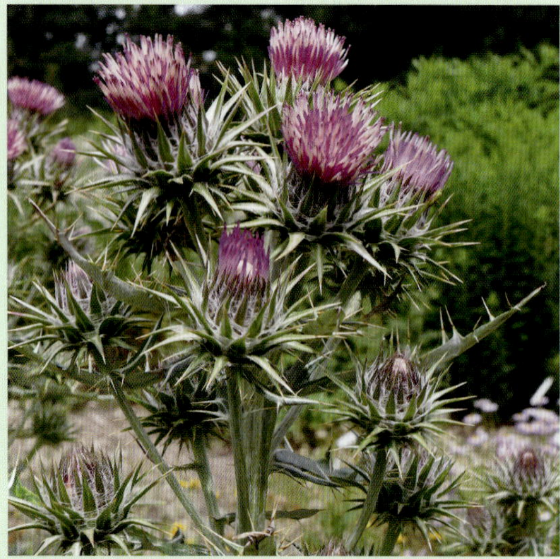

Die Elfenbeindistel (Ptilostemon afer) ist für bloße Hände sehr gefährlich. Kleinste Stacheln verhaken sich in der Haut, sodass stabile Handschuhe angeraten sind.

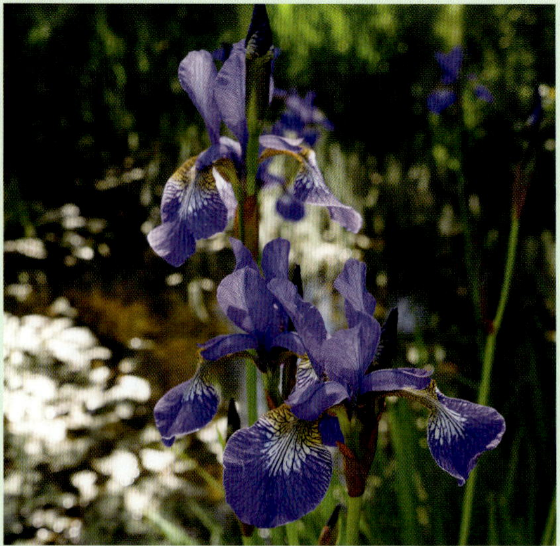

Schwertlilien (Iris versicolor) sind beliebte Gartenpflanzen und bilden einzigartige Blüten in unterschiedlichen Färbungen aus.

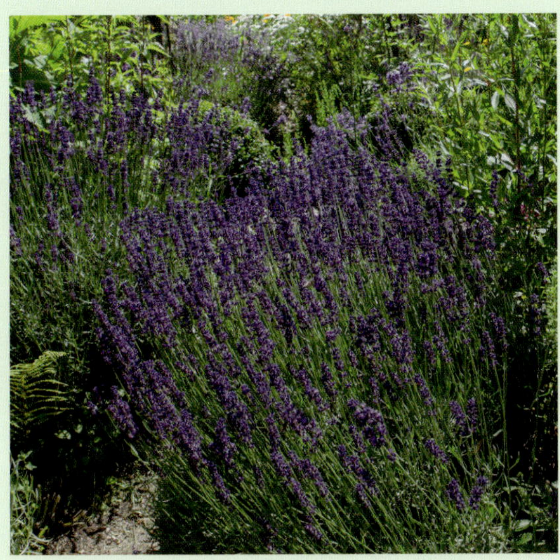

Der Lavendel (Lavandula angustifolia) ist in nahezu jedem Garten anzutreffen. Sein starkes Aroma verführt unsere Nasen und vertreibt Läuse und Schädlinge aus dem Beet.

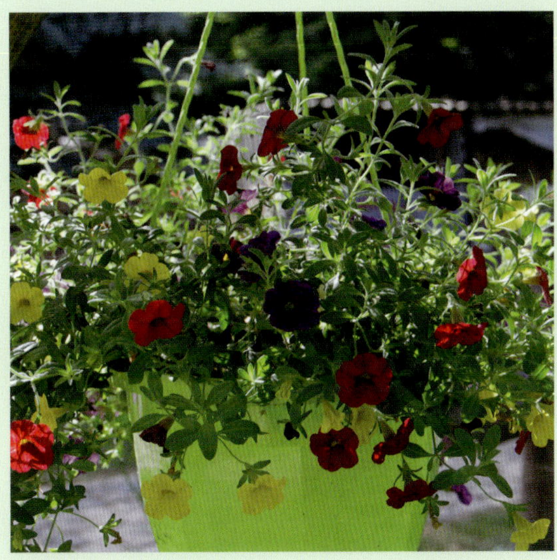

Petunien (Petunia-Hybriden) sind beliebte Hängepflanzen für die saisonale Bepflanzung von Ampeln, Töpfen und Kästen. Regelmäßiges Ausputzen erhält den Blütenreichtum.

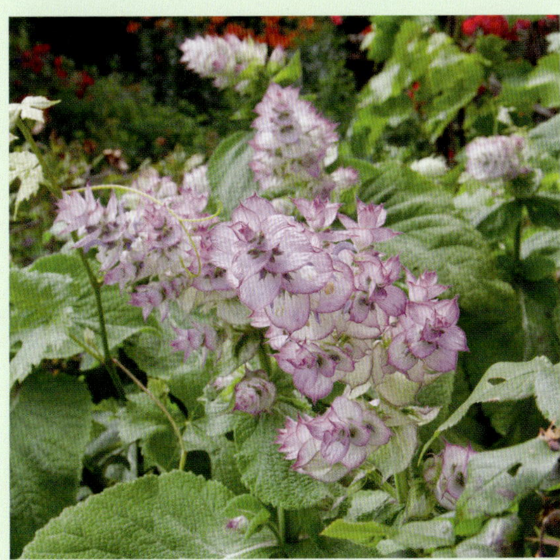

Der Muskatellersalbei (Salvia sclarea) ist zwar nur zweijährig, jedoch bringen seine üppigen Blüten jeden Gärtner zum Schwärmen. Er wächst bestens in sonnigen, trockenen Lagen.

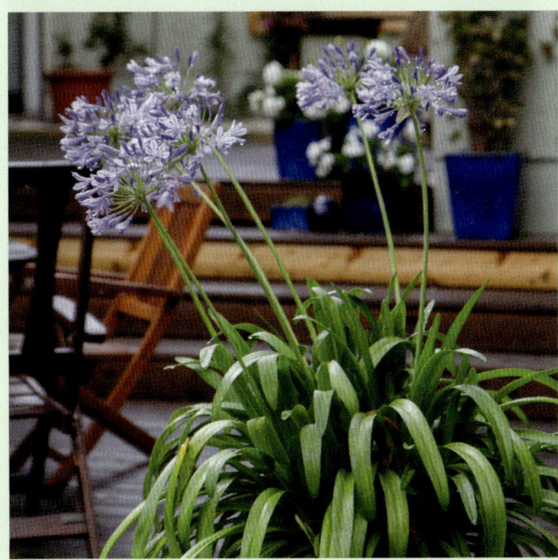

Schmucklilien (Agapanthus africanus) sind als blühfaule Gartenbegleiter verschrien. Zu frühes Einwintern, zu hohe Temperaturen im Winterquartier oder zu großzügige Nährstoffbeigaben führen zu floraler Trägheit.

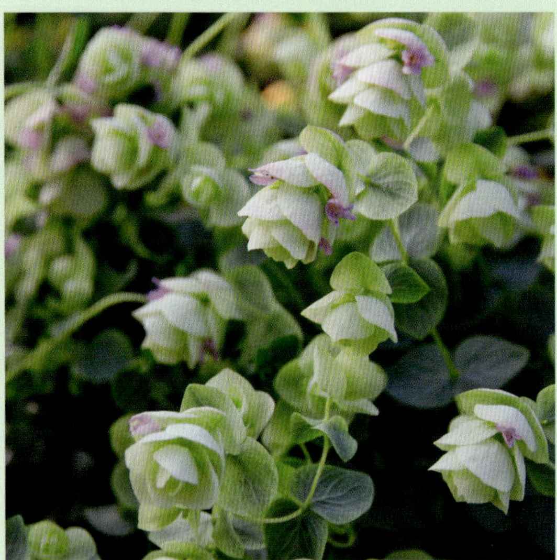

Der Hopfenoregano (Origanum rotundifolium) leidet unter Aromaschwäche. Dafür bildet er zahlreiche hopfenähnliche Blüten. Ein fotogener Hingucker im Kräuterbeet.

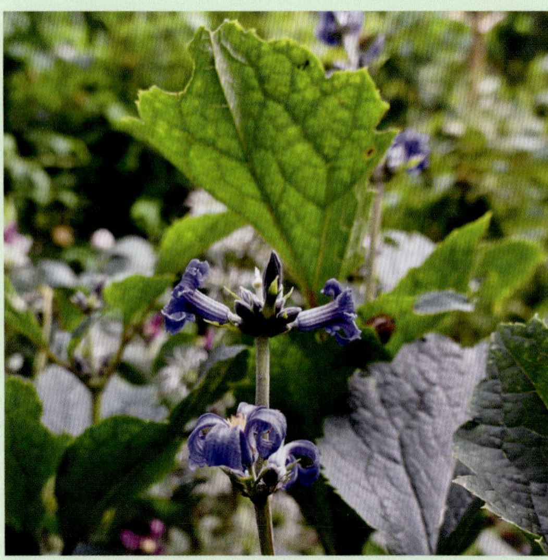

Die Aufrechte Staudenwaldrebe (Clematis heracleifolia) besitzt einen buschigen statt des typischen kletternden Wuchses. Eine außergewöhnliche Staude für den Halbschatten.

GROSSES FINALE IM HERBST

Dahlien und andere Sommerblumen mobilisieren vor dem Winter noch einmal alle Kräfte. Bis zum Frost blühen sie durch, nehmen aber jedes Grad unter null übel. Gärtner hören täglich den Wetterbericht und beginnen bei Frostgefahr mit dem Umzug der sensiblen Pflänzchen ins Winterquartier.

GÄRTNERPRAXIS

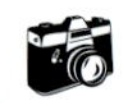

Treibt man Dahlienknollen bereits ab April unter Glas an, beginnt die Blütezeit bereits vier Wochen früher als gewöhnlich.

▸ Nach dem langsamen Zerfall der orangefarbenen Früchte der Lampionblume (Physalis alkekengi) bleibt ein bräunliches Netz mit der orangeroten Frucht übrig. Diese netzartigen Früchte sind beliebte Motive im Seiten- oder Gegenlicht.

Brennweite 60 mm :: Blende f/5.0 :: Belichtungszeit 1/500 s :: ISO 100

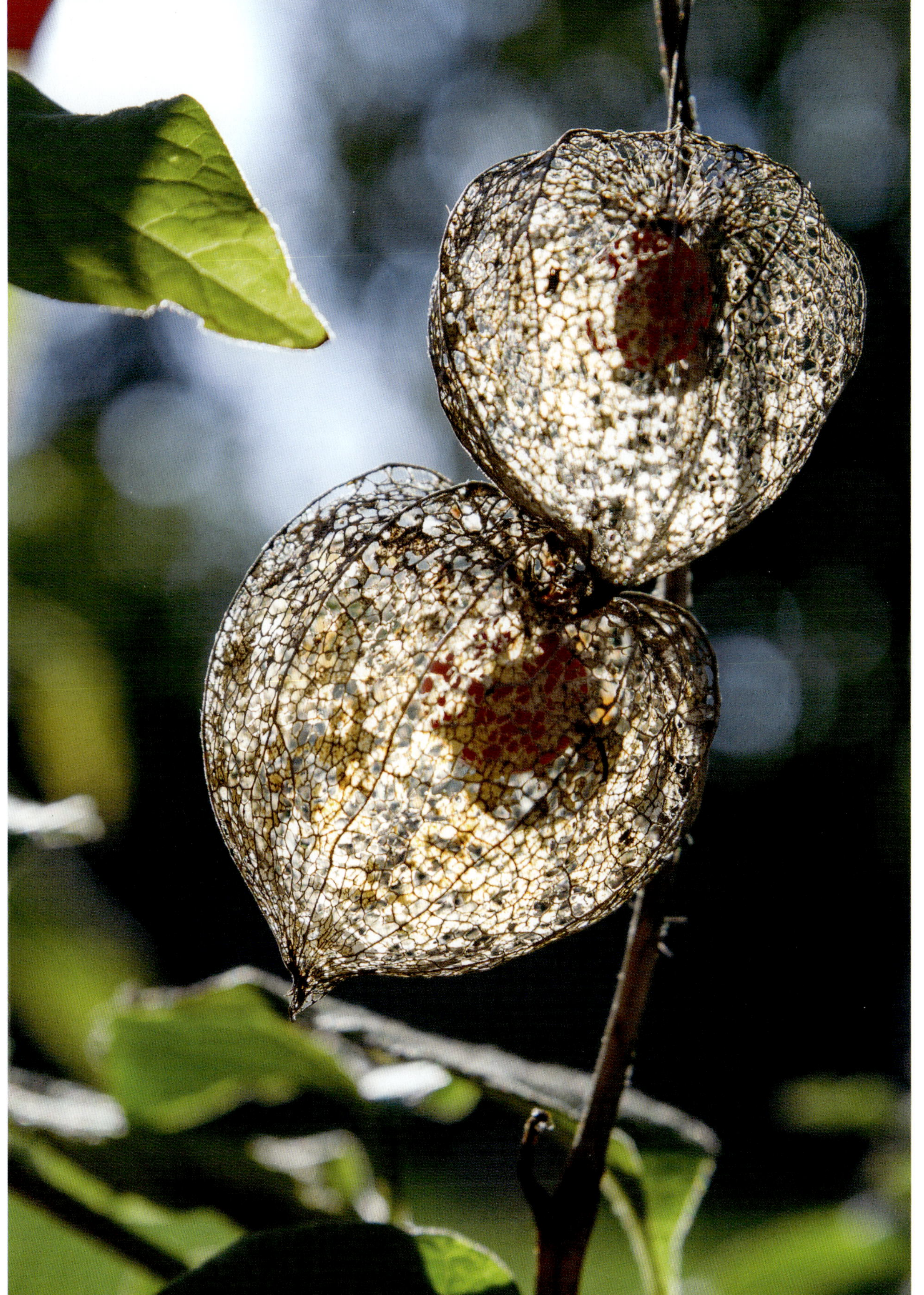

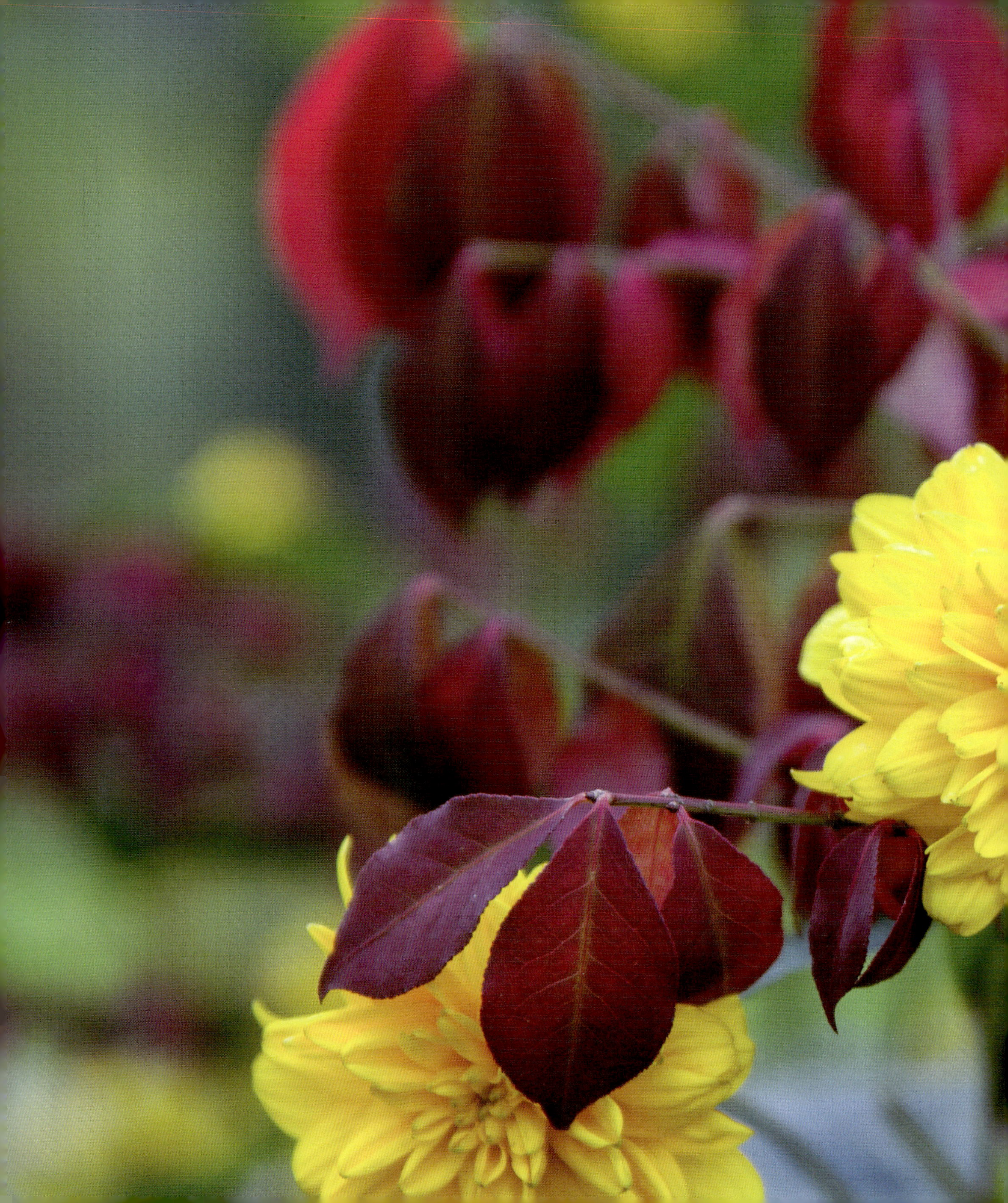

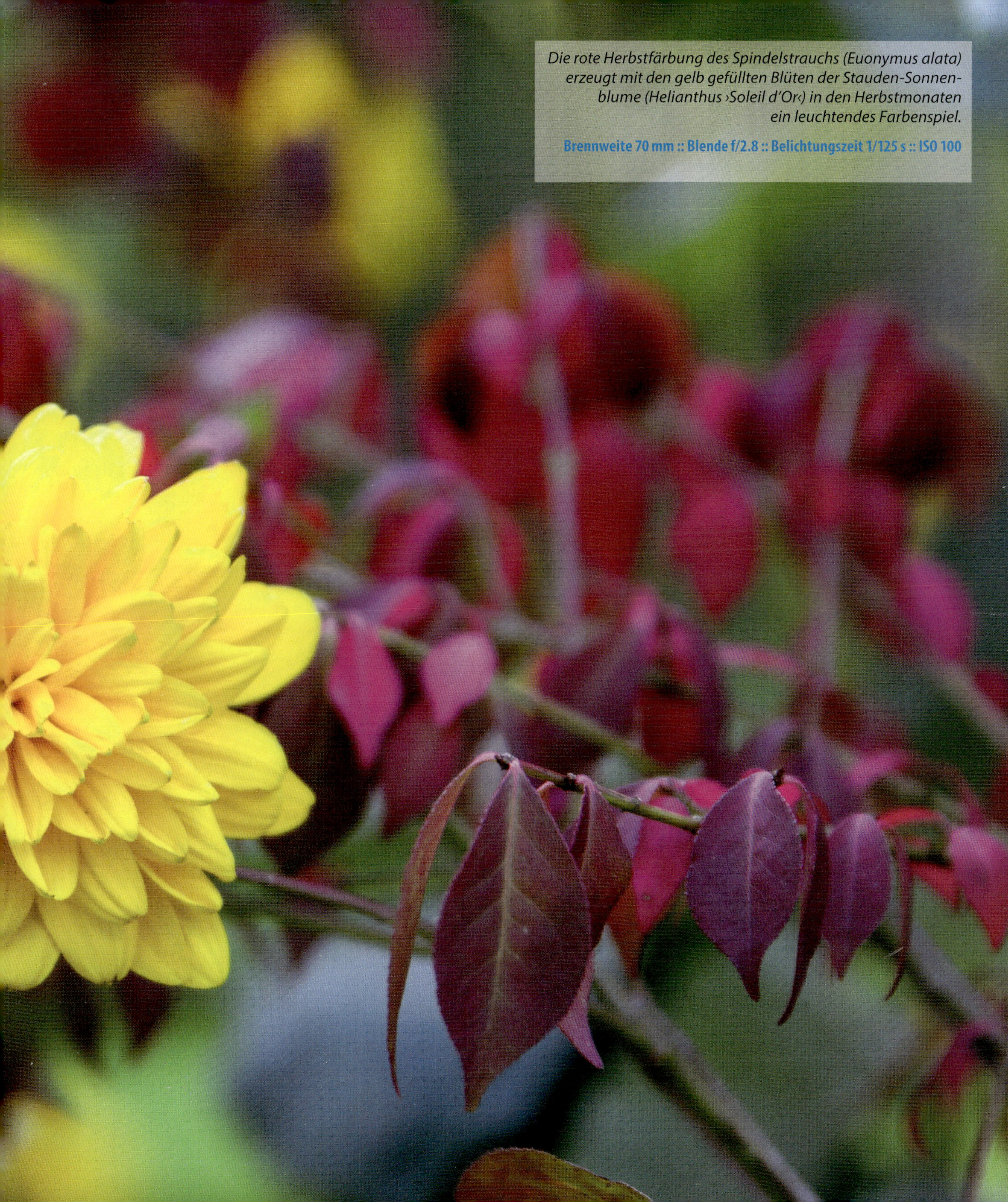

Die rote Herbstfärbung des Spindelstrauchs (Euonymus alata) erzeugt mit den gelb gefüllten Blüten der Stauden-Sonnenblume (Helianthus ›Soleil d'Or‹) in den Herbstmonaten ein leuchtendes Farbenspiel.

Brennweite 70 mm :: Blende f/2.8 :: Belichtungszeit 1/125 s :: ISO 100

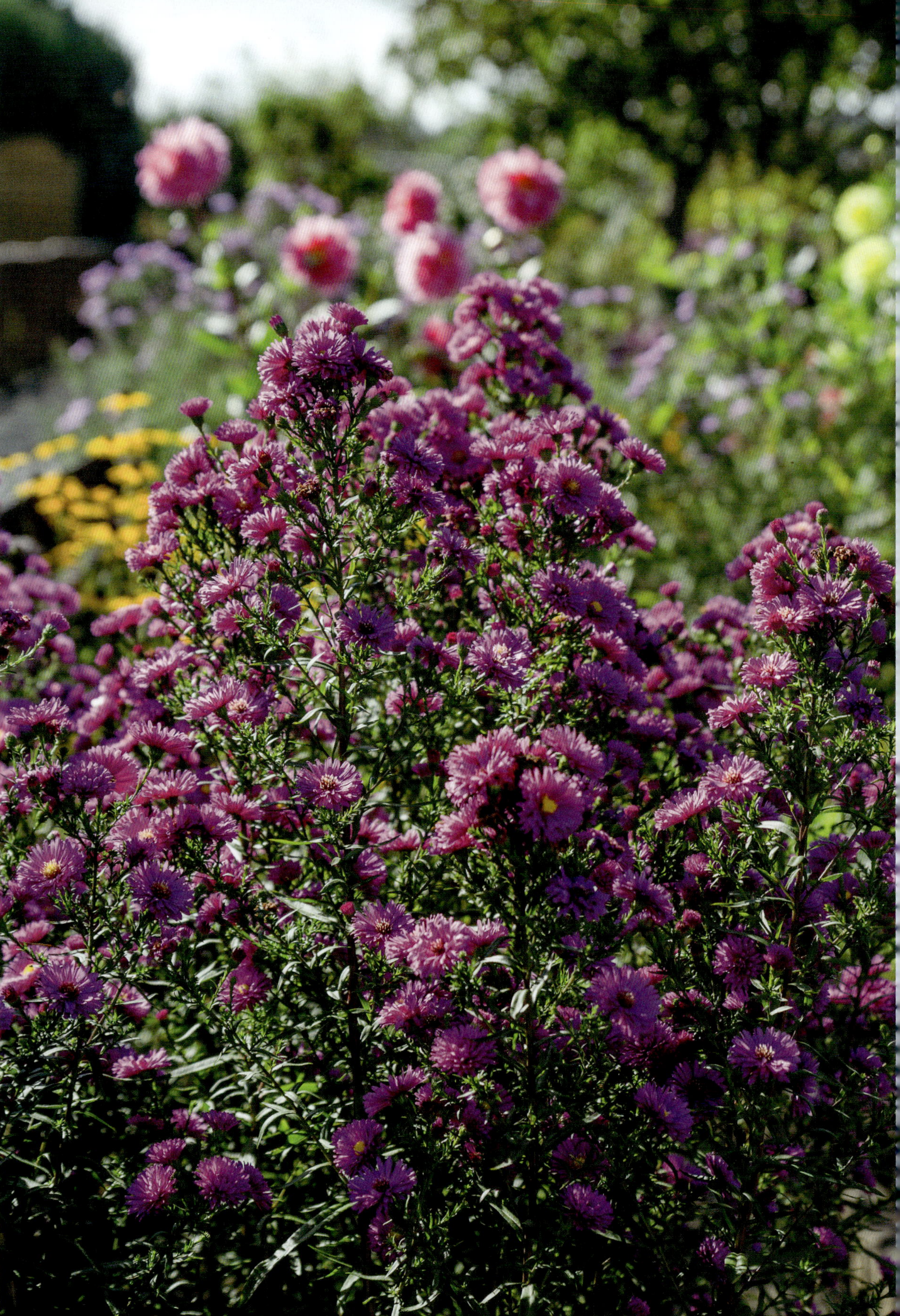

▸ *Astern (Aster) bilden im Spätsommer große, bunte Staudenbüsche. Sie kündigen den Herbst an und sind für zahlreiche Insekten eine letzte üppige Nahrungsquelle. Viele Schmetterlinge fühlen sich an den mehrjährigen Stauden wohl.*

Brennweite 45 mm :: Blende f/3.5 :: Belichtungszeit 1/640 s :: ISO 100

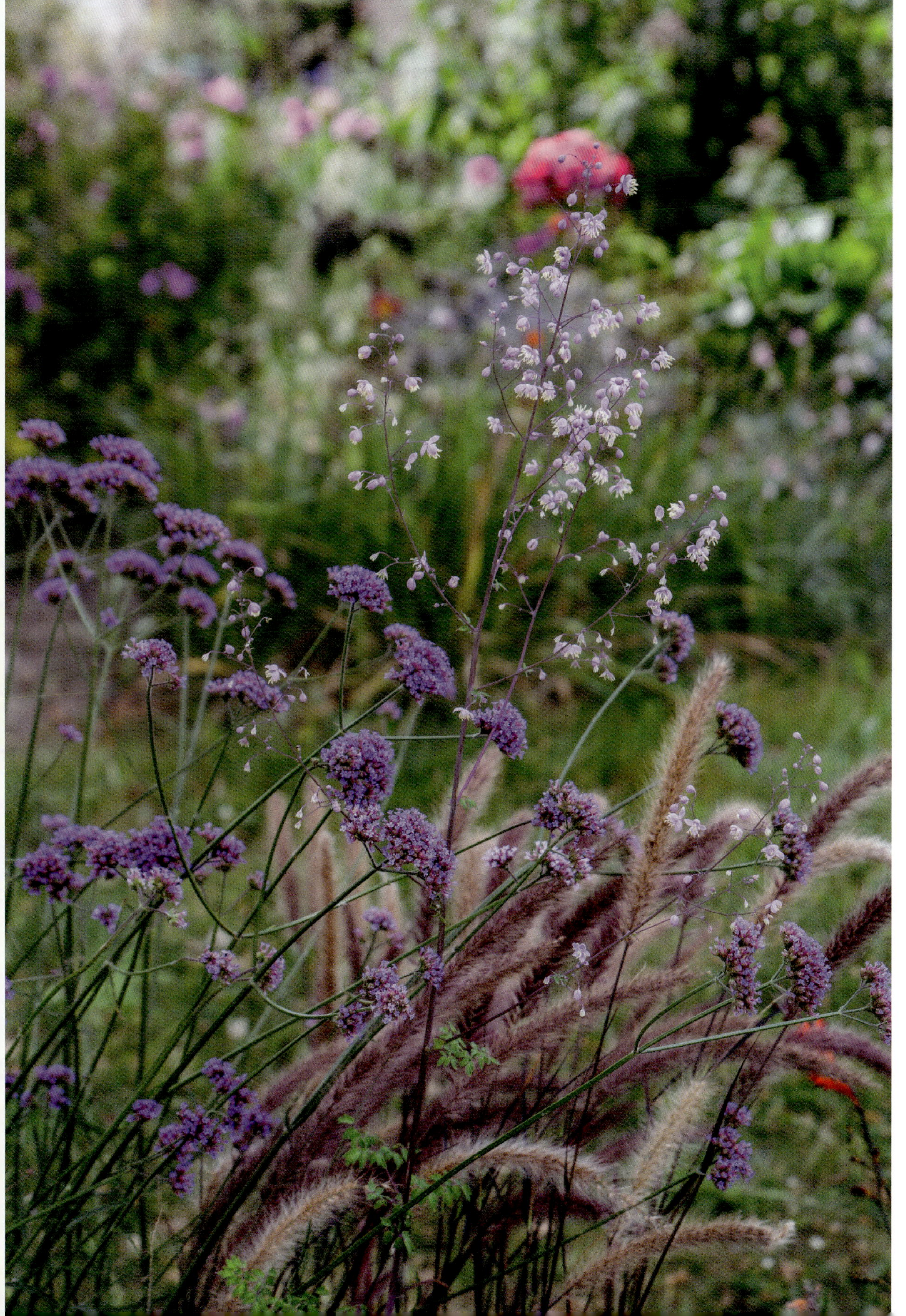

◀ *Trendpflanzen wie das Patagonische Eisenkraut (Verbena bonariensis) haben sich einen festen Platz in der Gartenkultur erkämpft. Die Pflanze wirkt in Beeten schön, da sie aufgrund ihres schlanken Wuchses durch andere Stauden hindurchwächst und sich ihre Blüten im Wind wiegen. Für den Gartenfotografen ist sie reizvoll, da sie vom Hochsommer bis tief in den Herbst hinein blüht.*

Brennweite 47 mm :: Blende f/3.5 :: Belichtungszeit 1/250 s :: ISO 100

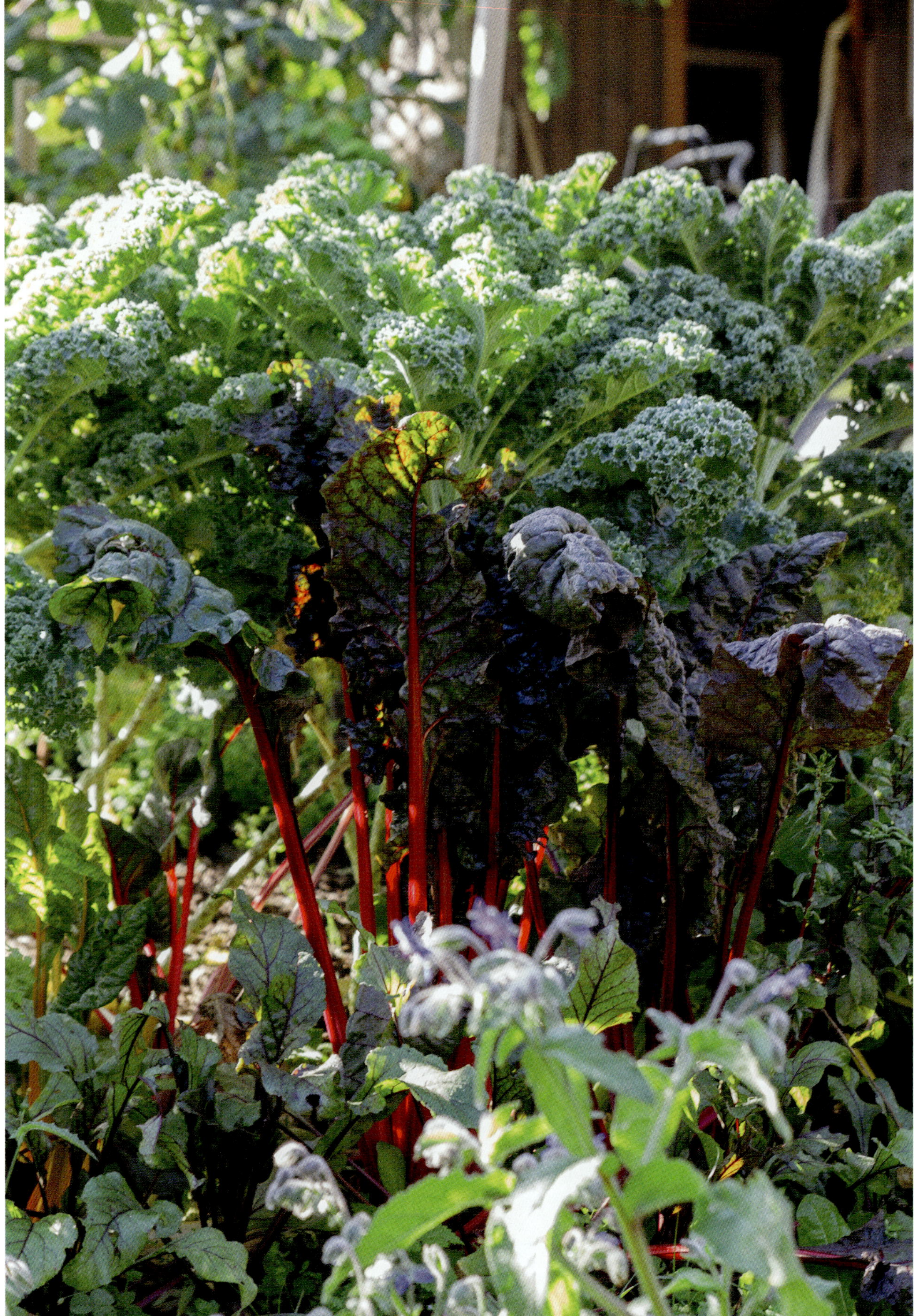

◂ *Mangold ist nicht nur im Garten ein Blickfang, sondern auch auf Bildern. Ihre roten Stiele und die rote Blattnervatur machen die Gemüsepflanze zu einem besonderen Motiv, insbesondere im spätsommerlichen Morgenlicht.*

Brennweite 50 mm :: Blende f/4.0 :: Belichtungszeit 1/60 s :: ISO 160

Feuchtkühle Herbststimmung

Bevor sich Raureif oder sogar Schnee auf den Garten legt, zeigen sich an Sträuchern und Gartenpflanzen mit einsetzendem Laubfall farbkräftige Früchte. Hagebutten und andere Früchte eignen sich zum Basteln für die Herbstfloristik oder für Türkränze. In den Morgen- und Abendstunden sammeln sich Tautropfen an den Früchten, die sich durch Lichtreflexionen zu fotografischen Perlen entwickeln.

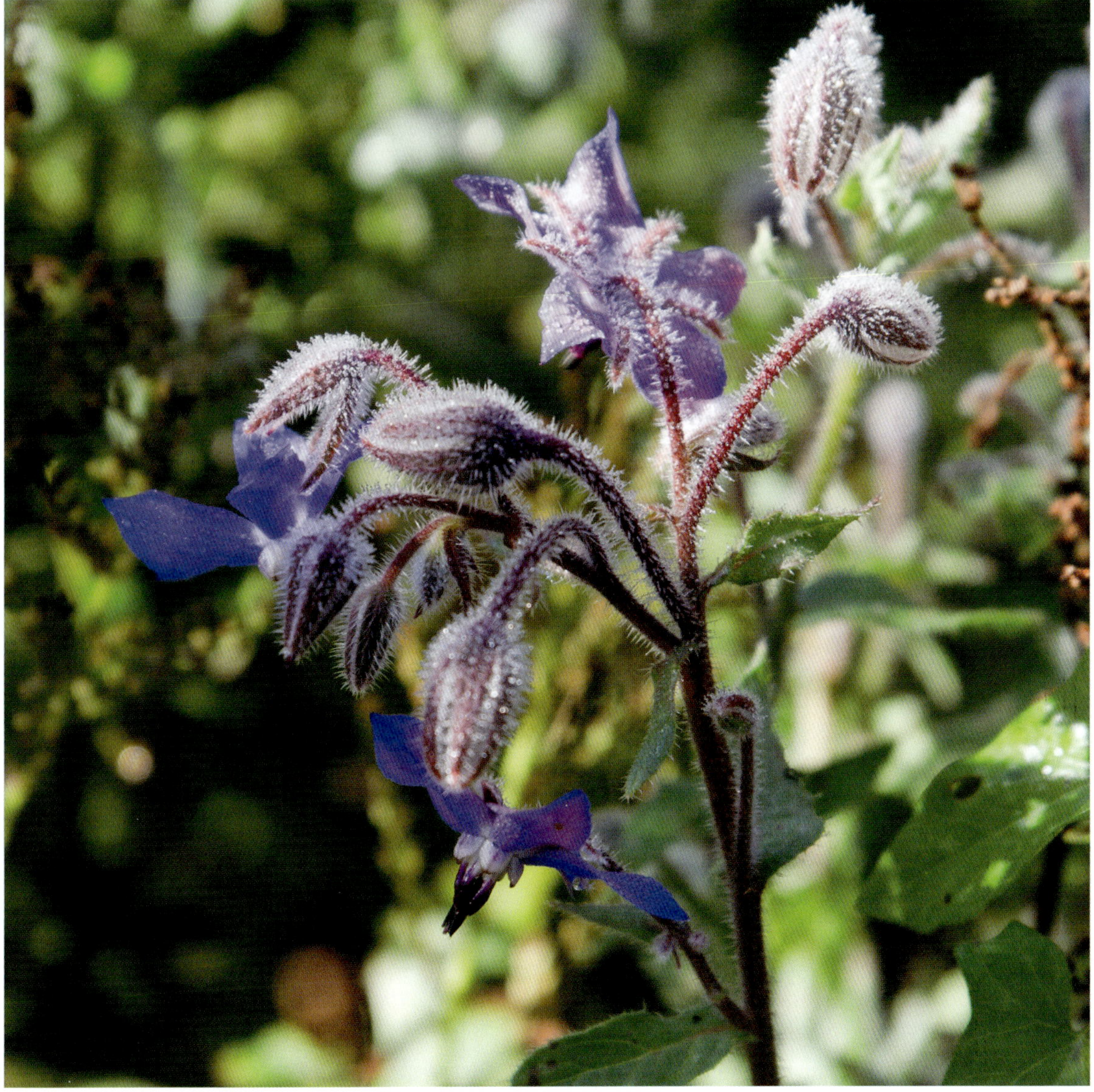

◂ *Morgenstund hat Tau im Mund. Wenn die Temperaturen im Spätsommer fallen, sammeln sich in den Morgenstunden Tautropfen in den Pflanzen. Ist die Ausbeute zum Fotografieren zu gering, lässt sich mit einem feinen Zerstäuber nachhelfen.*

Brennweite 70 mm :: Blende f/4.0 :: Belichtungszeit 1/200 s :: ISO 100

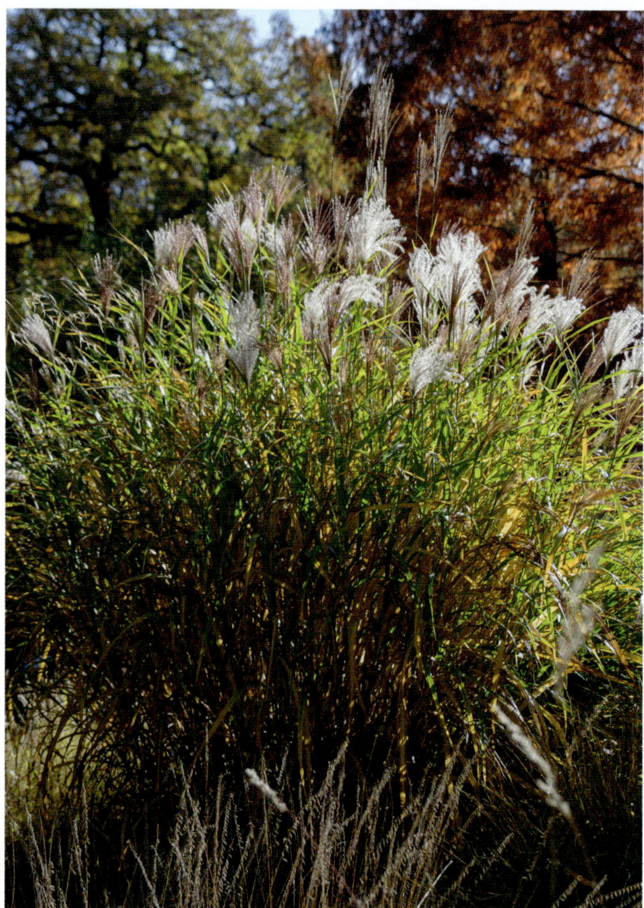

▲ *Im Herbst dominieren Gelb-, Rot- und Brauntöne das Bild des Gartens. Sind alle anderen Pflanzen schon zur Ruhe kommen, sind Gräser immer noch Schmuckstücke.*

Brennweite 36 mm :: Blende f/2.8 :: Belichtungszeit 1/640 s :: ISO 100

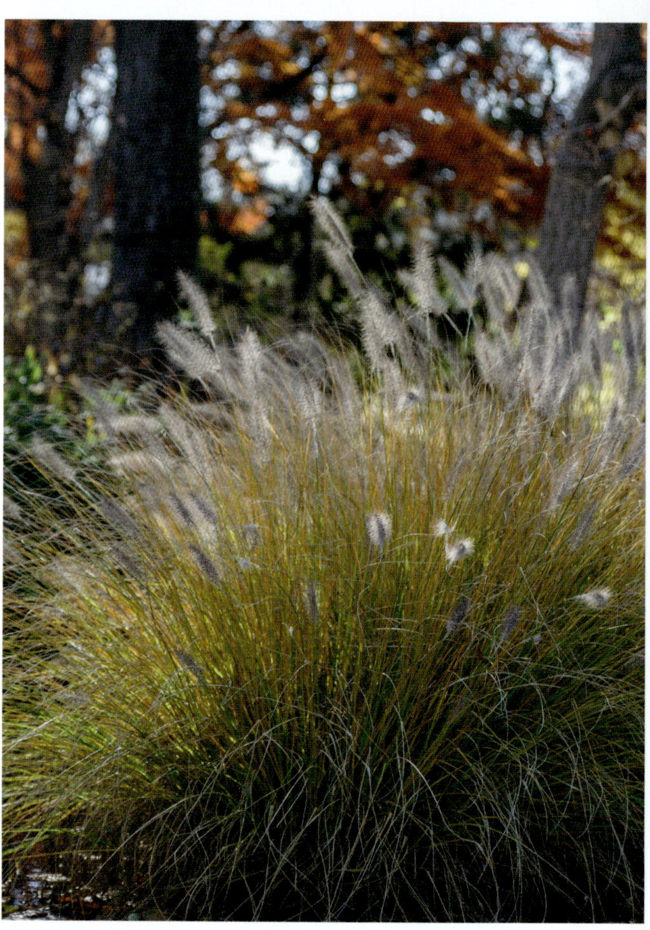

▲ *Das Lampenputzergras (Pennisetum alopecuroides) behält bis in den Winter seine flaschenbürstenartigen Blütenstände und verleiht Beeten und Rabatten wertvolle Struktur.*

Brennweite 50 mm :: Blende f/2.8 :: Belichtungszeit 1/400 s :: ISO 100

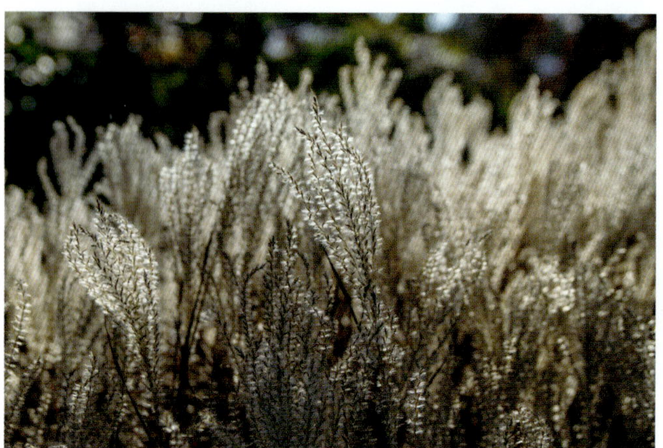

▲ *Größere Horste des Chinaschilfs (Miscanthus sinensis) blühen prächtig. Die silbrigen Blütenstände reflektieren das Licht und schaffen als Hintergrund interessante Bokehs.*

Brennweite 38 mm :: Blende f/2.8 :: Belichtungszeit 1/2000 s :: ISO 100

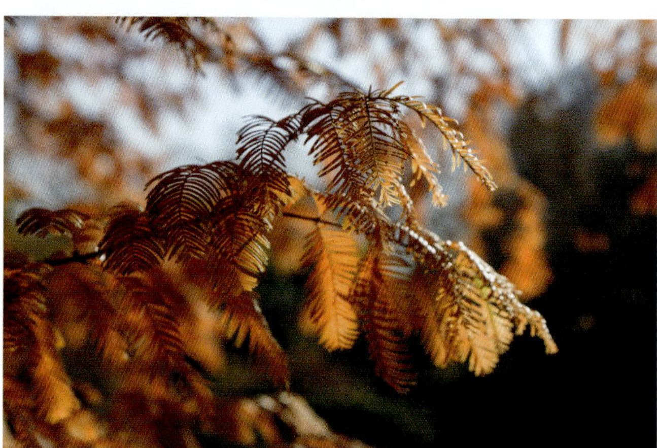

▲ *Imposant wirkt die kupferrote Herbstfärbung des Urwald-Mammutbaums (Metasequoia glyptostroboides). Sie steht der von Laubgehölzen in nichts nach.*

Brennweite 53 mm :: Blende f/4.0 :: Belichtungszeit 1/640 s :: ISO 100

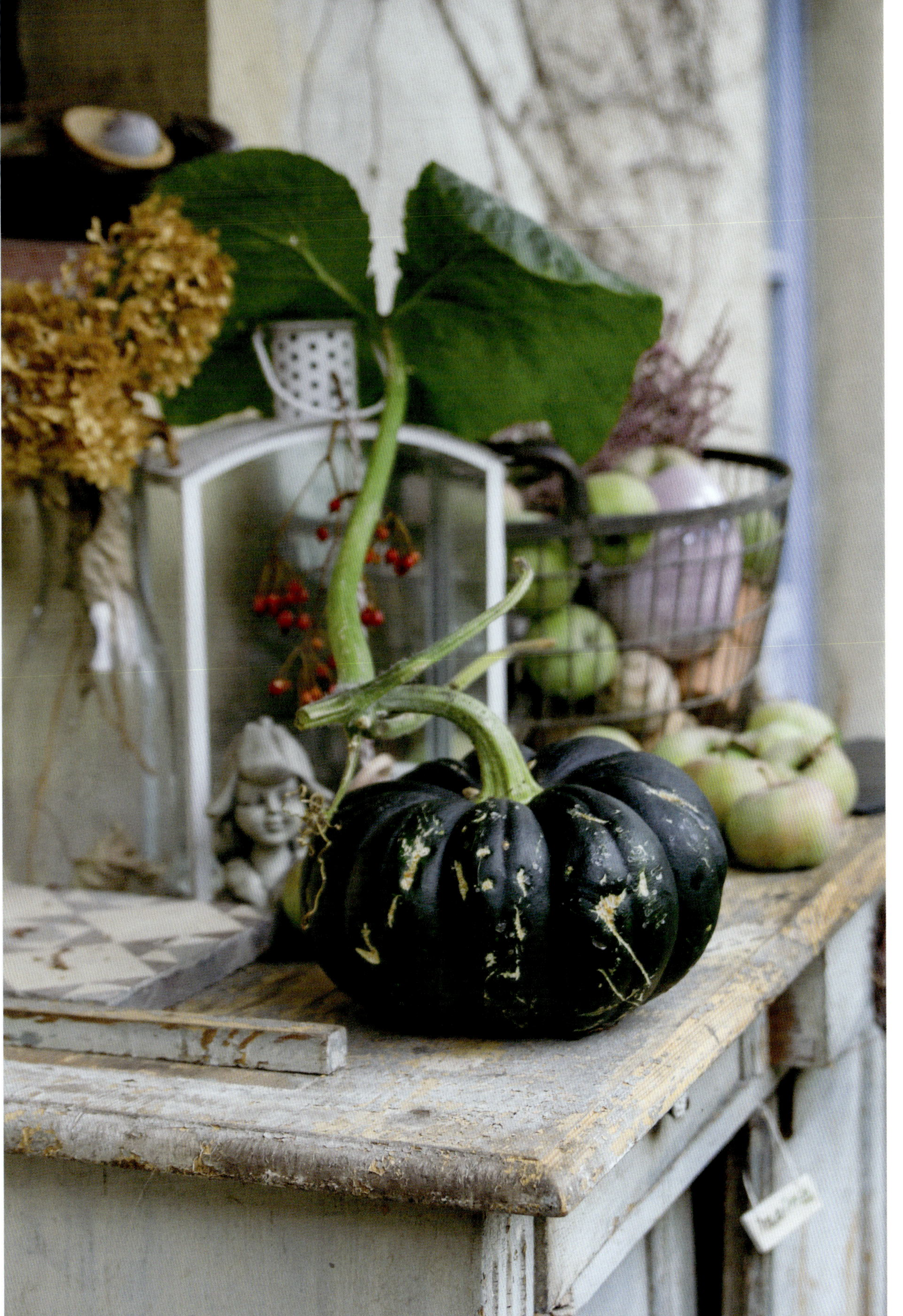

◀ *Hagebutten, Hortensienblüten und Kürbisse sind beliebte Dekorationen im Herbst. Begeisterte Gärtner ernten diese Materialien im eigenen Garten und sorgen für ein herbstliches Flair auf Balkon und Terrasse.*

Brennweite 38 mm :: Blende f/2.8 :: Belichtungszeit 1/100 s :: ISO 320

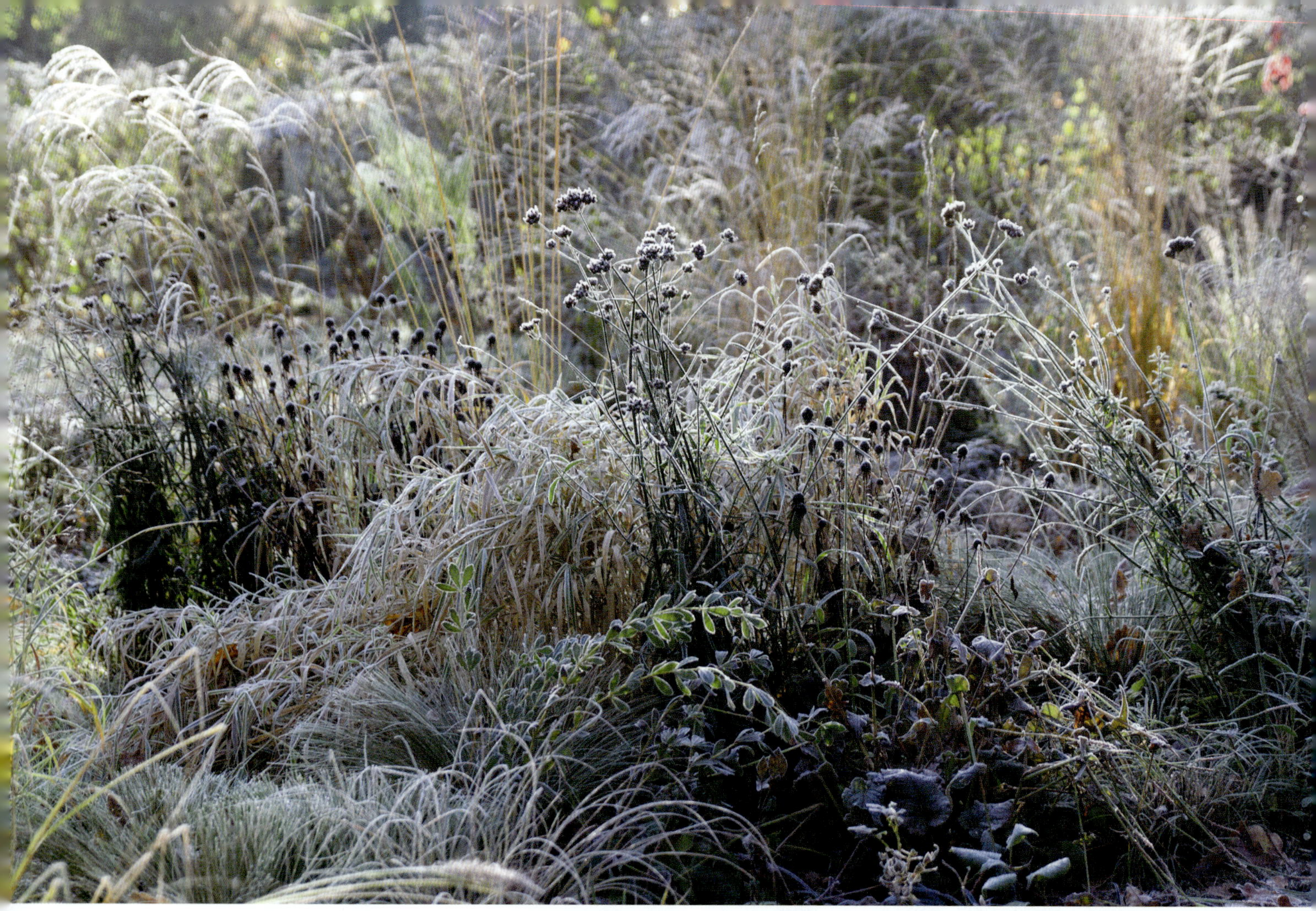

▲ *Ein erstarrter Staudengarten nach einer frostigen Herbstnacht bietet außerordentlich viel Reiz. Der Frost auf den Blättern glitzert und schafft mit dem Morgenlicht eine einzigartige Stimmung.*

Brennweite 42 mm :: Blende f/2.8 :: Belichtungszeit 1/320 s :: ISO 100

Der Frost setzt das Ende

Das bunte Gartenjahr wird durch die ersten Fröste beendet. Die letzten Blätter fallen von den Bäumen, der Spross krautiger Pflanzen stirbt ab, und graue Tristesse besiedelt den Garten. Obwohl die Gartenschere zum Rückschnitt ruft, schneiden Gartenkenner die Pflanzen erst mit dem Frühjahrsputz zurück. Herunterfallende Pflanzenteile geben Kleintieren Nahrung, schützen die Bodenoberfläche vor starkem Frost und werden bis zum Frühjahr zu Humus zersetzt. Gräser und Immergrüne verleihen dem Garten nach Einsetzen des Schneefalls ein einzigartiges Flair.

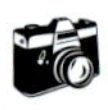

FROSTBILDER

Wenn der Nebel nicht auf natürliche Weise für schöne Frostmotive sorgt, lässt sich mit einem feinen Zerstäuber am Vorabend nachhelfen. Gräserähren, Samenstände, Blätter oder andere Pflanzenteile werden mit Wasser übersprüht. Der Nachtfrost lässt es bis zum Morgen gefrieren und schafft perfekte Frostimpressionen.

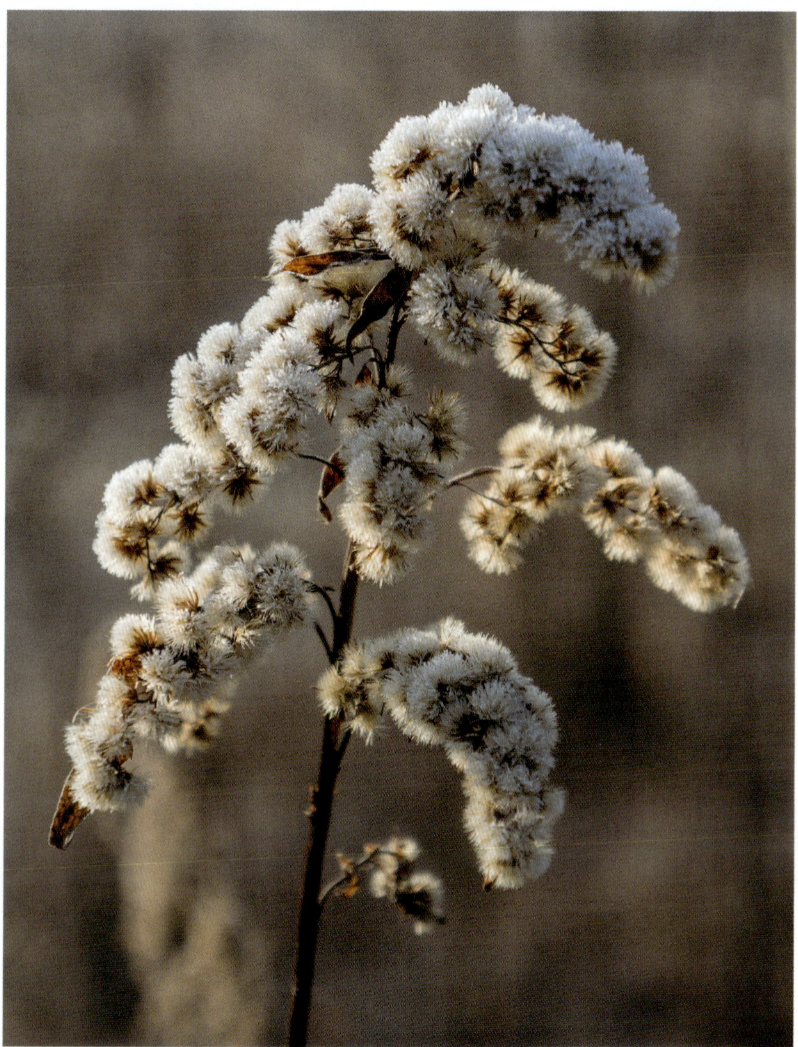

◂ *Mit den ersten Frösten werden Fruchtstände wie mit Zucker überzogen. Frühes Morgenlicht sorgt für eine einzigartige Stimmung. Sogar der invasiven Goldrute (Solidago canadensis) kann man in diesen Momenten etwas Positives abgewinnen.*

Brennweite 50 mm :: Blende f/5.0 :: Belichtungszeit 1/250 s :: ISO 100

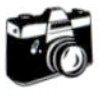

LICHTSTIMMUNG IM HERBST

- **Sonnenstand** – Die Sonne verliert zunehmend an Höhe und Intensität. Die Schatten werden länger und die Kontraste im flachen Gegenlicht stärker.
- **Wirkung des Sonnenlichts** – Die Wirkung entspricht der des Frühjahrslichts, nur durch die abnehmende Tageslänge in entgegengesetzter Richtung.
- **Farbtemperatur** – Die Farbwirkung ist grundsätzlich mit der des Frühlings vergleichbar, jedoch fühlt sich die Farbe durch die natürliche Herbstfärbung in der Natur subjektiv wärmer an.
- **Best Practice** – Mit fortschreitender Jahreszeit und geringerer Tageslänge verschiebt sich die optimale Aufnahmezeit in Richtung Mittag. Lichtstarke Objektive oder Zusatzlicht werden bei nachlassender Lichtintensität notwendig.

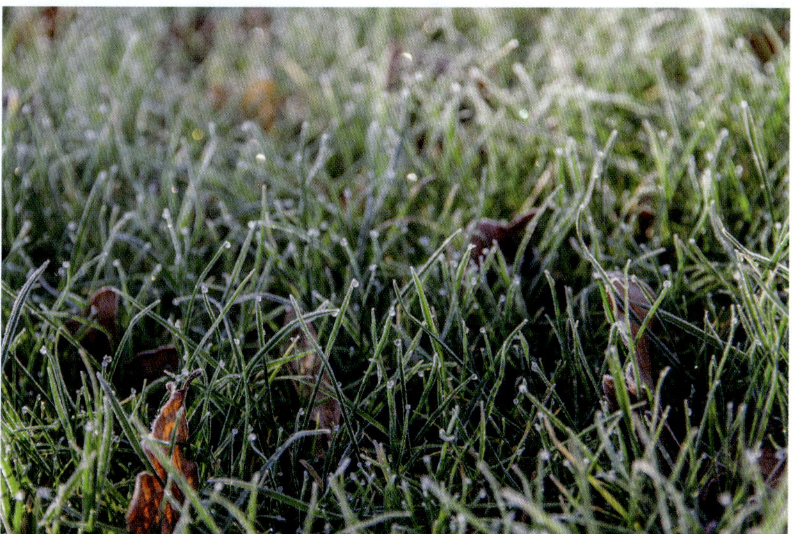

◂ *Etwas Überwindung kostet es, sich am Morgen in den gefrorenen Rasen zu legen. Dafür wird man mit wundervollen Aufnahmen belohnt, die man von einem Rasen gar nicht erwartet.*

Brennweite 60 mm :: Blende f/5.0 :: Belichtungszeit 1/80 s :: ISO 160

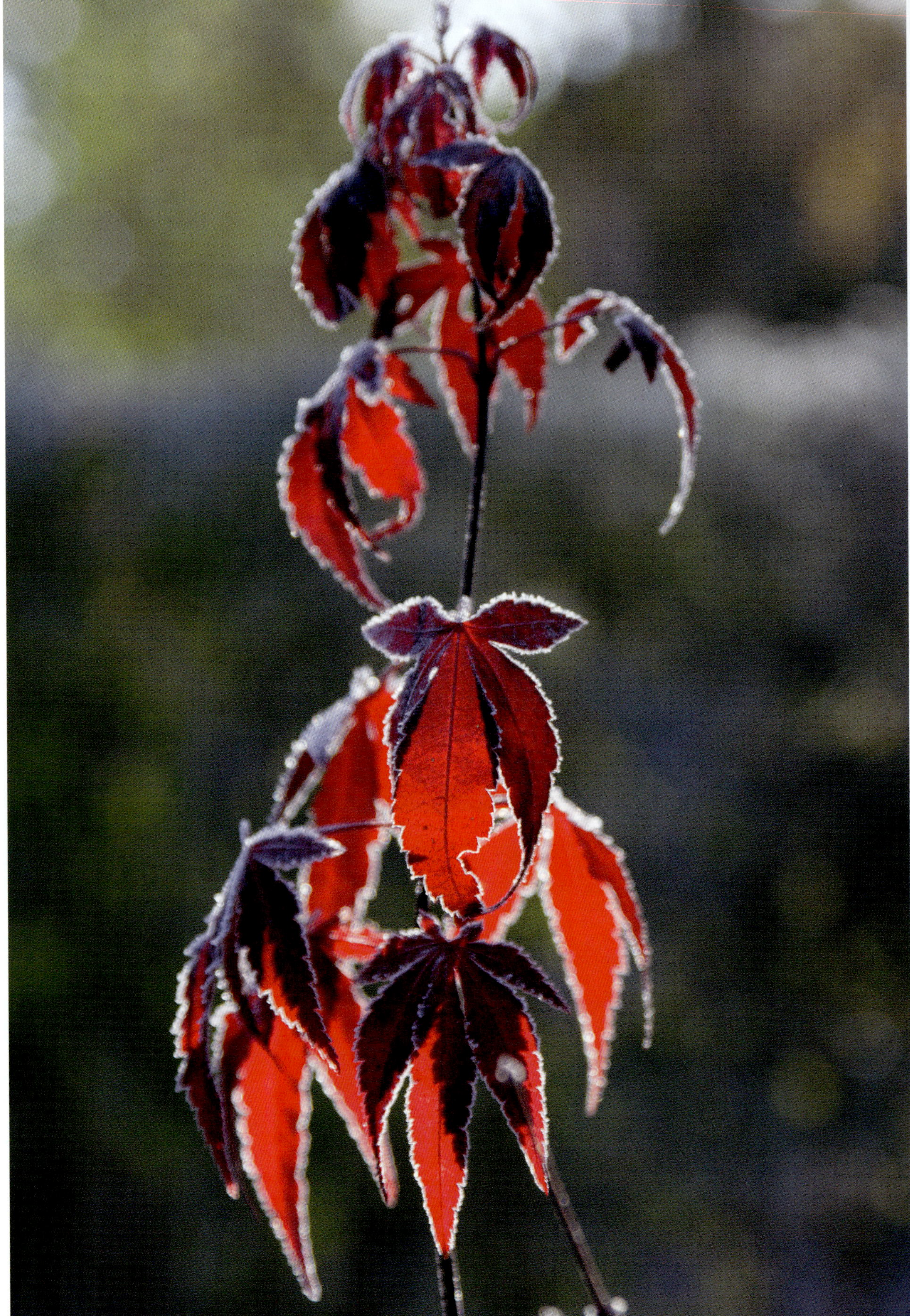

▸ *Die letzten Blätter des Japanischen Fächerahorns (Acer palmatum) in ihrer intensiven Herbstfärbung bilden früh ein vorweihnachtliches Farbenspiel. Sie werden vom Frost strahlend weiß umsäumt.*

Brennweite 58 mm :: Blende f/2.8 :: Belichtungszeit 1/250 s :: ISO 100

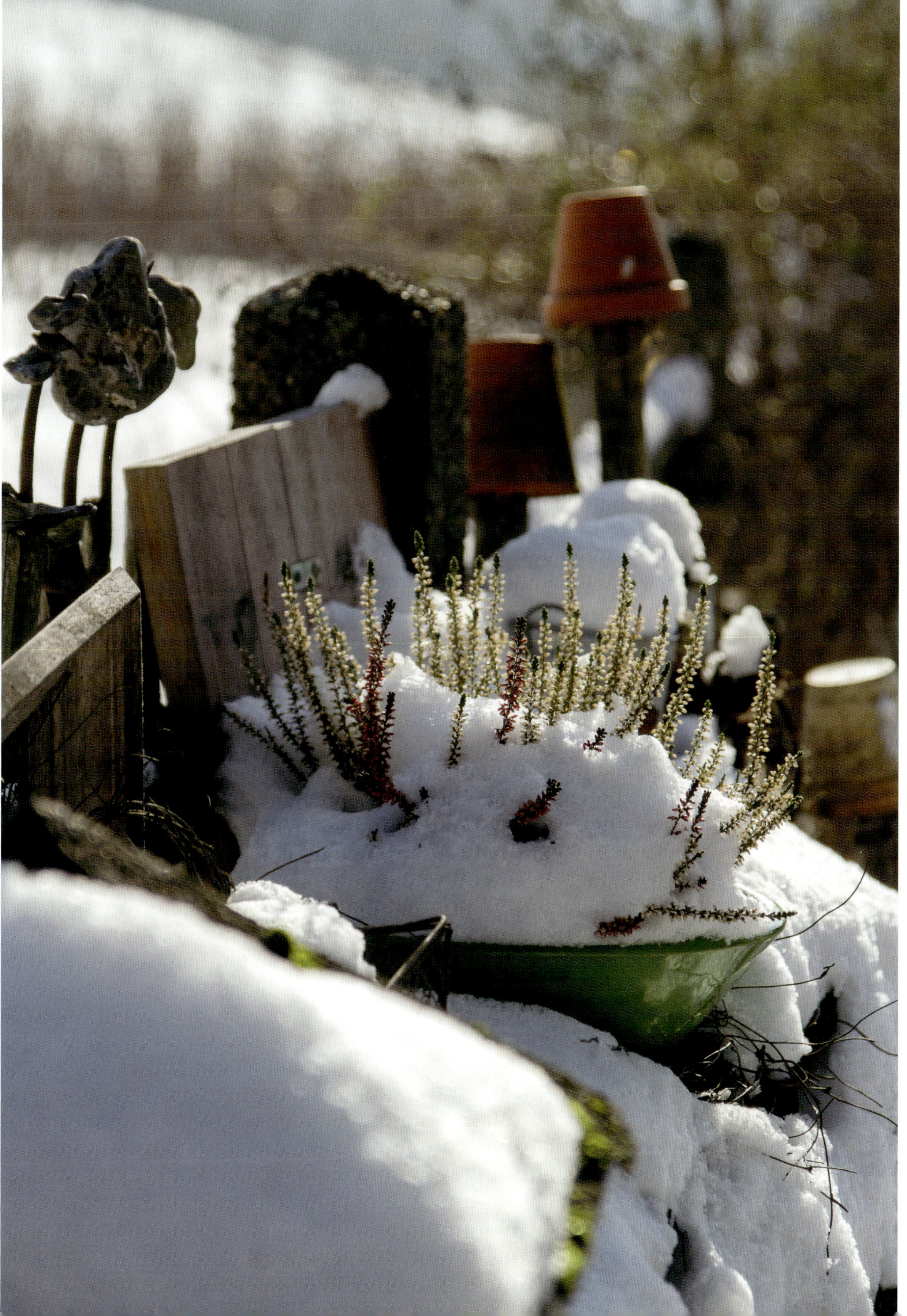

◀ *Mit dem ersten Schnee verstummt der Garten und fällt in den Winterschlaf. Unermüdliche Pflanzen, beispielsweise Heide (Erica), trotzen der weißen Pracht und zeigen, was sie noch zu bieten haben.*

Brennweite 58 mm :: Blende f/2.8 :: Belichtungszeit 1/2000 s :: ISO 100

FOTOGENE **HERBSTBLÜHER**

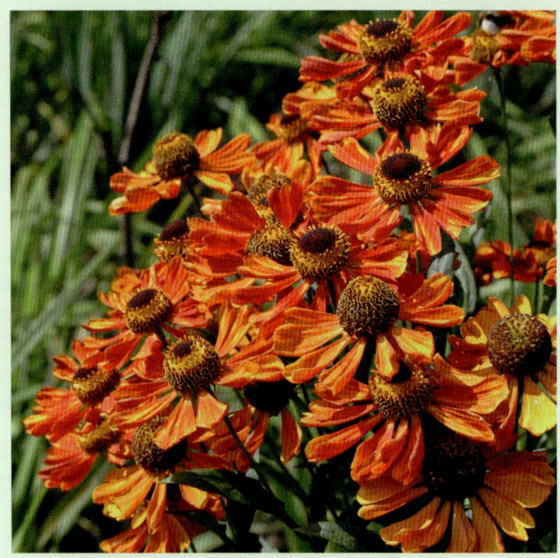

Die Sonnenbraut (Helenium-Hybride) blüht im Spätsommer und Herbst als großer Busch, der zahlreiche Insekten anlockt. Die Staude gibt es in vielen Sorten und Farbvariationen.

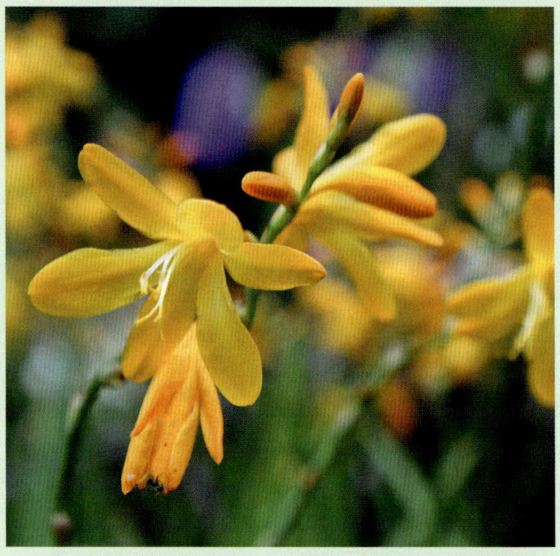

Montbretien (Crocosmia ›Buttercup‹) verbindet man zumeist mit roten Blüten. Gelb blühende Sorten sind eine wirkungsvolle Bereicherung, um eine Herbststimmung ins Beet zu zeichnen.

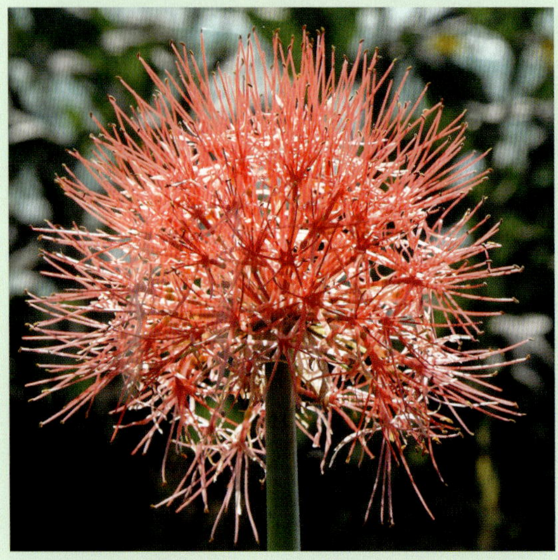

Die Blutblume (Scadoxus multiflorus) blüht ab dem Spätsommer bis in den Herbst hinein. Die Zwiebelpflanze wird bei drohender Frostgefahr ins Winterquartier geholt.

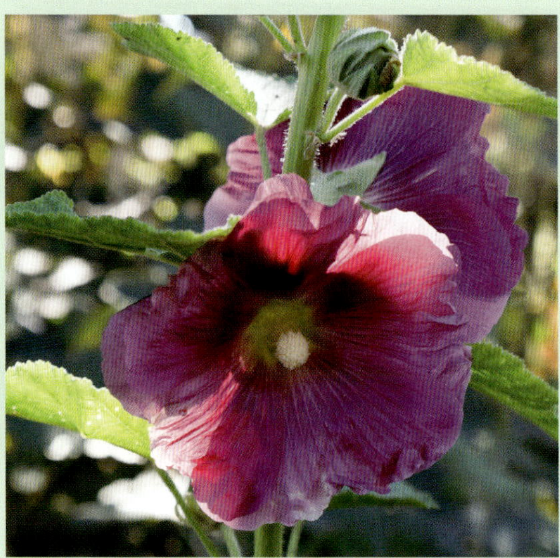

Stockrosen (Alcea-rosea-Hybriden) blühen bereits im Sommer, wobei sich ihre Blüte bis in den Herbst ziehen kann. In rustikalen Bauerngärten sind sie unverzichtbar.

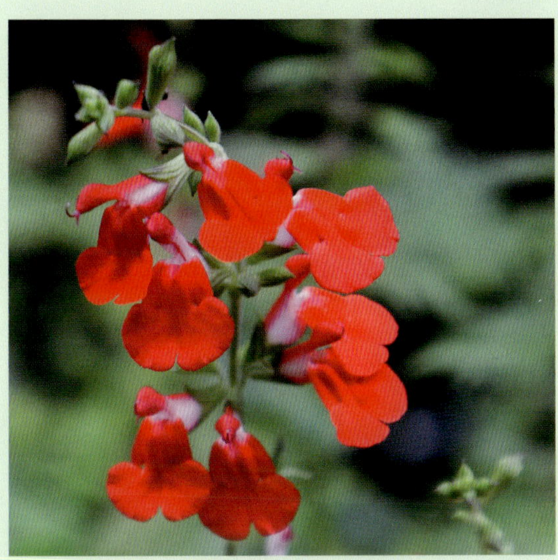

Der Rotweiße Salbei (Salvia microphylla ›Hot Lips‹) ist eine Kübelpflanze, die ab dem Spätsommer mit rot-weißen Blüten aufwartet. Ihr leichtes Fruchtaroma macht sie zu einer beliebten Duftpflanze.

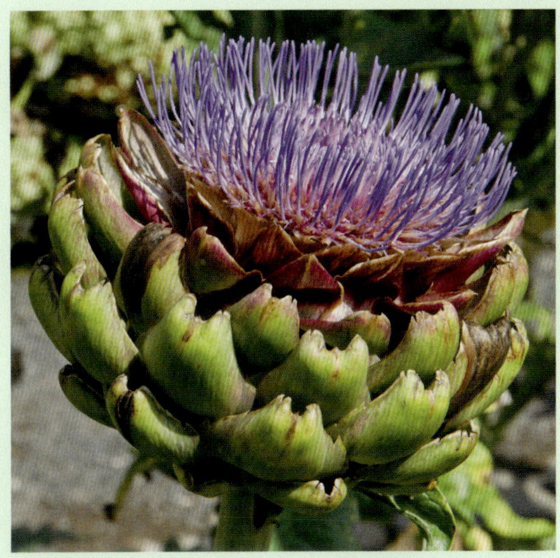

Artischocken (Cynara cardunculus) verbindet man zwar mit Gemüse, die dekorativen Blüten sind jedoch ein willkommenes Fotomotiv ab dem Spätsommer.

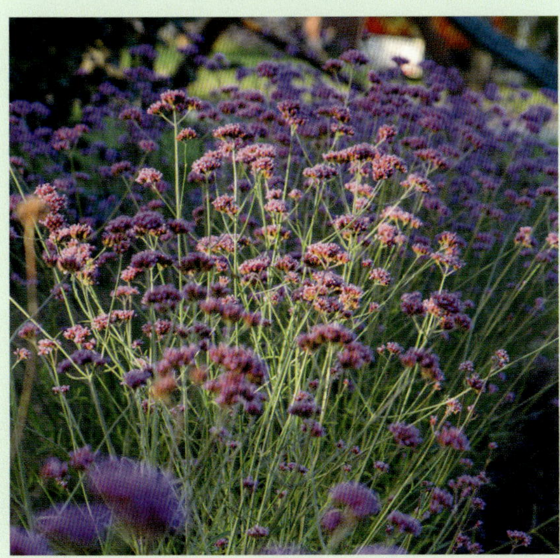

Das Patagonische Eisenkraut (Verbena bonariensis) hat in den letzten 15 Jahren einen Siegeszug hingelegt wie kaum eine andere Staude. Heute findet man die aussaatfreudige Pflanze sehr zahlreich in den Gärten.

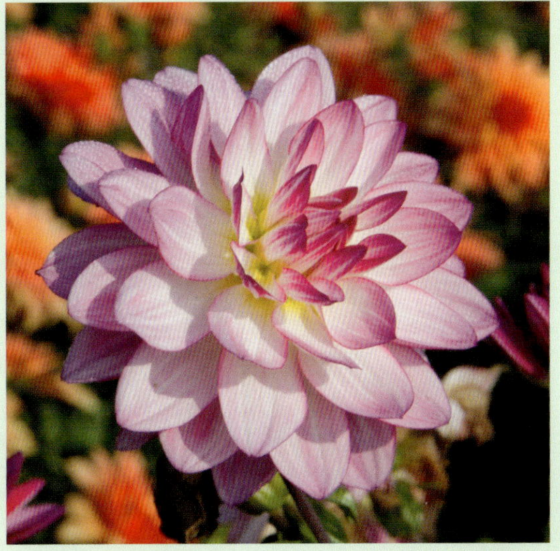

Dahlien (Dahlia-Hybriden) dürfen in keinem blütenreichen Garten fehlen. Farben- und Formenvielfalt scheinen grenzenlos. Vor dem Frost sind die Wurzelrhizome ins Winterquartier zu holen.

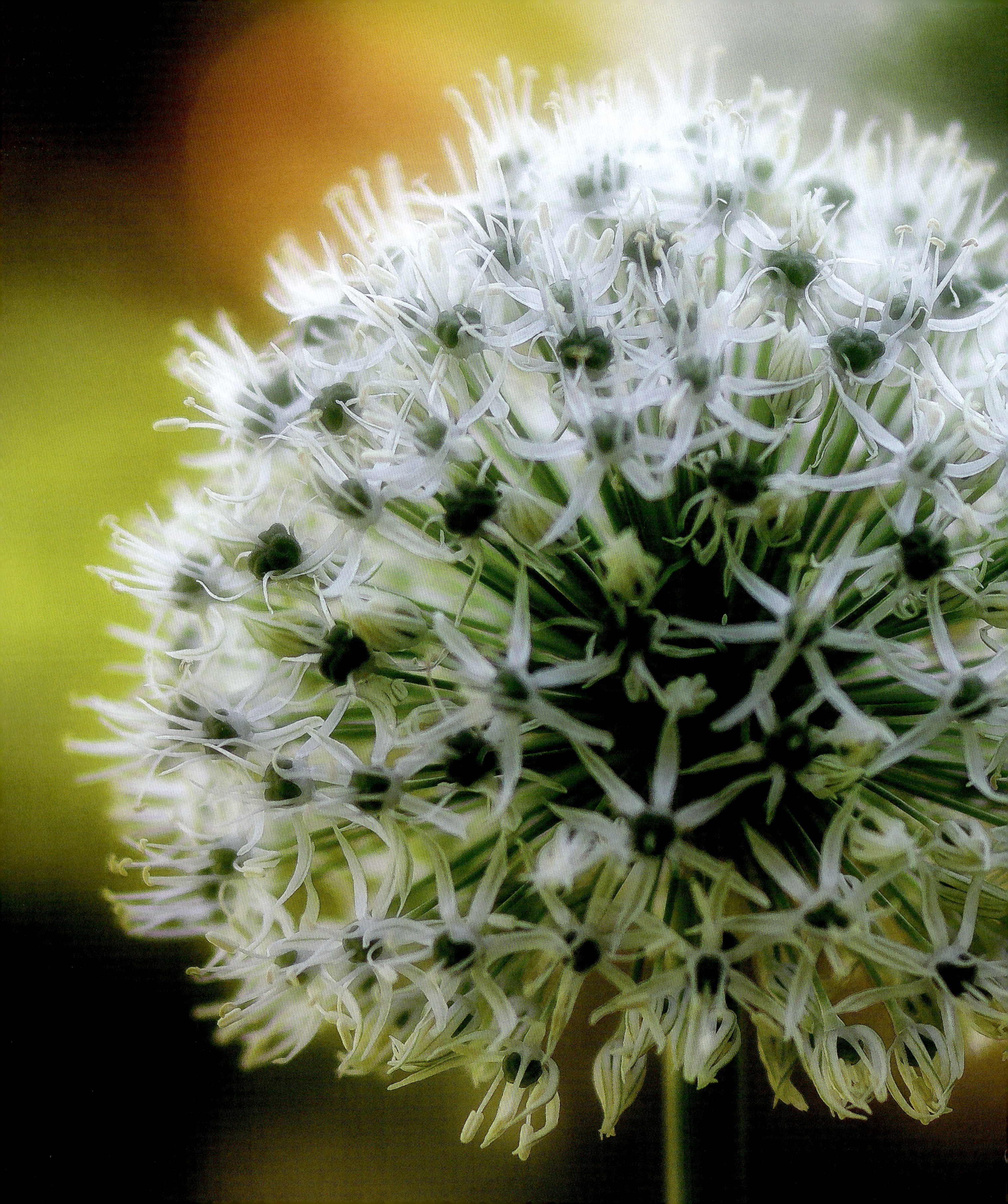

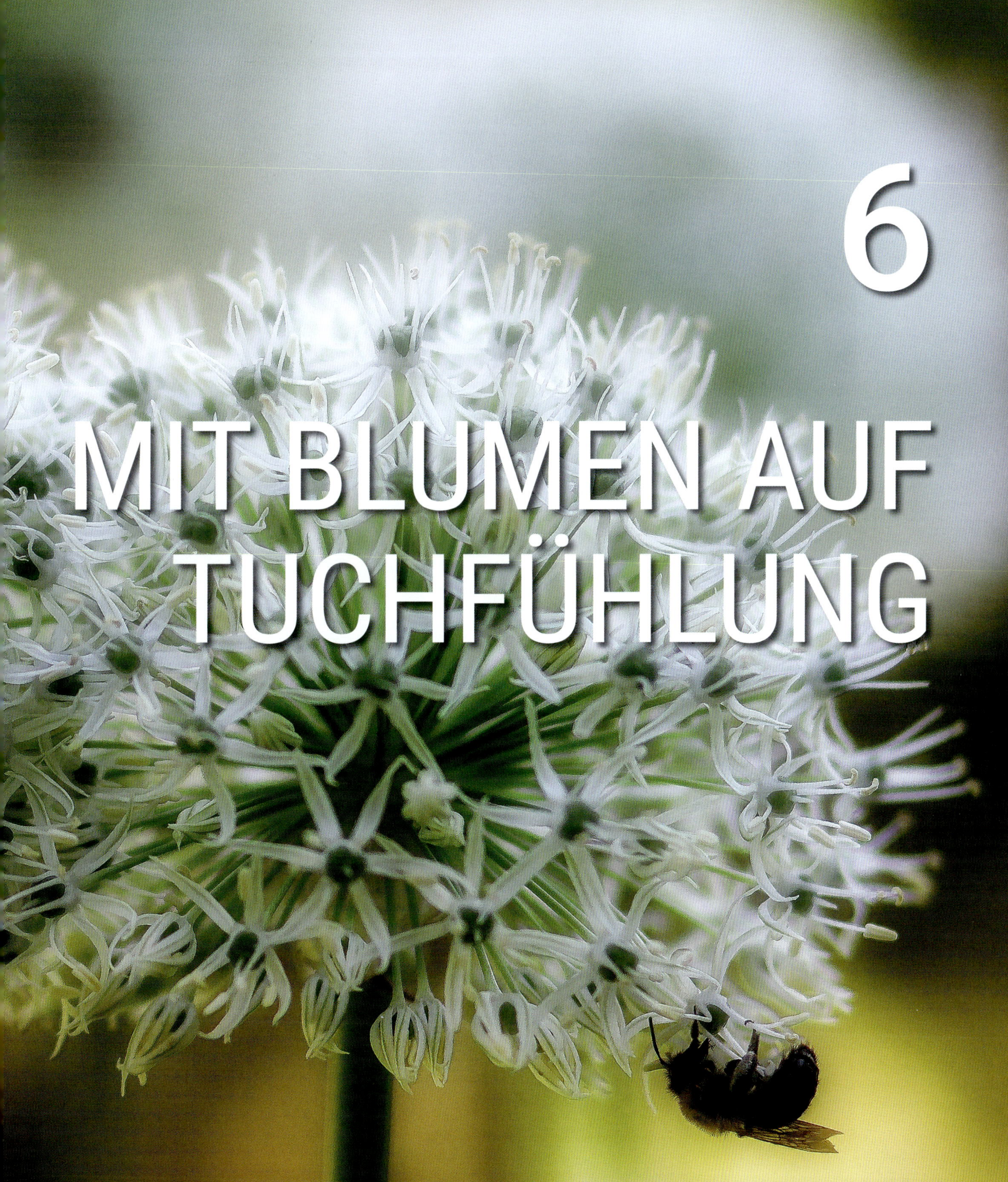

6 MIT BLUMEN AUF TUCHFÜHLUNG

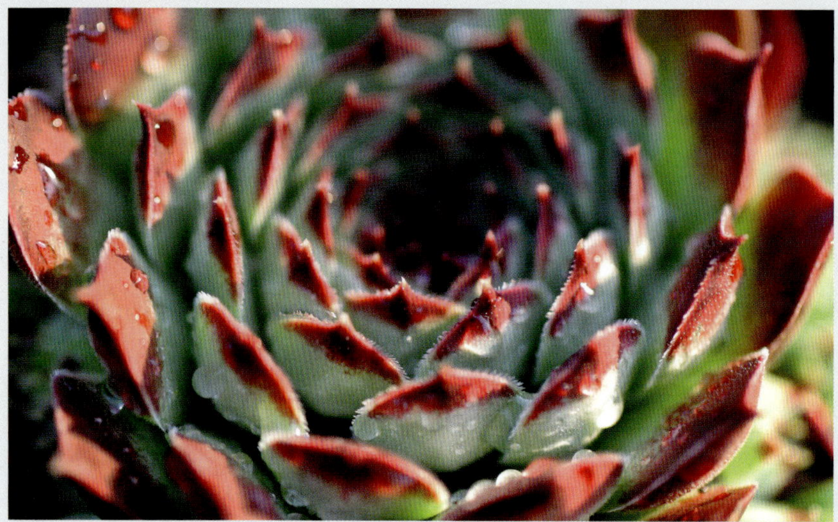

◀ *Rot-grüne Laubfärbung, tief stehende Sonne und Wassertropfen lassen die Hauswurz (Sempervivum) ganz einzigartig wirken.*

Brennweite 50 mm :: Blende f/2.8 :: Belichtungszeit 1/180 s :: ISO 400

▶ *Die Helligkeitsdiagonale in Leserichtung dirigiert den Blick unmittelbar zum Fokuspunkt in der Triebspitze der Wolfsmilch (Euphorbia myrsinites).*

Brennweite 50 mm :: Blende f/5.6:: Belichtungszeit 1/180 s :: ISO 400

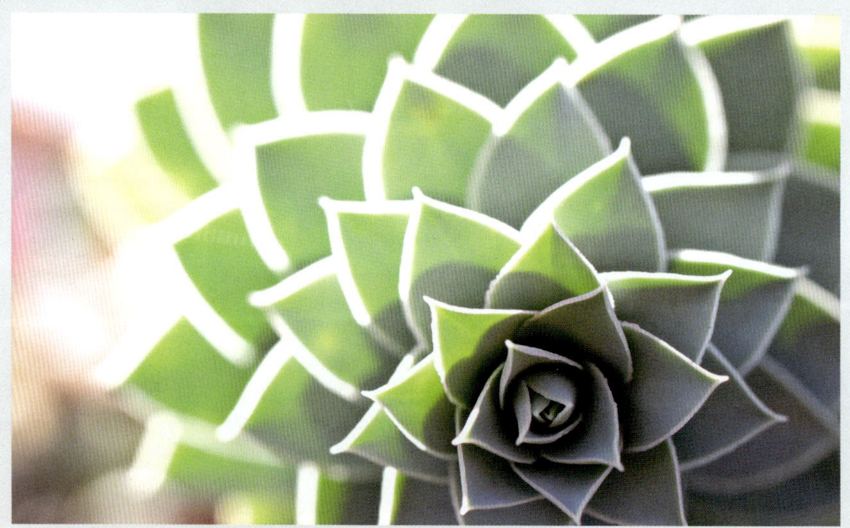

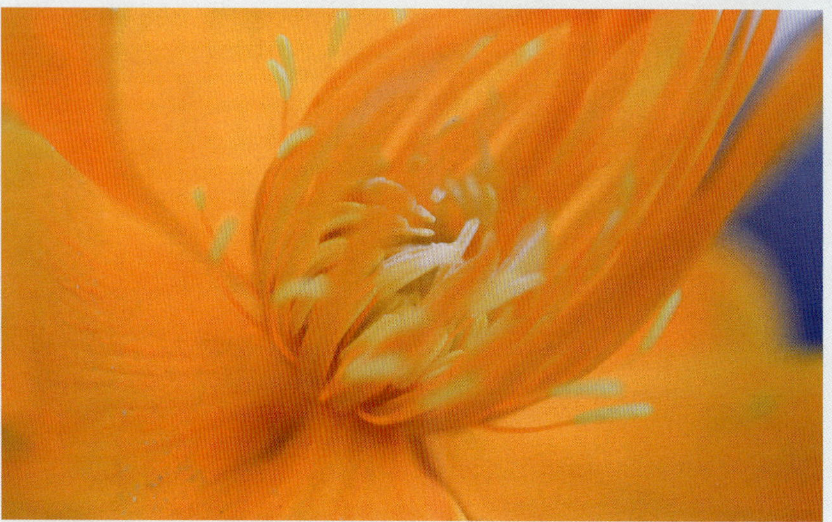

◀ *Erst aus der Nähe erkennt man die helleren Staubblätter der Chinesischen Trollblume (Trollius chinensis).*

Brennweite 50 mm :: Blende f/2.8 :: Belichtungszeit 1/180 s :: ISO 400

■ Bei Nahaufnahmen geht man mit Blumen und Pflanzen auf Tuchfühlung. Aber es geht noch ein Stück intimer – mit der Makrofotografie. Sicher kennt man das Gefühl, dass kleine, vertraute Gegenstände unter der Lupe einen vollkommen anderen Ausdruck bekommen. Details werden in der Vergrößerung plötzlich mächtig oder für das menschliche Auge überhaupt erst sichtbar. Es entwickelt sich eine Faszination für das Winzige, bei der man sich wie Kolumbus auf Entdeckungsreise fühlt. Die Welt des Verborgenen eröffnet sich bildschirmfüllend auf dem Monitor.

Nah- und Makroaufnahmen dienen der vergrößerten Darstellung von Pflanzen- und Blütendetails, die man mit dem bloßen Auge nicht wahrnimmt. Beispielsweise übernehmen anstelle der Blüte im Ganzen winzige Staubblätter die Hauptrolle im Bild. Erst mit der Zeit und etwas Übung entwickelt man ein Gespür für diese Art Motiv. Voraussetzung ist eine fundierte Kenntnis der eigenen Fotokamera und deren Möglichkeiten.

Nahaufnahmen lassen sich mit nahezu allen handelsüblichen Kameras ohne besonderes Zubehör umsetzen. Kompaktkameras bieten mit dem Makromodus eine Automatik, mit der sich einfache Makroaufnahmen bewerkstelligen lassen. Dieser Modus wird über die Programmautomatik eingestellt. Die Blume am Einstellrad oder im Programmmenü weist auf diesen Modus hin.

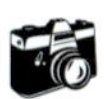

BEWEGUNGSUNSCHÄRFE

Kleinste Abstände bedeuten, dass die Blüte beim Fokussieren vom Objektiv berührt werden kann, was Bewegungsunschärfe im Motiv auslöst.

SCHÄRFE MANUELL JUSTIEREN

Bei Nah- und Makroaufnahmen ist der Schärfebereich sehr schmal. Makroobjektive bieten einen sehr langen Schneckengang, sodass die Schärfe manuell ganz fein und millimetergenau justiert werden kann.

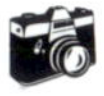

BLITZLICHT UNERWÜNSCHT

Der Aufnahmebereich in der Nahfotografie ist auf einen kleinen Raum beschränkt. Meldet die Kamera bei der Lichtmessung zu wenig Licht zurück, schaltet sich automatisch der Kamerablitz hinzu. In dem Fall kann man sicher sein, dass das Bild ästhetisch danebengeht und überbelichtet ist. Es empfiehlt sich, den Blitz abzuschalten und alternative Lichtquellen bzw. Aufheller zu verwenden. Helle Taschen- oder Tischlampen sind praktikable Ersatzleuchten. Man darf nur nicht vergessen, die Farbtemperatur an der Kamera entsprechend einzustellen.

BLÜTEN GANZ NAH

Zum Üben der Nah- und Makrofotografie findet man unzählige Alltagsobjekte im Haushalt, sei es der Gemüseeinkauf, der Blumenstrauß oder das Gewürzregal. Ein Blumenstrauß im Wohnzimmer bietet sich durch seine Ästhetik an. Zu entdecken gibt es vielfältige Strukturen, Blütenblätter mit Transparenzen und Glanzeffekten. Oder wir springen direkt ins kalte Wasser und versuchen uns an der Nahaufnahme einer Blüte.

Erste Nahaufnahme Step by Step

Wenn Sie noch keine Erfahrung in der Nah- und Makrofotografie haben, empfiehlt sich folgendes Vorgehen:

1. **Motivwahl** – Suchen Sie sich ein Objekt mit möglichst feinen Strukturen und vielen abwechslungsreichen Details, beispielsweise eine Blume, Gemüse (Romanesco) oder einen Samenstand aus dem Garten.
2. **Ort** – Machen Sie Ihre ersten Fotoversuche in geschlossenen Räumen ohne jegliche Luftbewegung. Ein heller Platz im Wintergarten oder am Fenster ist ideal. Auch Nordfenster eignen sich hervorragend, denn das Licht wirkt durch den indirekten Einfall diffus. Direkte Sonneneinstrahlung kann leicht durch Abkleben der Scheibe mit Backpapier aufgeweicht werden.
3. **Aufbau** – Das zu fotografierende Objekt steht oder liegt verwacklungsfrei. Besitzt die Kamera einen Bildstabilisator, aktivieren Sie ihn. Zusätzlich wird die Kamera auf dem Stativ befestigt. In der Nahfotografie führen kleinste Verwacklungen zu Bewegungsunschärfe im Bild. Starke Schatten lassen sich durch einen weißen Karton aufhellen. Zusatzlicht wird nicht frontal ausgerichtet, denn dann gehen Strukturen verloren. Seitliches Zusatzlicht sorgt für modellierende Schatten im Bild, durch die Oberflächen besser zur Geltung kommen.
4. **Kameraeinstellungen** – Wählen Sie den Bildausschnitt im Sucher und stellen Sie die Kamera auf den Makromodus ein. Sollen die Details noch größer dargestellt werden, verringern Sie den Abstand zum Objekt. Dabei ist auf die Naheinstellgrenze zu achten. Sie ist unterschritten, wenn die Kamera nicht mehr fokussieren kann. In dem Fall muss sie wieder etwas nach hinten gerückt werden.
5. **Fokussieren** – Das Einstellen der Schärfe ist die Schwierigkeit in der Nahfotografie, denn die Übergänge zwischen Schärfe und Unschärfe sind teilweise nur wenige Millimeter groß. Hierzu fixieren Sie den Fokuspunkt auf ein markantes Merkmal. Wird nur oberflächlich fokussiert, werden benachbarte Details geschärft, die nicht von Interesse sind, und der eigentliche Schärfepunkt geht verloren. Besser beraten sind Sie, wenn Sie auf manuelles Fokussieren umstellen. Mittels Drehbewegung am Objektiv kann die Schärfe am gewünschten Punkt genau eingestellt werden.
6. **Auslösen** – Glückwunsch. Das Bild ist im Kasten.

▸ *Erst im Detail sind die Feinheiten der Blütendetails der Einbeere (Paris quadrifolia) gut erkennbar. Wie ein Krönchen sitzt die außergewöhnliche Blüte über den Blättern.*

Brennweite 200 mm :: Blende f/4.0 :: Belichtungszeit 1/320 s :: ISO 320

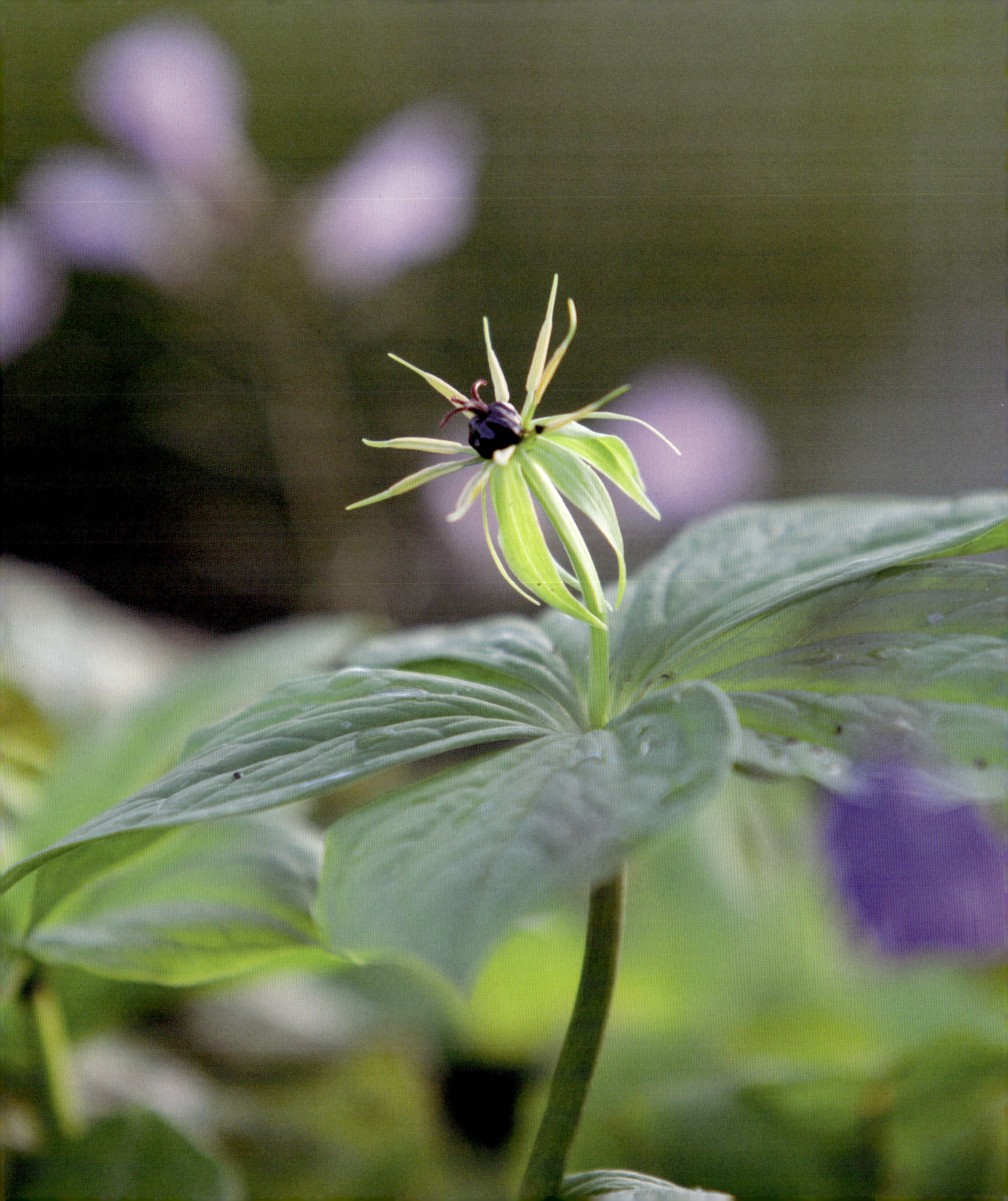

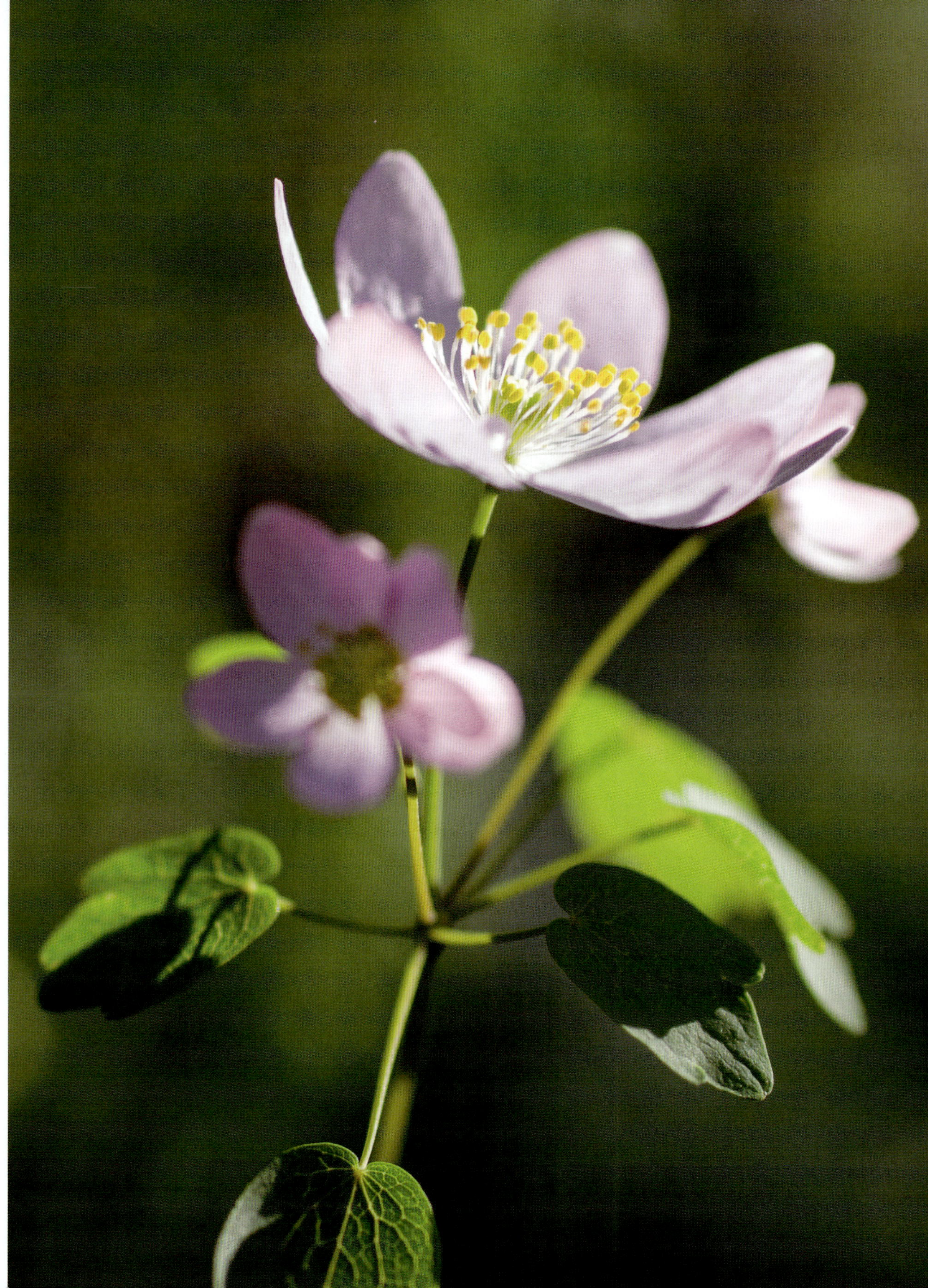

Experimentieren im Makrobereich

Was im Großen funktioniert, wirkt im Kleinen deutlich stärker. Lichteinfall, Perspektive und Schärfentiefe beeinflussen das Bild sehr. Die Veränderungen spürt man schon, wenn man beispielsweise mit einer kleinen Alufolie in eine Blüte hineinleuchtet. Es entsteht ein vollkommen anderes Bild, bei dem sich die Gewichtung der einzelnen Details verschiebt.

Ähnlich drastisch ändern sich die Motive, wenn die Kameraperspektive variiert, der Fokuspunkt verschoben oder die Schärfentiefe durch Blendeneinstellung verändert wird.

Interessante Farbenspiele entstehen zudem, wenn es Änderungen hinter dem Motiv gibt. Es reicht bereits, wenn eine Pflanze im Hintergrund gedreht oder beispielsweise durch einen Blumenstrauß ersetzt wird. Die Möglichkeiten sind schier grenzenlos. Das Schöne beim Experimentieren in der Makrofotografie ist, dass kleinste Veränderungen große Wirkungen erzeugen.

SPIEL MIT DEM LICHT

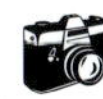

Beeindruckende Aufnahmen im Nah- und Makrobereich gelingen, wenn das Licht optimal ist. Selten ist das Licht von oben oder der Seite ausreichend. Die Kunst besteht darin, alle Details gut auszuleuchten, ohne dass die Plastizität durch den Wechsel von Licht und Schatten verloren geht. Mittels einer kleinen Alufolie lassen sich dunkle Bereiche zusätzlich ausleuchten. Kleine Spitzlichter, auch als Schlaglichter bekannt, können für zusätzlichen Ausdruck im Bild sorgen.

BESCHRÄNKTE SCHÄRFE

In der Nahfotografie ist die Schärfentiefe stark begrenzt, zum Teil auf nur wenige Zenti- oder Millimeter. Diesen Umstand nutzt man bewusst als Gestaltungsmittel, um Merkmale hervorzuheben und aus dem Hintergrund herauszulösen.

◀ *Die Rauenanemone (Anemonella thalictroides ›Babe‹) ist ein zartes und frühjahrsblühendes Gewächs des Halbschattens. Erst im Makrobereich werden die auffälligen gelben Staubblätter deutlich.*

Brennweite 50 mm :: Blende f/4.5 :: Belichtungszeit 1/125 s :: ISO 200

GRENZE ZUM VERBORGENEN

Einfache Kameras stoßen rasch an ihre Grenzen, denn aus physikalischer Sicht ist ein Mindestabstand notwendig. Dieser Abstand wird als Naheinstellgrenze bezeichnet und vom Objektiv bzw. der Kamera vorgegeben. Für die Makrofotografie muss man sich seinem Motiv möglichst stark nähern können, wenn beispielsweise nicht das Insekt selbst, sondern nur dessen Augen fotografiert werden sollen. Spätestens dann ist der Zeitpunkt für Spezialzubehör gekommen. Für den Einstieg in die Makrofotografie gibt es unterschiedliche technische Möglichkeiten:

- **Standardzoom** (makrotauglich) – Einige Standardzoomobjektive werden als makrotauglich eingestuft und eignen sich für einigermaßen gute Makroaufnahmen.
- **Nahlinsen** – Nahlinsen sind Vorschraublinsen für das Objektiv mit unterschiedlichen Dioptrienzahlen, eine preiswerte Einstiegslösung.
- **Zwischenringe** und **Balgengeräte** – Dies sind Hilfsmittel zum Vergrößern des Abstands zwischen Objektiv und Bildebene, sodass sich der Abbildungsmaßstab vergrößert. Je größer der Abstand, desto geringer ist die Lichtstärke.
- **Makroobjektive** – Diese Objektive sind erste Wahl für Abbildungsmaßstäbe von bis zu 1 : 1, durch den langen Schneckengang sind sie zur manuellen Fokussierung optimiert.

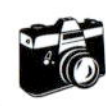

MAKROBRENNWEITE

Makroobjektive gibt es in Brennweiten zwischen 50 bis 200 mm. Die Brennweite entscheidet, aus welchem Abstand man fotografieren kann. Da Blumen und Pflanzen als Motiv selten davonlaufen, kommt man nah an das Objekt heran, und 50-mm-Objektive reichen vollkommen aus. Bei der Insektenfotografie empfiehlt sich eine große Brennweite, denn die Fluchtdistanz ist ein zu berücksichtigender Faktor.

- **Mikroskopie** – Der Einsatz des Kupplungsrings oder Reversed Lens setzt noch eins drauf, denn diese technische Umsetzung vergrößert mit einem Abbildungsmaßstab von beispielsweise 3 : 1.

Je näher man dem Motiv kommt, desto größer ist die Wahrscheinlichkeit von Verwacklungen. In der Makrofotografie reichen bereits kleinste Bewegungen für Unschärfen. Bildstabilisatoren sind heute meist Standard, aber leider nicht ausreichend. Ein Stativ gehört zwangsläufig zur Ausstattung eines Makrofotografen. Die Kamera muss sicher und verwacklungsfrei stehen.

▸ *Die Blüte der blauen Kugeldistel (Echinops bannaticus).*

Brennweite 50 mm :: Blende f/1.8 :: Belichtungszeit 1/250 s :: ISO 100

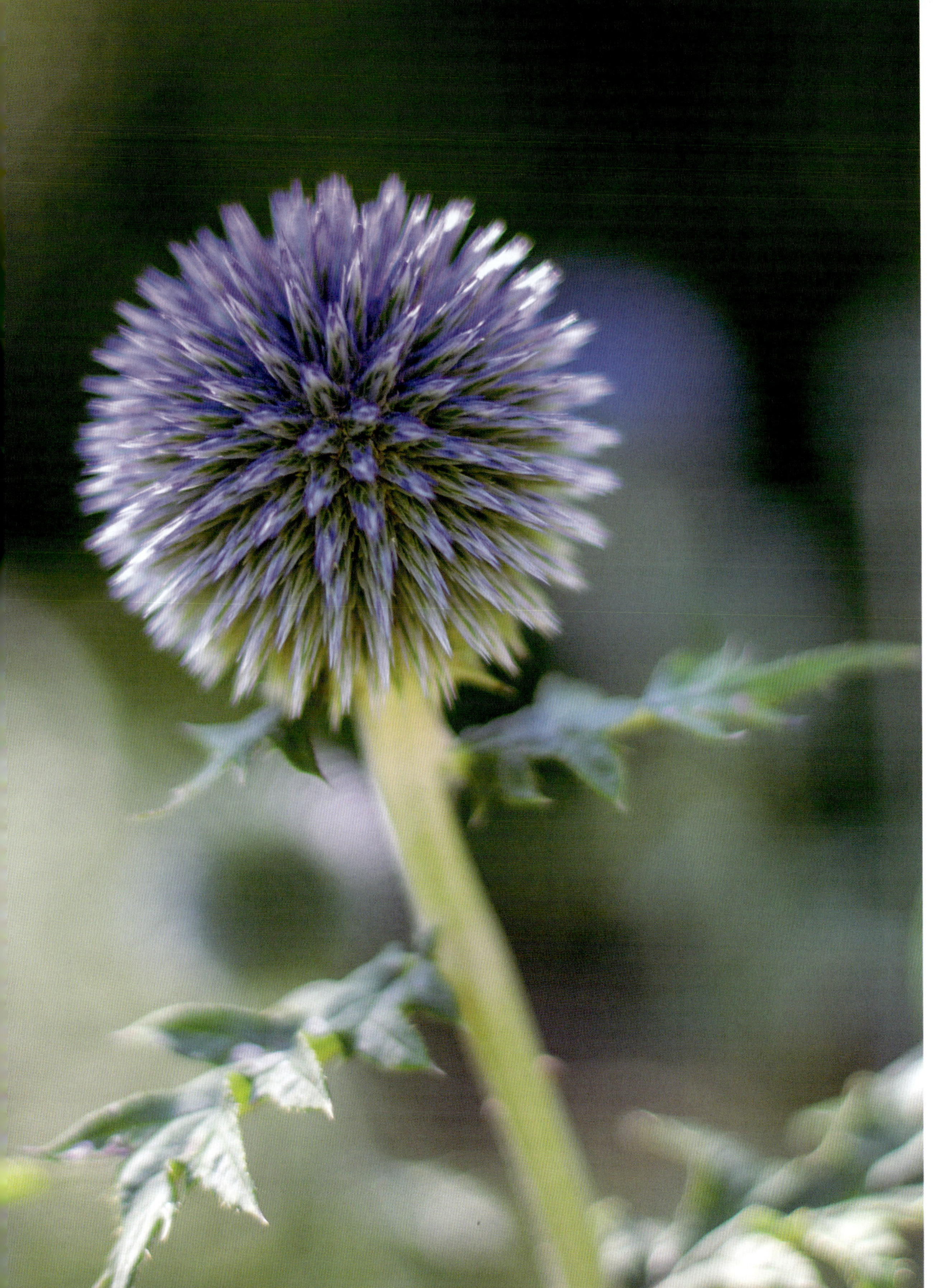

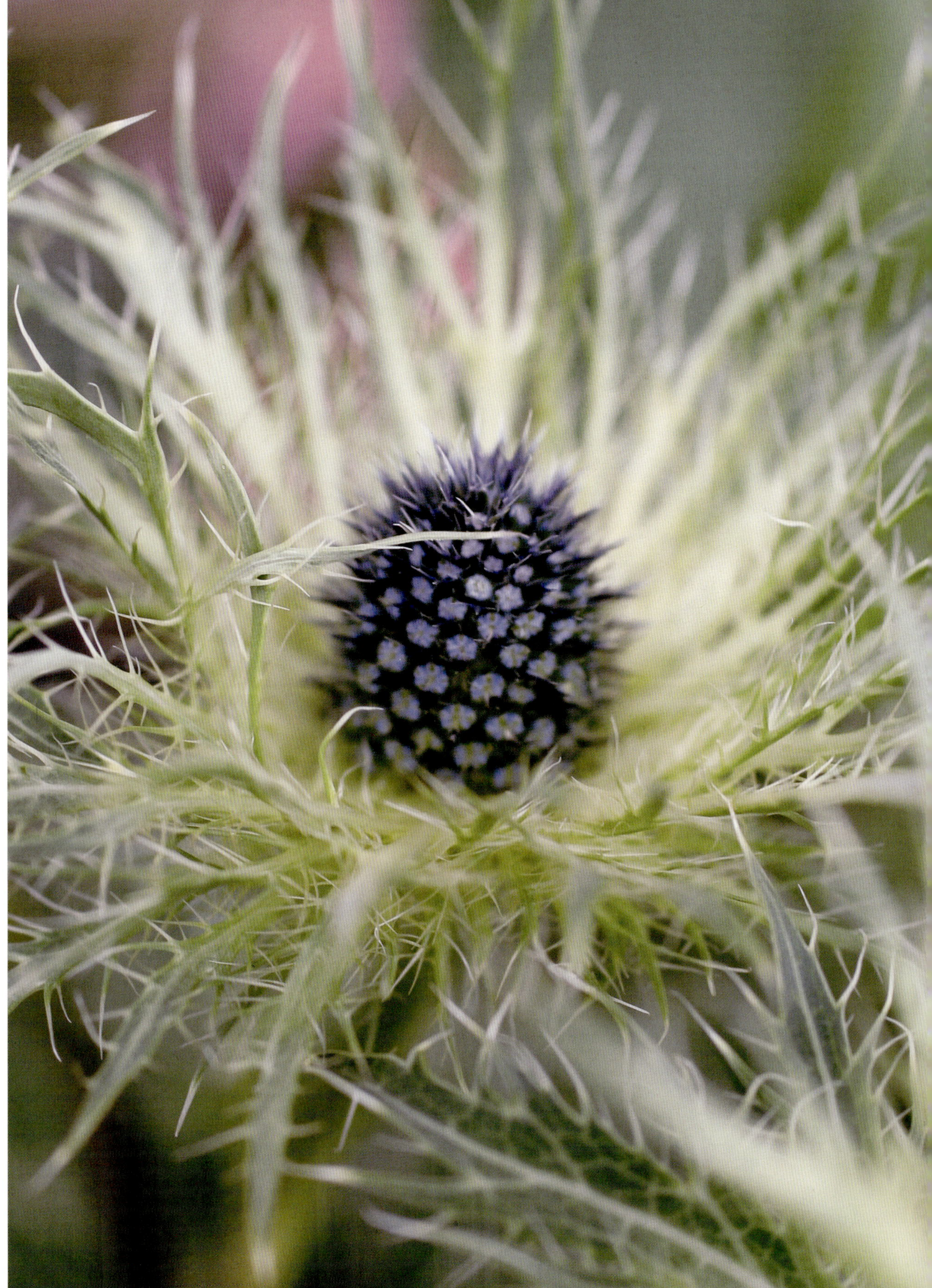

Tückisch im Freien sind kleinste Luftbewegungen oder auf Blüten landende Insekten. Generell gilt im Freien, Makros nur an windstillen Tagen aufzunehmen. Sobald sich ein Lüftchen regt, enden die meisten Aufnahmen in einer verwischten Unschärfe. Als hilfreich kann sich eine weiße Styroporplatte erweisen, die das Motiv aufhellt und zusätzlich als Windschutz fungiert.

STATIV + FERNAUSLÖSER = PERFEKTES DUO

Bildstabilisator und Stativ sind gute Voraussetzungen für die Makrofotografie. Auch wenn die Kamera am Stativ stabil wirkt, sind beim Auslösen kleine Bewegungen wahrscheinlich. Auf Nummer sicher geht man, wenn man einen Fernauslöser einsetzt und die Hände der Kamera fern bleiben. Häufig bietet die mitgelieferte Software einen Fernsteuerungsmodus für die Kamera an. Der große Vorteil dabei ist, dass sich die Aufnahme unmittelbar auf dem Monitor überprüfen lässt.

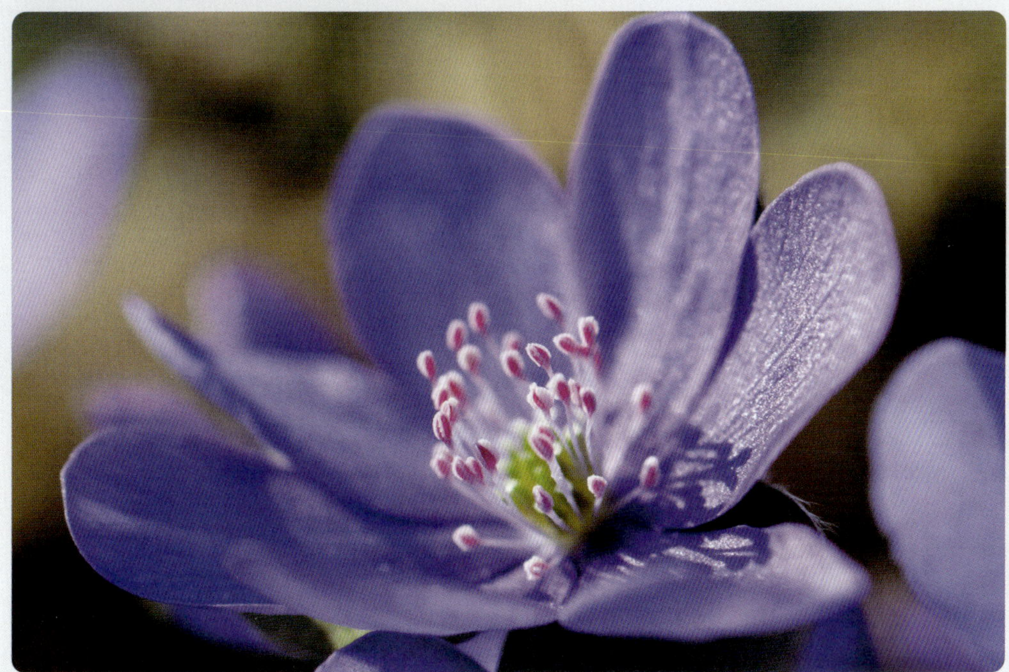

▲ *Das Leberblümchen (Hepatica nobilis) zeigt nicht nur seine Staubblätter gestochen scharf, sondern präsentiert auch einen metallischen Glanz in den Blütenblättern. Die Schärfe liegt schmal auf dem Fruchtblatt.*

Brennweite 50 mm :: Blende f/4.5 :: Belichtungszeit 1/250 s :: ISO 100

◀ *Ein Mix aus Schärfe und Unschärfe zeigt die Blüte des Alpen-Mannstreus (Eryngium alpinum) im starken Nahbereich.*

Brennweite 50 mm :: Blende f/4.0 :: Belichtungszeit 1/125 s :: ISO 200

BUNTES TREIBEN
ÜBERALL

In jedem Blumengarten summt und wimmelt es von Insekten. Bienen, Hummeln und Schmetterlinge geben sich beim Blütenbesuch die Klinke in die Hand. Mit der Fotokamera lässt sich ihr buntes Treiben festhalten. So klein sie sind, so flink sind sie auch. Kurzentschlossenes Handeln und sehr kurze Belichtungszeiten sind nötig, denn die Insekten lassen sich einfach nicht zum Stillsitzen überreden.

Mit Reihenbildern auf Insektenfang

Die flinken Insekten lassen sich bestens mit Highspeed-Reihenaufnahmen einfangen. Geübte Fotografen können zudem den Fokussierungsmodus *AI SERVO* aktivieren, um die Schärfe nachzuführen. Später bei der Bildbearbeitung werden die besten Aufnahmen herausgesucht, der Rest wird gelöscht.

Viel Geduld und kurze Verschlusszeit

Insekten sind eine wahre Herausforderung in der Makrofotografie. Kaum im Bild, sind sie schon wieder weg. Bienen und Hummeln auf Nahrungssuche wuseln durch die Blüten, Schmetterlinge klappen mit Flügeln, und Käfer sind ständig in Bewegung.

Mit Geduld und kürzesten Verschlusszeiten (1/250, aus der Nähe besser noch 1/500 Sekunde) versucht man, sie ganz nah im Bild einzufangen. Lange Verschlusszeiten gehen zulasten der Schärfentiefe. Möchte man die Blende verkleinern und damit den scharfen Bereich im Bild vergrößern, kann zusätzliches

Ein Überfall von Hummeln auf eine Blüte der Kugeldistel (Echinops bannaticus). Die Kugelblüten sind eine gute Nahrungsquelle für die Insekten.

Brennweite 50 mm :: Blende f/5.0 :: Belichtungszeit 1/125 s :: ISO 200

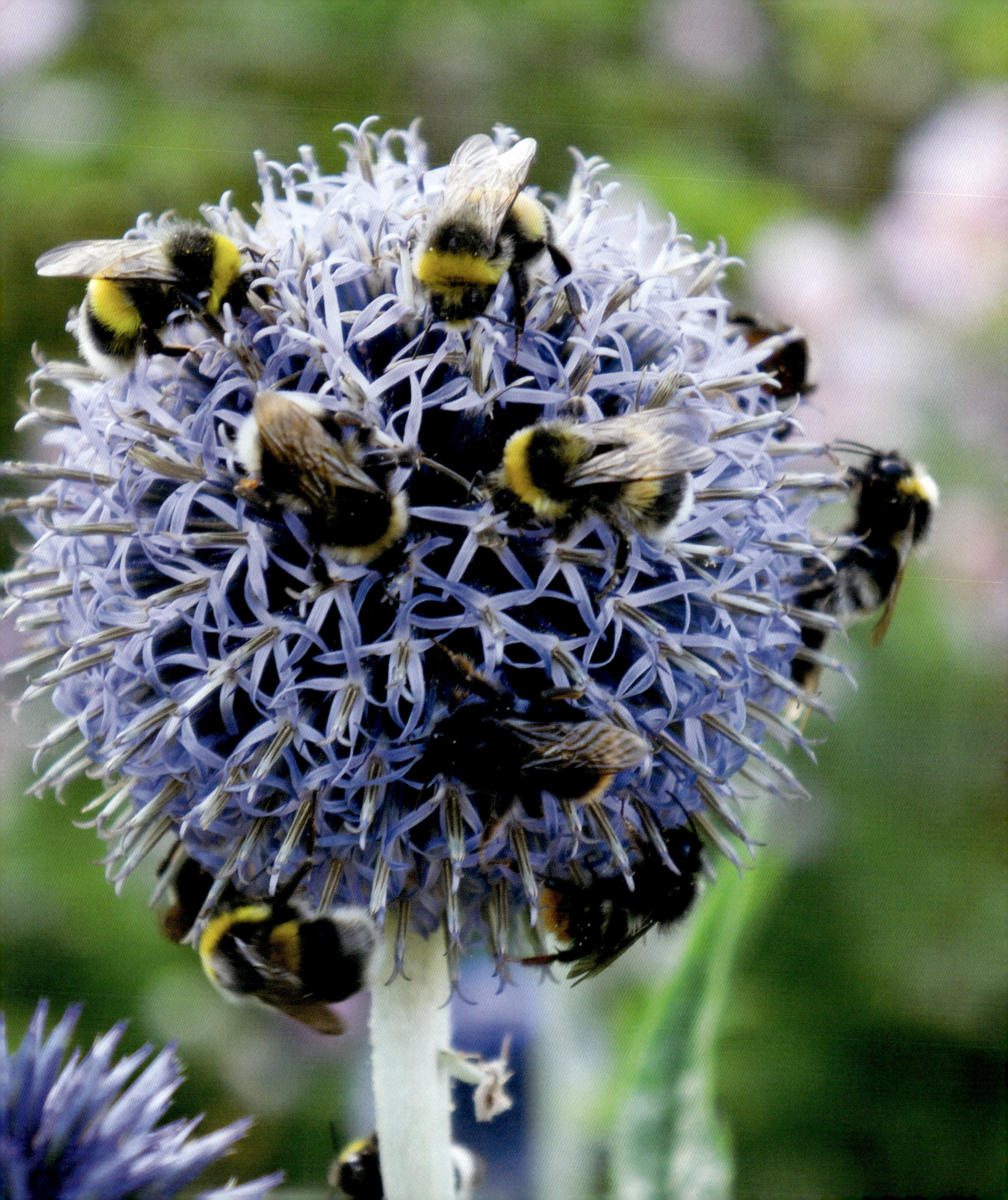

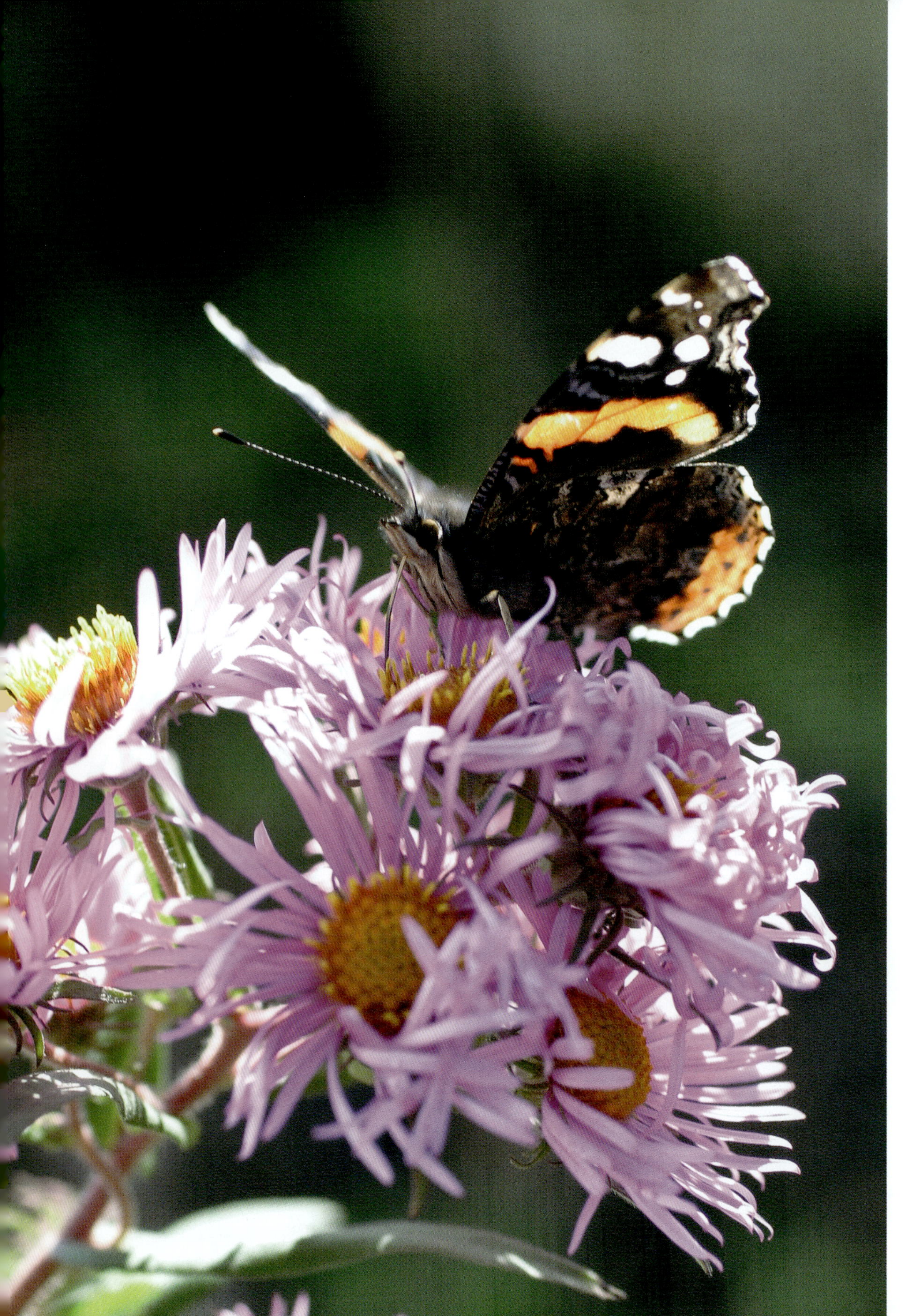

◀ *Falter und Schmetterlinge zählen in der Gartenfauna zu den schönsten Insekten.*

Brennweite 50 mm :: Blende f/4.0 :: Belichtungszeit 1/320 s :: ISO 400

▶ *Hummeln stürmen die Blüte einer Prachtscharte (Liatris spicata). Bienenfutterpflanzen locken besonders viele Insekten an.*

Brennweite 30 mm :: Blende f/4.0 :: Belichtungszeit 1/400 s :: ISO 100

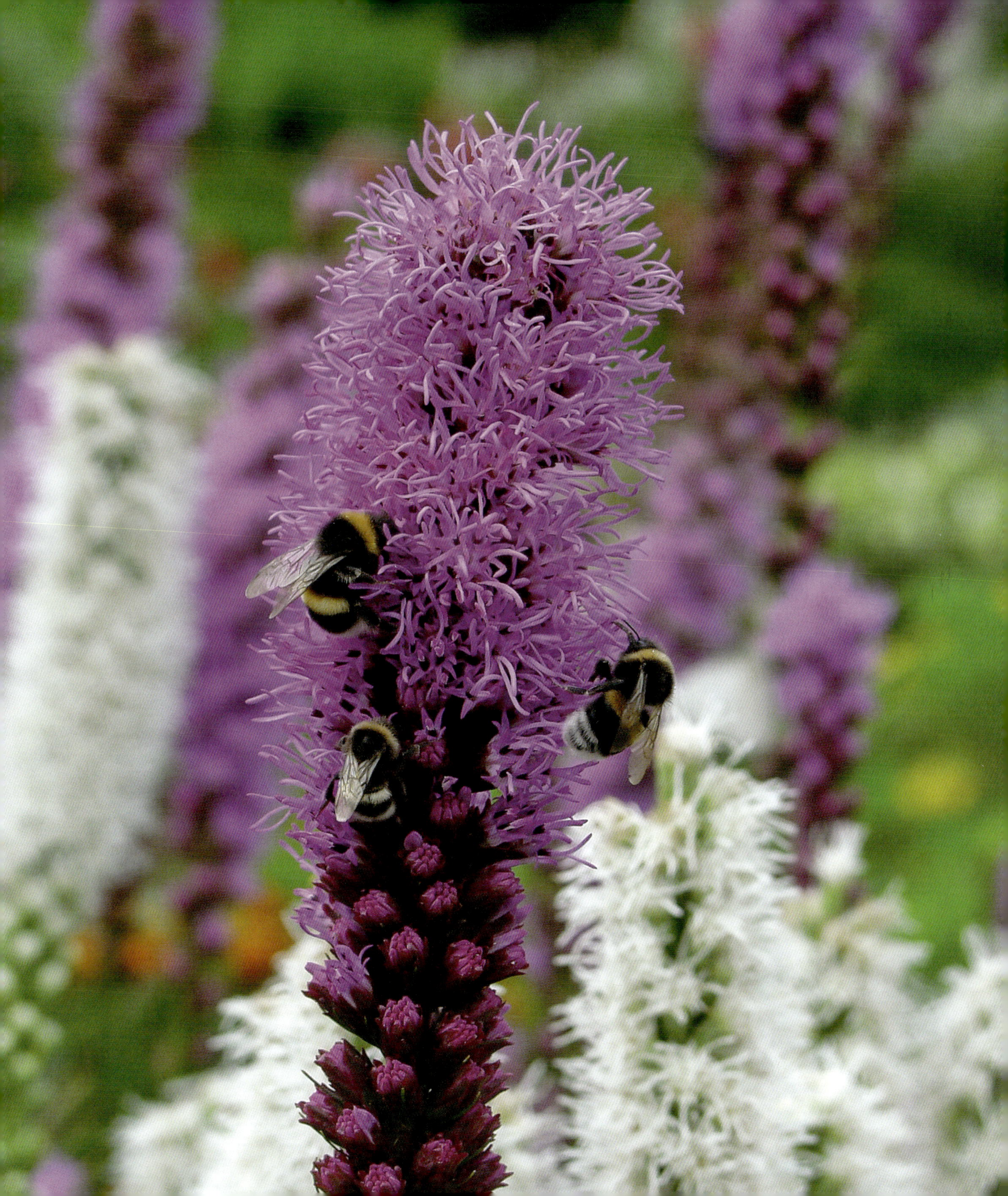

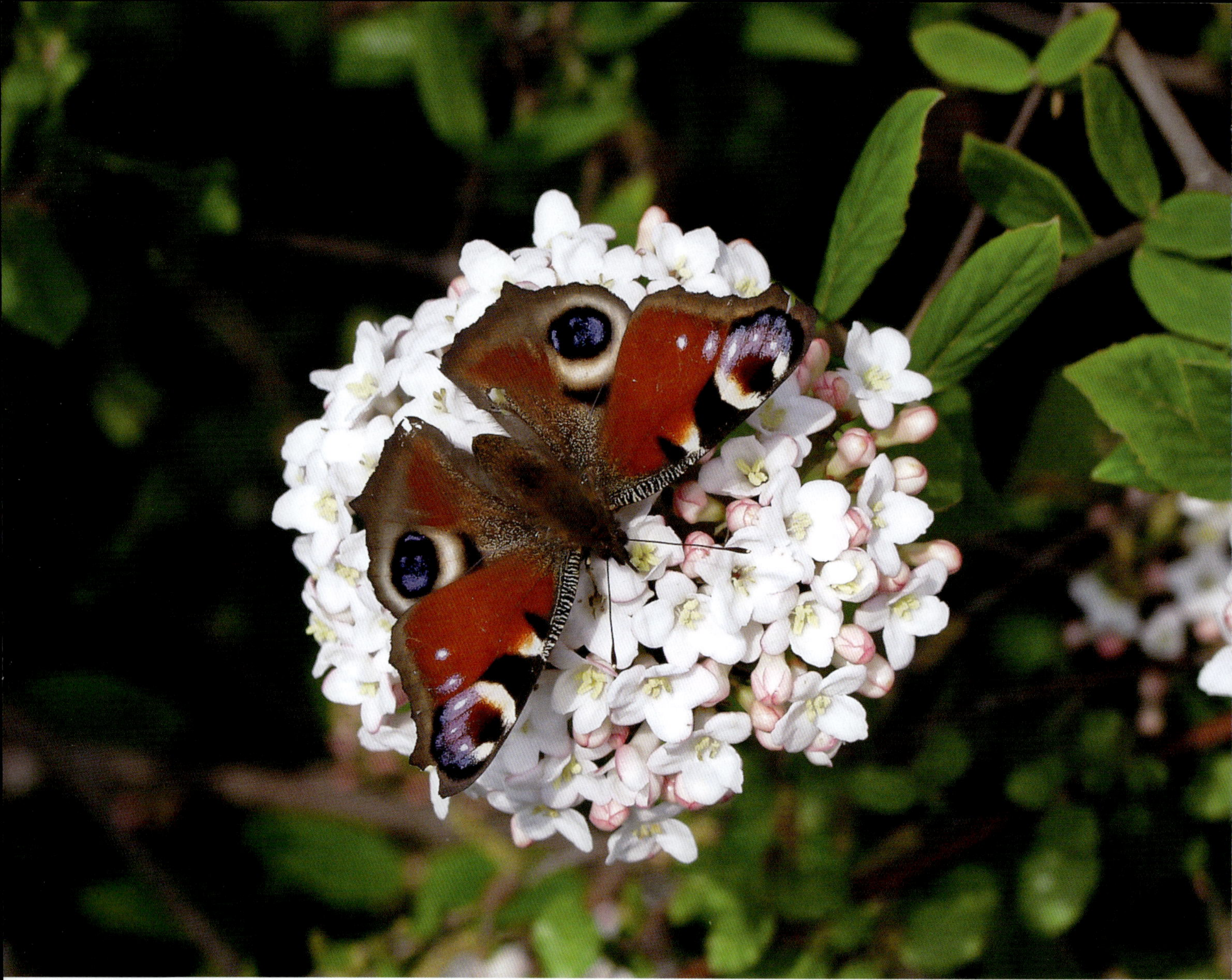

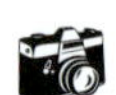

MAKRO- UND RINGBLITZ

Für Enthusiasten der Makrofotografie empfehlen sich Makro- und Ringblitze. Das Zusatzlicht perfektioniert das Ausleuchten kleiner Bildbereiche und ist speziell bei der Insektenfotografie eine wertvolle Hilfe.

▲ *Das Pfauenauge auf Nahrungssuche am Osterschneeball (Viburnum x burgwoodii).*

Brennweite 35 mm :: Blende f/5.6 :: Belichtungszeit 1/640 s :: ISO 100

▶ *Ein Zuhause für Insekten bieten Insektenhotels. Schon eine löchrige Baumscheibe fördert das heimische Ökosystem. Aber auch alte Ziegel und Baumaterialien lassen sich ohne Aufwand als Insektenhäuser verwenden.*

Brennweite 35 mm :: Blende f/5.0 :: Belichtungszeit 1/125 s :: ISO 100

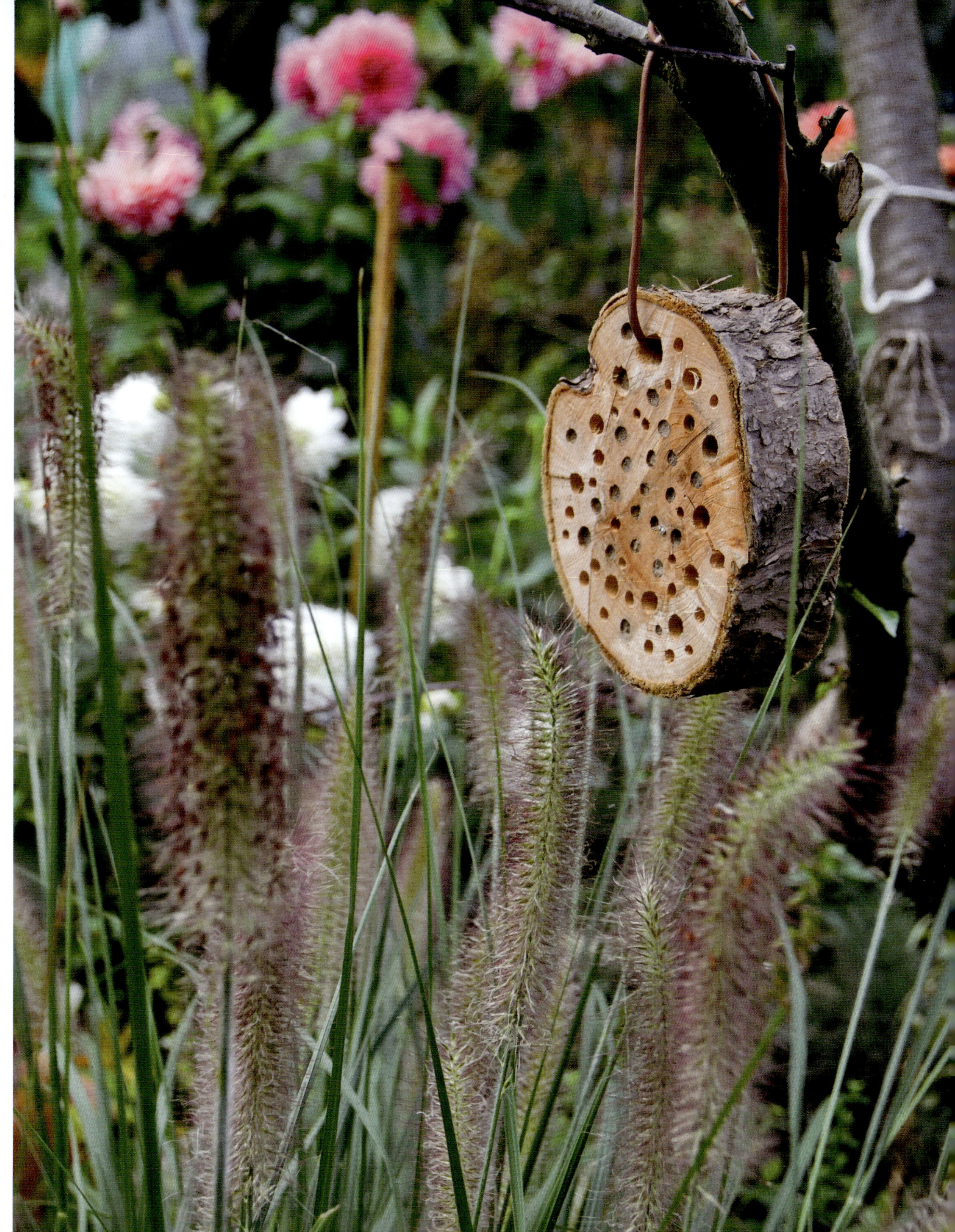

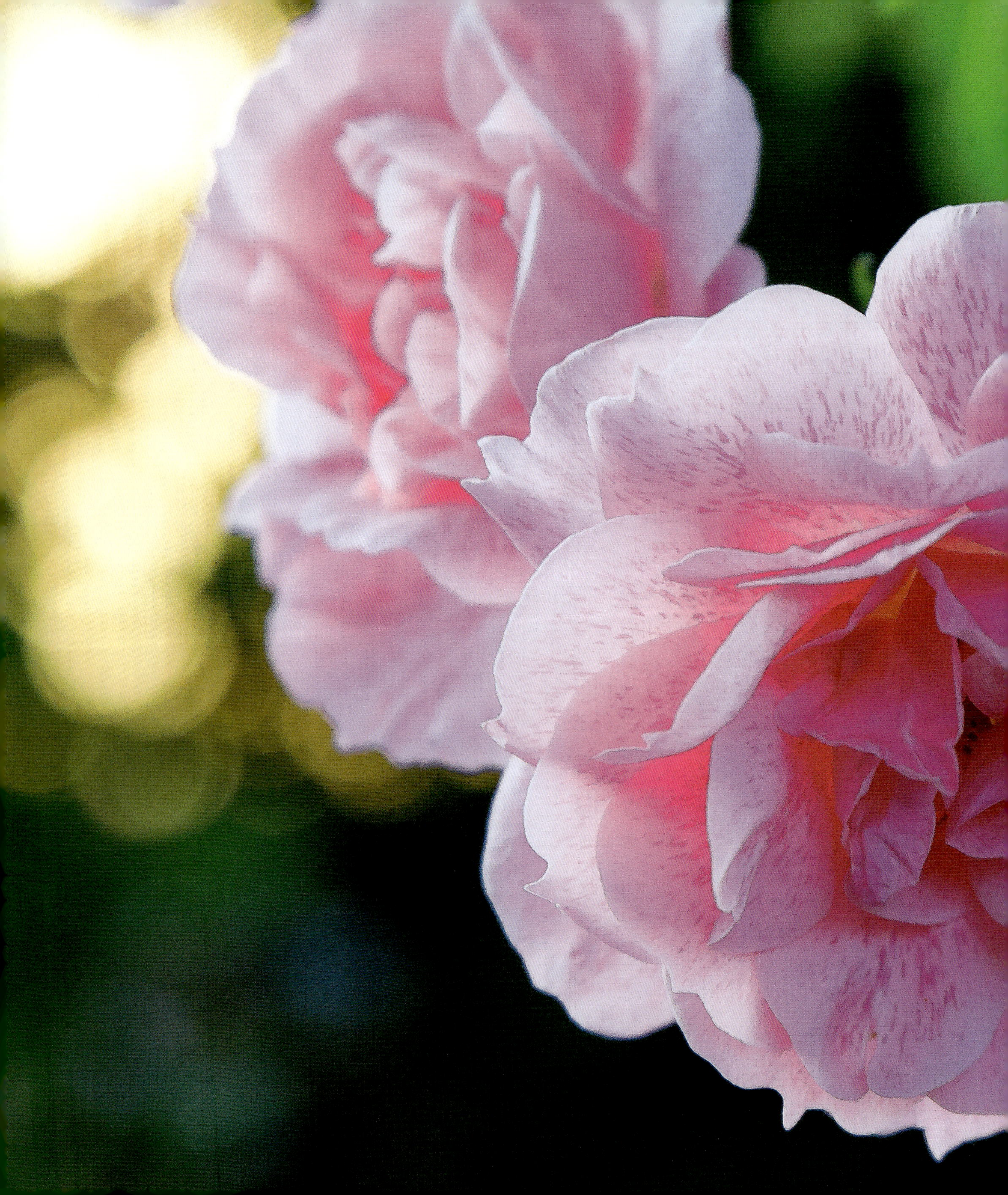

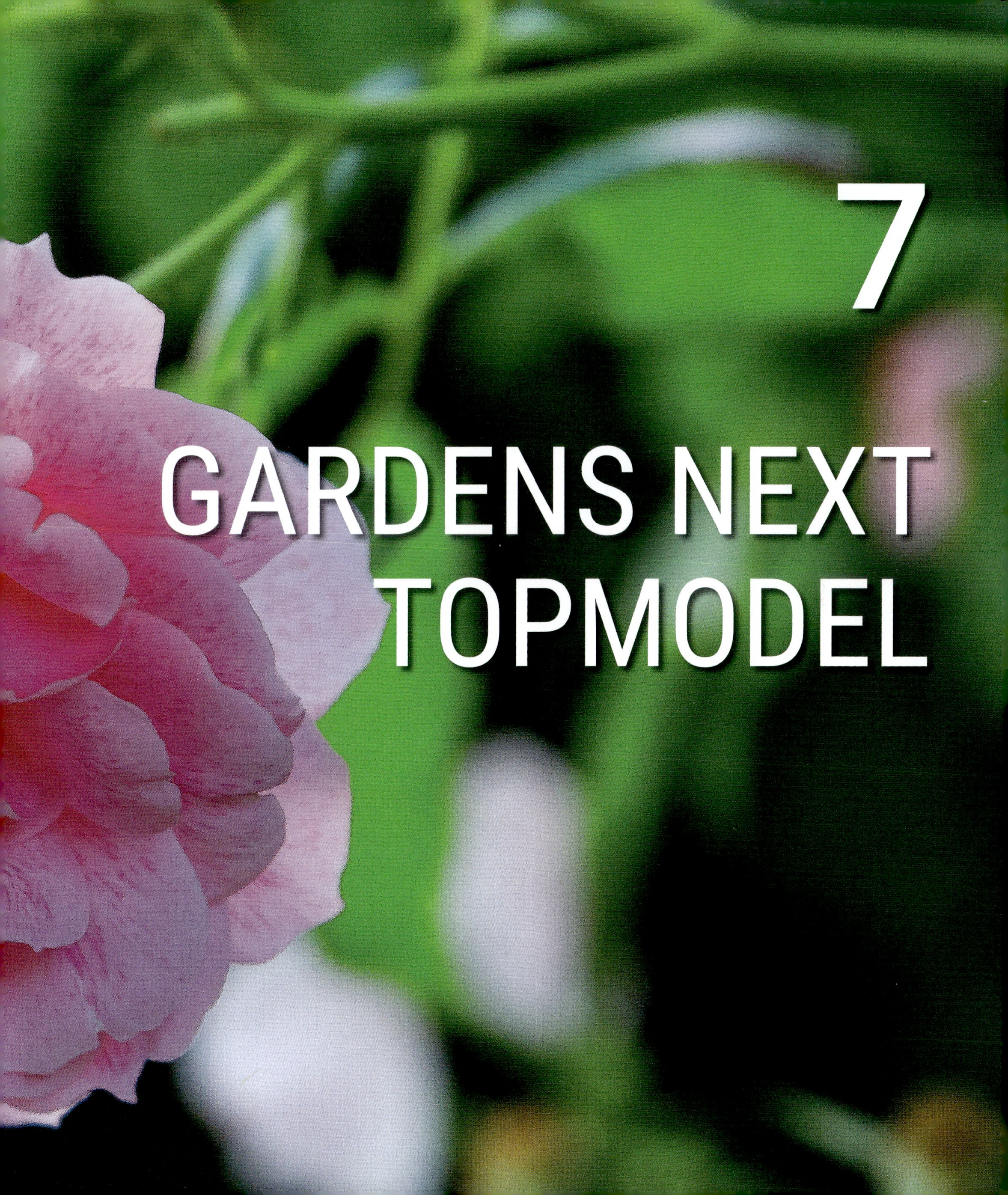

7

GARDENS NEXT TOPMODEL

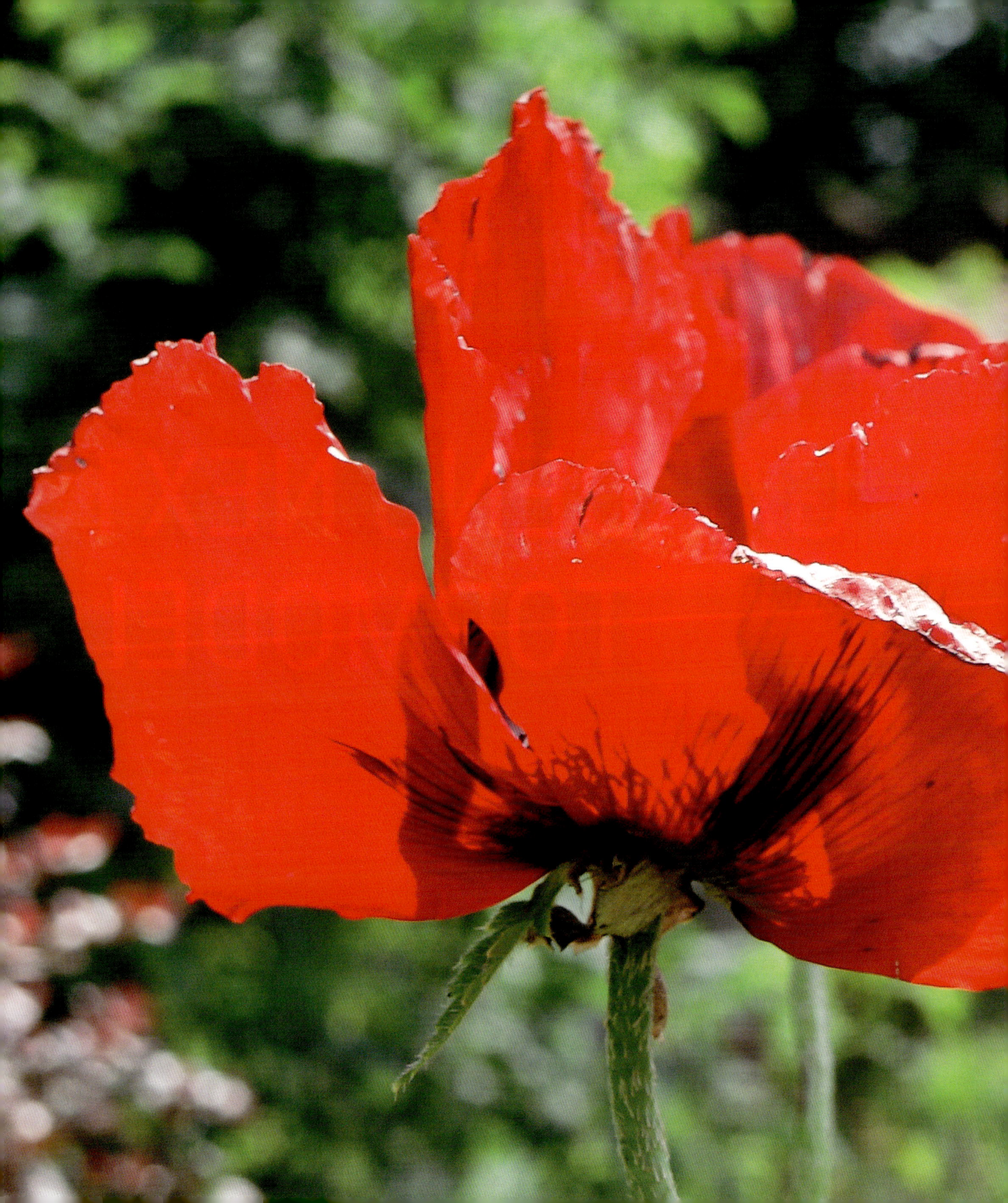

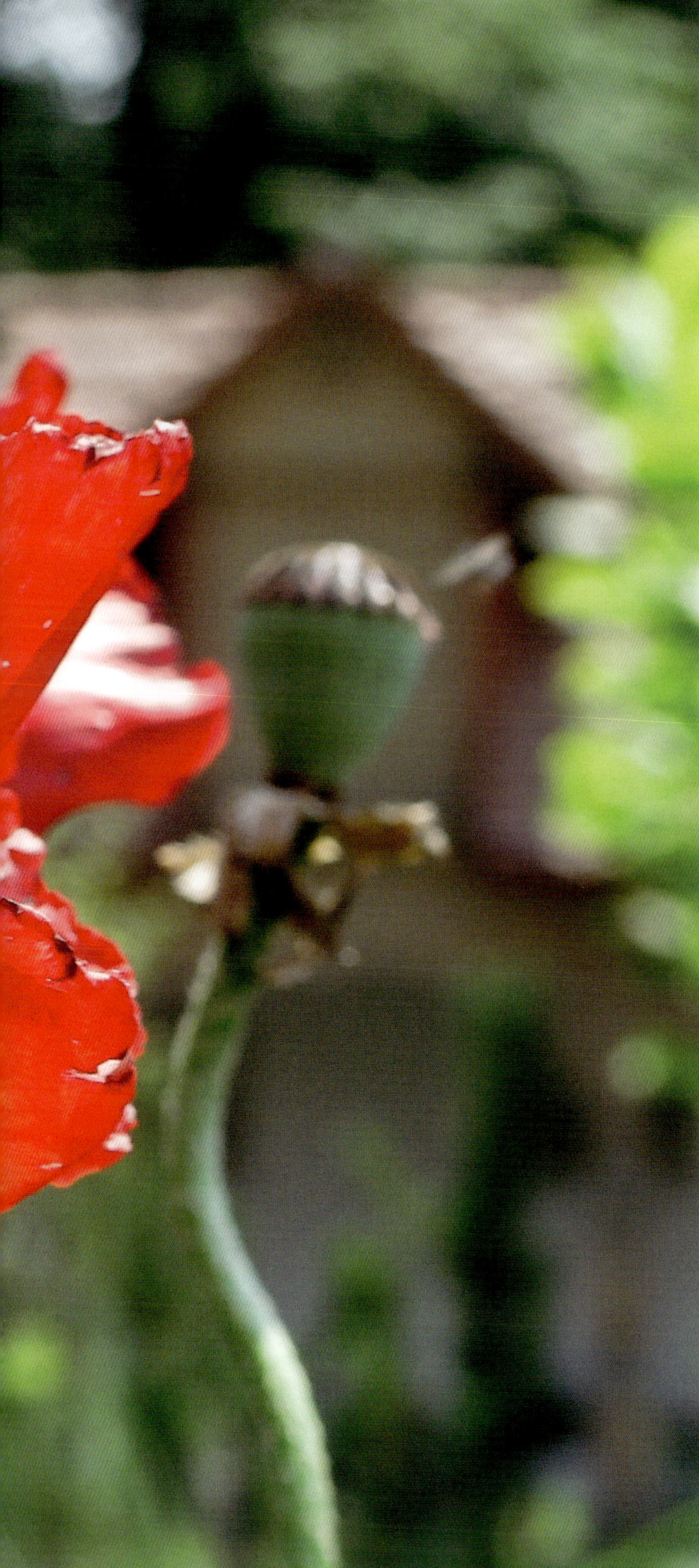

■ Die Gartenfotografie wäre nicht das, was sie ist, wenn es keine Blumen gäbe. Pflanzen stimulieren von Haus aus die Sinne. Blütenfarben reizen das Auge. Düfte umschmeicheln die Nase. Finger entdecken Strukturen und Texturen. Aromen explodieren im Mund. So lassen sich die Charaktereigenschaften der Models eines Gartenfotografen beschreiben, die er im Bild gekonnt einzufangen versucht.

◀ *Das knallige Rot des Türkischen Mohns (Papaver orientale ›Brilliant‹) erhält durch die direkte Sonneneinstrahlung noch mehr Brillanz. Nachteilig wirkt sich das intensive Licht auf die Zeichnung aus, die in der Blüte verloren geht.*

Brennweite 35 mm :: Blende f/5.6 :: Belichtungszeit 1/80 s :: ISO 80

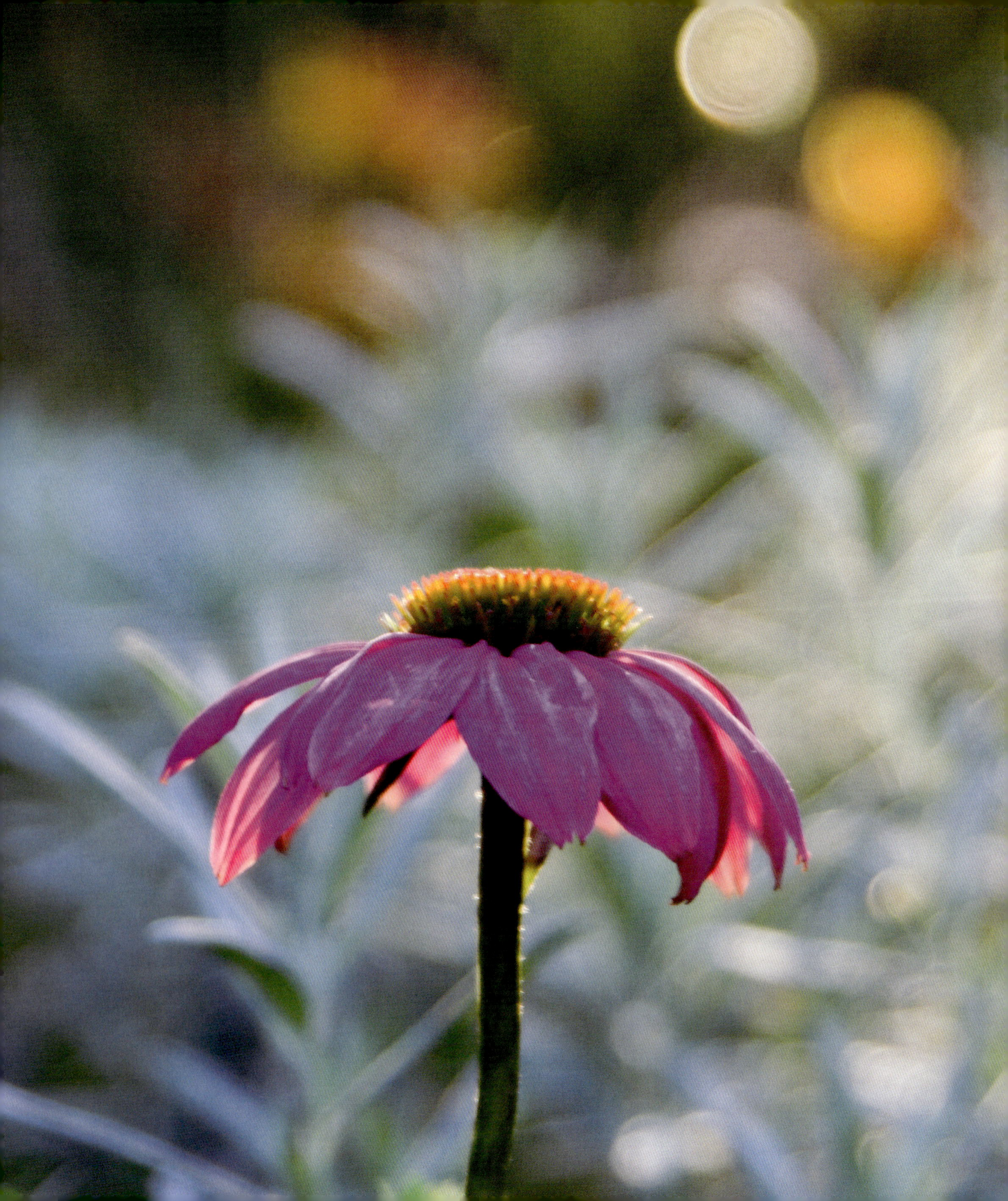

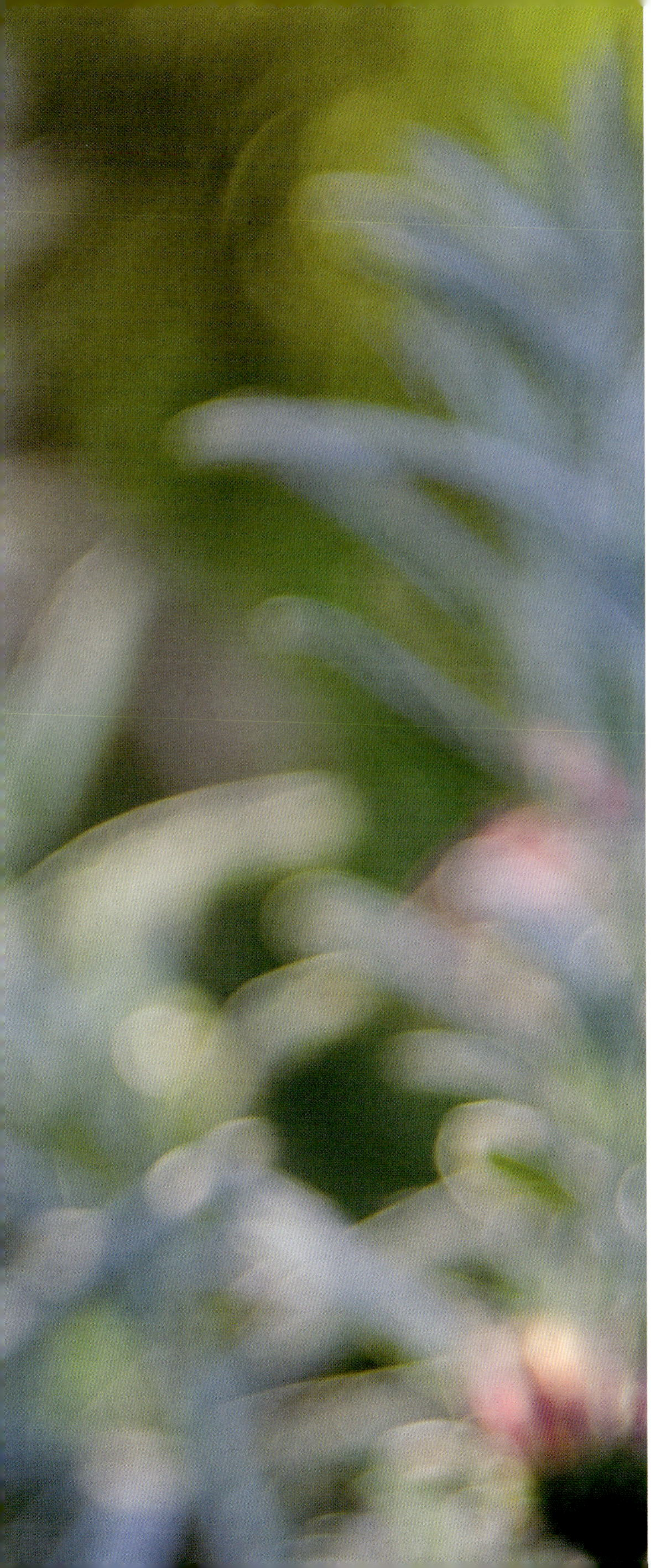

MUST-HAVE- SAISONPFLANZEN

Balkon- und Terrassenpflanzen unterliegen einem saisonalen Wechsel. Machen ab dem späten Winter Frühjahrsblüher Lust auf den Frühling, so schmücken Balkonpflanzen über den Sommer Ampeln, Kästen und Kübel. Balkon- und Saisonpflanzen sind ein Must-have für jeden Gärtner und Blumenliebhaber.

GÄRTNERPRAXIS

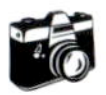

Den Blütenreichtum von Balkonpflanzen erhält man durch regelmäßige Düngergaben. Sobald die Pflanzen zu hungern beginnen, bilden sie nicht mehr ausreichend neue Blüten. Verblühte Pflanzenteile müssen regelmäßig entfernt werden.

GEGENLICHT AM FENSTER

Fotografiert man aus dunklen Räumen ins sonnige Freie, sind Überbelichtungen wahrscheinlich. Falls die Kamera eine Warnanzeige für Überbelichtungen besitzt, empfiehlt sich deren Aktivierung. Im Display zeigt die Kamera durch eine blinkende schwarze Fläche überbelichtete Bereiche an.

◀ *Der Rote Sonnenhut (Echinacea purpurea) sonnt sich in den letzten Sonnenstrahlen des Abends. Sonnenhüte begeistern durch intensive Blütenfarben und locken zahlreiche Insekten an.*

Brennweite 70 mm :: Blende f/2.8 :: Belichtungszeit 1/125 s :: ISO 100

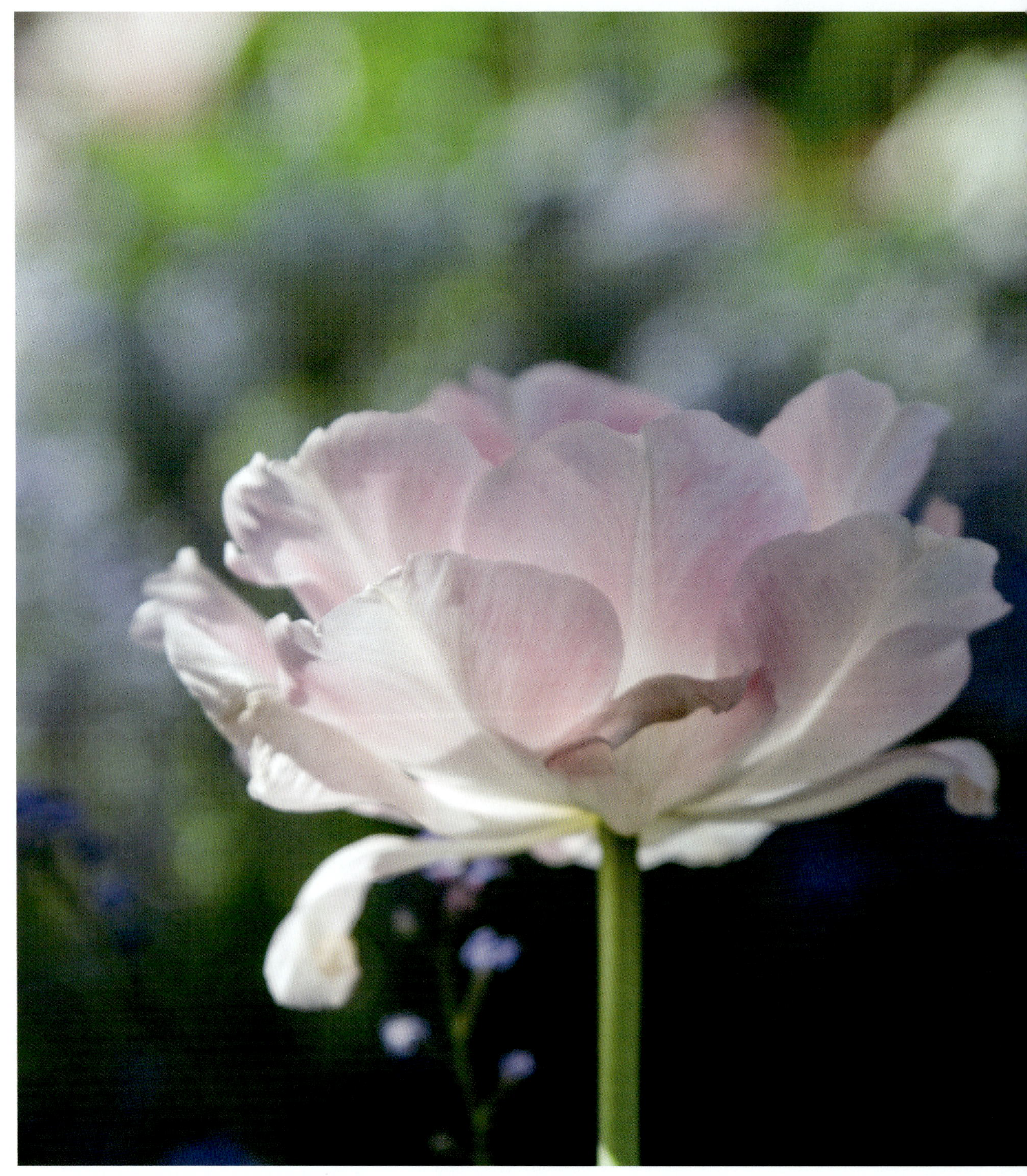

▲ *Tulpen (Tulipa) sind sehr begehrte Fotomodelle, da sie in Blütenform und -farbe so vielfältig und unterschiedlich sind wie kaum eine andere Pflanze.*

Brennweite 70 mm :: Blende f/3.2 :: Belichtungszeit 1/100 s :: ISO 100

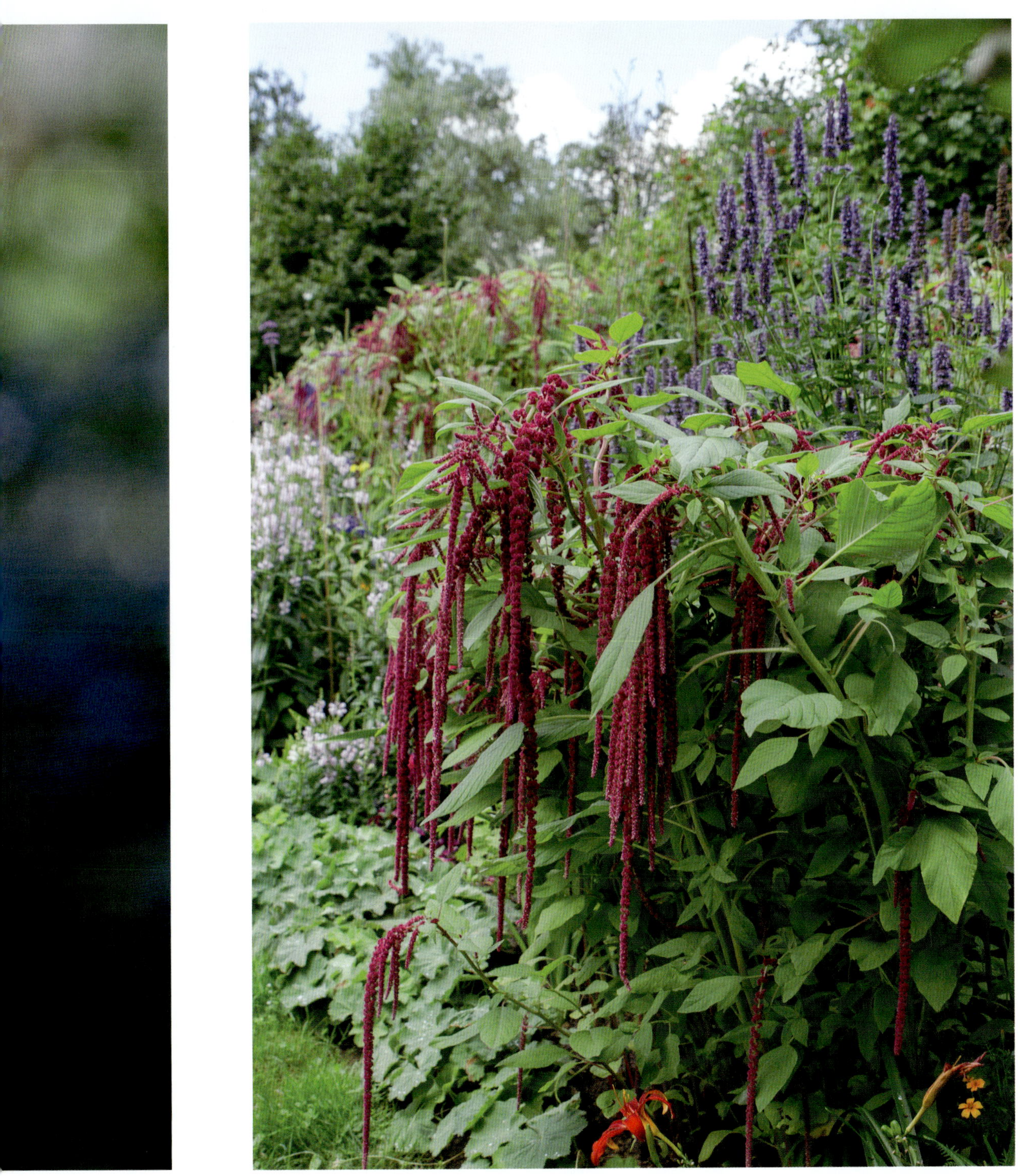

▲ *Der Garten-Fuchsschwanz (Amaranthus caudatus) ist eine wundervolle Einjährige mit prächtigen überhängenden Blütenständen.*

Brennweite 30 mm :: Blende f/5.0 :: Belichtungszeit 1/100 s :: ISO 100

▸ Weiße Traubenhyazinthen (Muscari) sind beliebte Zwiebelpflanzen, die als Frühjahrsblüher Balkone und Saisonbepflanzungen verschönern.

Brennweite 85 mm :: Blende f/2.0 :: Belichtungszeit 1/1000 s :: ISO 100

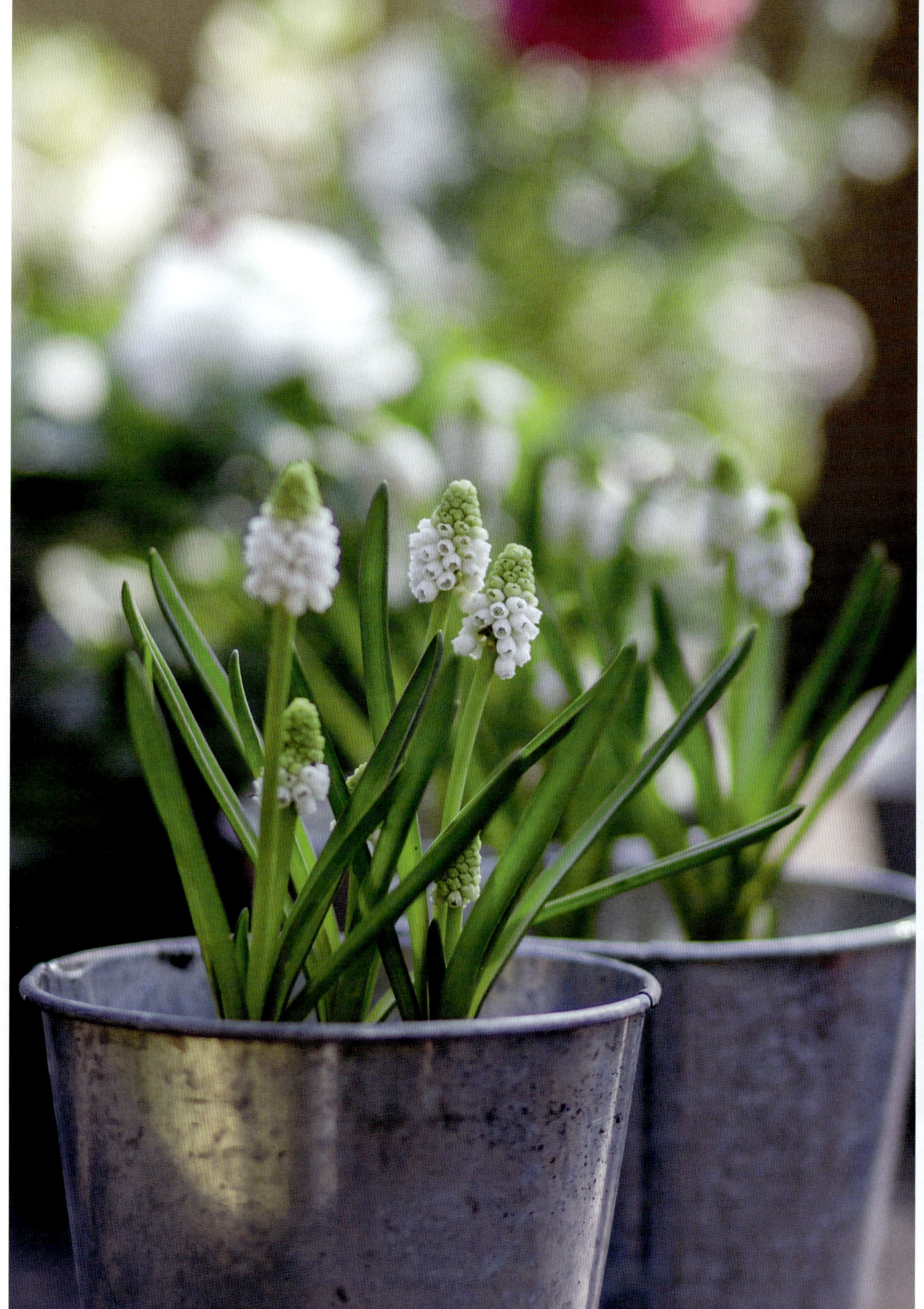

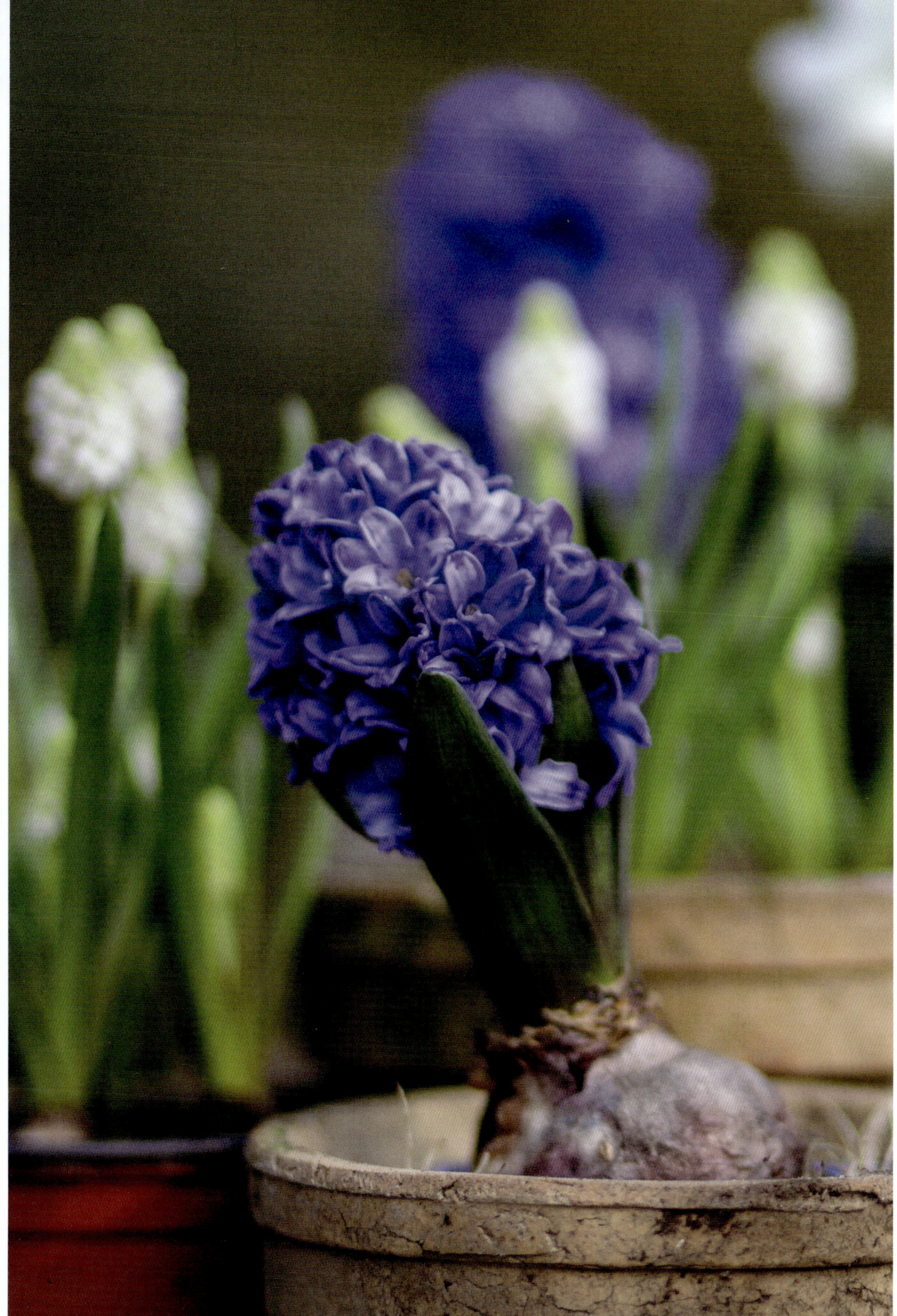

◂ *Hyazinthen (Hyacinthus orientalis) bringen mit ihrem Blütenduft den Frühling ins Haus. Nach der Blüte können die Pflanzen ins Gartenbeet gepflanzt werden.*

Brennweite 85 mm :: Blende f/1.8 :: Belichtungszeit 1/1250 s :: ISO 100

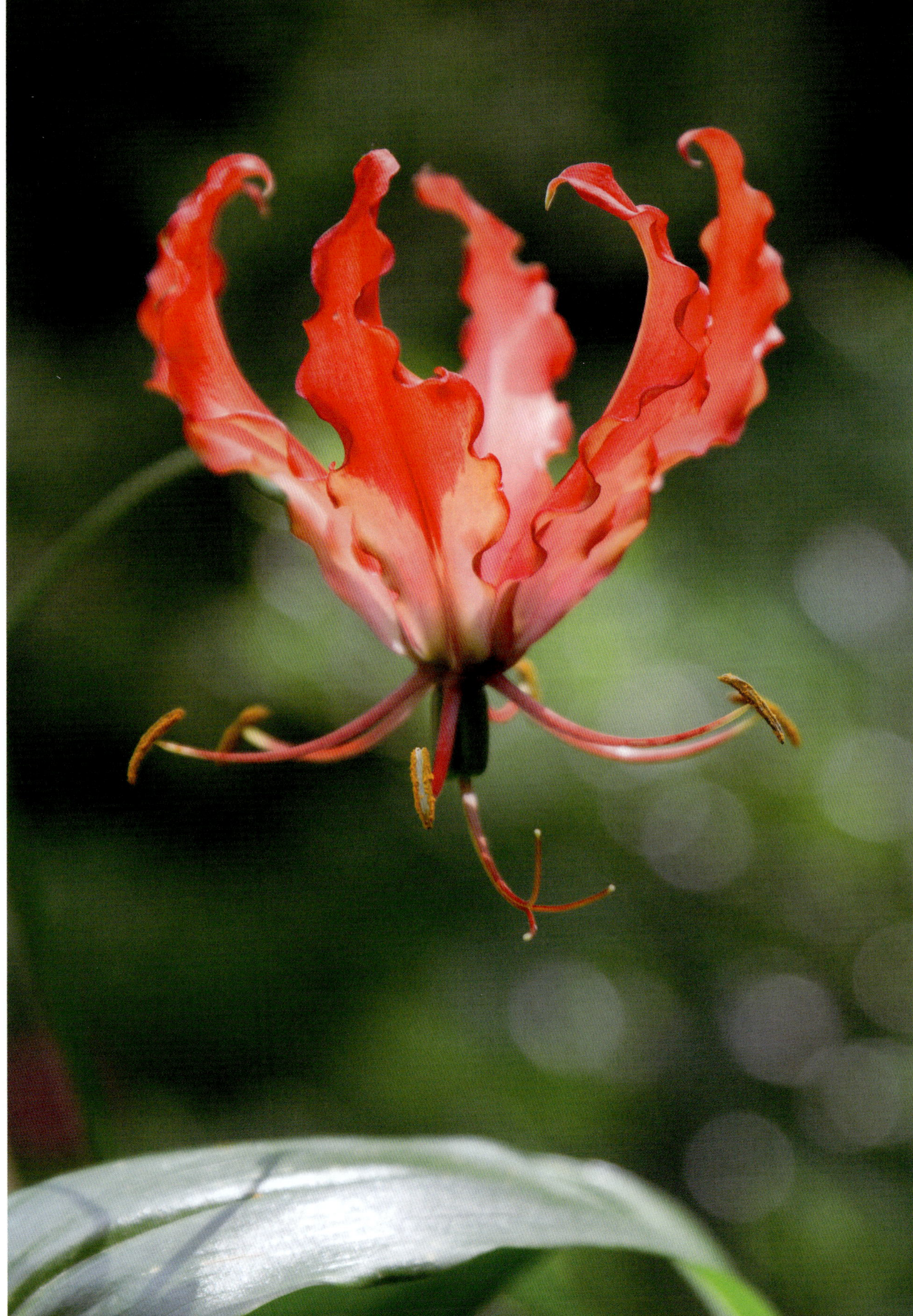

BLÜHFREUDIGE SOMMERBLUMEN

Was die blühwilligen Balkonpflanzen am Haus sind, das sind die Sommerblumen im Garten. Die zumeist einjährigen oder kurzlebigen Pflanzen strotzen vor Blühfreude. Schon wenige Monate nach der Aussaat erscheinen die ersten Blüten. Über viele Wochen hält die farbenfrohe Blütenpracht. Bienen, Hummeln und Schmetterlinge kommen gern auf einen Besuch vorbei. Die heranreifenden Samen verteilen sich im Beet und sichern die Nachkommenschaft.

DAS PLUS DER SOMMERBLUMEN

Auch wenn Nachhaltigkeit ein Trendwort unserer Zeit ist, bedeutet Kurzlebigkeit nicht zwangläufig etwas Schlechtes. Das kurze Leben der Sommerblumen ermöglicht einen häufigen Tapetenwechsel im Garten, der die Motivvielfalt in der Gartenfotografie sichert.

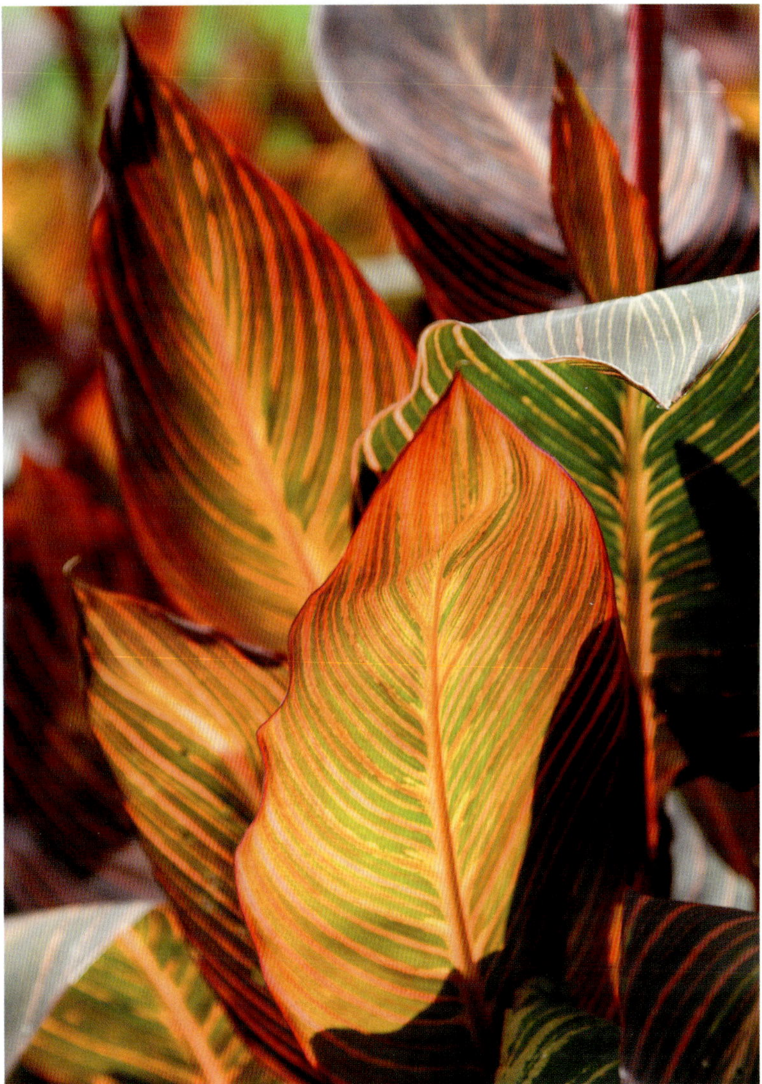

▲ *Die großen mehrfarbigen Blätter des Indischen Blumenrohrs (Canna indica) bilden im Gegenlicht ausgeprägte Schattierungen. Die buntlaubigen Sorten sind weniger blühfreudig.*

Brennweite 65 mm :: Blende f/2.8 :: Belichtungszeit 1/640 s :: ISO 100

◀ *Königlich ist das Erscheinungsbild der symmetrischen Blüte der Ruhmeskrone (Gloriosa superba). Die Ruhmeskrone begrünt Spaliere und schmückt sich mit großen Blüten. Um sie dauerhaft zu halten, müssen ihre Knollen frostfrei überwintert werden.*

Brennweite 64 mm :: Blende f/3.5 :: Belichtungszeit 1/320 s :: ISO 100

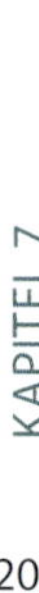

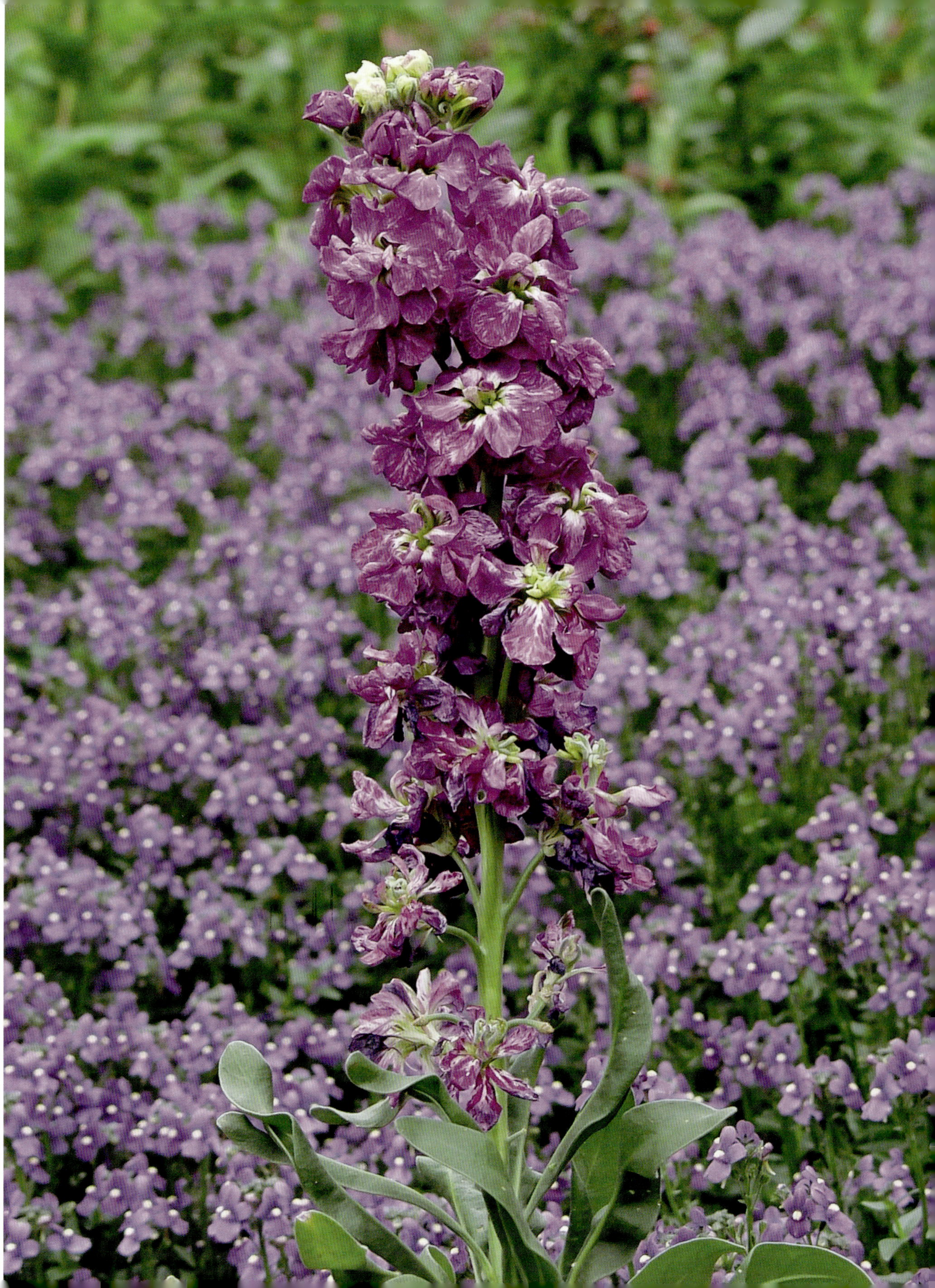

◀ *Levkojen (Matthiola incana) sind gleichermaßen blühfreudig wie problemlos in der Kultur. Als Schnittblume haben sie eine gute Haltbarkeit. Die purpurne Blüte bildet zusammen mit dem Elfenspiel (Nemesia) im Hintergrund eine Ton-in-Ton-Aufnahme.*

Brennweite 35 mm :: Blende f/3.6 :: Belichtungszeit 1/250 s :: ISO 80

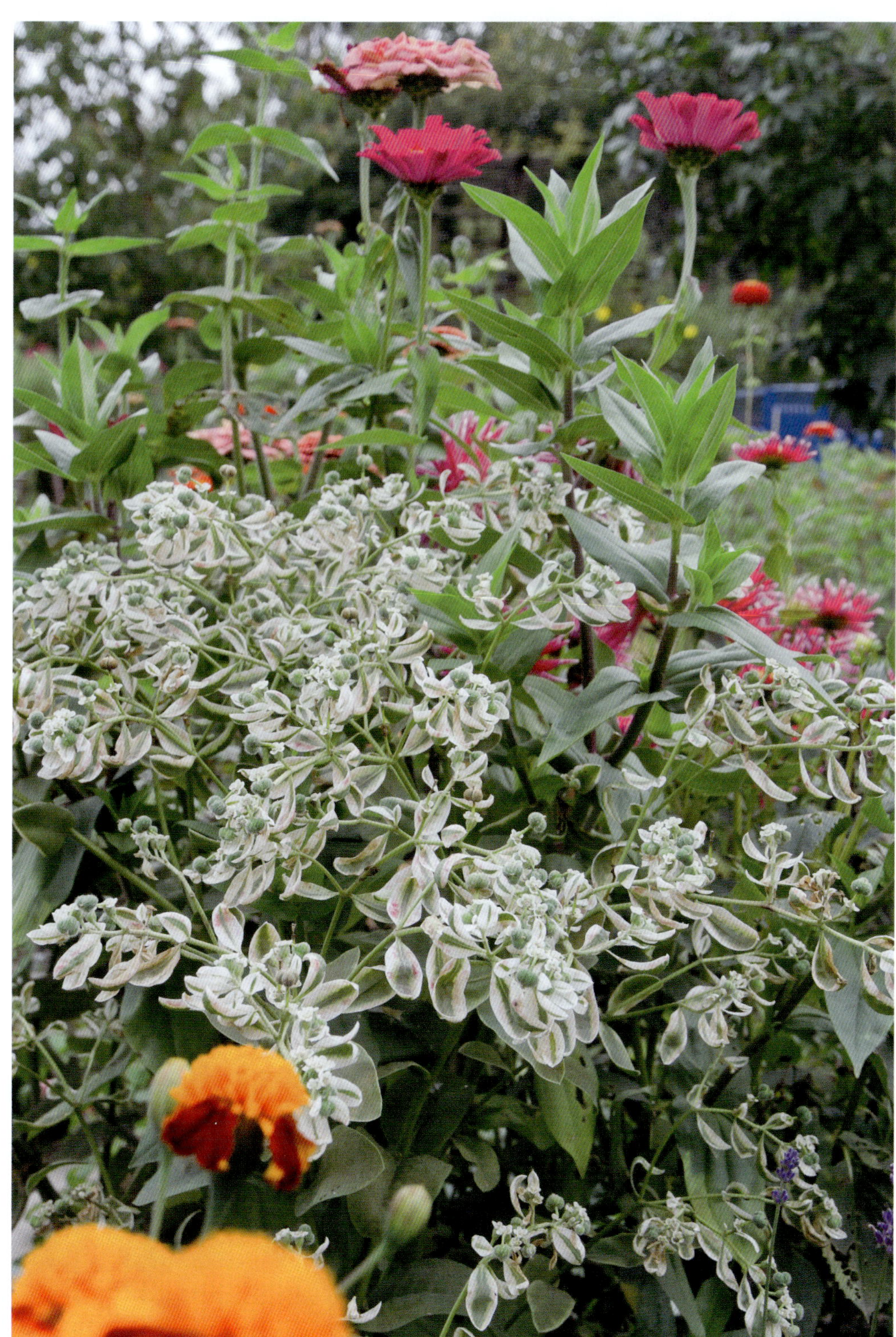

▶ *Die Weißrand-Wolfsmilch (Euphorbia marginata) ist durch ihr grün-weißes Laub eine interessante Blattschmuckpflanze. Das helle Laub wirkt wie ein natürlicher Aufheller für Nachbarpflanzen.*

Brennweite 30 mm :: Blende f/7.1 :: Belichtungszeit 1/125 s :: ISO 100

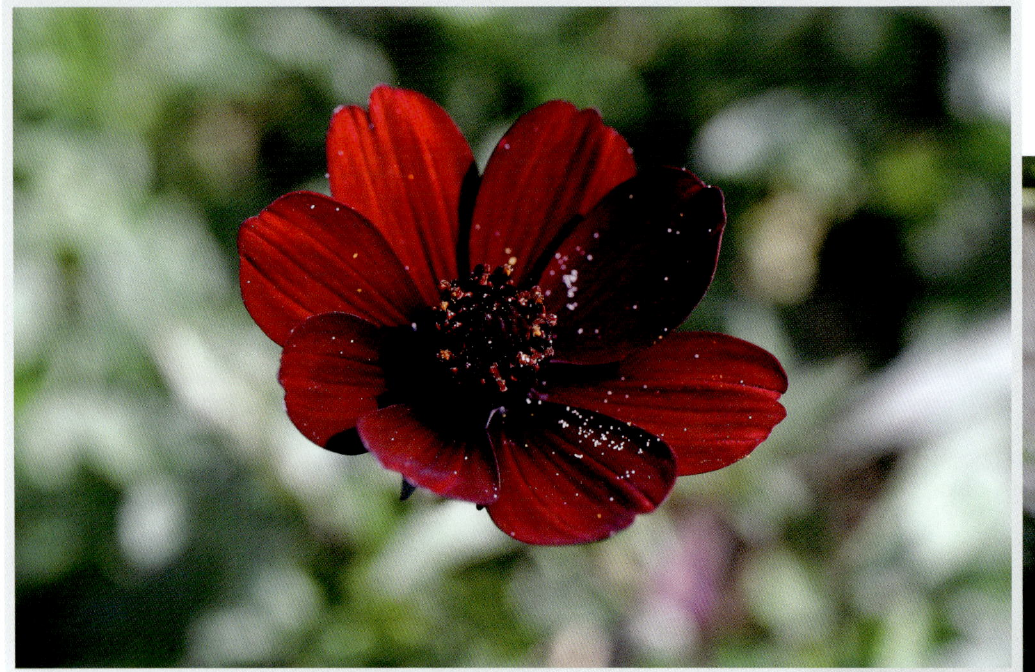

▲ *Obwohl die Schokoladen-Kosmee (Cosmos atrosanguineus) mehrjährig ist, wird die Pflanze zu den Sommerblumen gezählt. Wie bei Dahlien werden die knollenartigen Wurzelrhizome frostfrei überwintert. Die braunrote Blütenfarbe erzeugt fast immer starke Kontraste.*

Brennweite 50 mm :: Blende f/5.6 :: Belichtungszeit 1/125 s :: ISO 100

BLACKBOX-GARDENING

Seit einiger Zeit ist das Blackbox-Gardening ein neuer Trend. Hierbei setzt man auf die Selbstaussaat anstelle einer gezielten Pflanzenanordnung. Das Beet entwickelt ein eigenes Leben mit einem individuellen Charakter. Sommerblumen eignen sich besonders gut, denn die meisten von ihnen versamen sich willig.

▶ *Die Spinnenblume (Cleome spinosa) bietet sich immer als gutes Motiv an. Durch die Baumkrone fallende Lichtstrahlen ergeben eine punktuelle Ausleuchtung.*

Brennweite 30 mm :: Blende f/8 :: Belichtungszeit 1/125 s :: ISO 100

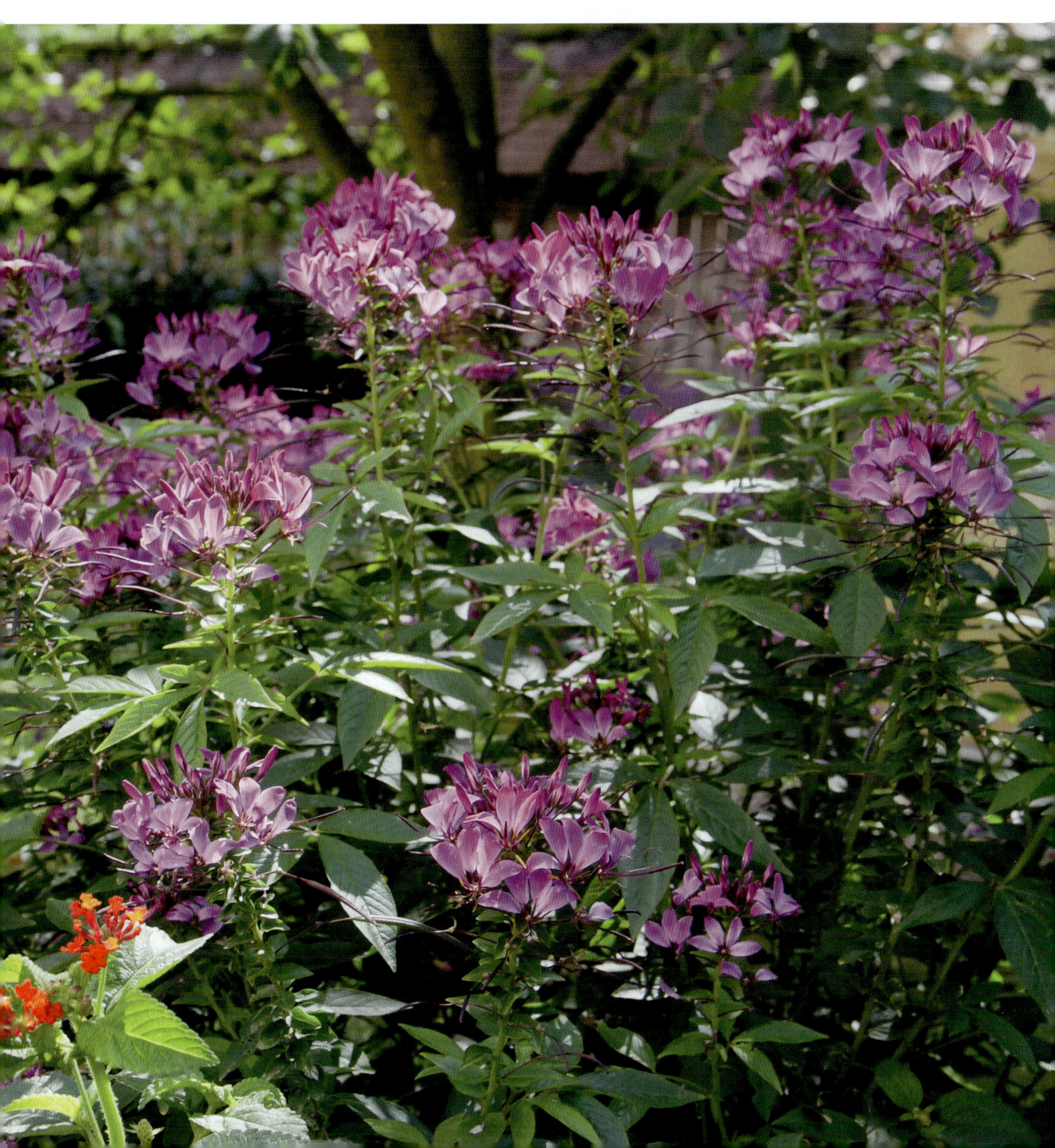

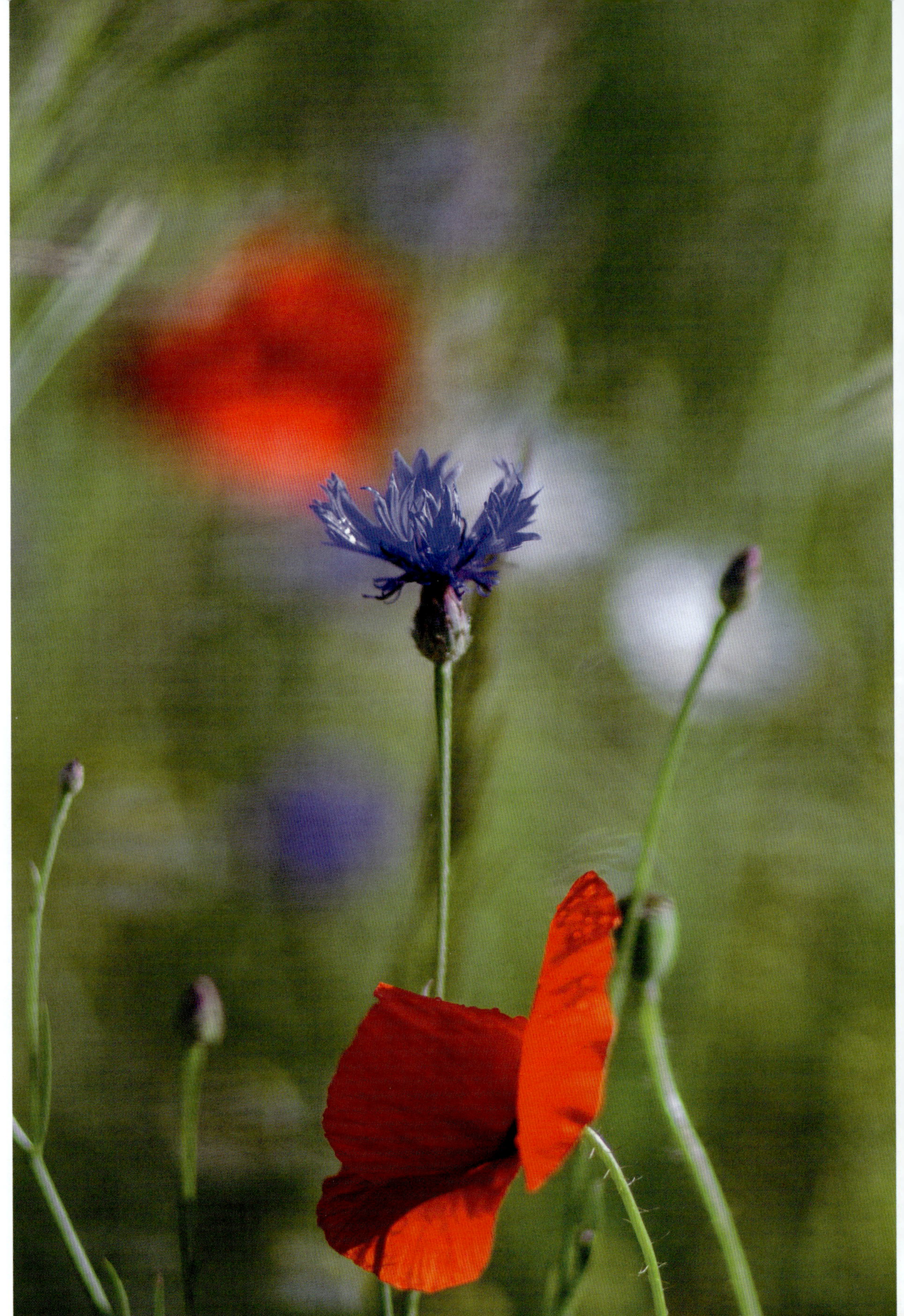

Weniger ist meist mehr – Klatschmohn (Papaver rhoeas) mit einer einzelnen Kornblume (Centranthus cyanus). Solche Motive findet man häufig an Feld- und Wegesrändern.

Brennweite 85 mm :: Blende f/1.8 :: Belichtungszeit 1/3200 s :: ISO 100

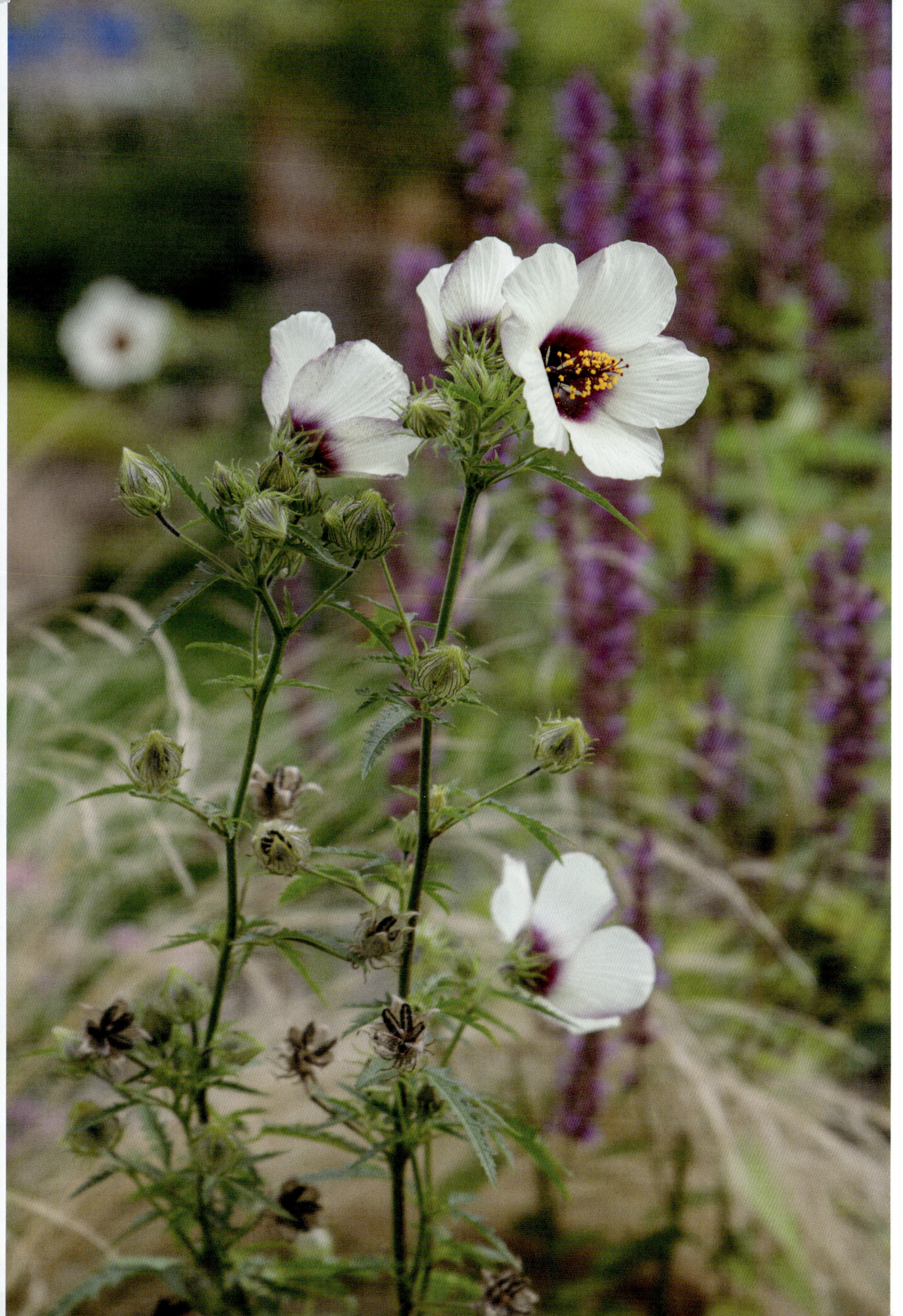

◀ *Der Stundeneibisch (Hibiscus trionum) ist eine gartenwillige Einjährige, zumindest wird sie in unseren Breiten einjährig gezogen. Ihren Namen verdankt sie der Eigenheit, dass sie fast pünktlich um 8 Uhr morgens die Blüten öffnet und sie Punkt 9 Uhr abends wieder schließt.*

Brennweite 70 mm :: Blende f/4.0 :: Belichtungszeit 1/250 s :: ISO 100

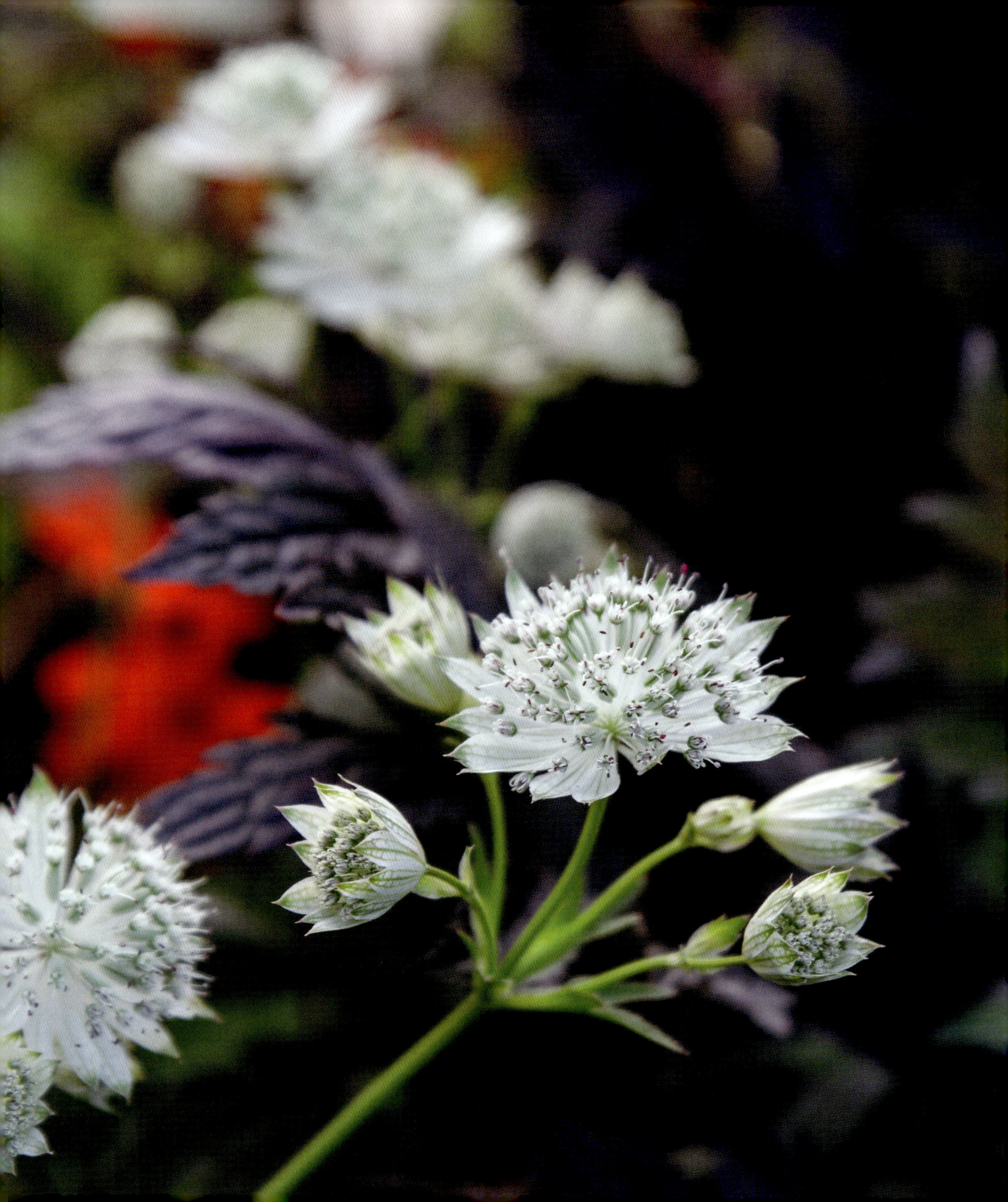

PRACHTVOLLES STAUDENREICH

Als Stauden bezeichnet man krautige Pflanzen, die mehrfach in ihrem Leben fruchten können. In unseren Breiten zeichnen sie sich durch Frosthärte und Mehrjährigkeit aus. Die Vielfalt von Stauden ist riesig. Sie begeistert jeden Gartenliebhaber, denn sie bietet für jeden Geschmack das Richtige. Ein Großteil der Stauden ist pflegeleicht und eignet sich für die meisten Gärten.

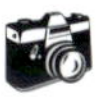

BESCHRÄNKTE BLÜTEZEIT

Stauden blühen nur in einem bestimmten Zeitfenster und nicht wie Sommerblumen über mehrere Monate. Beetstauden mit einer Blütezeit vor dem Hochsommer können nach einem Rückschnitt im Spätsommer nochmals blühen, z. B. Rittersporn (Delphinium).

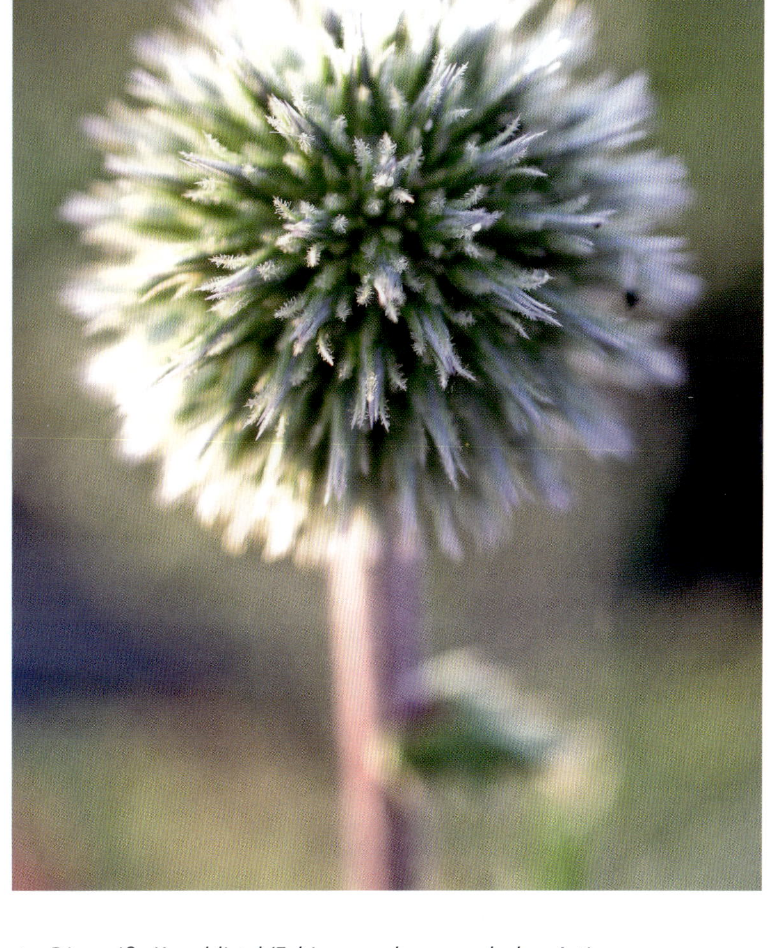

◂ *Die Sterndolde (Astrantia major ›Snowstar‹) ist eine beliebte Staude, die sowohl sonnige als auch halbschattige Lagen ziert. Die weißen Blüten bilden einen intensiven Kontrast zum dunklen Laub der Silberkerzen.*

Brennweite 70 mm :: Blende f/4.0 :: Belichtungszeit 1/100 s :: ISO 200

▴ *Die weiße Kugeldistel (Echinops sphaerocephalus ›Artic Glow‹) wächst problemlos an sonnig-trockenen Standorten. Mit dem Makroobjektiv aufgenommen, fällt die Schärfe nach hinten ins Bodenlose.*

Brennweite 50 mm :: Blende f/3.5 :: Belichtungszeit 1/180 s :: ISO 400

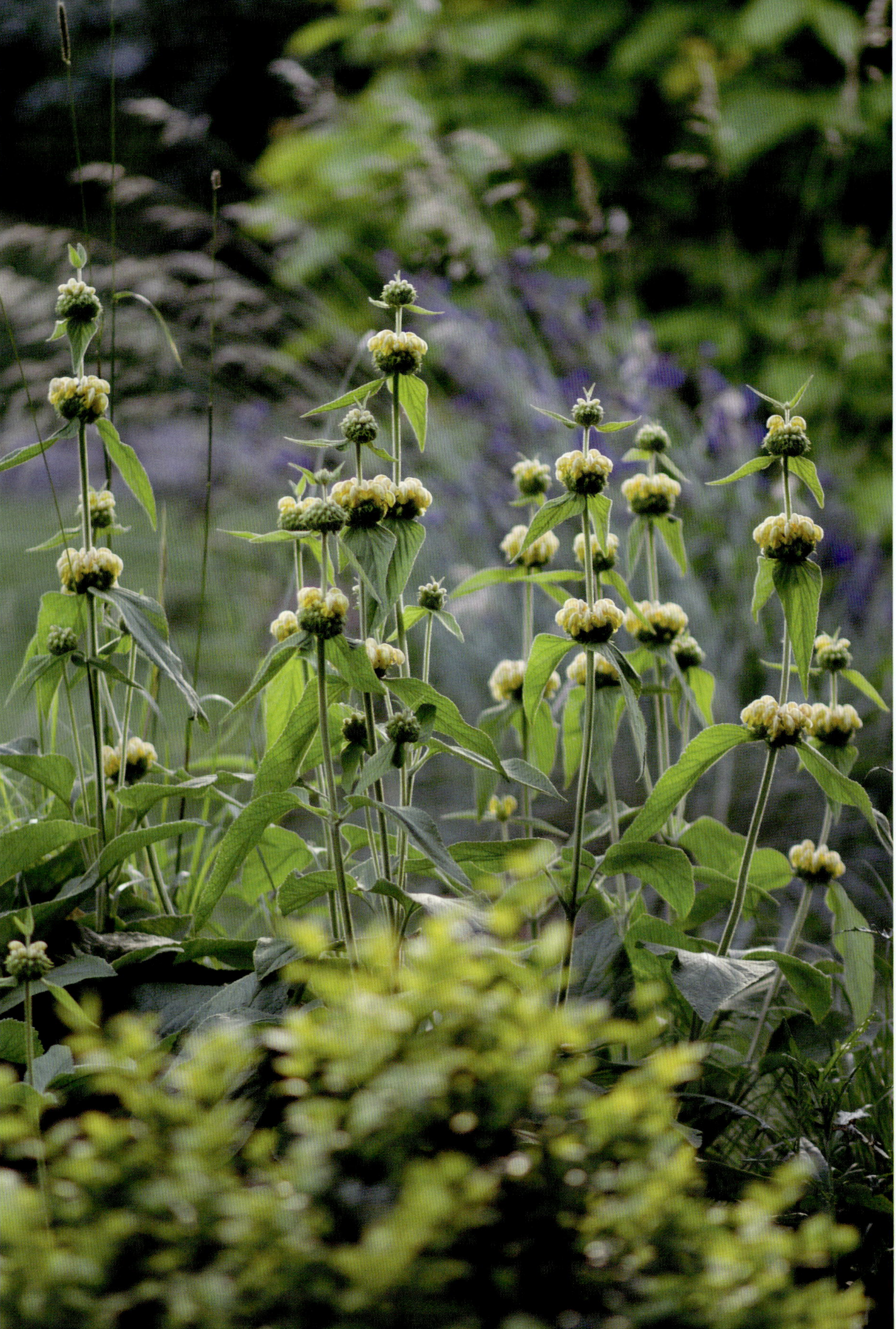

▸ *Das Syrische Brandkraut (Phlomis syriaca) zählt zu den pflegeleichten Stauden, die gut Sonne vertragen und attraktive Blütenwirtel bilden. Die Samenstände können stehen gelassen werden, denn sie sehen noch nach Wochen dekorativ aus.*

Brennweite 85 mm :: Blende f/1.8 :: Belichtungszeit 1/160 s :: ISO 100

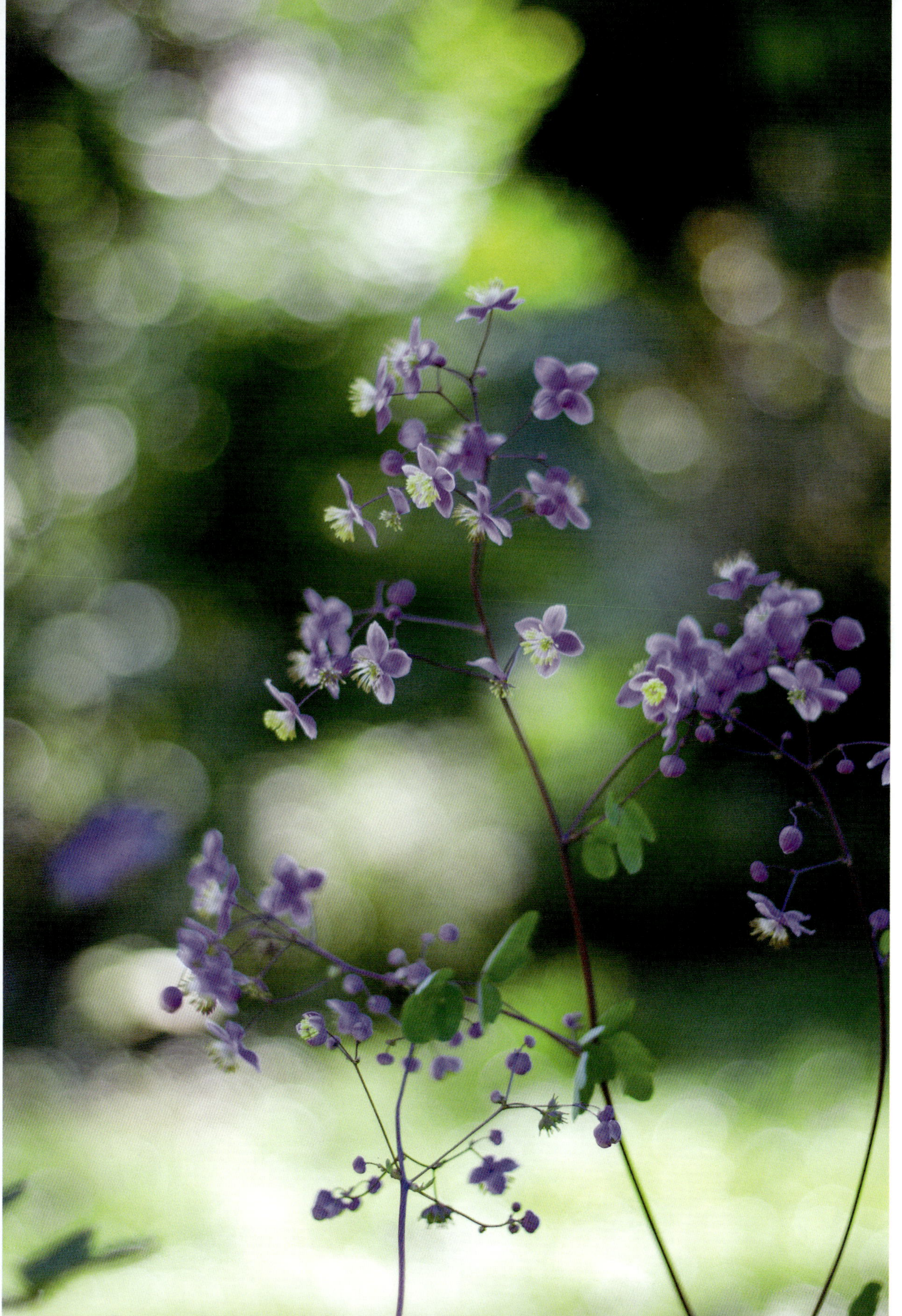

◀ *Die verzweigten Blütenstände der Prächtigen Wiesenraute (Thalictrum rochebrunianum) beleben den Halbschatten. Durch die langen Triebe sind sie fast immer in Bewegung, wodurch interessante Bewegungsunschärfen entstehen.*

Brennweite 50 mm :: Blende f/1.8 :: Belichtungszeit 1/320 s :: ISO 100

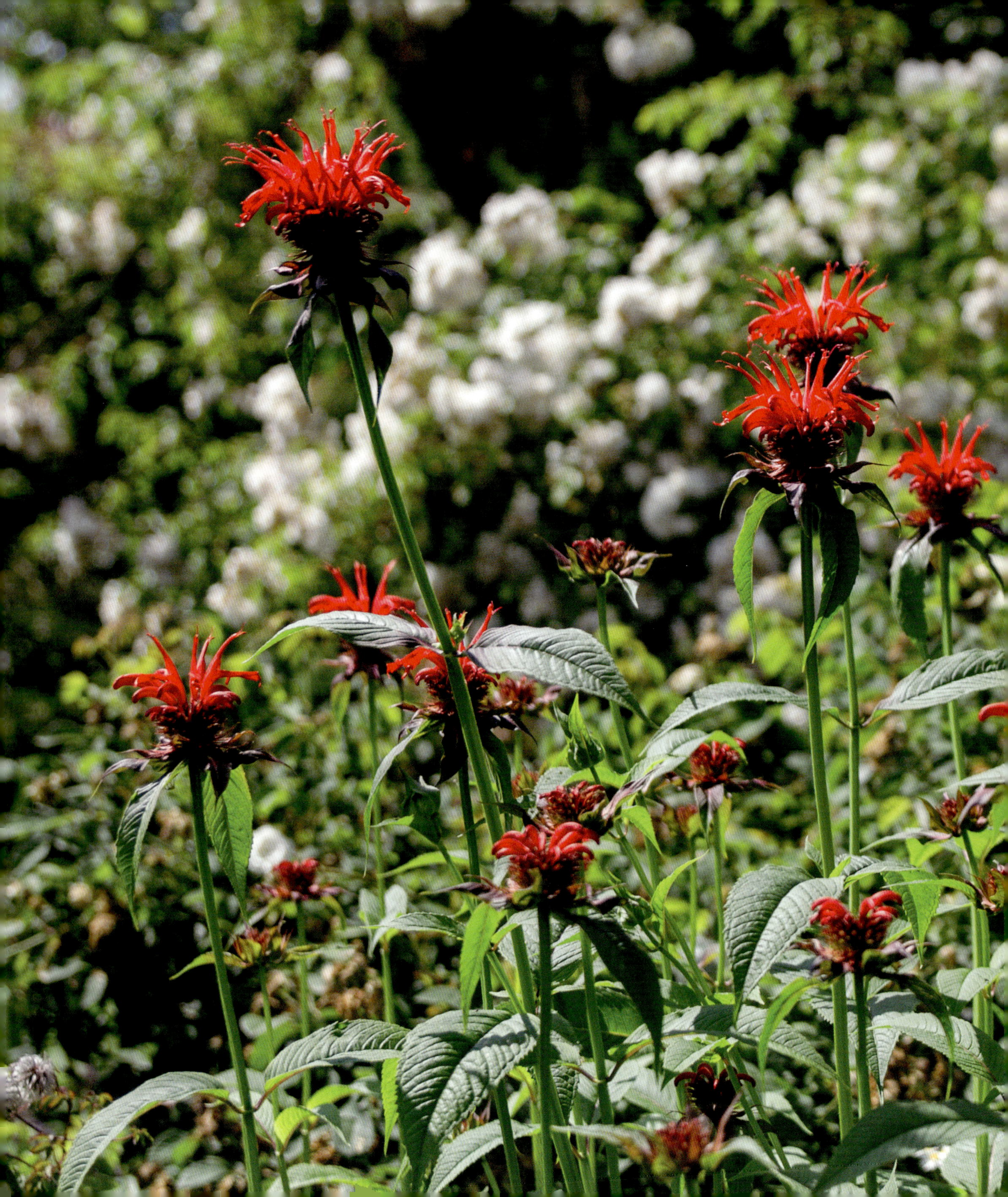

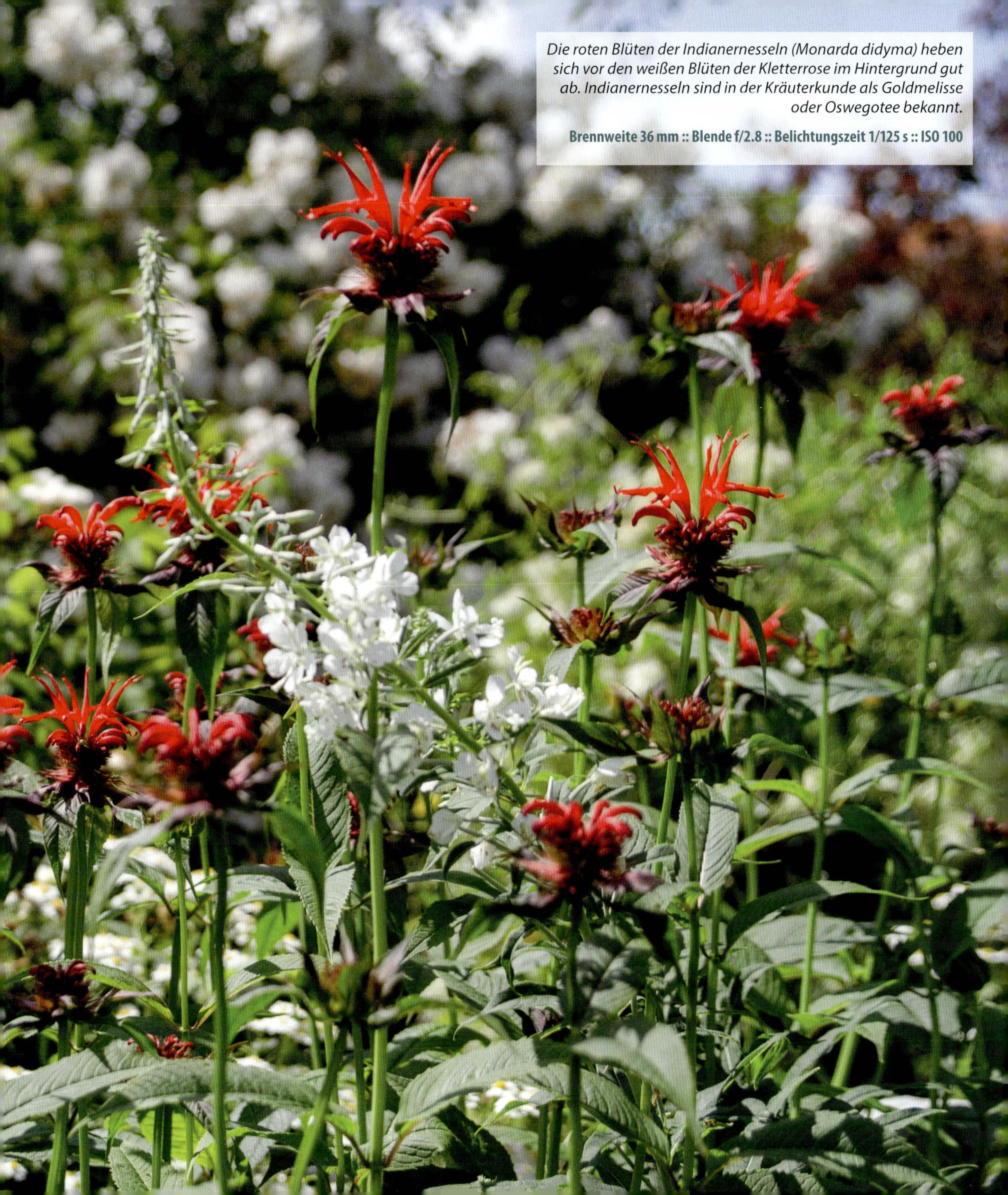

Die roten Blüten der Indianernesseln (Monarda didyma) heben sich vor den weißen Blüten der Kletterrose im Hintergrund gut ab. Indianernesseln sind in der Kräuterkunde als Goldmelisse oder Oswegotee bekannt.

Brennweite 36 mm :: Blende f/2.8 :: Belichtungszeit 1/125 s :: ISO 100

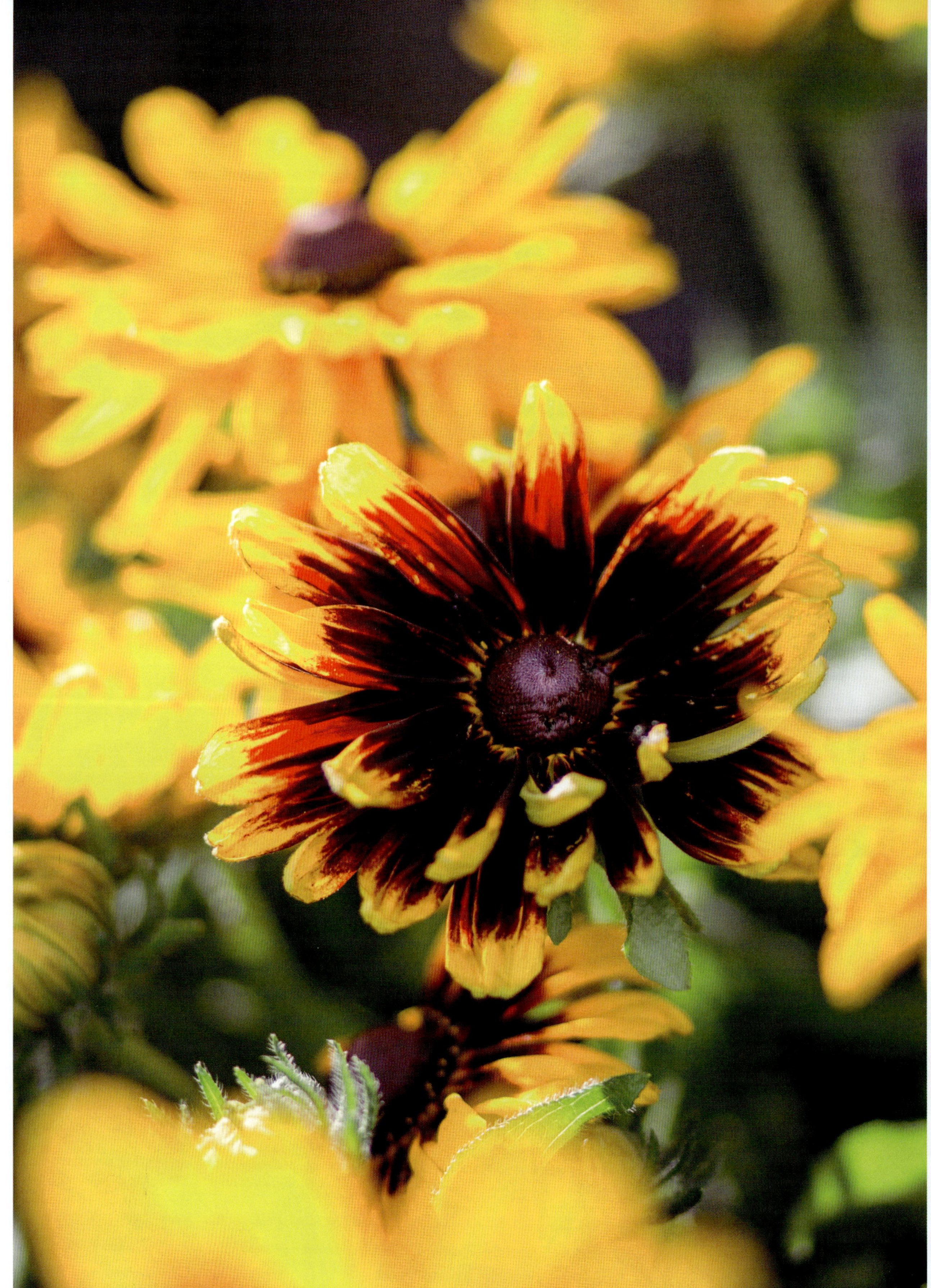

LEBENDIGER KIES- UND STEPPENGARTEN

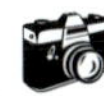

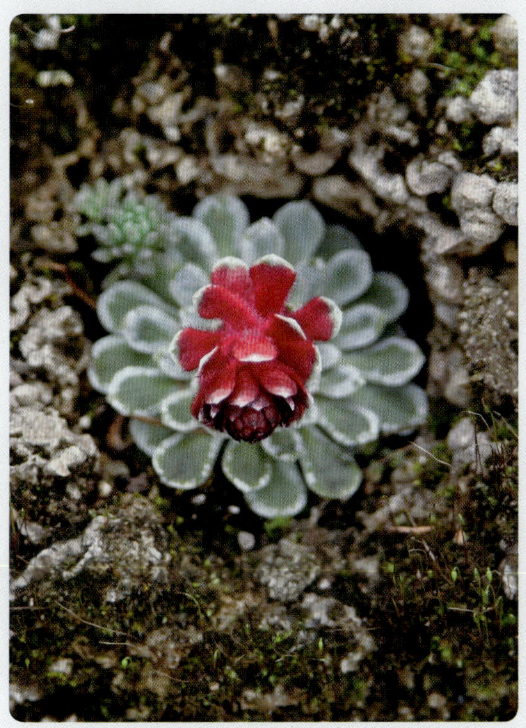

Steppe klingt nicht nach Lebensfreude. Dennoch bringt ein Kies- und Steppengarten viele Raffinessen. Die Bewohner vertragen Hitze und Trockenheit, sind sehr pflegeleicht und liegen voll im Trend. Viele moderne Häuser sind umgeben von einer Kieslandschaft, die partiell mit verschiedenen trockenheitsverträglichen Stauden und Gräsern bestückt ist. Damit kein Unkraut zwischen den Steinen wächst, schafft ein Unkrautvlies zwischen der Bodenoberfläche und den Steinen eine wirksame Barriere.

◀ *Zu den Stauden gehören auch die ganz kleinen Pflanzen aus dem Gebirge. Der Steinbrech (Saxifraga) wächst mit nur einer Rosette im Stein. Bei einer solch symmetrischen Form empfiehlt sich ein gleichmäßiger Bildaufbau.*

Brennweite 150 mm :: Blende f/5.6 ::
Belichtungszeit 1/180 s :: ISO 400

SYMMETRIE IN DER FOTOGEOMETRIE

Als Fotograf nutzt man gern den Bildaufbau nach der Drittel-Regel. Zwar ist es eine Frage des Geschmacks, jedoch bietet sich bei gleichmäßigen symmetrischen Formen die Ausrichtung auf einer Mittelachse an.

◀ *Die Hybriden des Raublättrigen Sonnenhuts (Rudbeckia hirta) fallen durch ihre schönen Blütenzeichnungen auf. In der Gartenkultur werden sie als Einjährige gehalten, sodass sie sich durch Selbstaussaat verbreiten. Das Rotbraun sticht aus dem von Gelb dominierten Bild markant heraus.*

Brennweite 85 mm :: Blende f/1.8 ::
Belichtungszeit 1/320 s :: ISO 100

FARBRÄUME

In hochwertigen Kameras ist der Farbraum wählbar, z. B. sRGB oder Adobe RGB. Er ist nur von Bedeutung, wenn im Aufnahmeformat JPEG fotografiert wird. Das RAW-Format ist nicht betroffen. Der Farbraum sRGB ist für die Bildschirmanzeige optimiert und für normale Anwendungen bestens geeignet. Adobe RGB ist ein seit den 90er-Jahren etablierter Farbraum, der die Farben am Bildschirm intensiver darstellt und bevorzugt für professionelle Druck-Erzeugnisse verwendet wird.

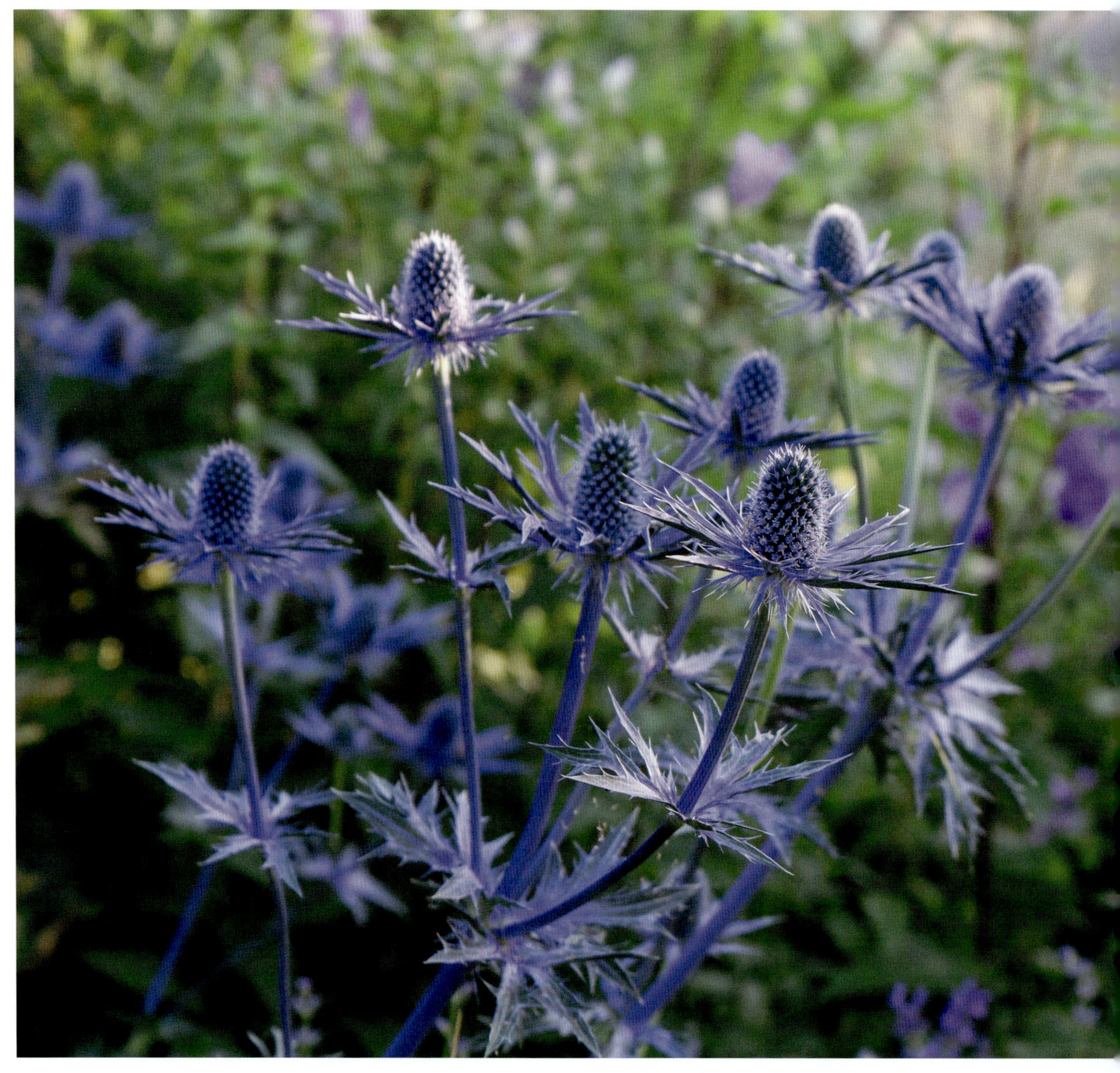

▲ *Blaue Edeldisteln (Eryngium x zabelii ›Big Blue‹) sind farbkräftige Stauden für Trockenbeete und Steppengärten. Das Stahlblau, das im späten Abendlicht metallisch wirkt, ist ein wundervoller Blickfang.*

Brennweite 55 mm :: Blende f/4.0 :: Belichtungszeit 1/400 s :: ISO 800

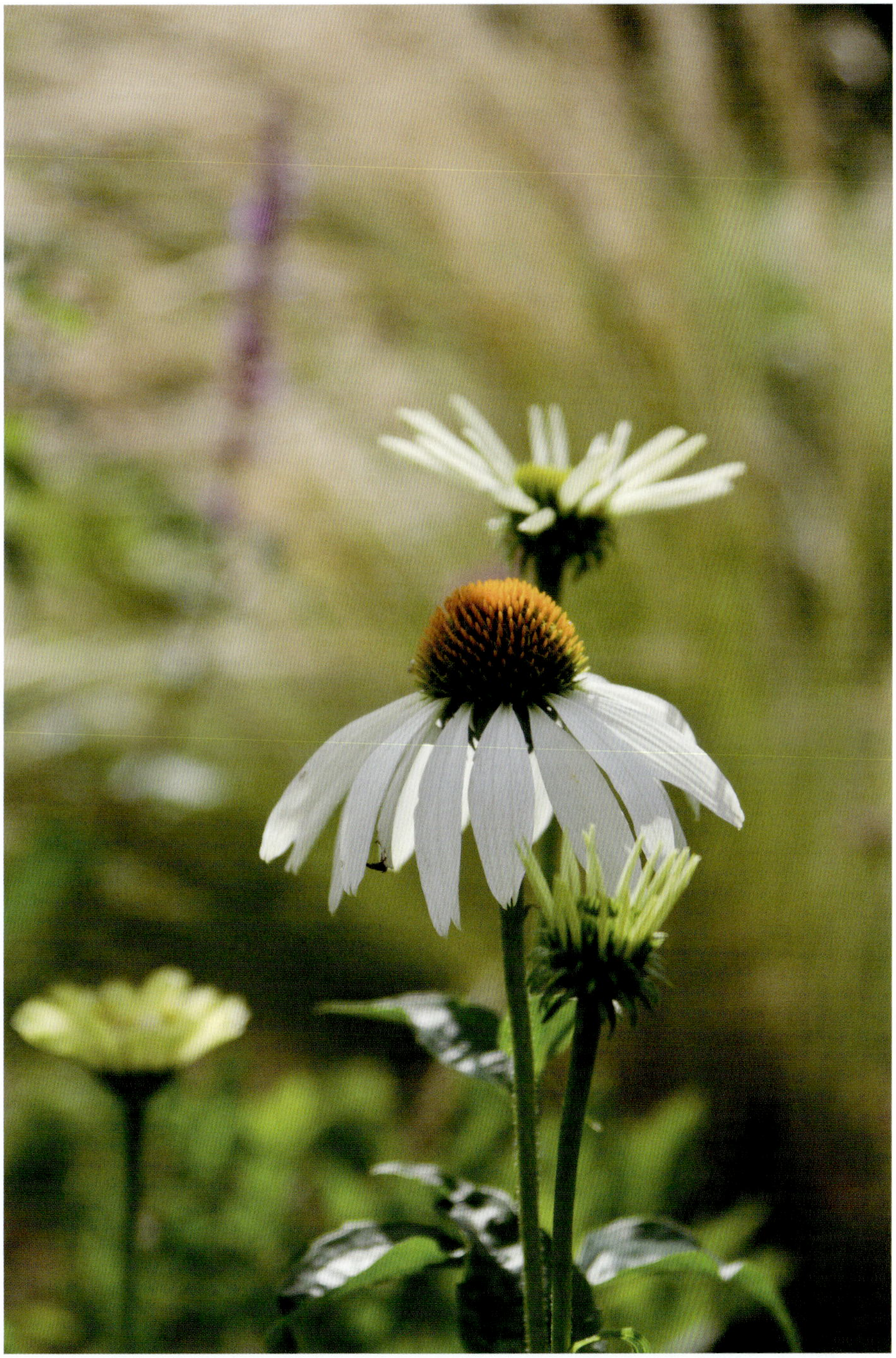

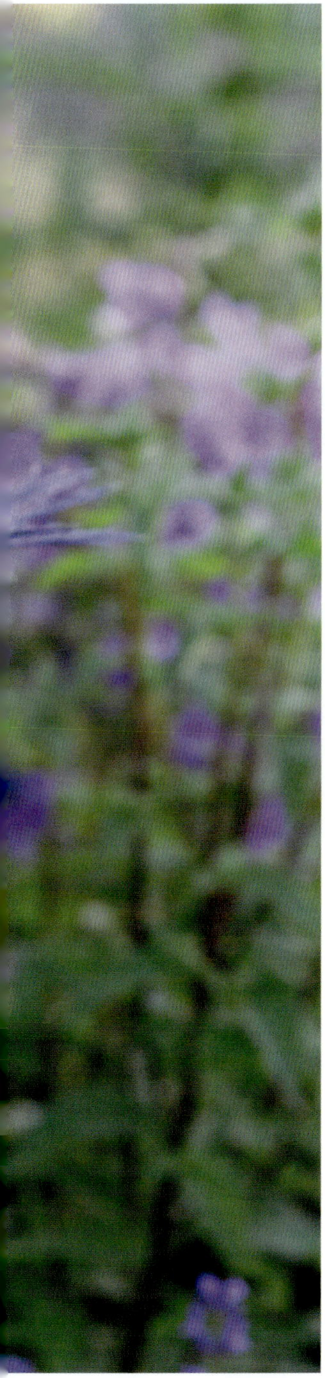

▲ *Im aufblühenden Zustand sind die Blütenblätter des Weißblühenden Purpur-Sonnenhuts ‚(Echinacea purpurea ›Alba‹) nach oben ausgerichtet. Mit dem Aufblühen nehmen sie ihre klassische Haltung ein. Es ist schön, wenn man auf Gartenfotos verschiedene Phasen von Entwicklungszuständen erkennen kann.*

Brennweite 57 mm :: Blende f/2.8 :: Belichtungszeit 1/1600 s :: ISO 100

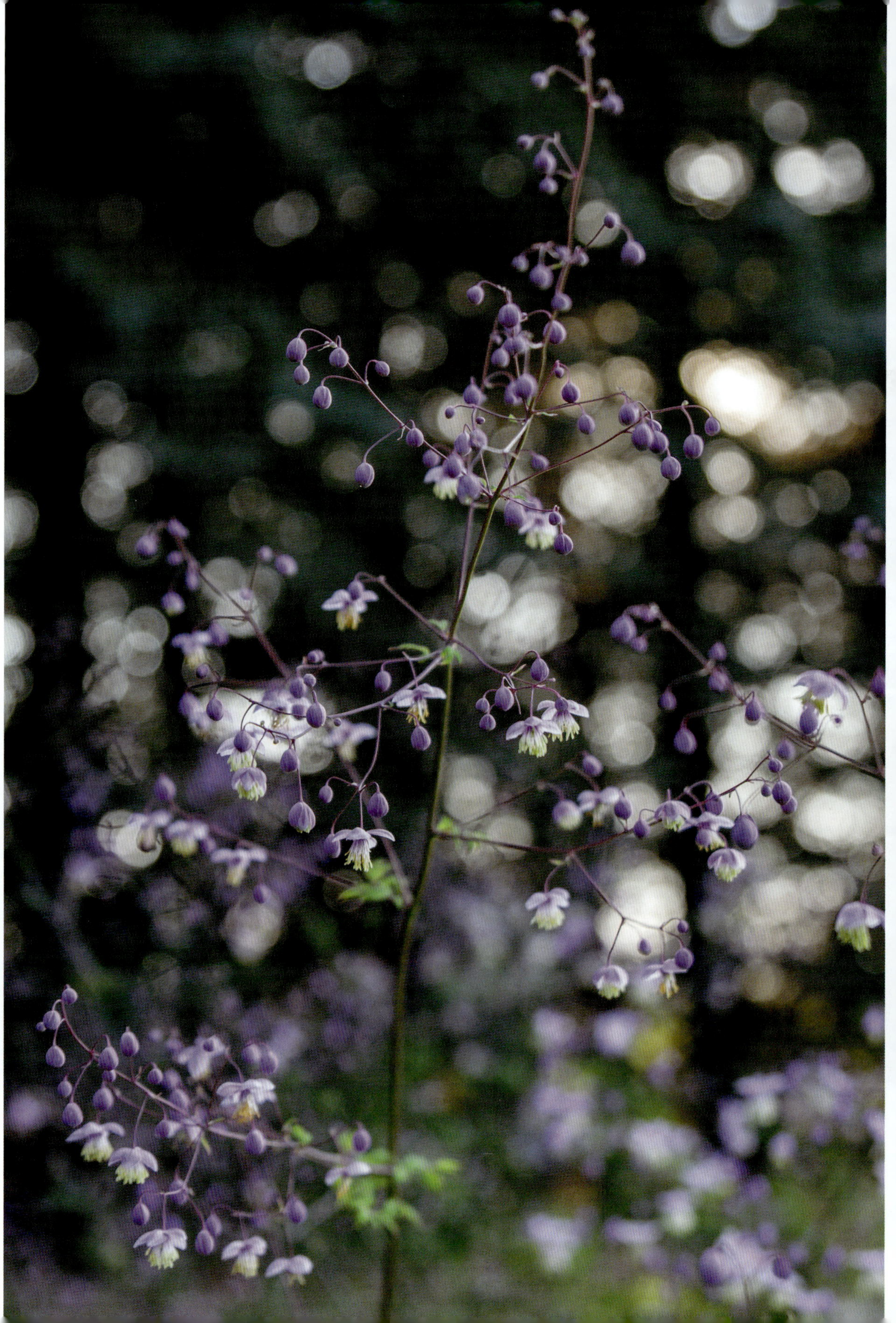

▸ *Mit der Chinesischen Wiesenraute (Thalictrum delavayi) lässt sich in der Gartenfotografie viel anstellen. Erst im tief stehenden Abendlicht dringt Sonne durch die Nadelbaumkronen und hinterlässt ein großzügiges Bokeh im Hintergrund.*

Brennweite 36 mm :: Blende f/3.2 :: Belichtungszeit 1/160 s :: ISO 100

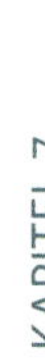

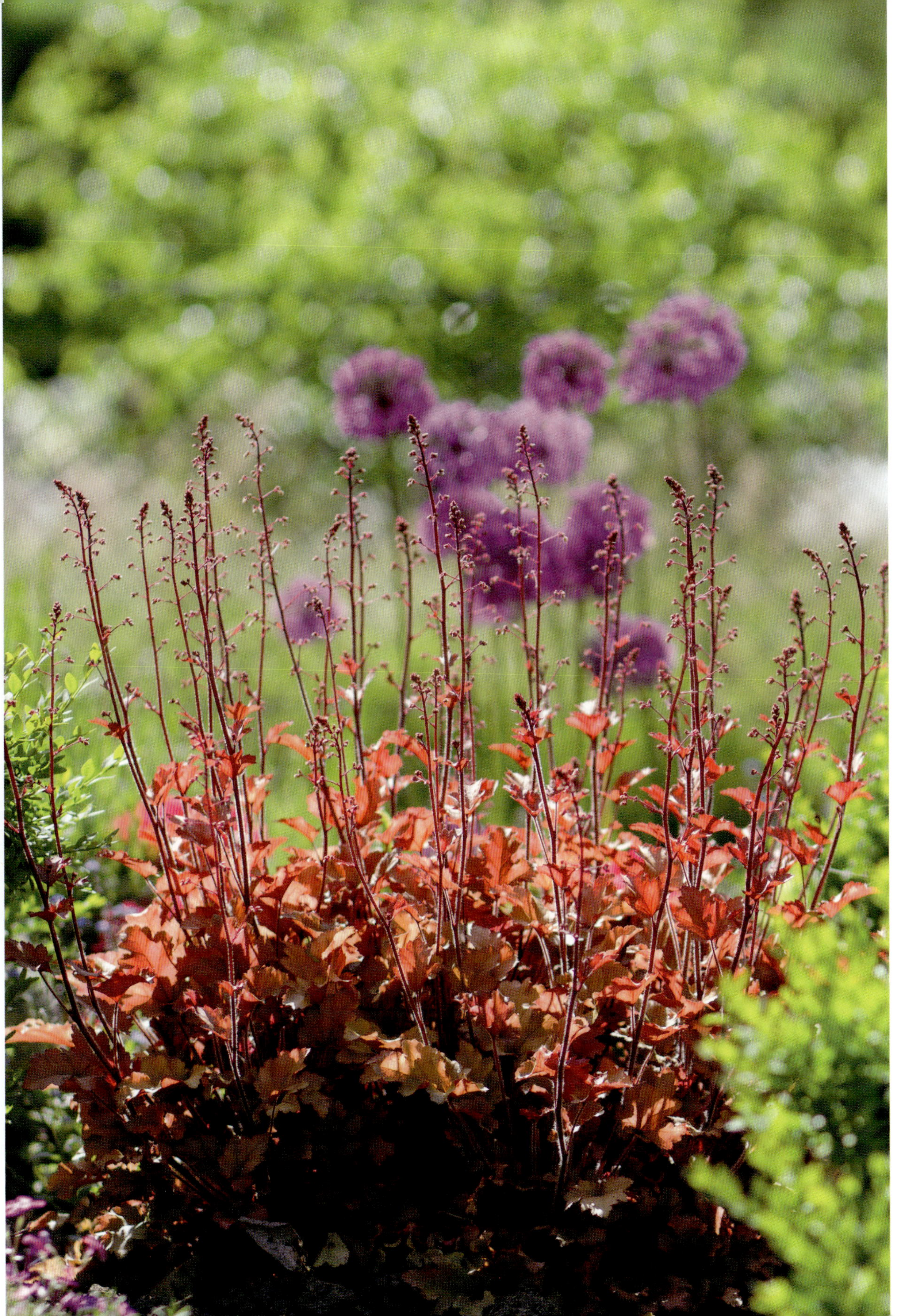

◀ *Von den Purpurglöckchen (Heuchera) gibt es heute eine kaum überschaubare Anzahl von Sorten. Ihr Laub macht primär ihren Zierwert aus. In Pflanzungen bilden sie über die gesamte Saison wundervolle Farbtupfer.*

Brennweite 85 mm :: Blende f/2.5 :: Belichtungszeit 1/1000 s :: ISO 100

VIELSEITIGE **KNOLLEN-PFLANZEN**

Ähnlich wie Stauden wachsen Knollen- und Zwiebelpflanzen im Garten mehrjährig. Der Spross treibt im Frühjahr aus dem Speicherorgan und sprintet schon nach kurzer Zeit zur Blüte. Dieses spezielle Wachstumsverhalten verkürzt die Vegetationszeit, sodass sich die Pflanzen nach der Blüte schon wieder zurückziehen.

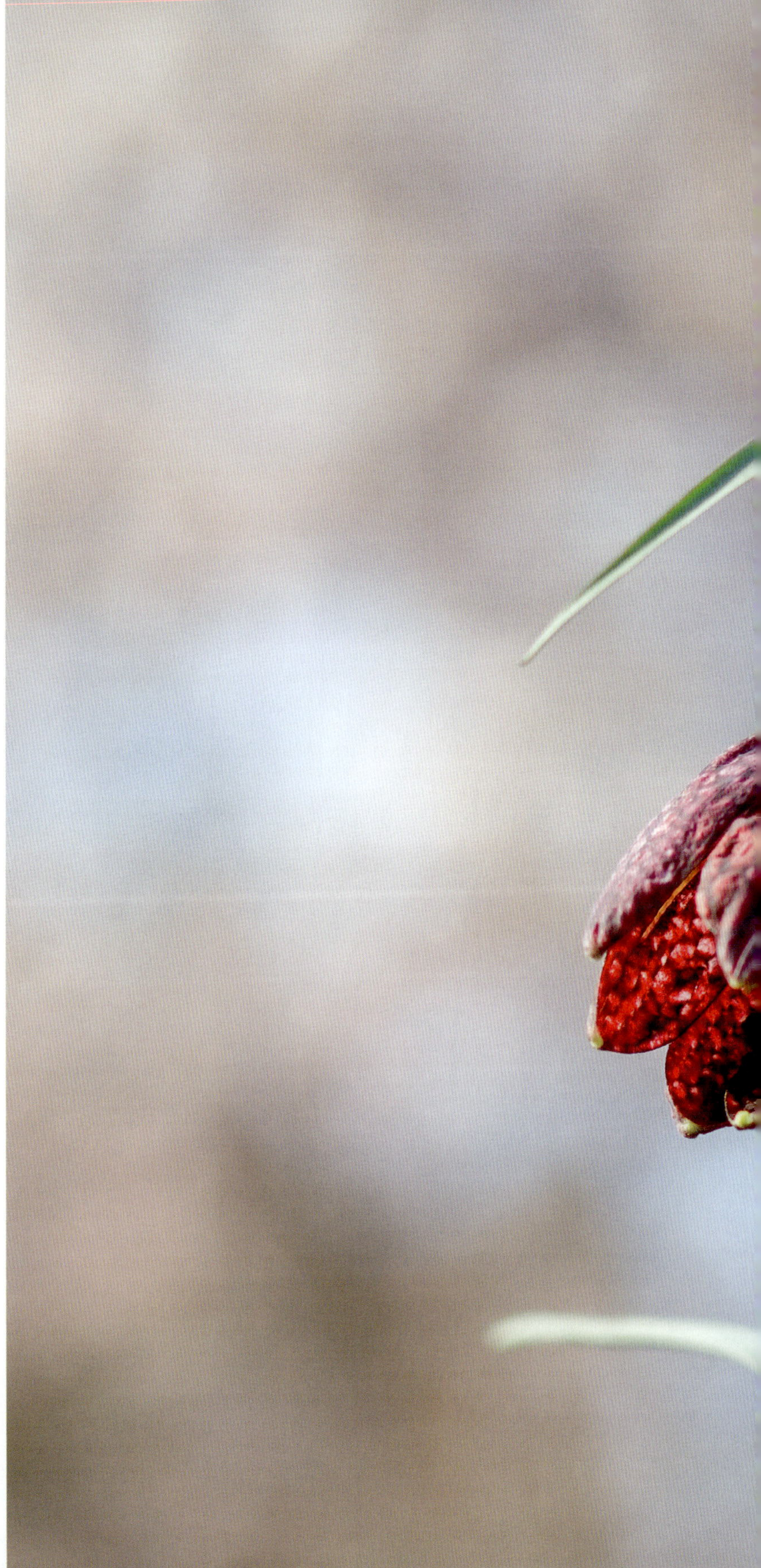

▸ *Eine blühende Nelkenkirsche (Prunus serrulata) bildet einen farblichen Hintergrund, auf dem sich die Schachbrettblume (Fritillaria meleagris) in stolzer Pose präsentiert.*

Brennweite 85 mm :: Blende f/3.2 :: Belichtungszeit 1/400 s :: ISO 100

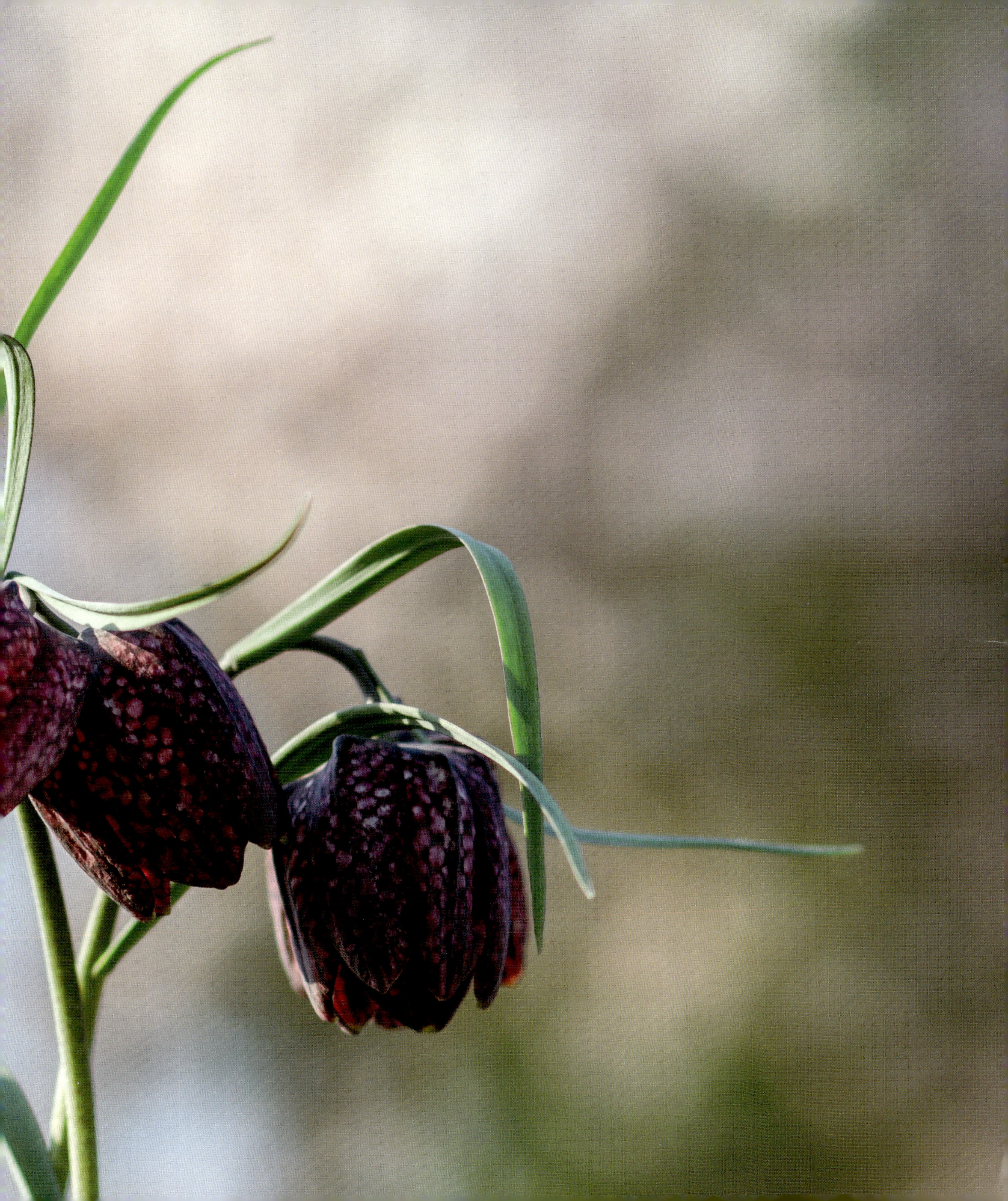

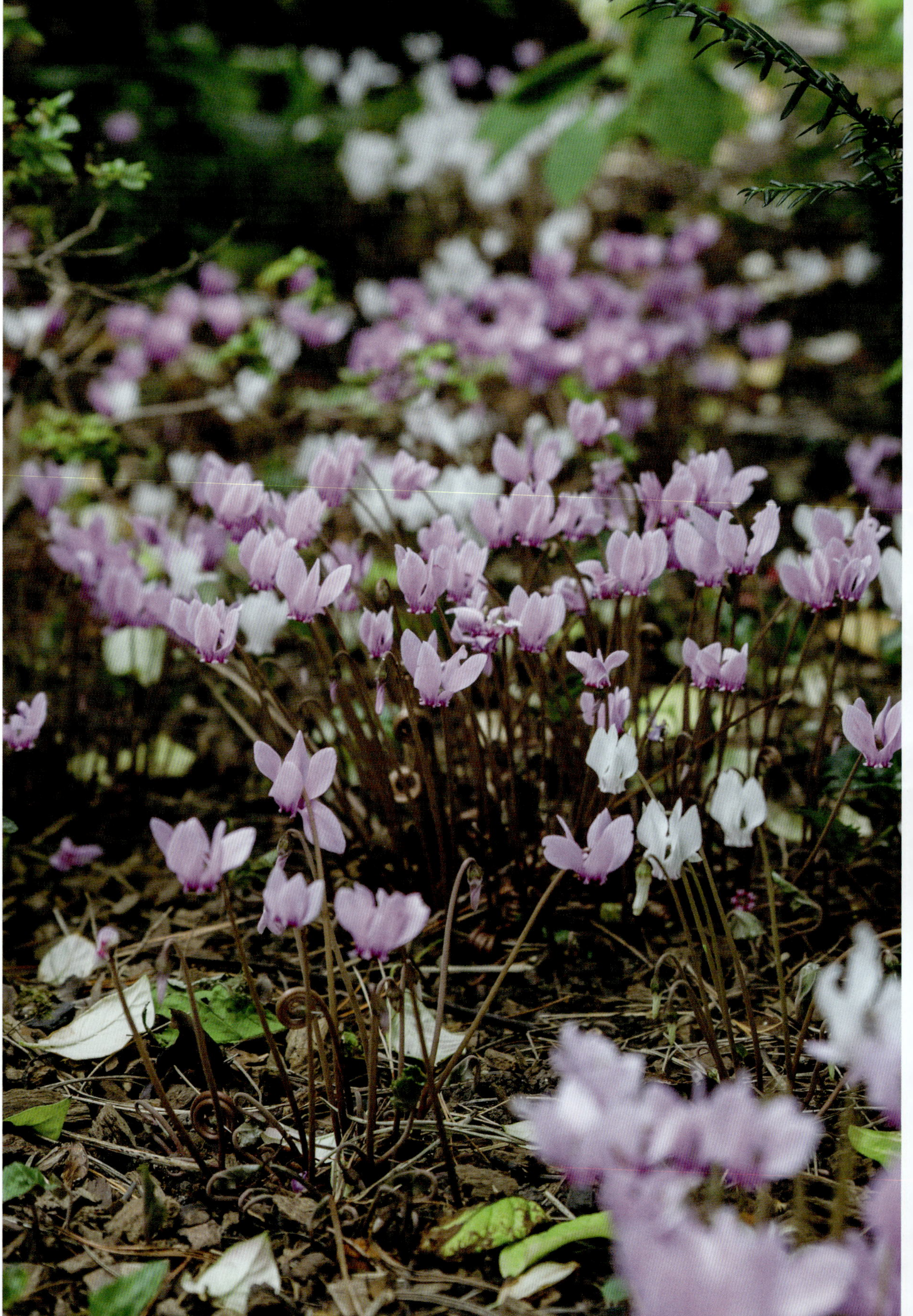

▸ *Herbstblühende Freiland-Alpenveilchen (Cyclamen hederifolium) wachsen unter Sträuchern im Halbschatten. Diese dunklen Bereiche verlangen in der Regel längere Belichtungszeiten und die Verwendung eines Stativs.*

Brennweite 46 mm :: Blende f/3.5 :: Belichtungszeit 1/80 s :: ISO 500

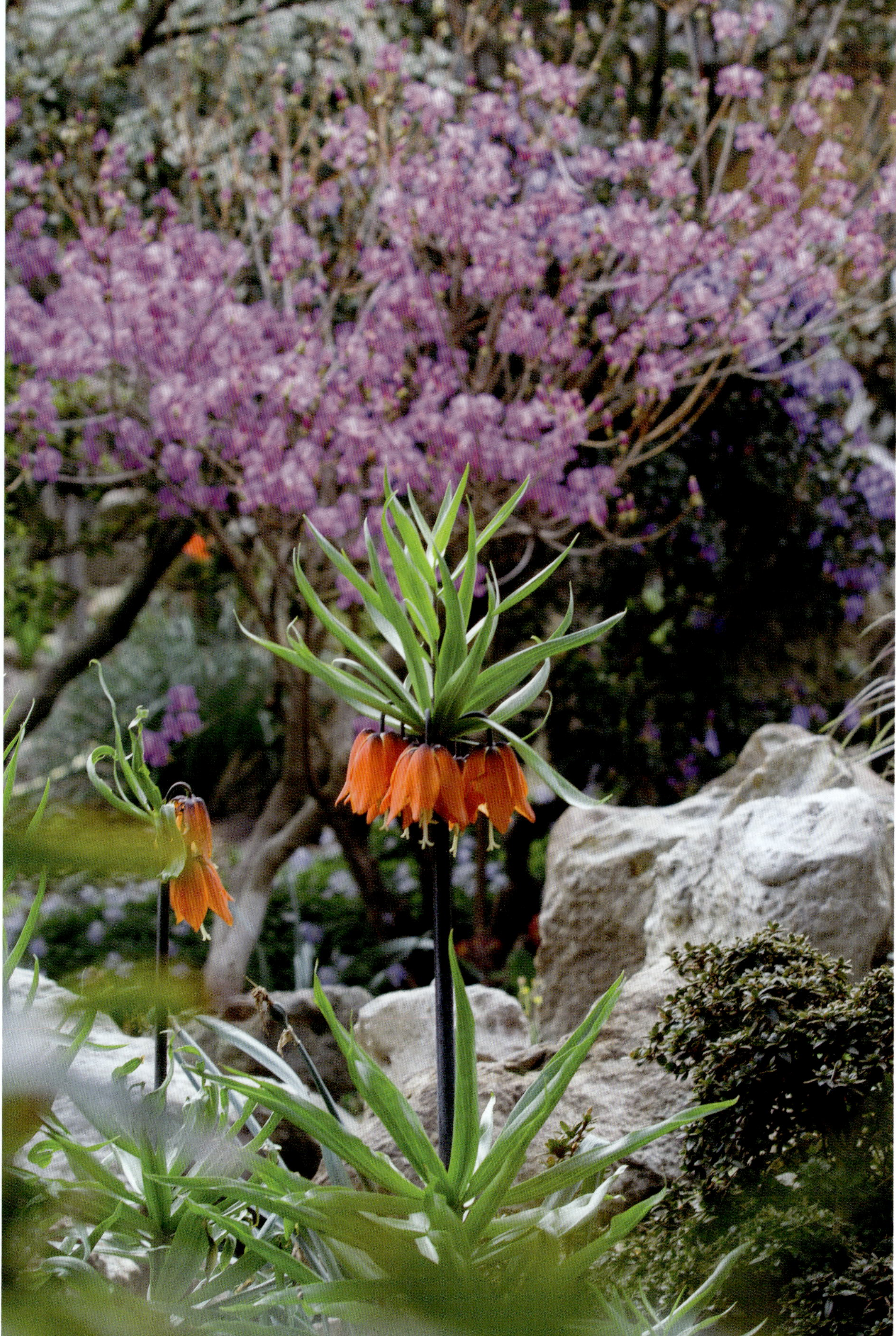

◀ *Die Kaiserkrone (Fritillaria imperialis) hat zwischen den Gehölzen einen Einzelstand, sodass sie sich nach allen Seiten gut abheben kann. Besonders attraktiv ist das Merkmal des dunklen Blütenstiels.*

Brennweite 70 mm :: Blende f/5.6 :: Belichtungszeit 1/125 s :: ISO 160

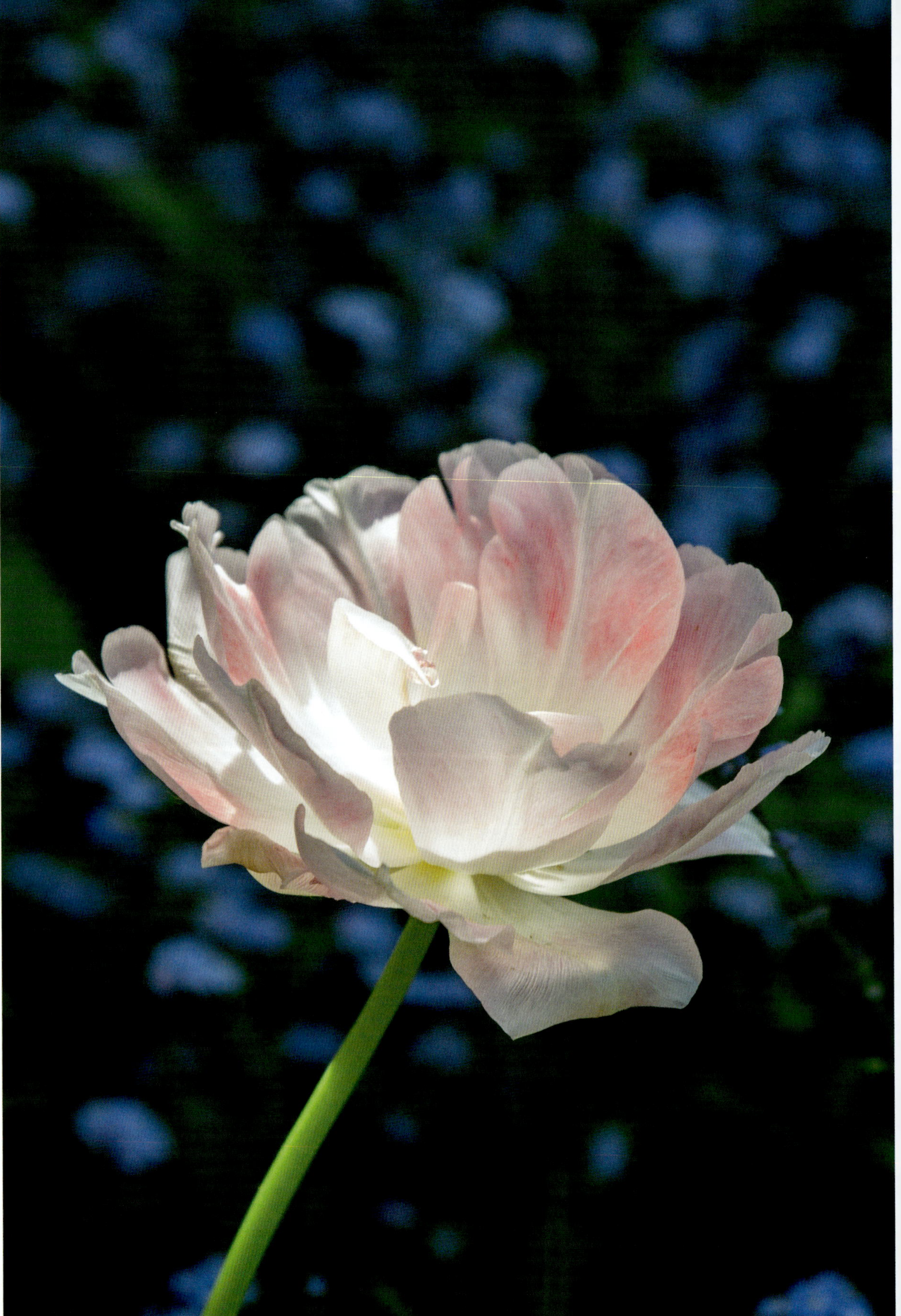

▸ *Mit einem Reflektor wurde die Tulpenblüte im Schatten gezielt ausgeleuchtet. Durch die Helligkeitsdifferenz zum Vergissmeinnicht kommt die Tulpe ideal zur Geltung.*

Brennweite 70 mm :: Blende f/4.0 :: Belichtungszeit 1/125 s :: ISO 320

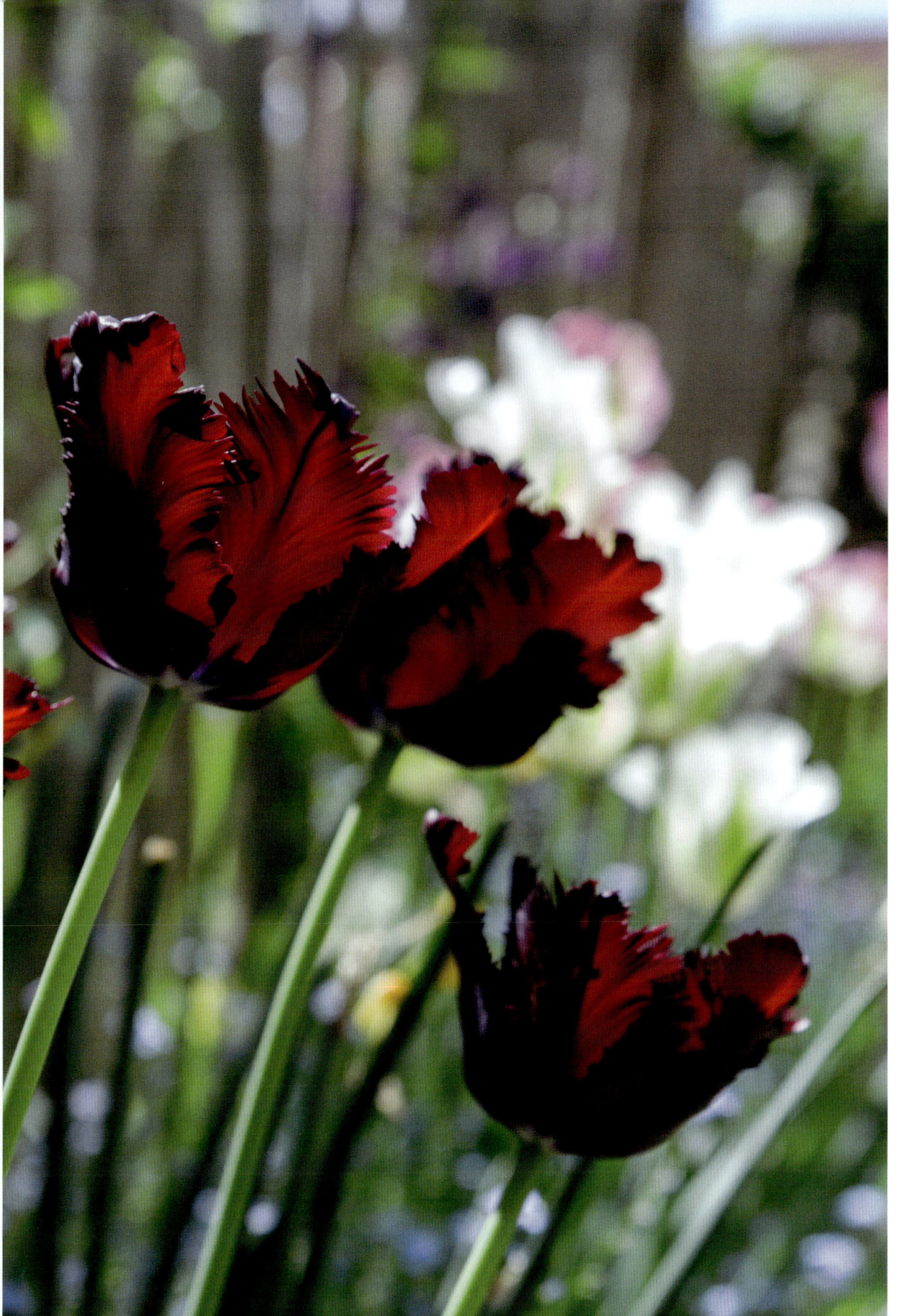

◀ *Erst im Gegenlicht offenbaren die Blüten dieser Tulpensorte, dass sie eigentlich rot sind. Im normalen Tageslicht wirken sie fast schwarz. Das Gegenlicht macht zudem die Texturen in der Blüte sichtbar.*

Brennweite 55 mm :: Blende f/4.5 :: Belichtungszeit 1/100 s :: ISO 320

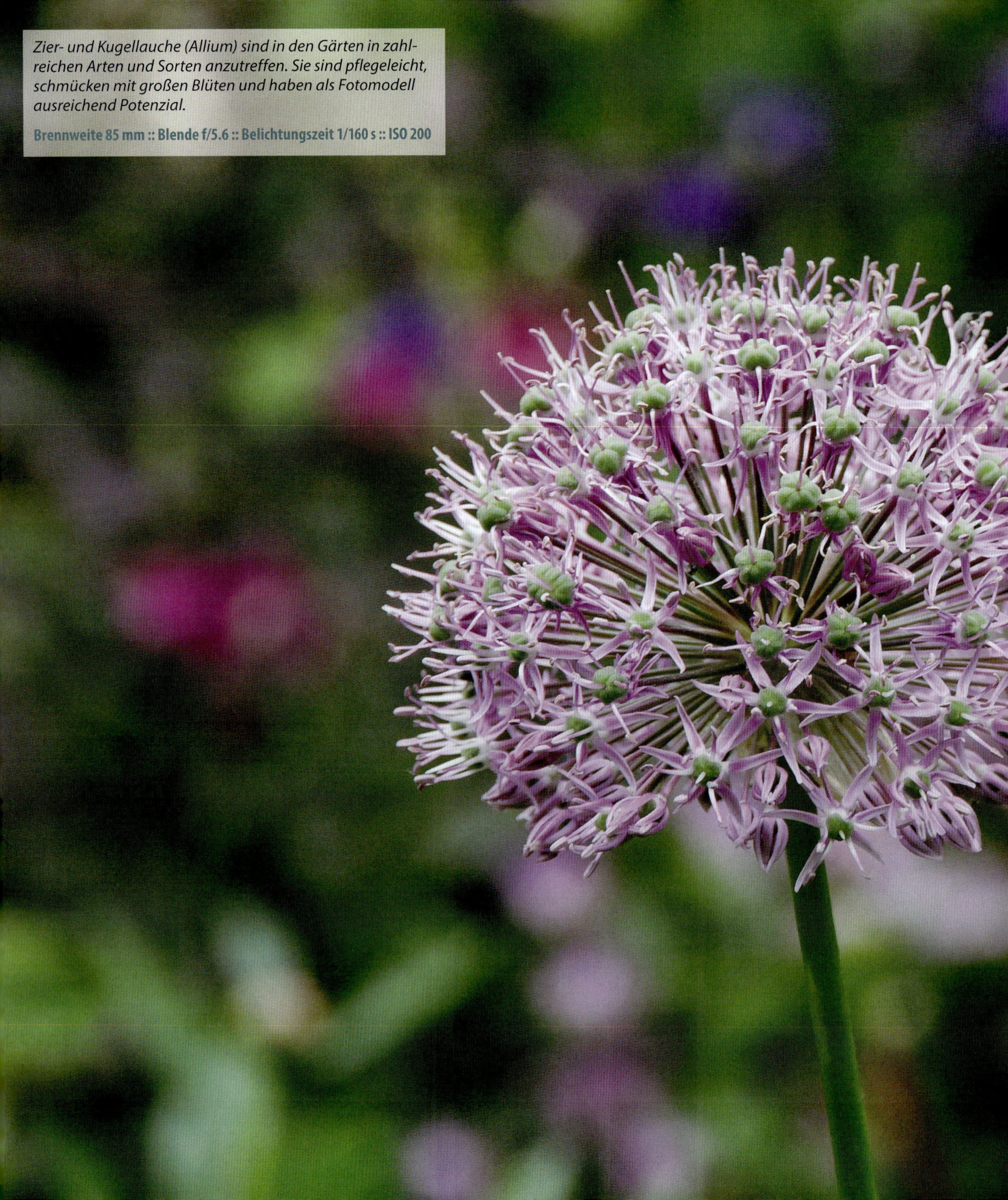

Zier- und Kugellauche (Allium) sind in den Gärten in zahlreichen Arten und Sorten anzutreffen. Sie sind pflegeleicht, schmücken mit großen Blüten und haben als Fotomodell ausreichend Potenzial.

Brennweite 85 mm :: Blende f/5.6 :: Belichtungszeit 1/160 s :: ISO 200

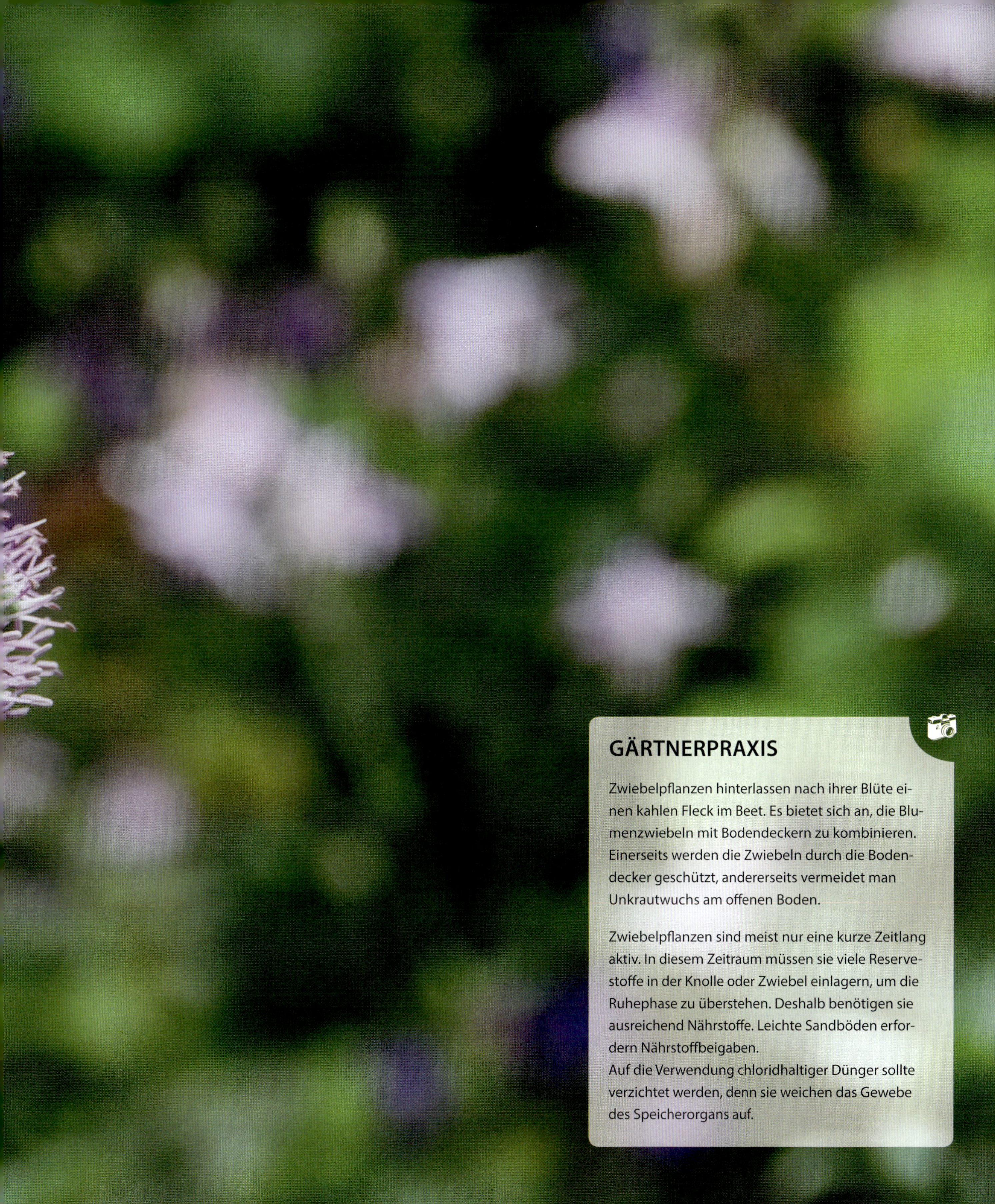

GÄRTNERPRAXIS

Zwiebelpflanzen hinterlassen nach ihrer Blüte einen kahlen Fleck im Beet. Es bietet sich an, die Blumenzwiebeln mit Bodendeckern zu kombinieren. Einerseits werden die Zwiebeln durch die Bodendecker geschützt, andererseits vermeidet man Unkrautwuchs am offenen Boden.

Zwiebelpflanzen sind meist nur eine kurze Zeitlang aktiv. In diesem Zeitraum müssen sie viele Reservestoffe in der Knolle oder Zwiebel einlagern, um die Ruhephase zu überstehen. Deshalb benötigen sie ausreichend Nährstoffe. Leichte Sandböden erfordern Nährstoffbeigaben.
Auf die Verwendung chloridhaltiger Dünger sollte verzichtet werden, denn sie weichen das Gewebe des Speicherorgans auf.

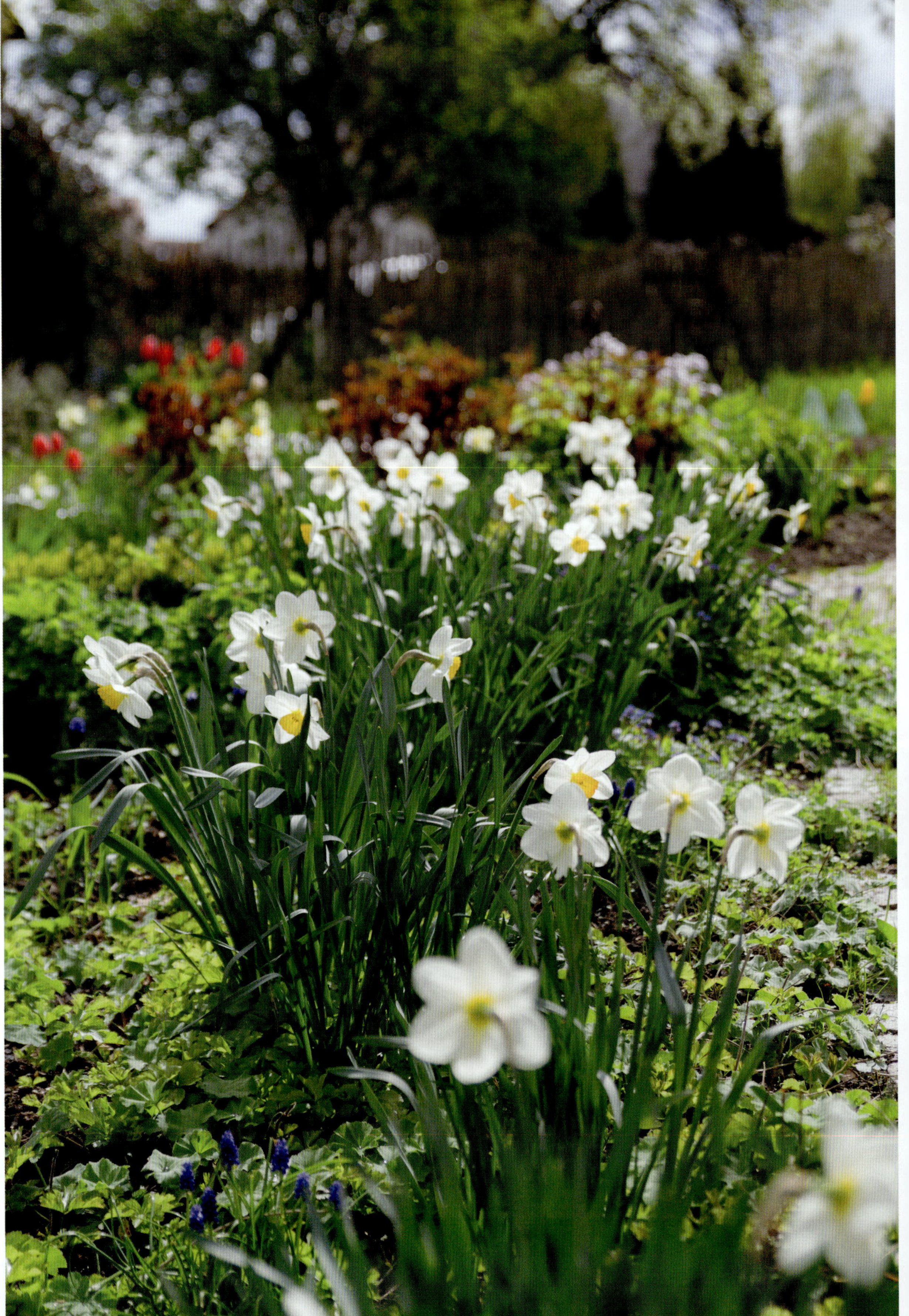

▸ *Narzissen (Narcissus) sind frühjahrsblühende Zwiebeln und werden gern als Schnittblumen verwendet. Ihr optisch markantes Merkmal sind ihre großen Blüten, die je nach Sorte unterschiedlich gefärbt sein können.*

Brennweite 45 mm :: Blende f/2.8 :: Belichtungszeit 1/250 s :: ISO 100

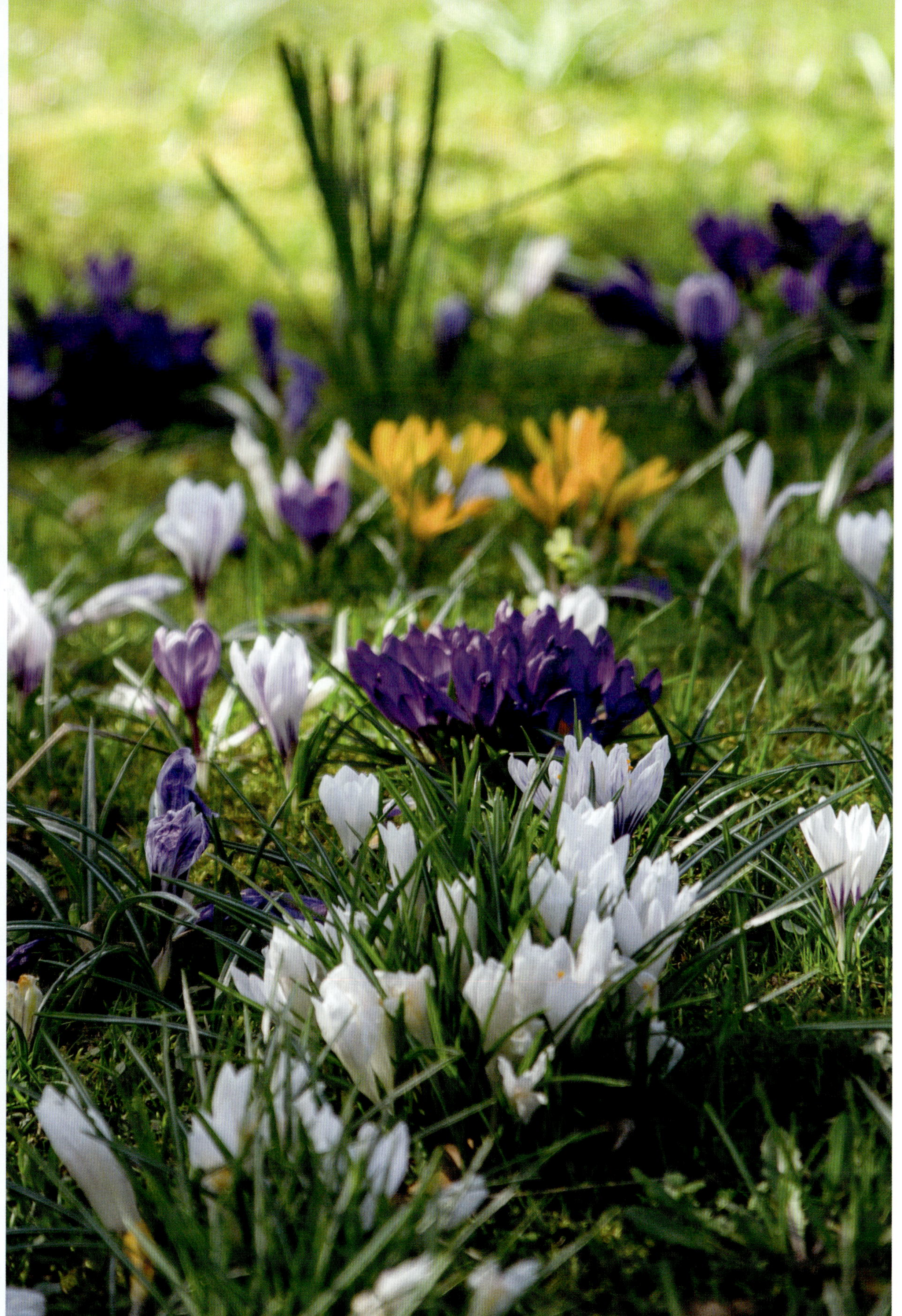

◀ *Krokusse (Crocus) sind die Frühjahrsboten schlechthin. Ihre bunten Blüten läuten den Frühling ein. Damit sie dem Garten auch lange treu bleiben, ist es ratsam, sie vor Mäusen zu schützen.*

Brennweite 67 mm :: Blende f/2.8 :: Belichtungszeit 1/250 s :: ISO 100

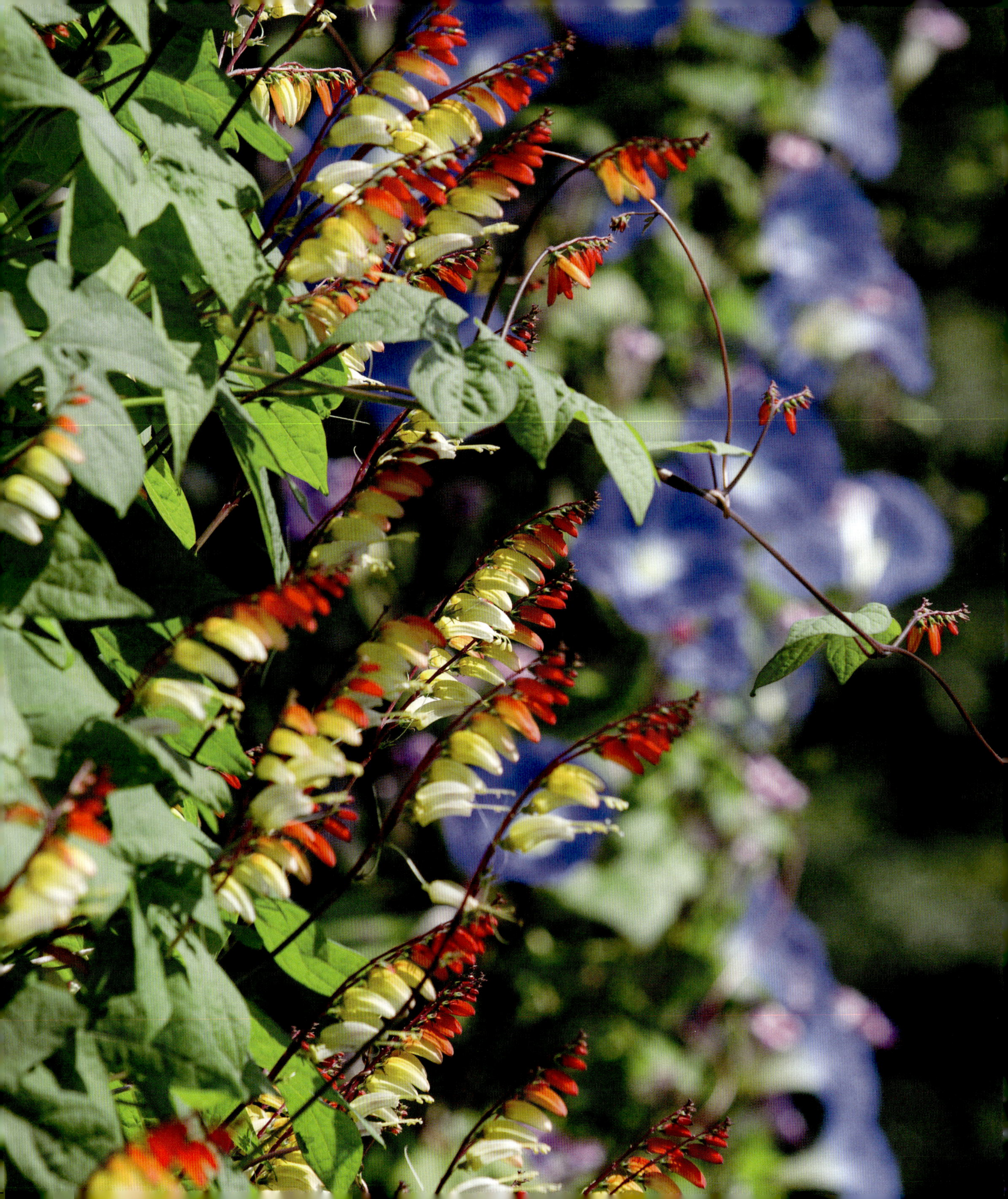

KLIMMENDE
KLETTERKÜNSTLER

Unter den Gartenbewohnern gibt es sowohl einjährige als auch mehrjährige Pflanzen, die hoch hinaus wollen. Sie erklimmen Spaliere, Pergolen oder jede andere Kletterhilfe. Im Fotogarten dienen Gerüste als Abgrenzung bzw. Sichtbarriere zwischen unterschiedlichen Gartenbereichen. Ein alter, abgestorbener Obstbaum kann zum Klettergerüst für klimmende Pflanzen umfunktioniert werden. Im Einzelstand (Solitär) bildet ein Aufbau aus altem Holz und kletterwilliger Pflanze einen außergewöhnlichen Blickfang im Garten.

Nahezu jeder Garten enthält Gitter, Spaliere, Pergolen oder andere Einrichtungen, die von klimmenden Pflanzen als Klettersteig genutzt werden können. Kletternde oder windende Pflanzen lassen sich als blühender Sichtschutz verwenden. Aus Fotografensicht werden Kletterpflanzen zum Begrünen oder zum Verdecken von weniger reizvollem Hintergrund verwendet.

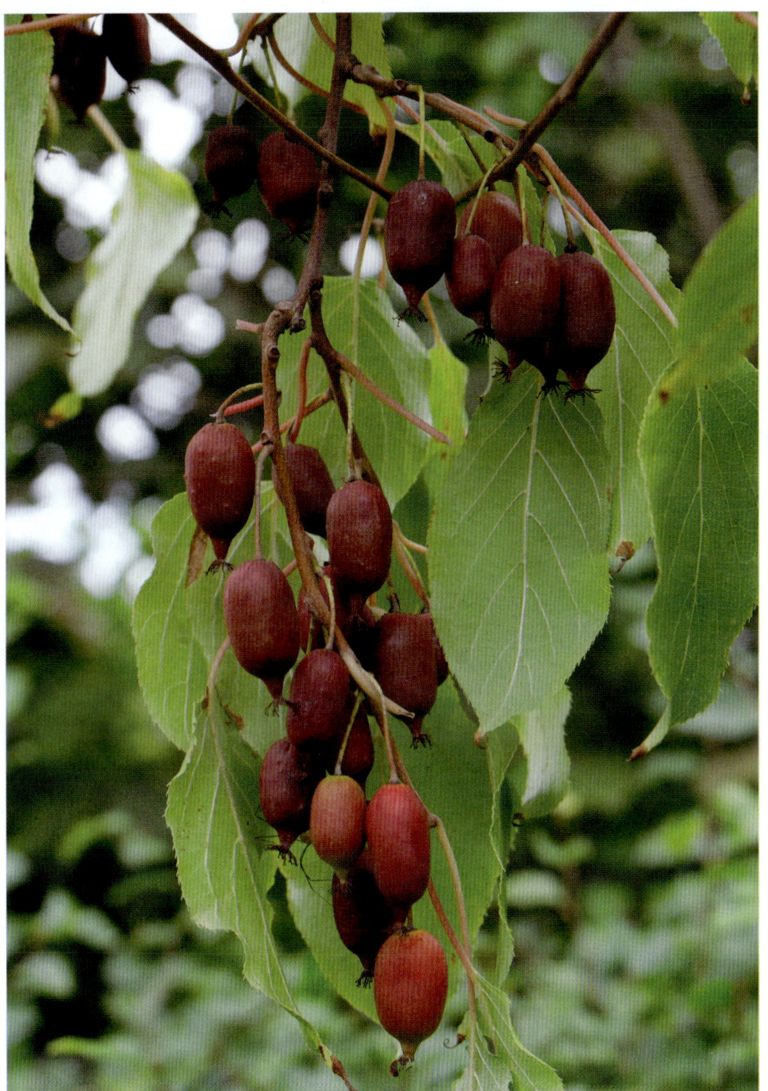

▲ *Kiwis (Actinidia) können als Kletterobst bezeichnet werden. Ihre süßen Früchte erscheinen im Herbst, bei dieser seltenen Sorte sind die Früchte sogar rot. Fotografisch sind sie eine Herausforderung, denn die Früchte sind häufig von Blättern verdeckt.*

Brennweite 36 mm :: Blende f/3.2 :: Belichtungszeit 1/250 s :: ISO 400

◀ *Die Sternwinde (Ipomoea lobata) wird als einjährige Kletterpflanze kultiviert und erklimmt bis zum Sommer problemlos 2,5 Meter und mehr. Die rot-gelben Blüten erinnern an die spanische Fahne, englische Gärtner bezeichnen sie deshalb auch als »Spanish Flag«. Die Leuchtkraft wird durch das schattierte Blau der anverwandten Prunkwinde (Ipomoea tricolor) zusätzlich verstärkt.*

Brennweite 150 mm :: Blende f/5.0 :: Belichtungszeit 1/500 s :: ISO 100

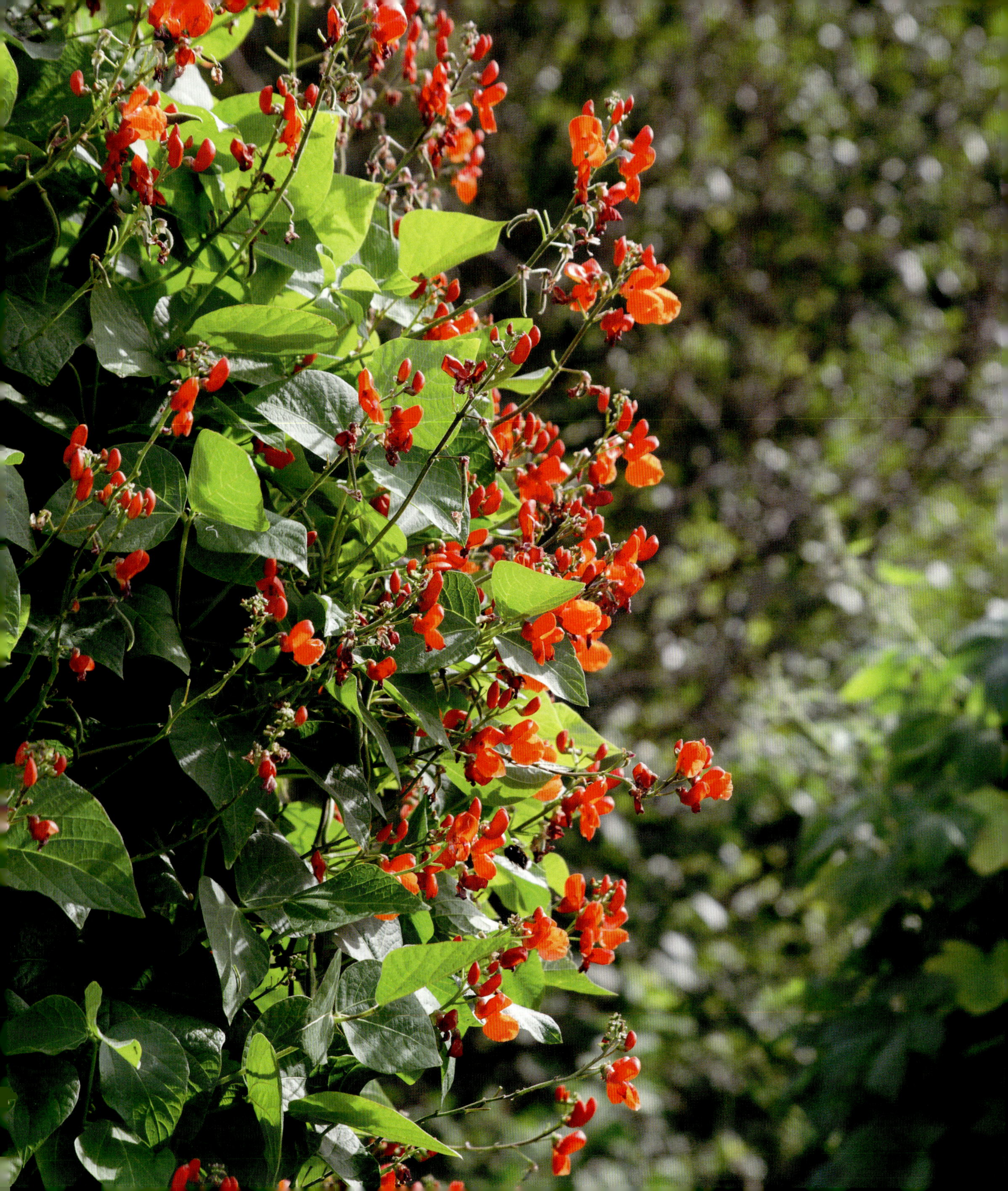

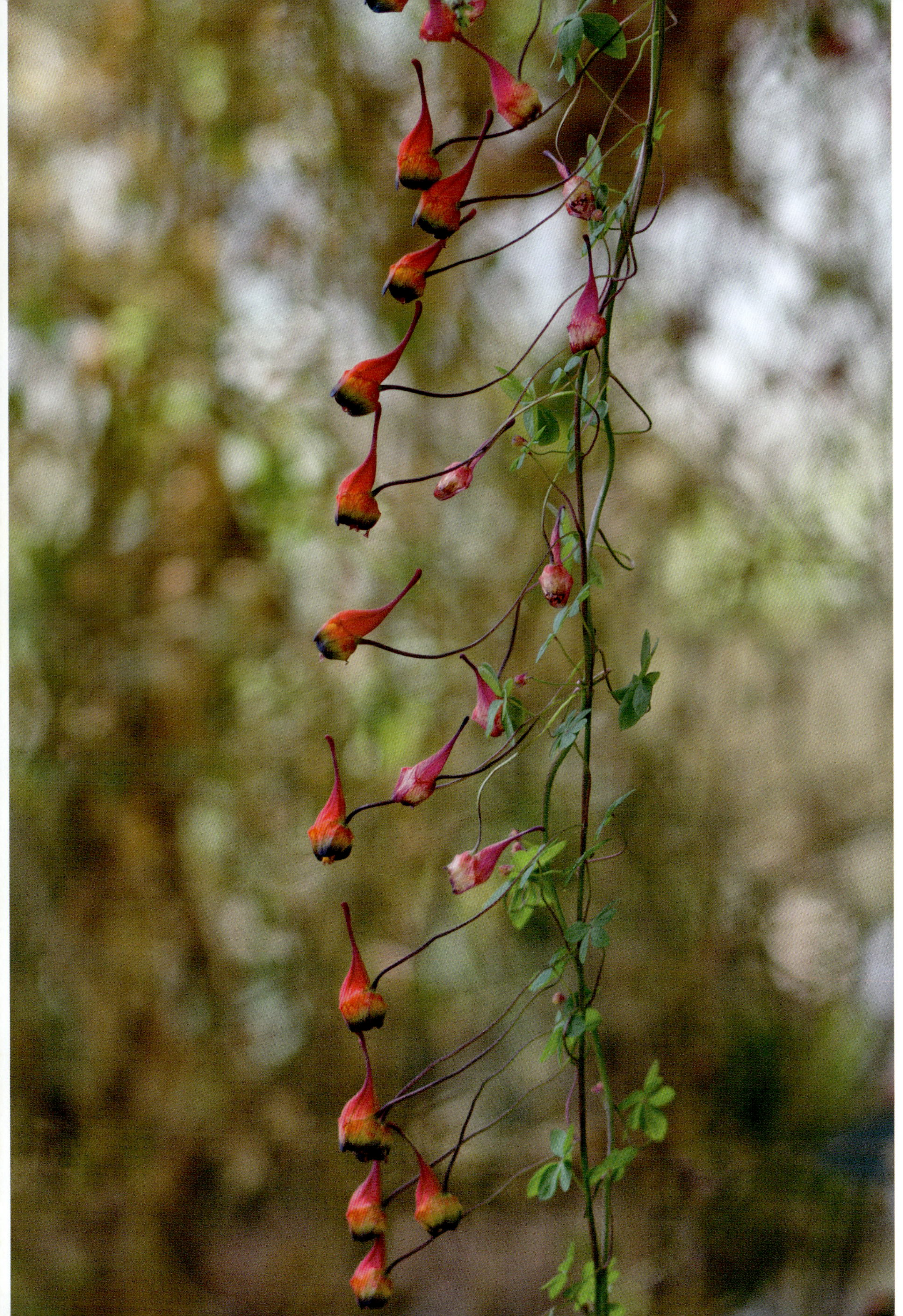

◀ *Außergewöhnlich ist die Dreifarbige Kapuzinerkresse (Tropaeolum tricolor). Die Kletterpflanze aus Südamerika bildet Knollen und blüht schon im April noch im Winterquartier.*

Brennweite 85 mm :: Blende f/2.8 :: Belichtungszeit 1/320 s :: ISO 100

◀ *S.234: Feuerbohnen (Phaseolus coccineus) sind Einjährige mit schöner roter Blütenpracht. Sie bekleiden den ganzen Sommer über wirkungsvoll Spaliere und schaffen dekorative Hintergründe.*

Brennweite 58 mm :: Blende f/4.0 :: Belichtungszeit 1/250 s :: ISO 100

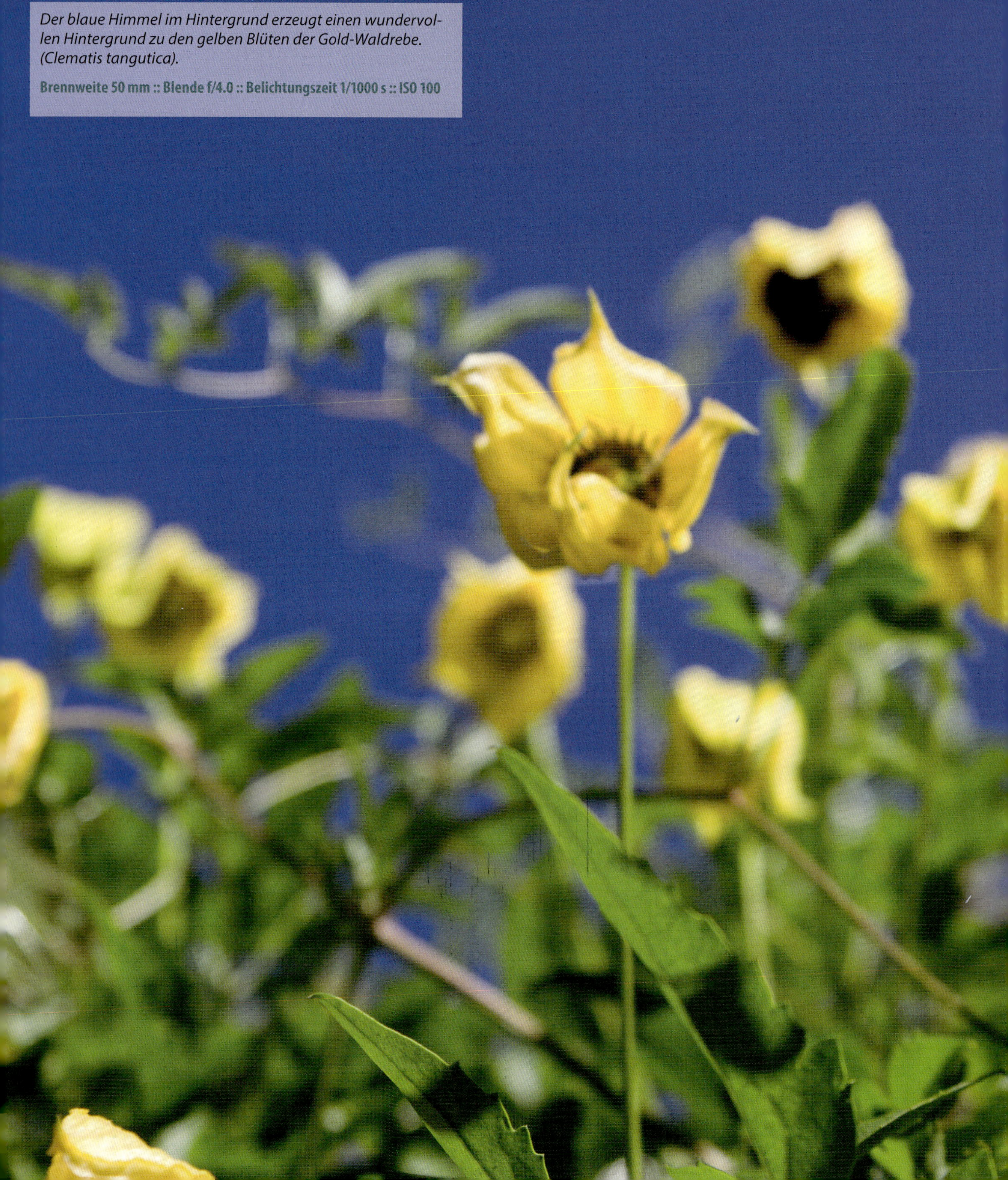

Der blaue Himmel im Hintergrund erzeugt einen wundervollen Hintergrund zu den gelben Blüten der Gold-Waldrebe. (Clematis tangutica).

Brennweite 50 mm :: Blende f/4.0 :: Belichtungszeit 1/1000 s :: ISO 100

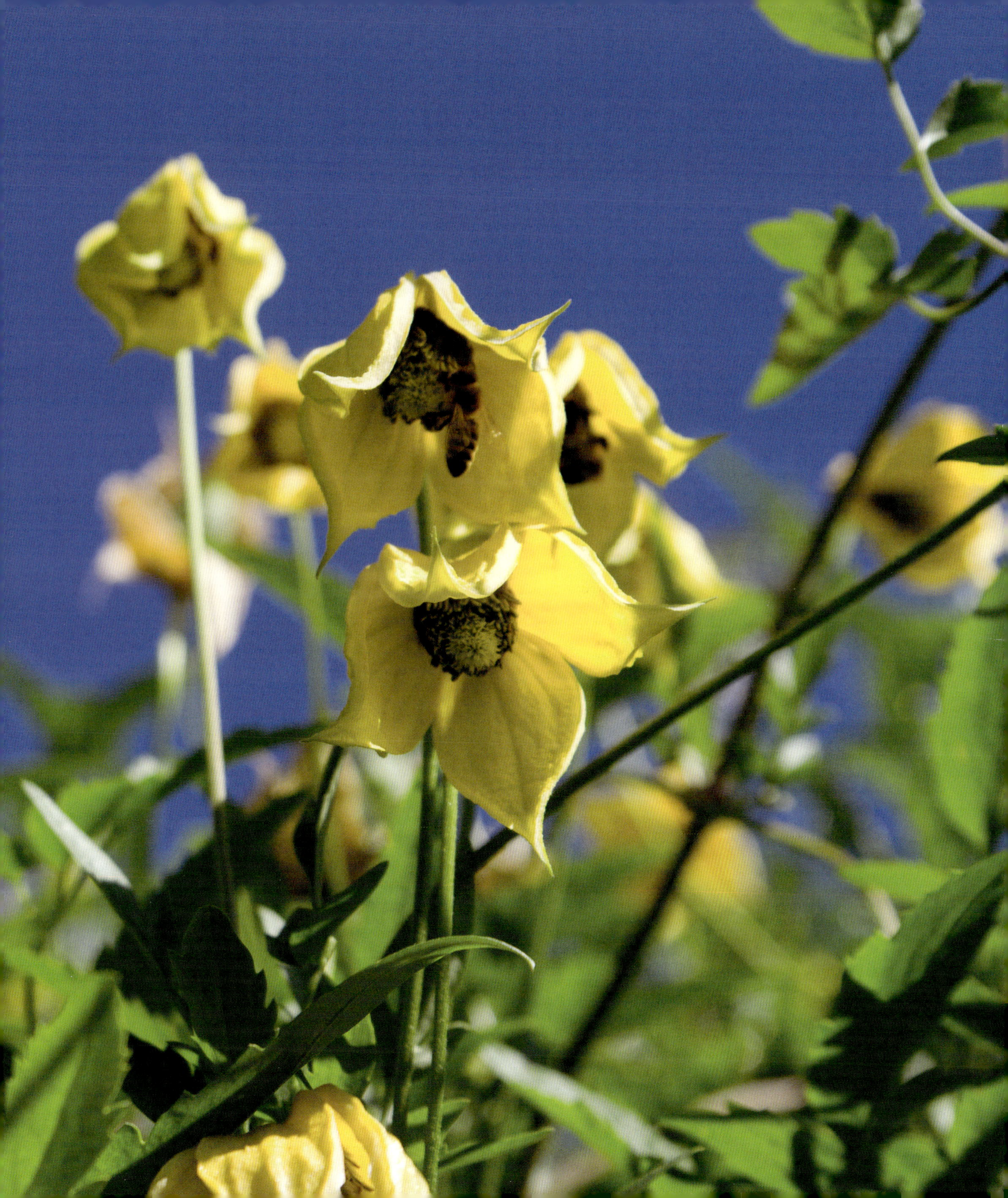

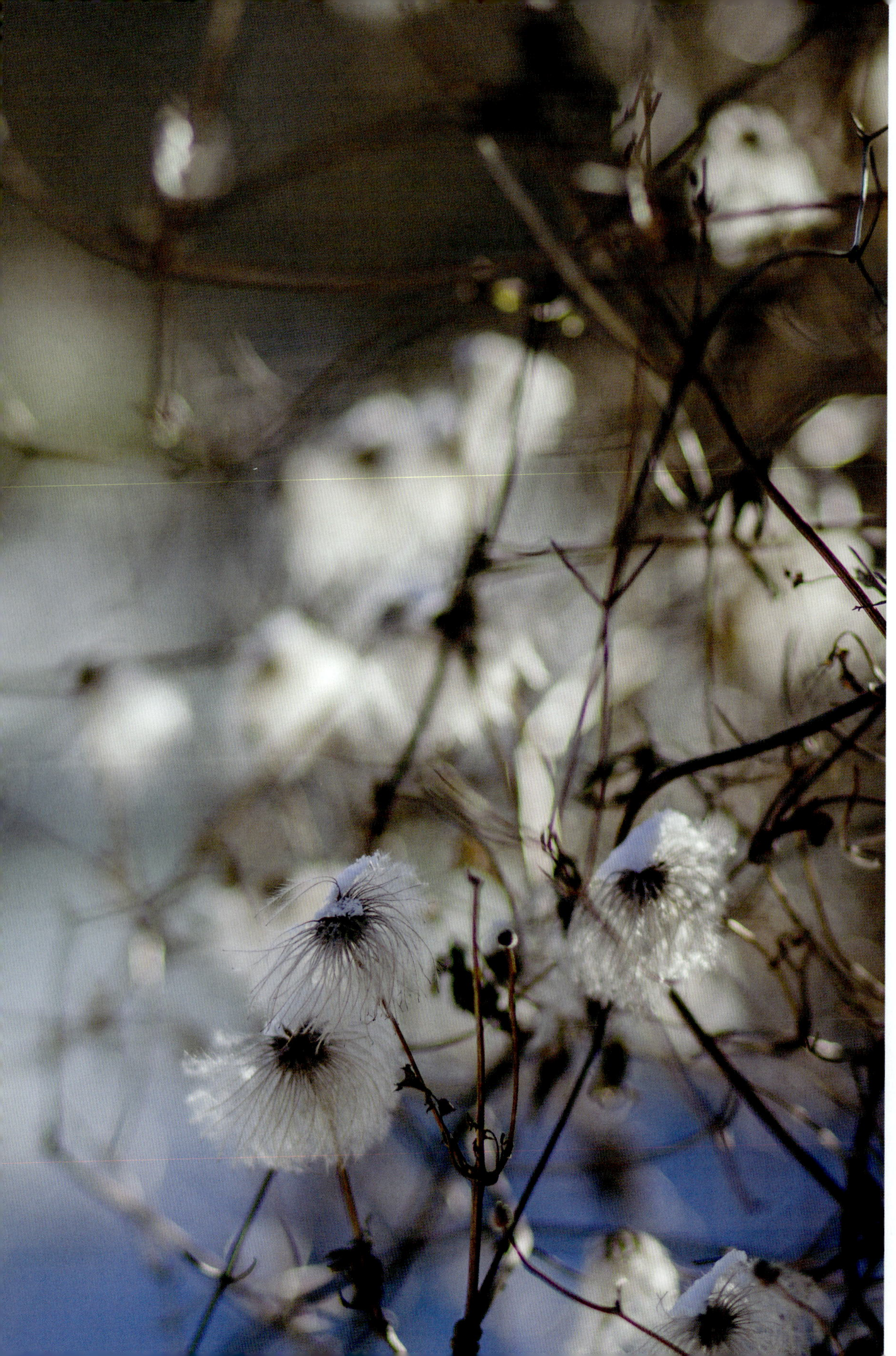

◂ *Die Samenstände der Waldrebe (Clematis) verbleiben den ganzen Winter an der Pflanze, an der sie schöne Ansichten bieten.*

Brennweite 85 mm :: Blende f/2.0 :: Belichtungszeit 1/2500 s :: ISO 100

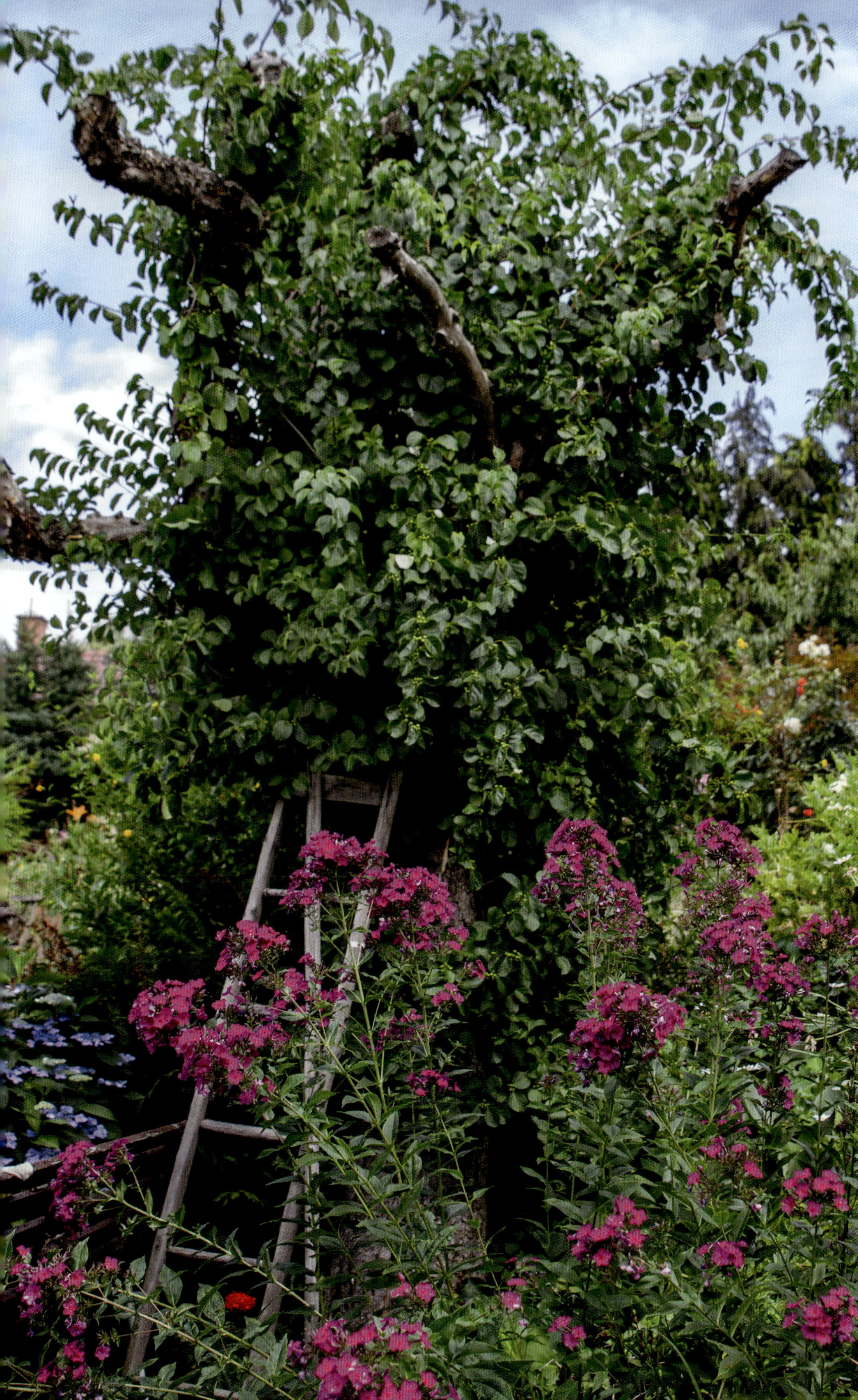

◀ *Alte Baumstämme lassen sich als Stilelement im Garten dekorativ mit Kletterpflanzen überwachsen.*

Brennweite 24 mm :: Blende f/3.5 :: Belichtungszeit 1/250 s :: ISO 100

MOBILE KLETTERWÄNDE

Große Kübel lassen sich mit einem Gitter oder mehreren zusammengebundenen Stäben als Klettergerüst ausstatten. Einjährige Kletterpflanzen bewachsen das Pflanzgefäß, das je nach Blüh- und Lichtverhältnissen als Blütenhintergrund mobil im Beet umpositioniert werden kann.

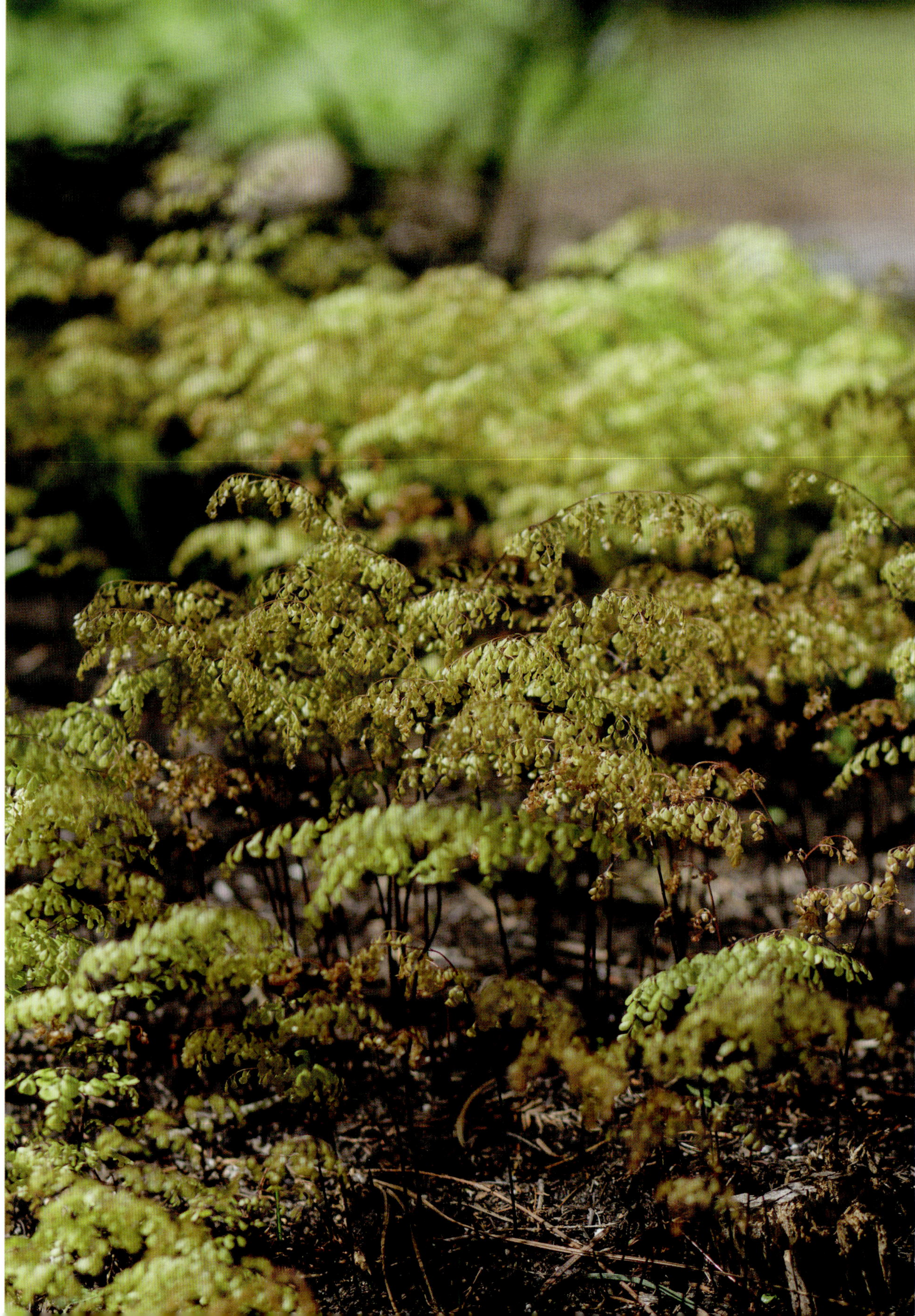

IMMERGRÜNE **WEDEL**

Farnpflanzen haben unsere Welt schon zu Zeiten der Saurier besiedelt. Bis heute sind die Wedel eine Zierde für den Garten, speziell als Unterwuchs von Bäumen und Sträuchern im Schattengarten.

◀ *Farne, z. B. der Venushaarfarn (Adiantum venustum) sind während ihres Austriebs im Frühjahr besonders attraktiv. Die jungen Wedel wirken noch zarter und zerbrechlicher als im ausgebildeten Zustand.*

Brennweite 85 mm :: Blende f/2.8 :: Belichtungszeit 1/1000 s :: ISO 100

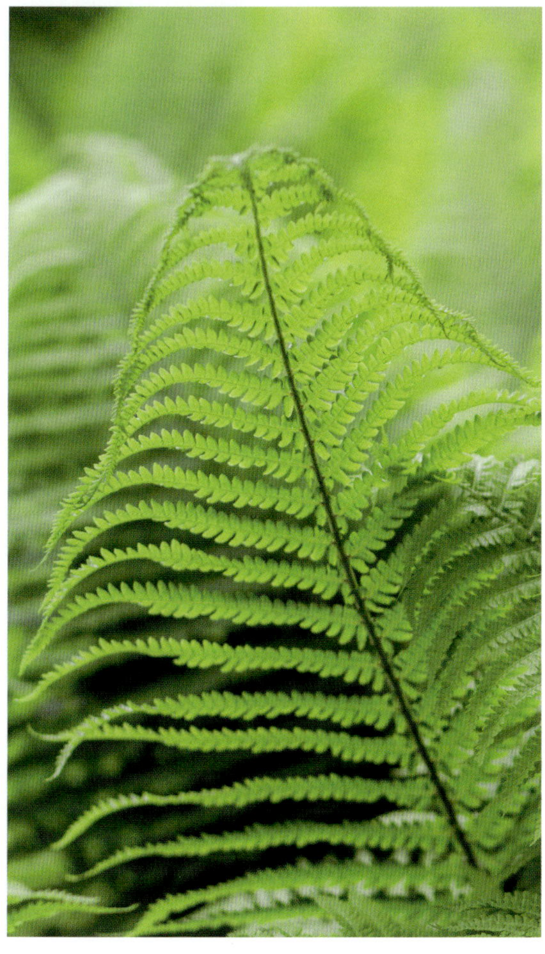

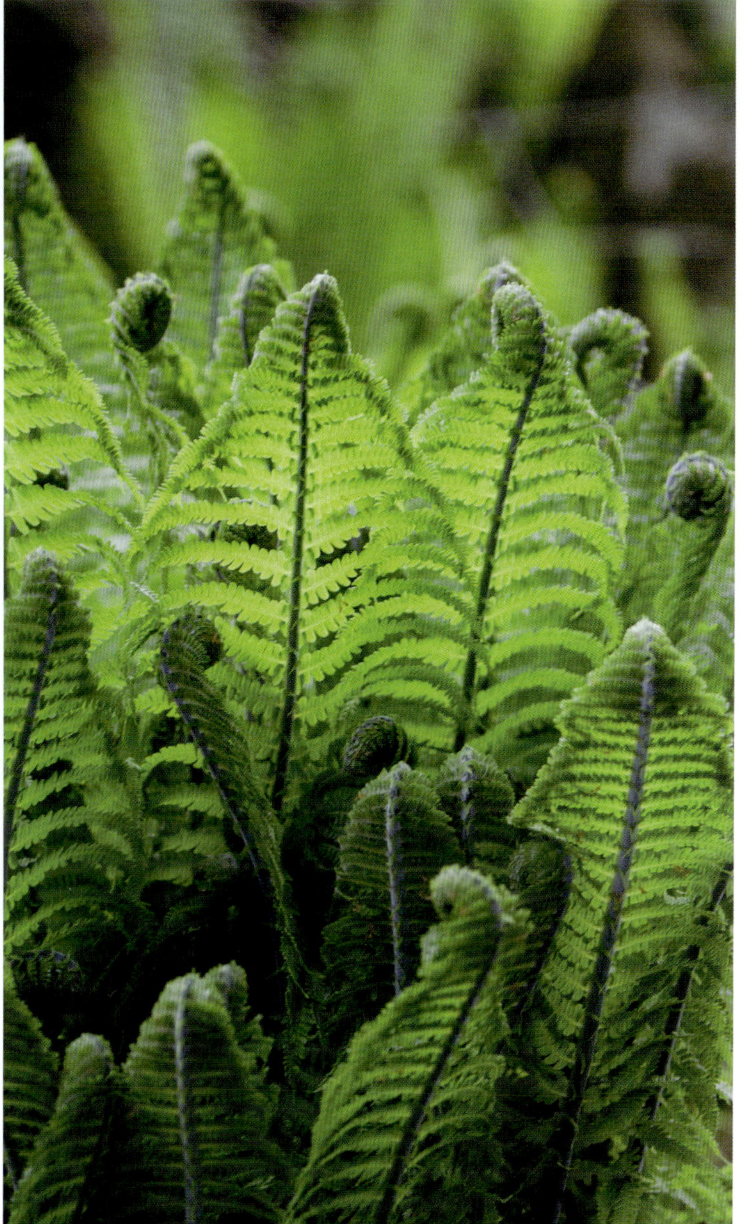

▲ *Rechts oben: Eine schöne Eigenart der Farne ist das Ausrollen der Blattwedel, das im Zuge des Frühlingserwachens zu entdecken ist.*

Brennweite 80 mm :: Blende f/2.8 :: Belichtungszeit 1/160 s :: ISO 100

◀ *Da Farnwedeln die Farbe fehlt und Grün die Bilder dominiert, ist die Wirkung des Lichts ausschlaggebend, vergleichbar mit der Schwarz-Weiß-Fotografie.*

Brennweite 85 mm :: Blende f/2.5 :: Belichtungszeit 1/500 s :: ISO 100

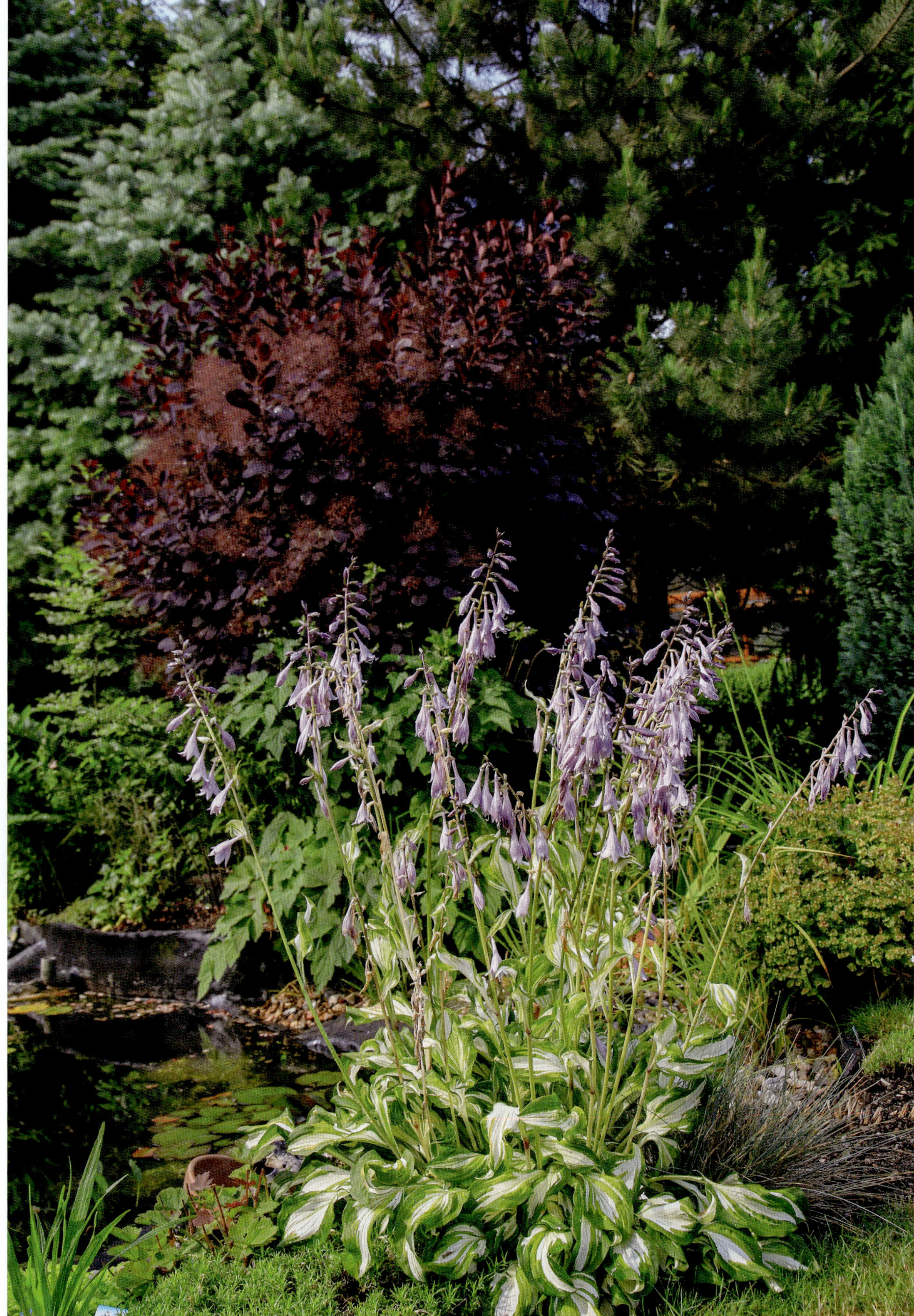

FARBIGE **BLATT-SCHMUCKPFLANZEN**

Außerhalb ihrer Blütezeit sind die meisten Stauden grün und fristen ein eher unauffälliges Dasein. Anders ist es bei Blattschmuckpflanzen, die durch farbiges oder gemustertes Laub auffallen. Sie zählen zu meinen persönlichen Lieblingen, denn sie dekorieren das ganze Gartenjahr über. Für einen Fotografen sind sie die Grundlage für schöne Farbenspiele im Beet.

FOTOGRAFISCHE FEUCHTGEBIETE

Gartenteiche, Sumpf- oder Moorbeete sind beliebte Gartenelemente, die auf kleinstem Raum ein eigenes Biotop schaffen. Fotografisch bieten Feuchtgebiete einiges Potenzial, denn neben Blumen und Pflanzen sind auch zahlreiche Insekten und Tiere anzutreffen. Ganz Mutige suchen nicht die Perspektive vom Teichrand, sondern steigen direkt ins Wasser. Dabei sollte man jedoch beachten, dass der Grund auf der Teichfolie äußerst rutschig sein kann. Ein Ausrutschen hätte für die Kamera fatale Folgen. Als Sicherung kann ein Stativ gute Dienste leisten.

▲ *Die Blattrosetten der roten Hauswurz (Sempervivum marmoreum ›Rubicundum‹) erscheinen in einem wundervollen Dunkelrot, das durch das Gegenlicht verstärkt wird.*

Brennweite 110 mm :: Blende f/2.8 :: Belichtungszeit 1/400 s :: ISO 100

◀ *Funkien (Hosta) sind für ausgeprägte Blattfärbungen bekannt. Sie lieben halbschattige Plätze, vertragen aber auch die Sonne in feuchter Erde, z. B. am Ufer des Gartenteichs.*

Brennweite 25 mm :: Blende f/6.3 :: Belichtungszeit 1/125 s :: ISO 100

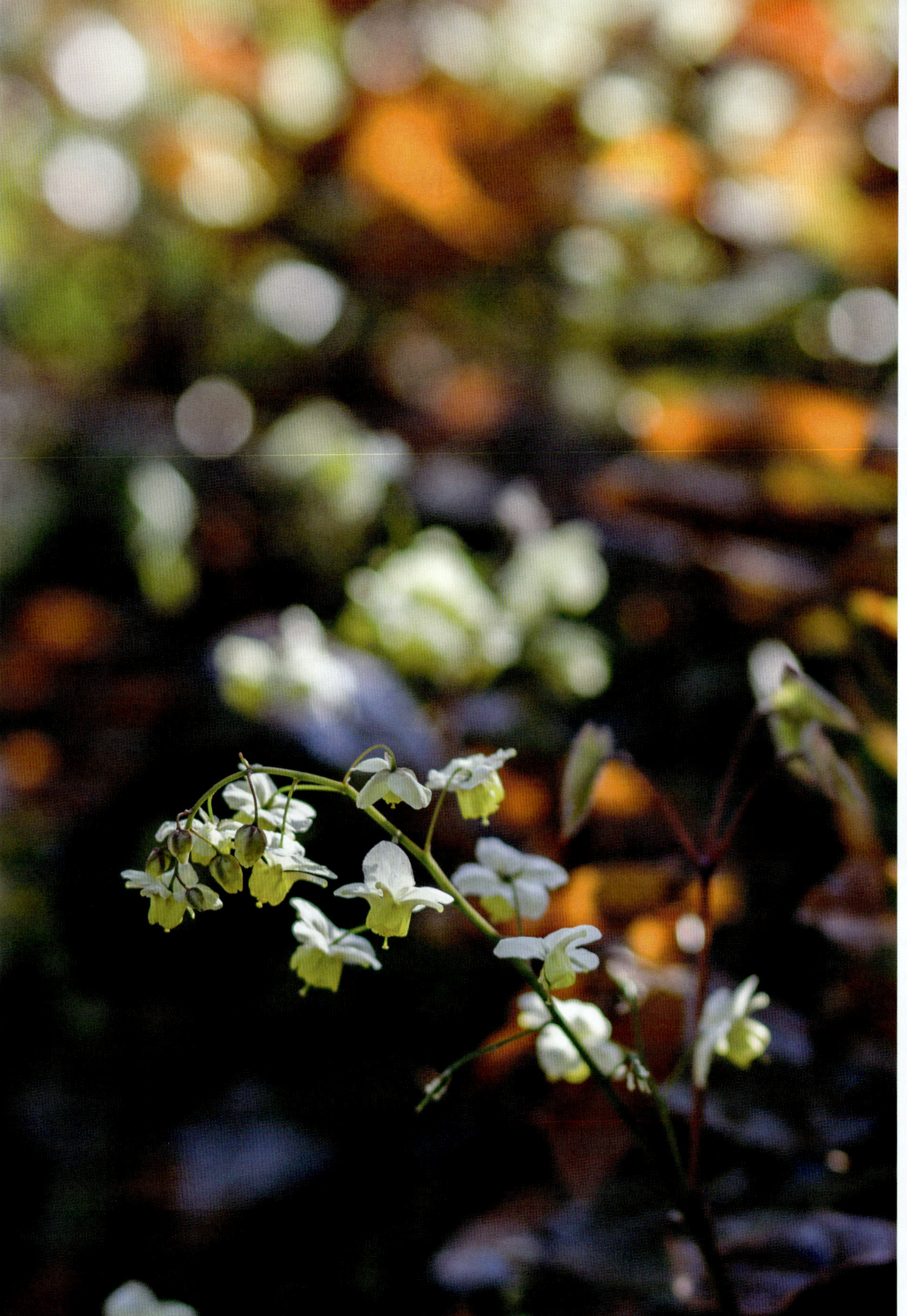

▸ *Die Blätter der Schwefelgelben Elfenblume (Epimedium x versicolor ›Sulphureum‹) werden über den Winter nicht abgeworfen. Bevor sie im Frühjahr durch neues Laub ersetzt werden, sind sie tief- bis rotbraun verfärbt. Die hellgelben Blüten setzen sich davor ab und bilden helle Farbtupfen.*

Brennweite 85 mm :: Blende f/2.8 :: Belichtungszeit 1/400 s :: ISO 100

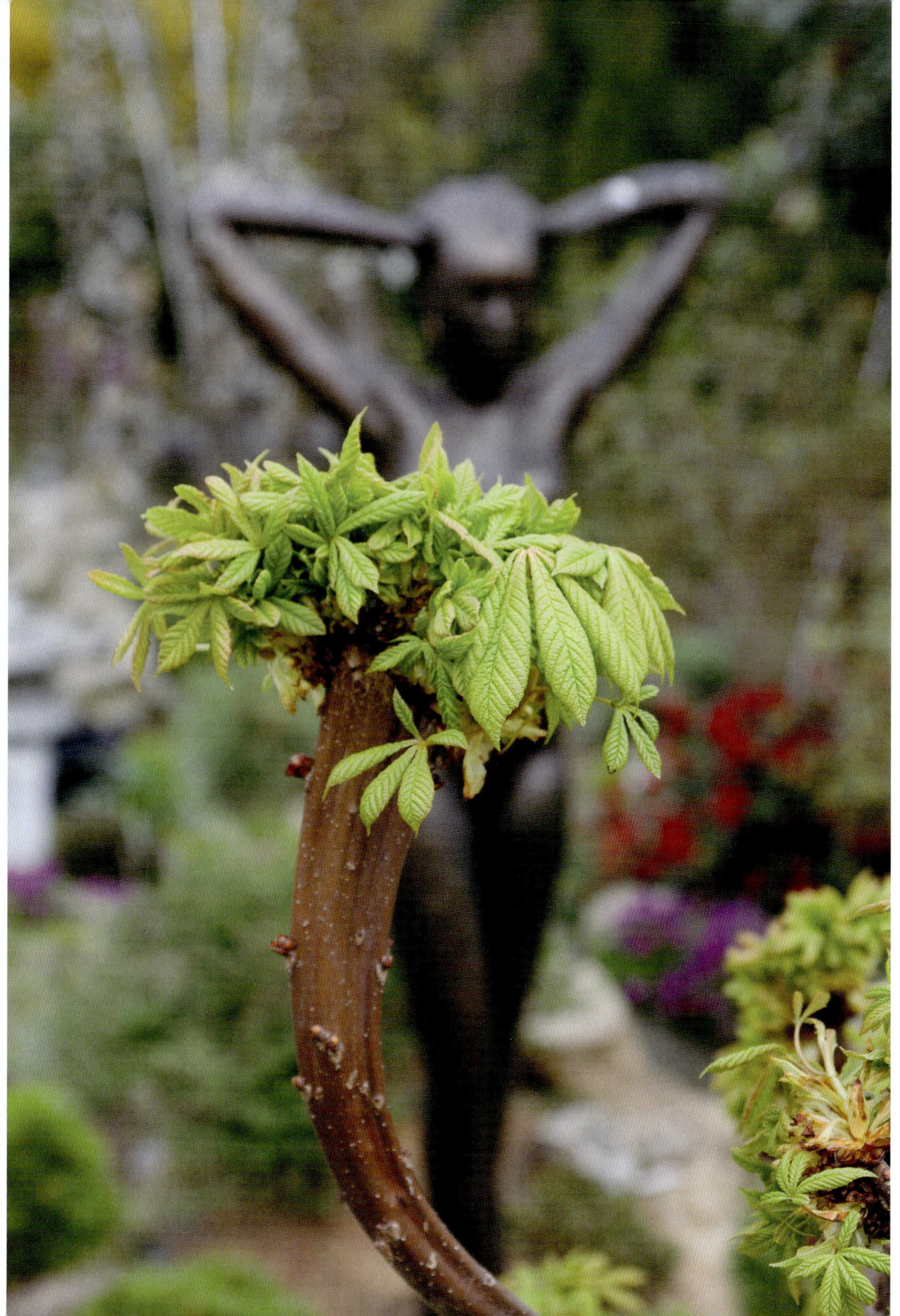

◀ *Außergewöhnlich wirken mitunter nicht nur Blätter oder Blüten, sondern auch Sprosse und Stiele, hier beispielsweise der Zwergkastanie. Solche Abnormitäten kommen natürlich vor und sind durchaus ein Foto wert.*

Brennweite 50 mm :: Blende f/3.2 :: Belichtungszeit 1/250 s :: ISO 100

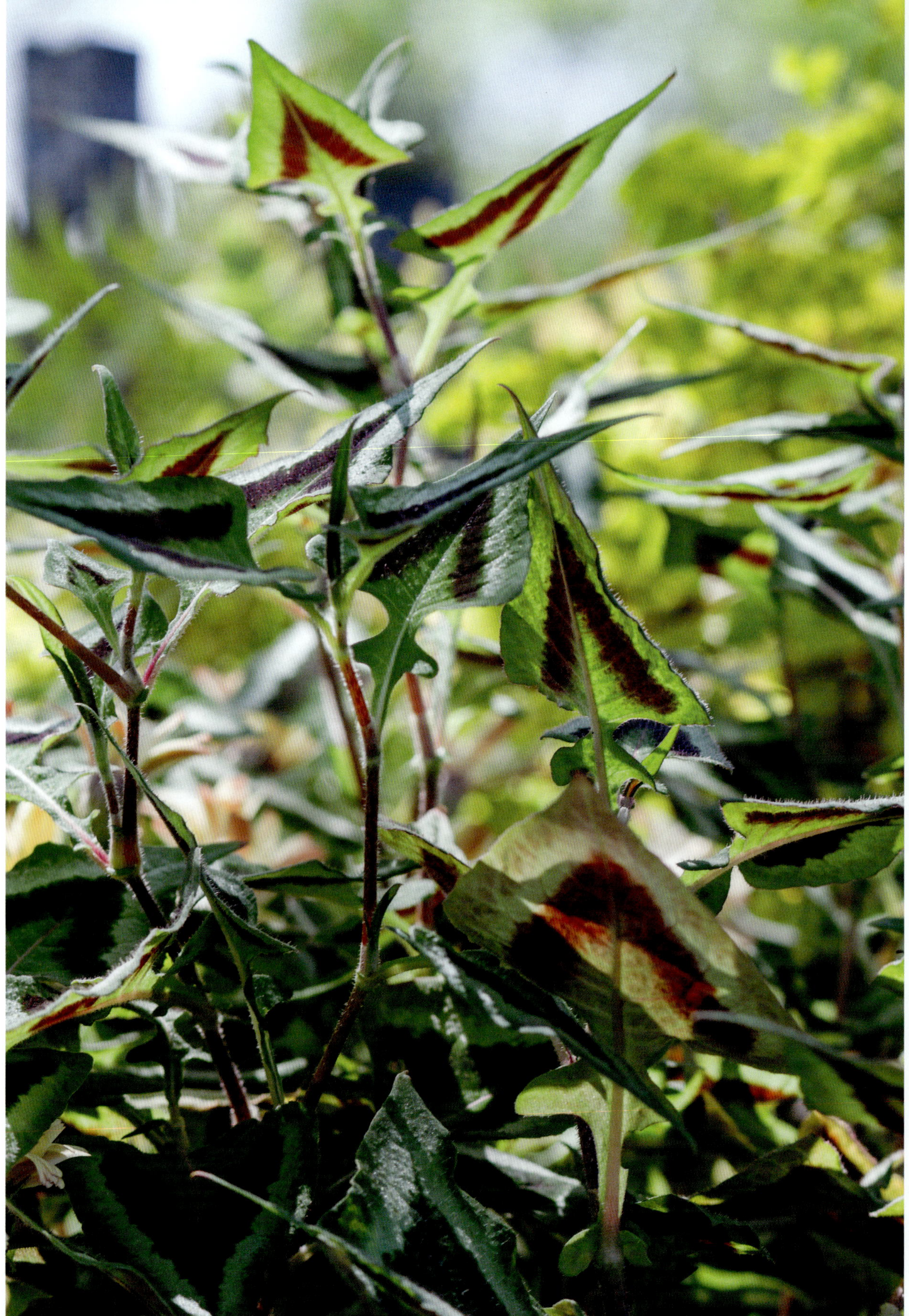

▸ *Obwohl Knöterich aufgrund seiner Wuchskraft nicht von allen geliebt wird, ist diese wundervoll gezeichnete Form (Persicaria runcinata ›Purple Fantasy‹) ein Blickfang im Schattengarten.*

Brennweite 85 mm :: Blende f/5.6 :: Belichtungszeit 1/160 s :: ISO 125

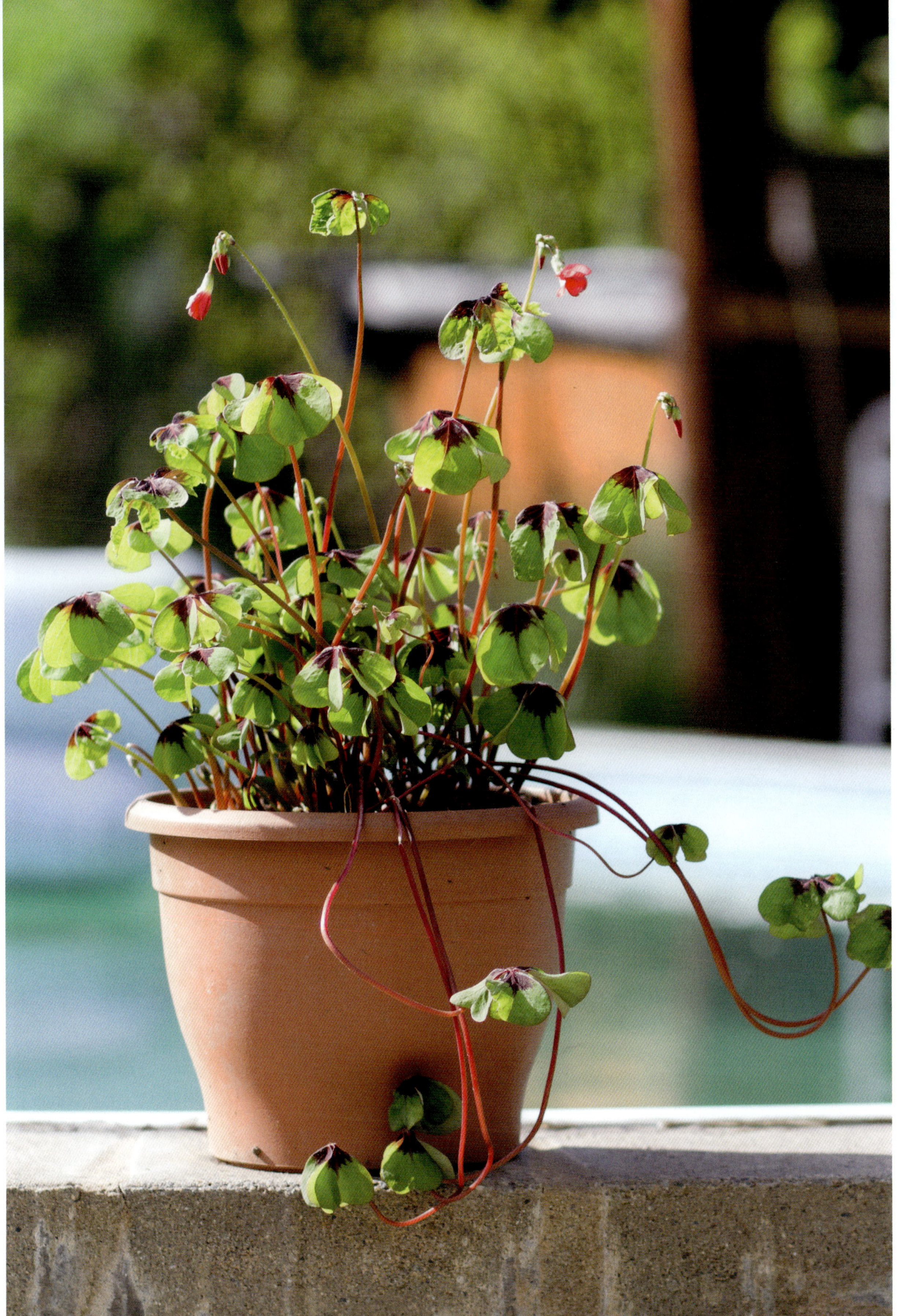

◂ *Den Klee (Oxalis tetraphylla) findet man als Saisonpflanze in bepflanzten Töpfen und Kübeln wieder. Der purpurne Farbklecks im Zentrum der Blätter verleiht der Knollenpflanze ihren Blattschmuck.*

Brennweite 85 mm :: Blende f/2.8 :: Belichtungszeit 1/640 s :: ISO 100

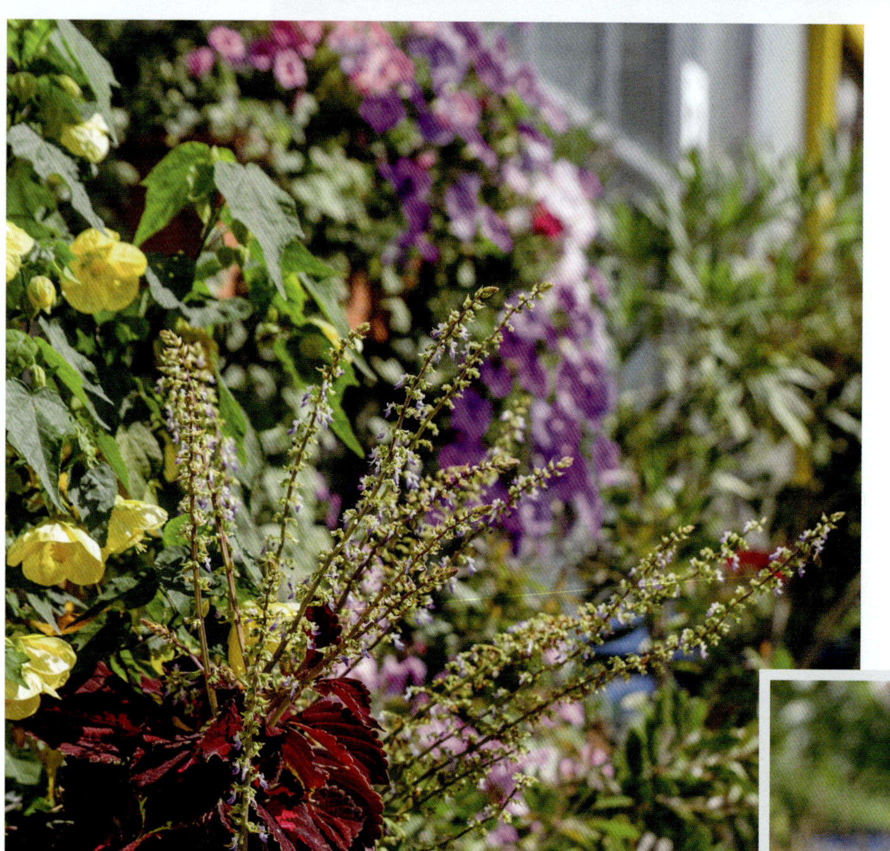

▸ *Blattschmuck ist ein Merkmal des Herbsts. Die einsetzende Herbstfärbung sorgt für zahlreiche Gelb- und Rottöne, wie beispielsweise an diesem Blutstorchschnabel (Geranium sanguineum).*

Brennweite 70 mm :: Blende f/2.8 :: Belichtungszeit 1/250 s :: ISO 100

▾ *Größer kann der Kontrast der Blattfarben zwischen dem Schwarzen Schlangenbart (Ophiopogon planiscapes ›Nigrescens‹) und dem grausilbernen Greiskraut (Senecio cineraria) nicht sein.*

Brennweite 50 mm :: Blende f/3.5 :: Belichtungszeit 1/160 s :: ISO 100

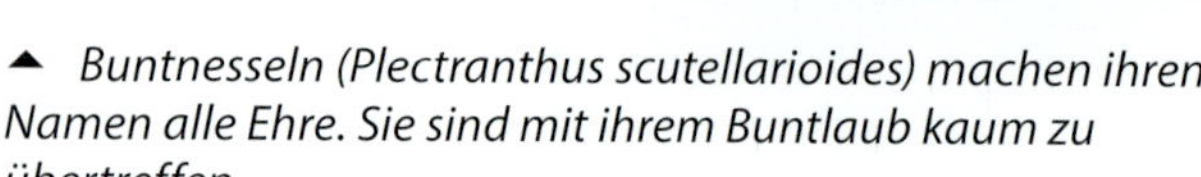

▴ *Buntnesseln (Plectranthus scutellarioides) machen ihren Namen alle Ehre. Sie sind mit ihrem Buntlaub kaum zu übertreffen.*

Brennweite 50 mm :: Blende f/4.5 :: Belichtungszeit 1/500 s :: ISO 100

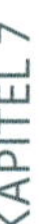

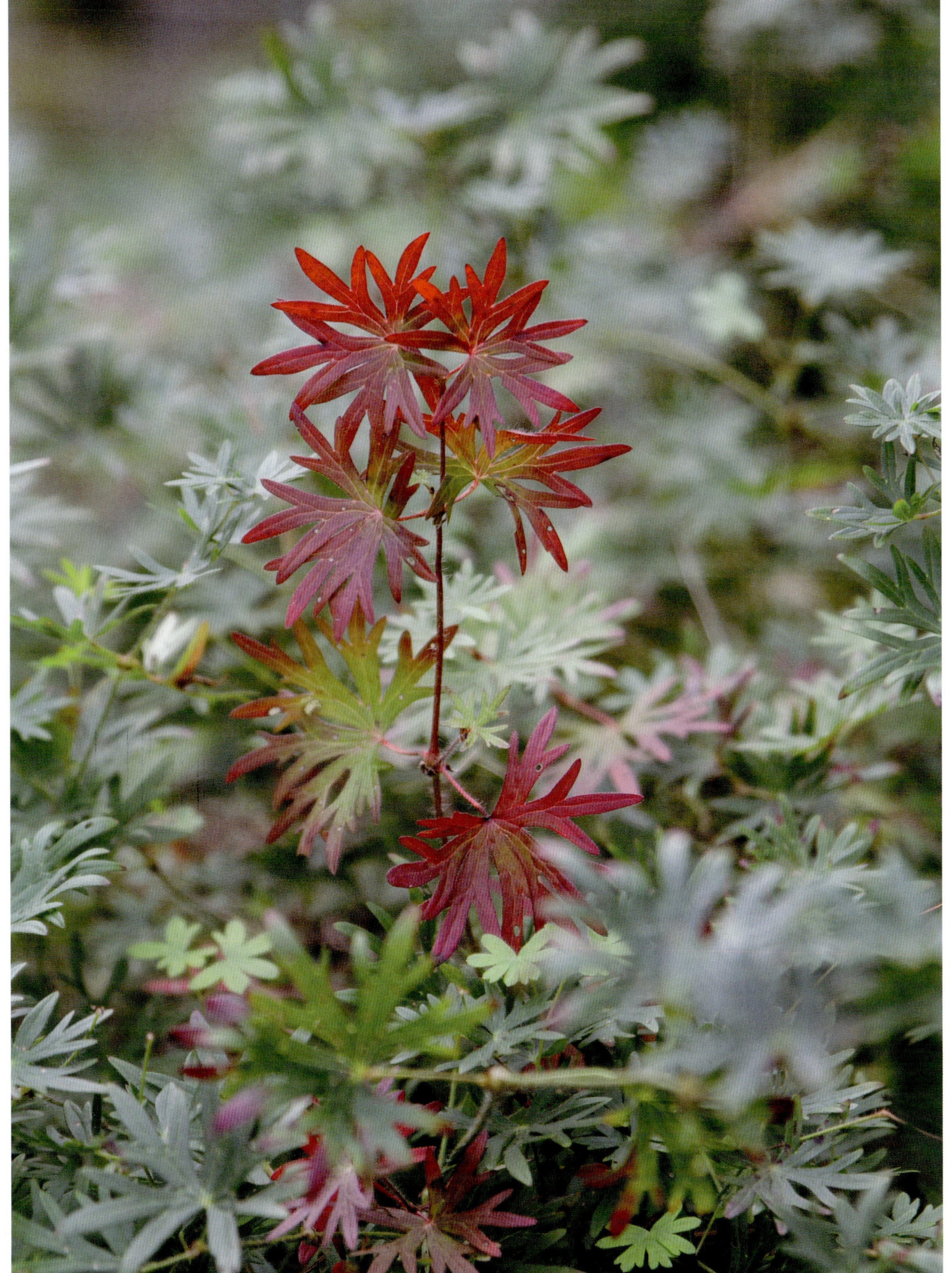

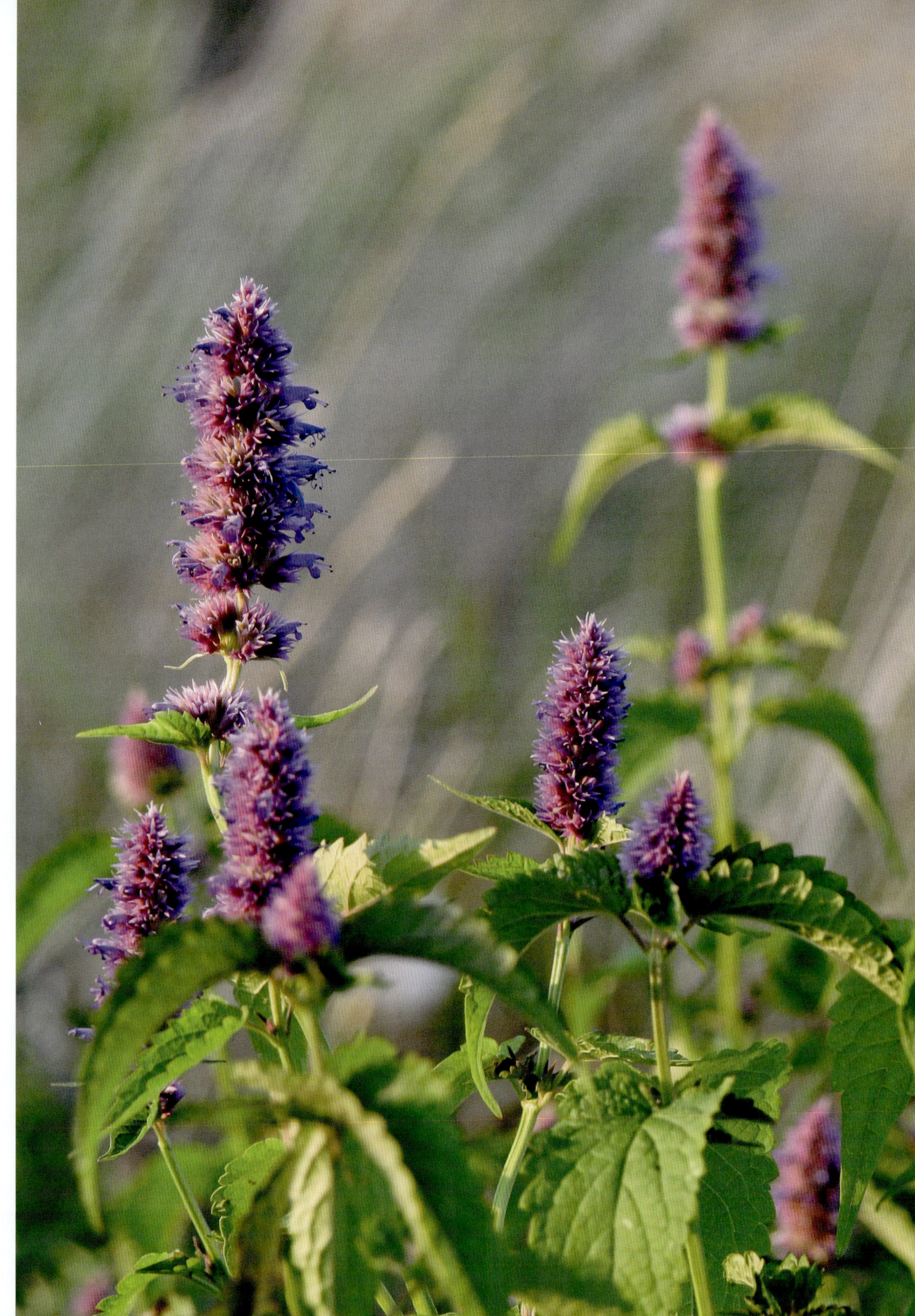

AROMATISCHE **KRÄUTER**

Kräuter gehören zu den ältesten Nutzpflanzen. Bereits in der Antike wurden sie erforscht und beschrieben. Heutzutage geben sie der Gourmetküche den letzten Pfiff, unterstützen die Hausapotheke und regen duftend die Sinne an. Ihr Anbau ist einfach und sogar im Balkonkasten möglich. Übrigens: Duftpflanzen liegen im voll im Trend. Sie sind nicht nur schön, sondern bieten durch Aromen und wertvolle Inhaltsstoffe zusätzliche Verwendungsmöglichkeiten.

Sie steigern das Wohlbefinden, bieten zahlreiche Sinnesanreize und sind im Allgemeinen einfach zu pflegen. Besonders die jüngere Generation begeistert sich an den aromatischen Nutzpflanzen, verbinden sie doch Nutz- und Zierwert gleichermaßen. Sie bringen ein Stück Lebensqualität auf jeden Balkon oder jede Fensterbank mitten im Großstadtdschungel. Wer sich neben der Garten- auch für die Insektenfotografie begeistert, wird an den duftenden Pflanzen seine wahre Freude haben.

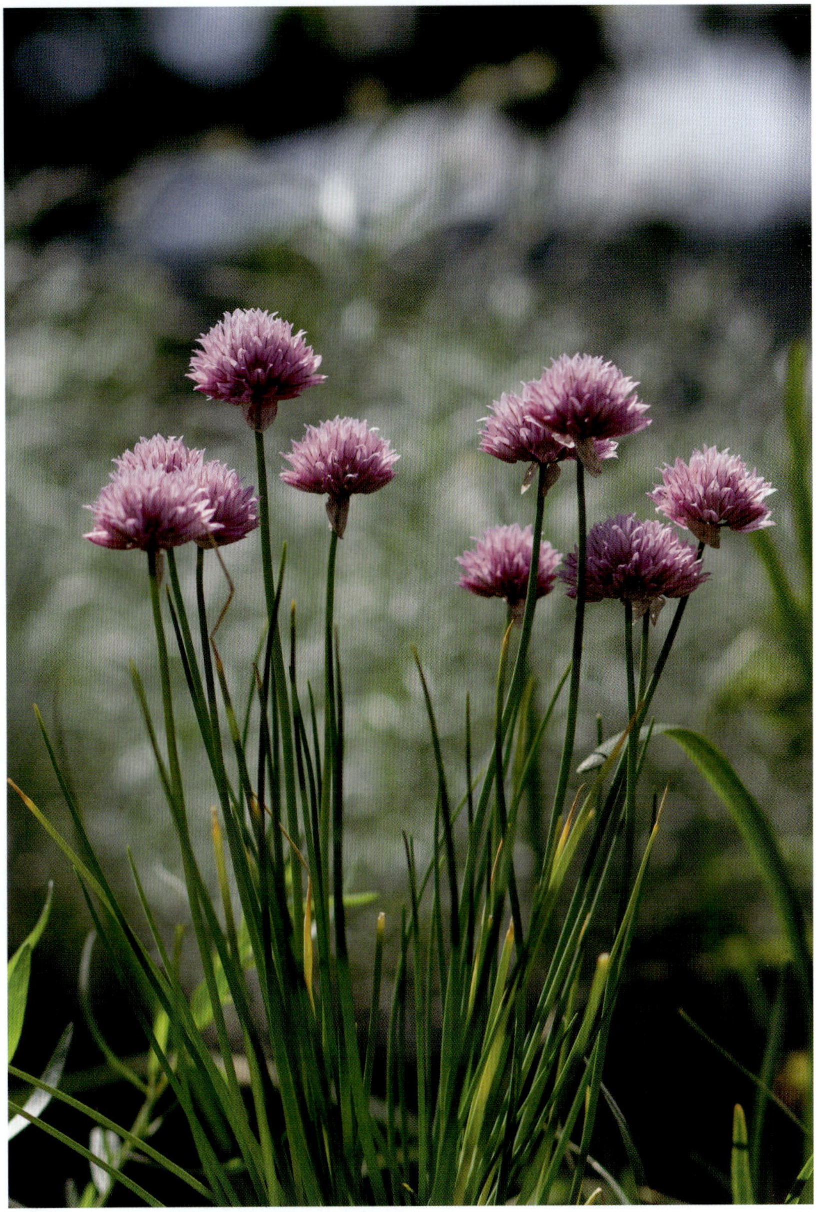

▸ *Schnittlauch (Allium schoenoprasum) kann in Blumenbeeten zusammen mit anderen Laucharten durchaus bestehen.*

Brennweite 85 mm :: Blende f/3.5 :: Belichtungszeit 1/1600 s :: ISO 100

◂ *Recht unbekannt ist der Anisysop (Agastache foeniculum), der zu den Duftnesseln gehört. Zum Bokeh im Hintergrund gesellt sich durch auffrischenden Wind eine Bewegungsunschärfe.*

Brennweite 90 mm :: Blende f/6.7 :: Belichtungszeit 1/180 s :: ISO 400

FEINDE DES GARTENFOTOGRAFEN

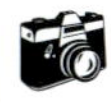

Wind- und Luftbewegungen sind der Feind des Gartenfotografen. Die Bewegung kann man sich jedoch für Fotoexperimente zunutze machen. Das Motiv wird von einem Windschutz abgeschirmt, die Bewegungen im Hintergrund bleiben jedoch erhalten. Obwohl das Motiv regungslos ist und erstarrt wirkt, bringt eine Bewegungsunschärfe Dynamik ins Bild.

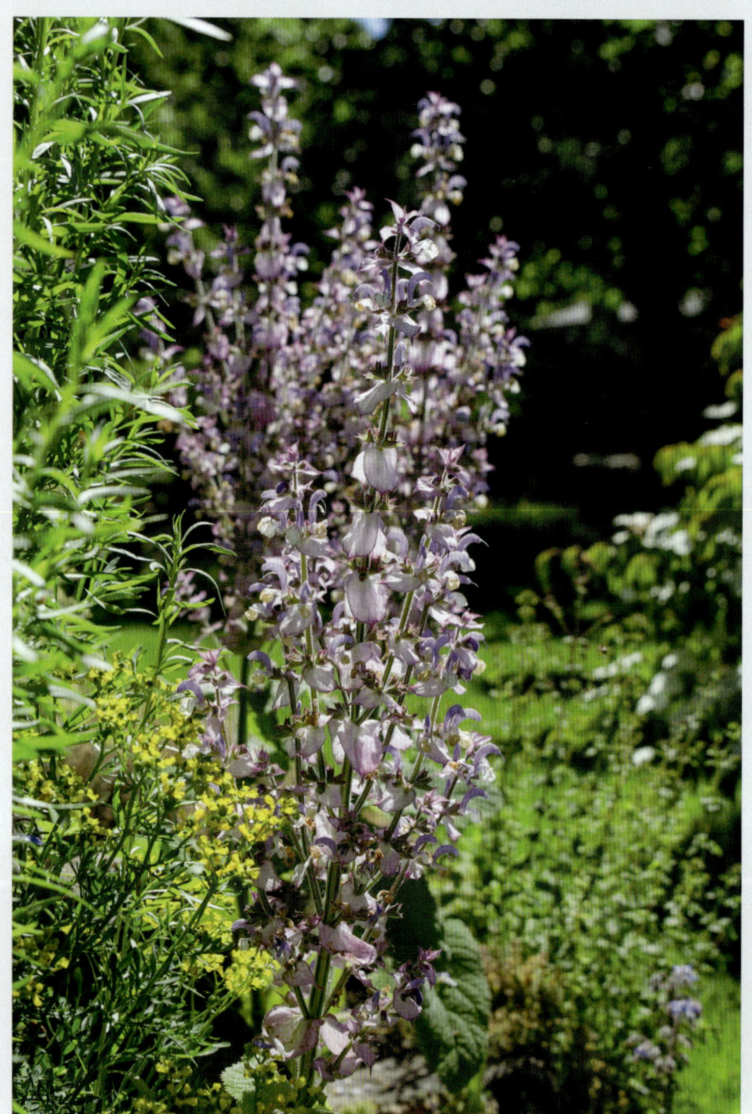

▲ *Der Muskatellersalbei (Salvia sclarea) ist eine prächtige Zweijährige, die ihre großen Blütenstände erst im zweiten Jahr zeigt. Nach der Samenreife stirbt die Pflanze und verbreitet sich durch Selbstaussaat.*

Brennweite 36 mm :: Blende f/4.0 :: Belichtungszeit 1/800 s :: ISO 100

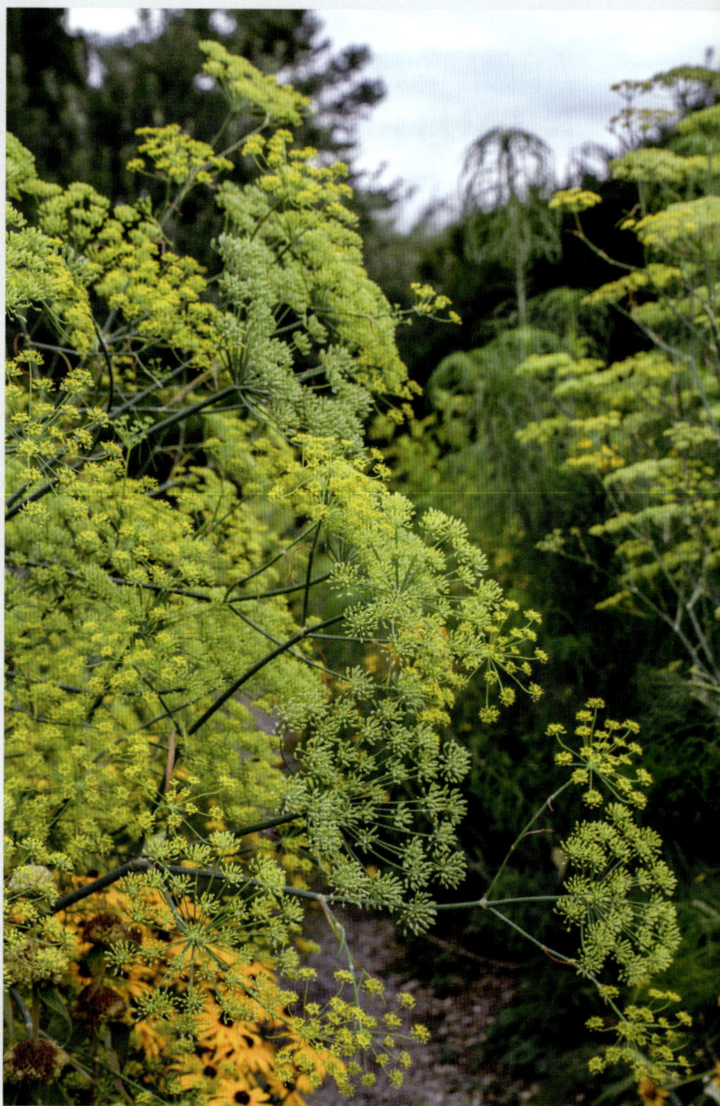

▲ *Fenchel (Foeniculum vulgare) ist eine mehrjährige Kräuterpflanze, die sowohl in der Küche als auch in der Volksheilkunde beliebt ist. Dank ihrer großen gelben Dolden wird sie häufig in Ziergärten gepflanzt, z. B. in gelben Staudengärten.*

Brennweite 35 mm :: Blende f/5.0 :: Belichtungszeit 1/60 s :: ISO 100

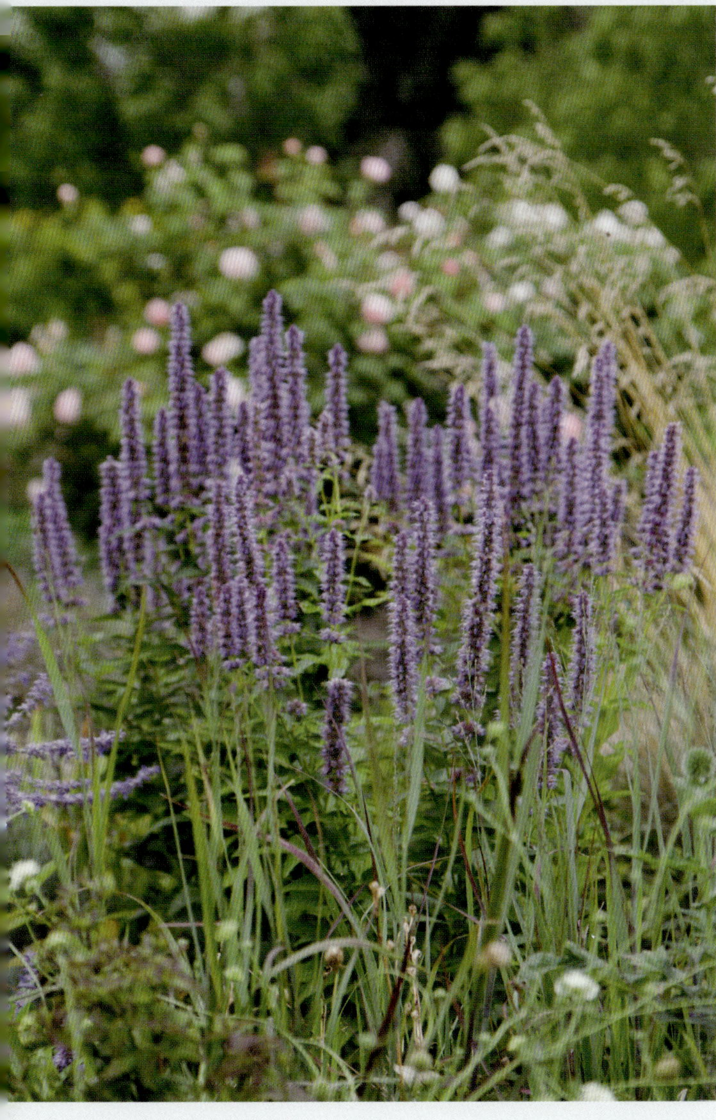

▲ *Duftnesseln (Agastache) wirken in Blumen- und Staudenbeeten äußerst dekorativ, geben Bienen und Insekten Nahrung und sind in der Kräuterküche vielseitig verwendbar.*

Brennweite 60 mm :: Blende f/2.8 :: Belichtungszeit 1/200 s :: ISO 100

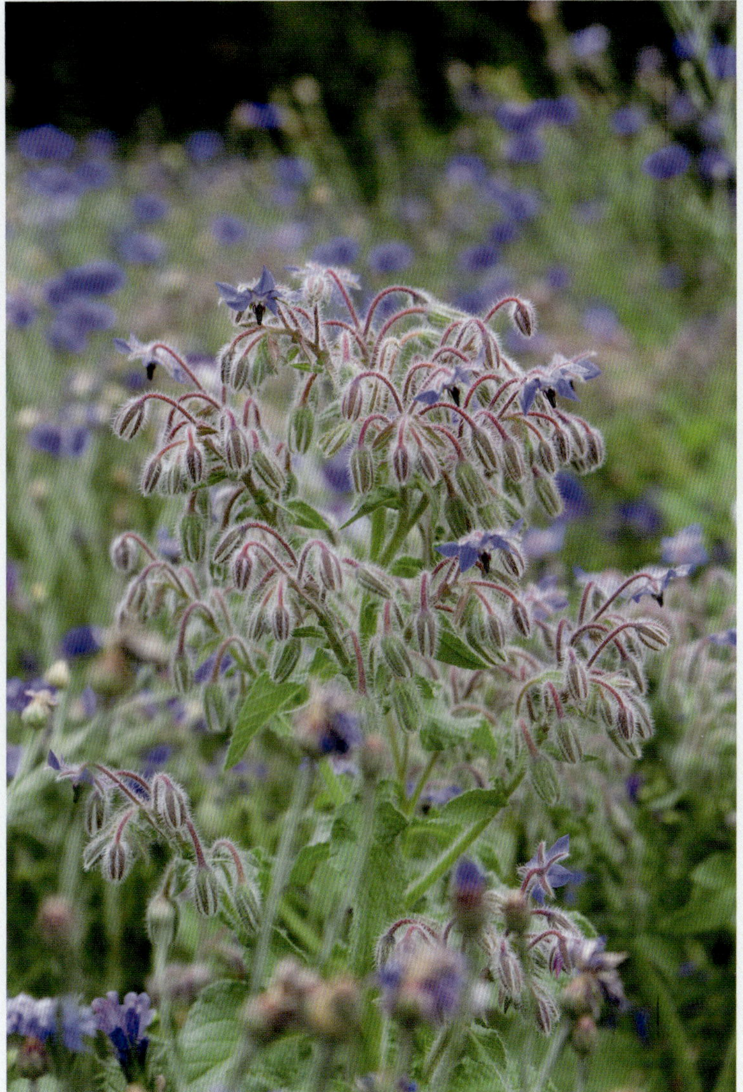

▲ *Ist der Borretsch (Borago officinalis) einmal im Garten angesiedelt, hält die einjährige Pflanze über lange Zeit die Treue. Sie versamt sich willig und blüht mit ihren sternförmigen blauen Blüten über lange Zeit. Die Behaarung des Sprosses ist ein Detail, das im Gegenlicht besonders gut wahrgenommen wird.*

Brennweite 44 mm :: Blende f/3.2 :: Belichtungszeit 1/125 s :: ISO 100

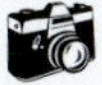

KRÄUTERERNTE

Kräuter entwickeln kurz vor der Blüte das beste Aroma und den höchsten Gehalt an Inhaltsstoffen. Das ist der beste Erntezeitpunkt für Blätter und Sprossen. Nach der Blüte ist die Ernte auch noch möglich, jedoch verliert das Kraut wertvolle Inhaltsstoffe.

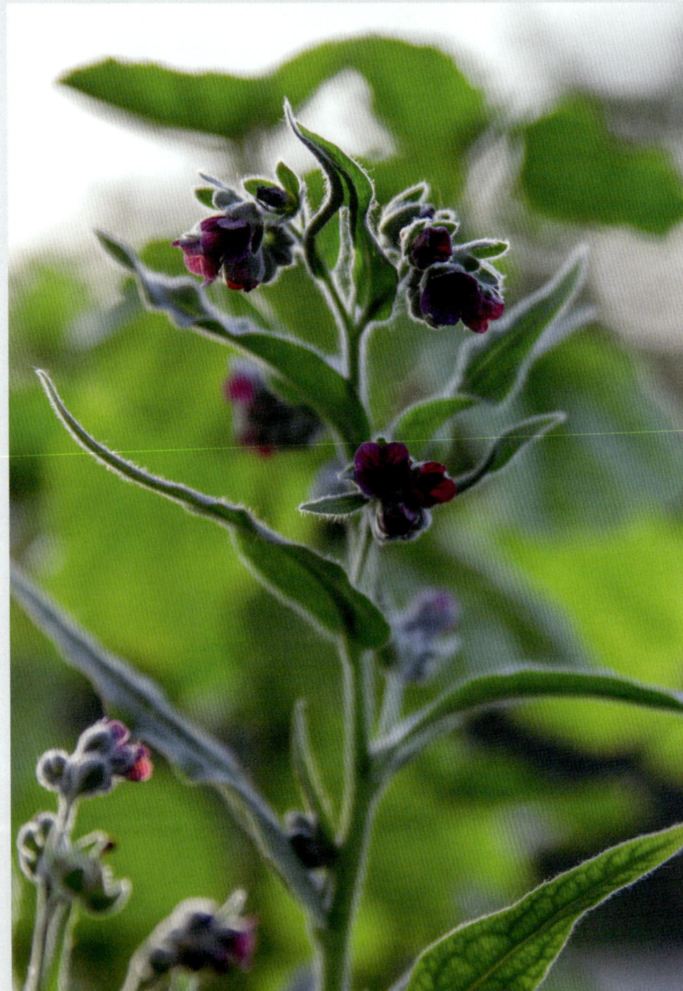

▲ *Als Heil- und Nutzkraut ist die Hundszunge (Cynoglossum officinale) nicht in der Küche anzutreffen. Dafür vertreibt ihr Geruch Wühlmäuse auf natürliche Art. Die Lichtbrechung der feinen Behaarung sorgt im Abendlicht für herrliche Lichtkränze bzw. -ränder.*

Brennweite 70 mm :: Blende f/2.8 :: Belichtungszeit 1/125 s :: ISO 100

GIFTIGE **PFLANZEN**

Ein Schelm, der bei dieser Überschrift Böses denkt. Zu diesen Kräutern zählen auch Heilpflanzen, von denen einige in der Pharmazie notwendig sind, aber im Hausgebrauch keinesfalls eingesetzt werden dürfen. Man sollte sich nicht von ihrer Schönheit täuschen lassen, denn in ihrer Wirkung sind sie stark giftig. Mit etwas Vorsicht im Umgang mit ihnen sind sie aber willkommene Gäste im Garten.

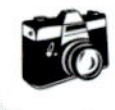

VORSICHT, ABER KEINE FURCHT

Die Pflanzenwelt ist voller Giftpflanzen. Man sollte diese jedoch nicht verteufeln oder aus dem Garten verbannen, denn viele haben einen hohen Zierwert. Beim Umgang mit ihnen trägt man Handschuhe, und als Vorsichtsmaßnahme setzt man für Kinder große Schilder mit einem Totenkopf.

▶ *Unschuldig hüllt sich die ungefüllte Art der Kanadischen Blutwurz (Sanguinaria canadensis) ein. Aus der bodennahen Perspektive sind im Hintergrund weitere Exemplare erkennbar. Der Wurzelsaft der Kanadischen Blutwurz sieht blutrot aus. Sie zählt zu meinen Lieblingspflanzen, jedoch ist sie selten im Handel erhältlich.*

Brennweite 50 mm :: Blende f/13 :: Belichtungszeit 1/125 s :: ISO 200

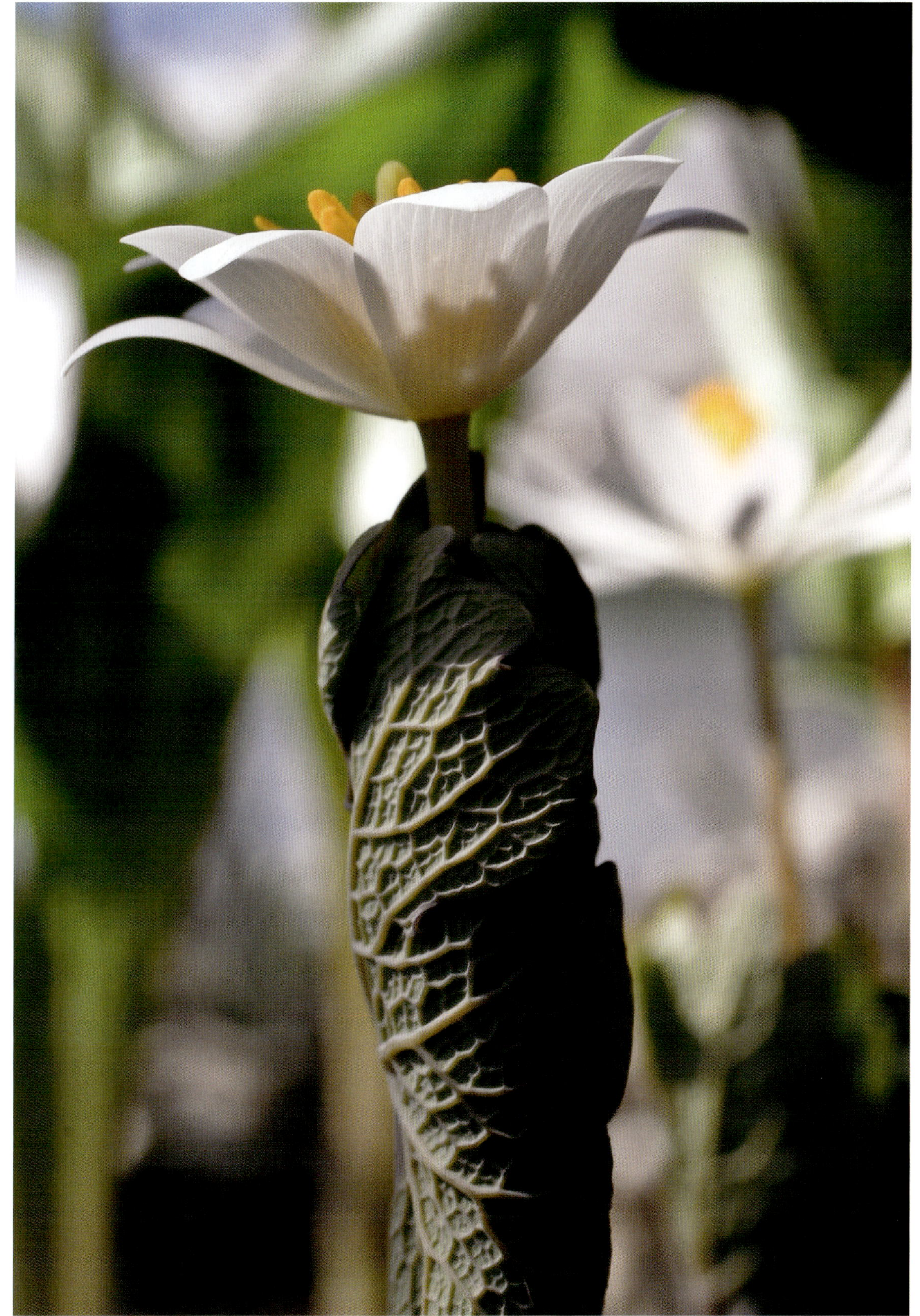

Die Giftigkeit des Fingerhuts (Digitalis purpurea) ist allgemein bekannt. Dennoch ist er eine wunderschöne Pflanze, die mit Rückenlicht eine tolle Wirkung zeigt.

Brennweite 70 mm :: Blende f/6.7 :: Belichtungszeit 1/180 s :: ISO 400

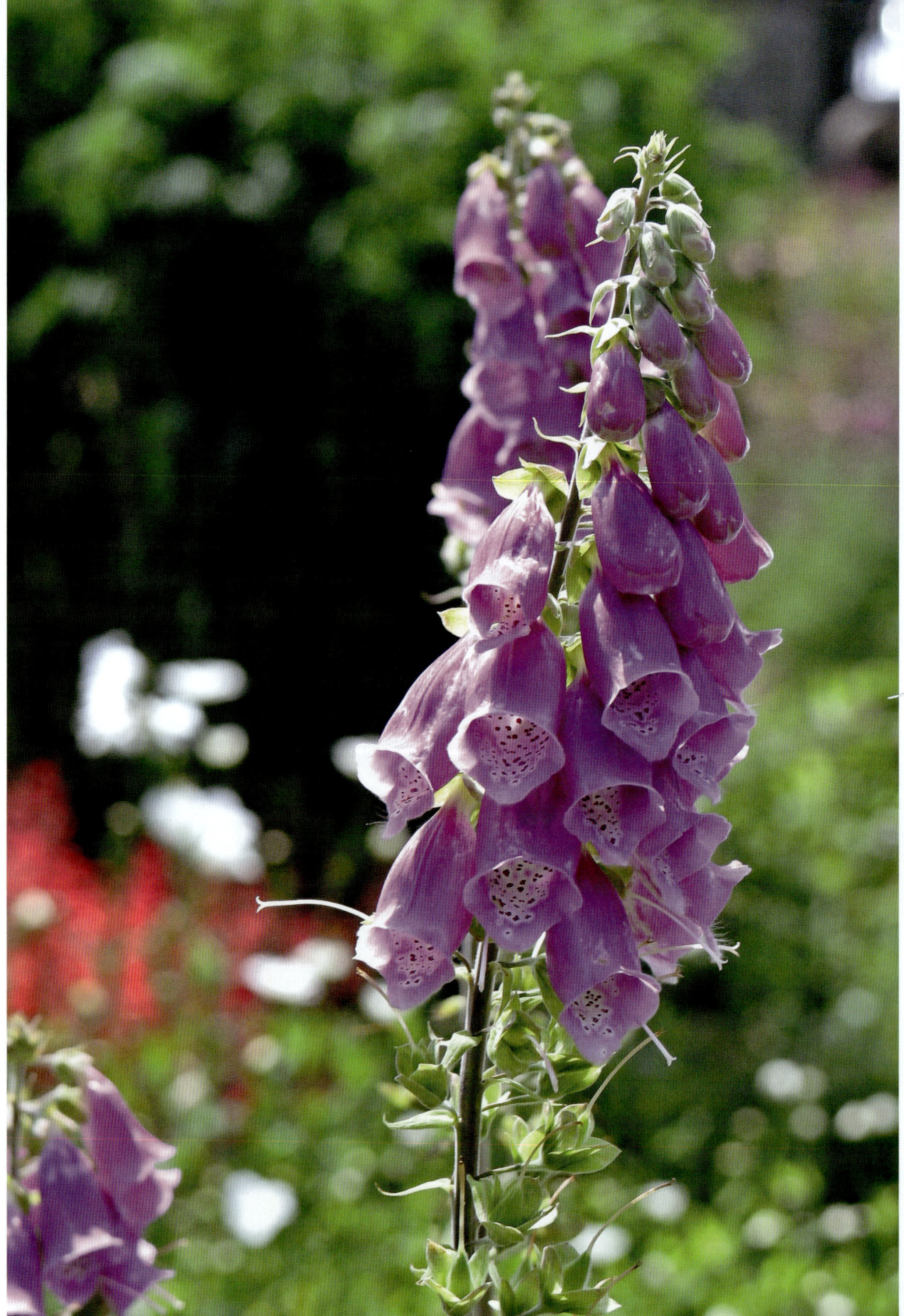

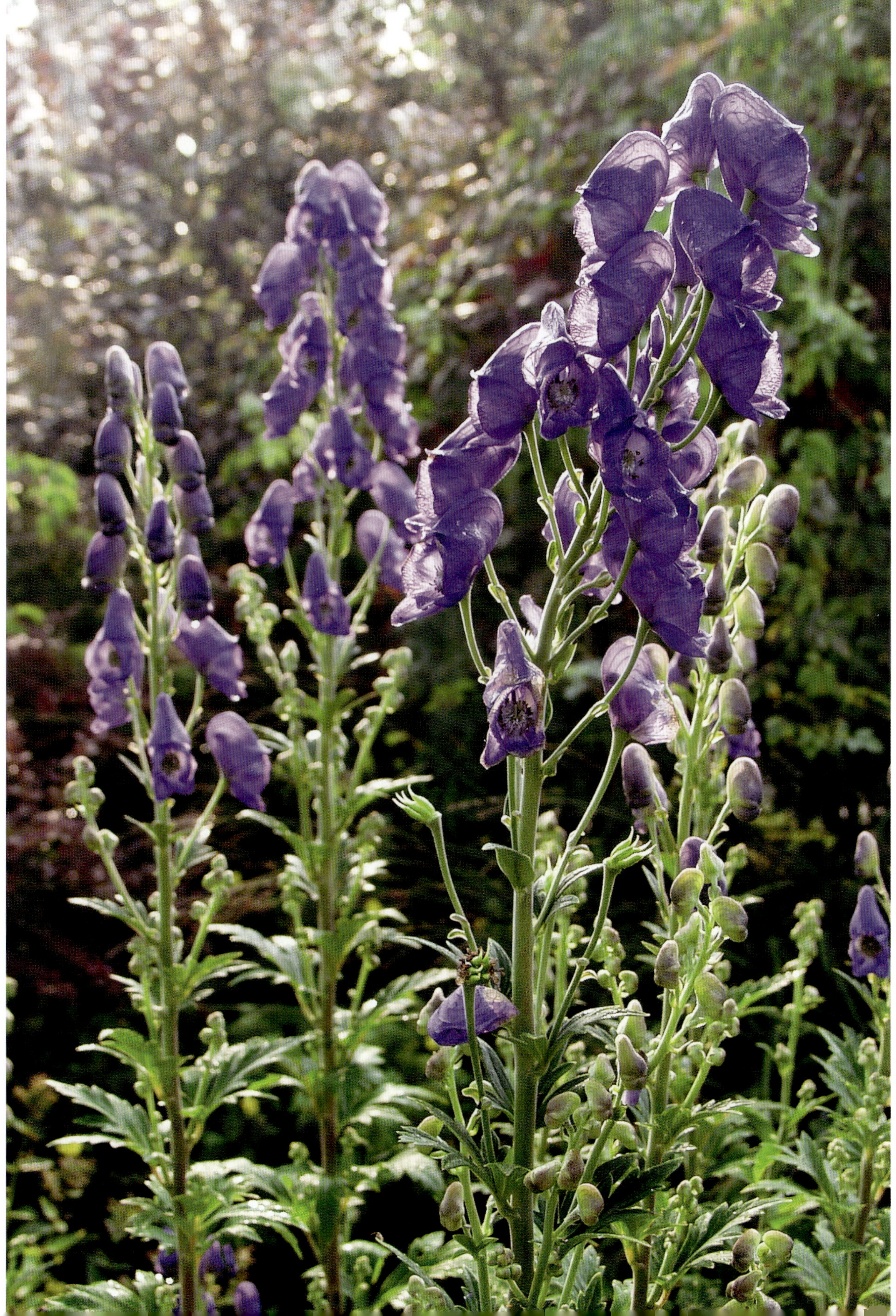

◀ *Der Eisenhut (Aconitum carmichaelii ›Arendsii‹) zählt zu den giftigsten Pflanzen Europas. Hat man mit ihm näher zu tun, ist das Tragen von Handschuhen unerlässlich. Das flache Morgenlicht im Herbst zeichnet seine Blüten attraktiv.*

Brennweite 15 mm :: Blende f/3.2 :: Belichtungszeit 1/80 s :: ISO 80

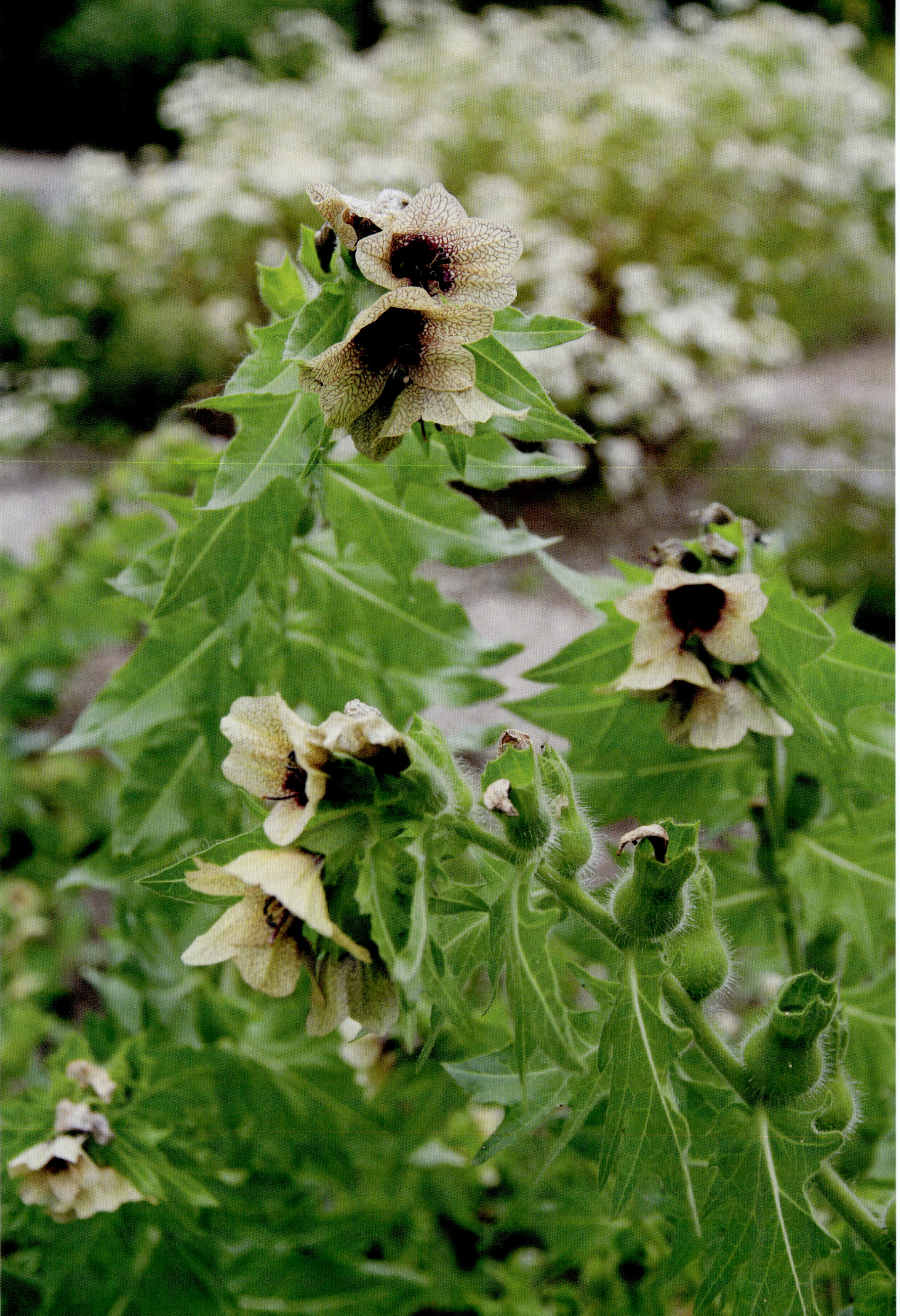

▸ *Im Mittelalter war das Bilsenkraut (Hyoscyamus niger) ein unverzichtbarer Bestandteil der legendären Hexenflugsalbe. Sogar vor der Beimischung ins Bier hat man damals nicht haltgemacht. Keinesfalls nachmachen!*

Brennweite 35 mm :: Blende f/5.6 :: Belichtungszeit 1/160 s :: ISO 100

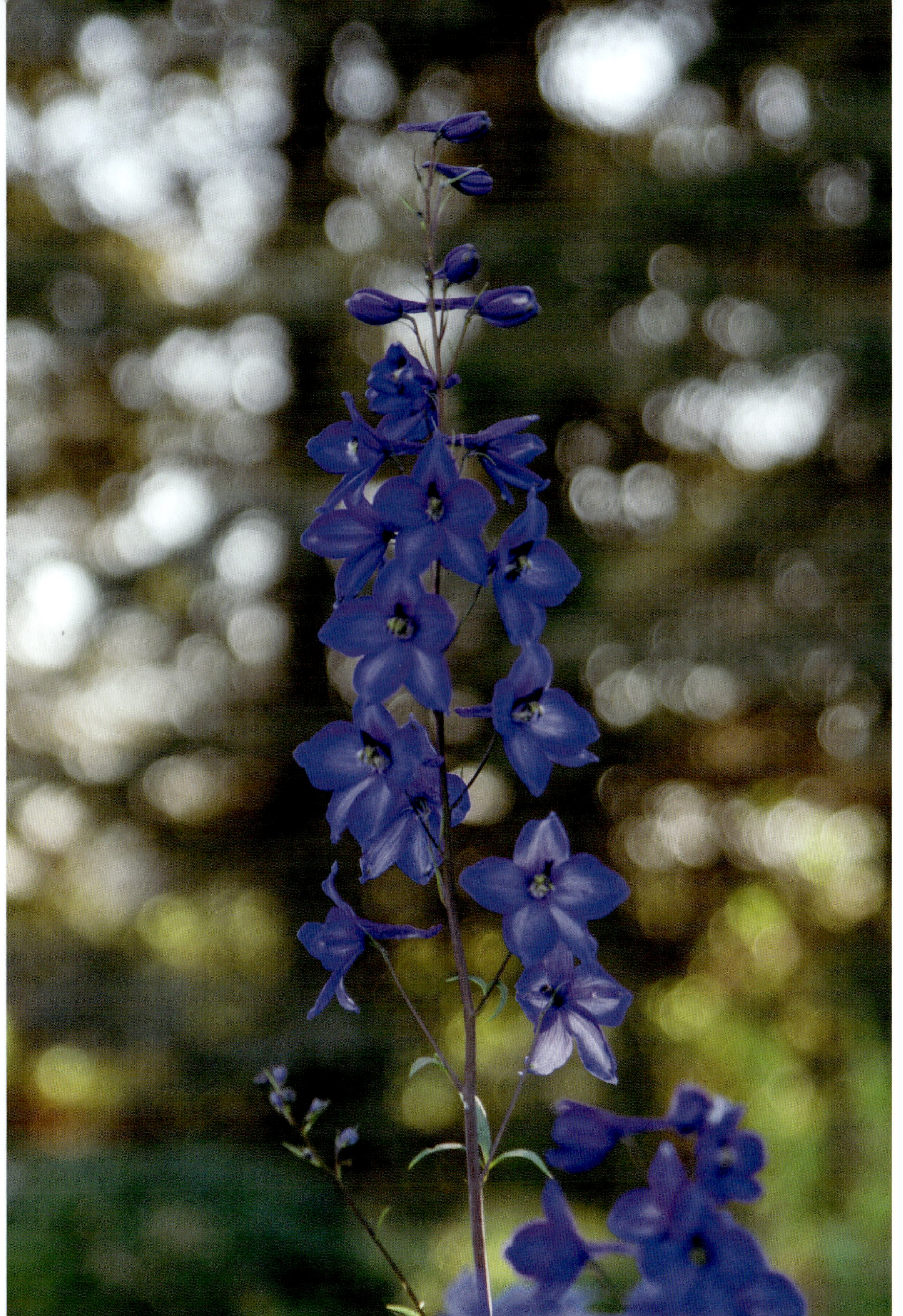

◂ *Den Rittersporn (Delphinium) kennt jeder Gärtner aufgrund seines prächtigen Blütenschmucks. Weniger bekannt ist seine Giftigkeit. Nadelbäume im Hintergrund sorgen wegen des durchdringenden Abendlichts für ein wundervolles Bokeh.*

Brennweite 70 mm :: Blende f/2.8 :: Belichtungszeit 1/160 s :: ISO 100

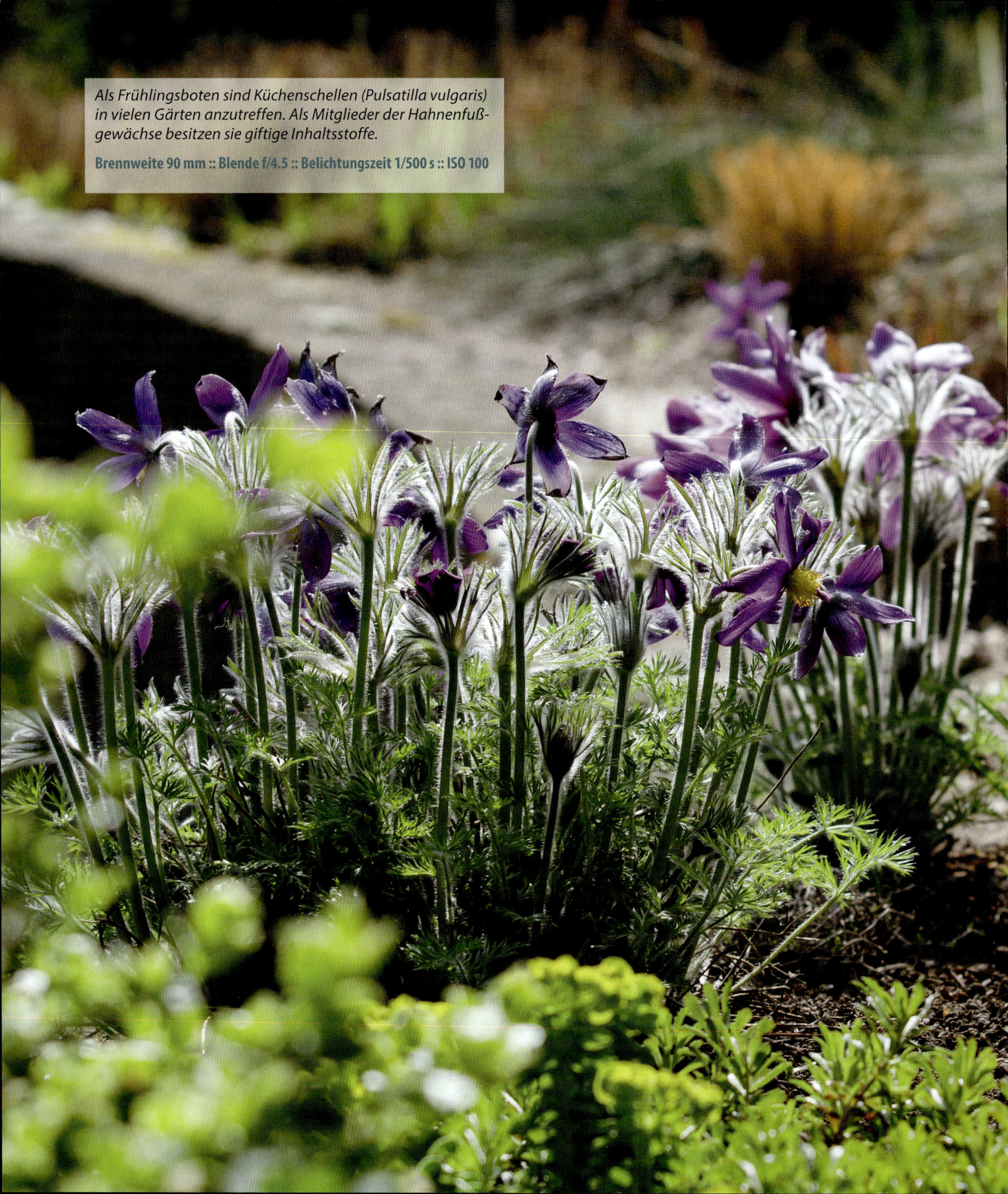

Als Frühlingsboten sind Küchenschellen (Pulsatilla vulgaris) in vielen Gärten anzutreffen. Als Mitglieder der Hahnenfußgewächse besitzen sie giftige Inhaltsstoffe.

Brennweite 90 mm :: Blende f/4.5 :: Belichtungszeit 1/500 s :: ISO 100

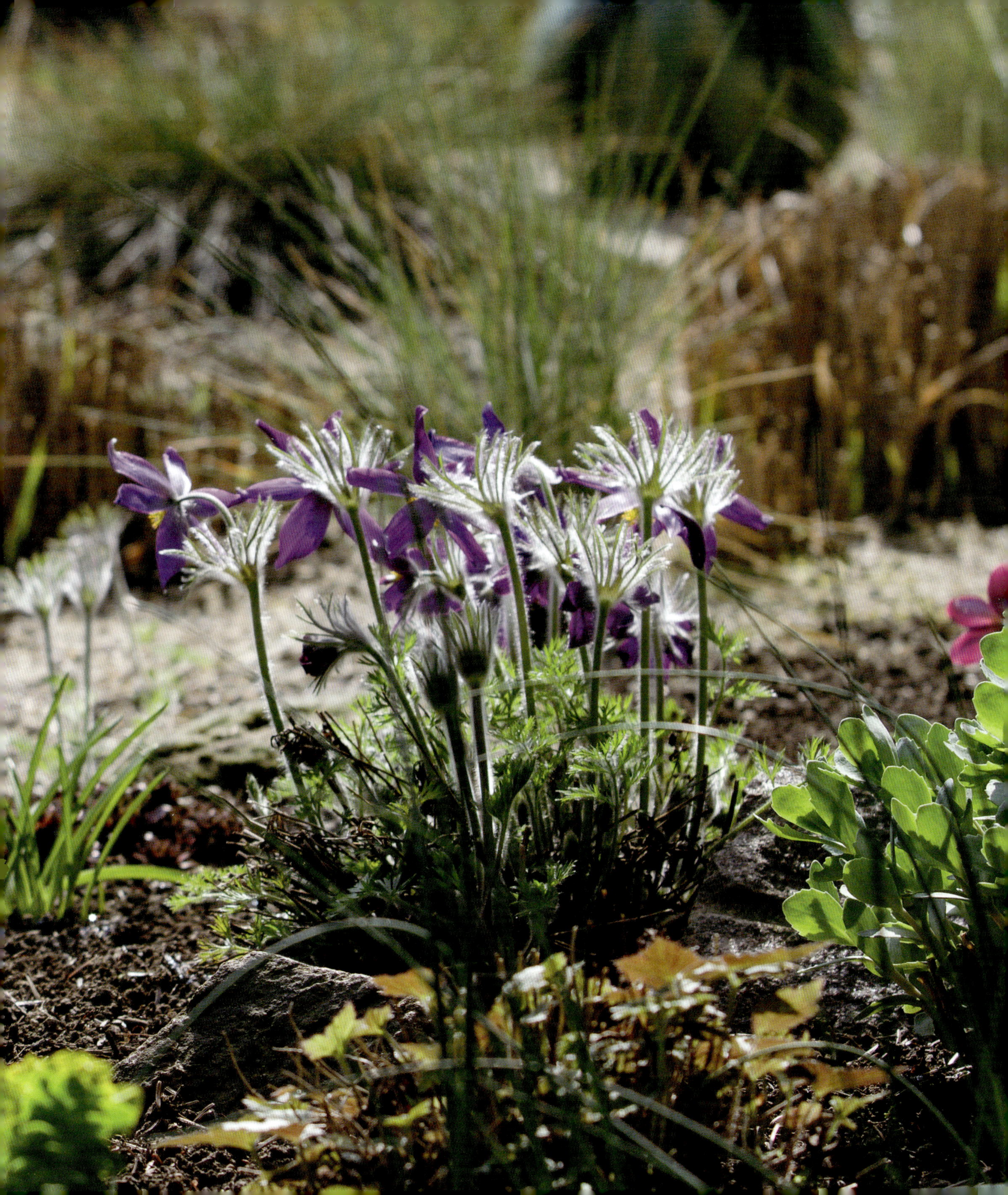

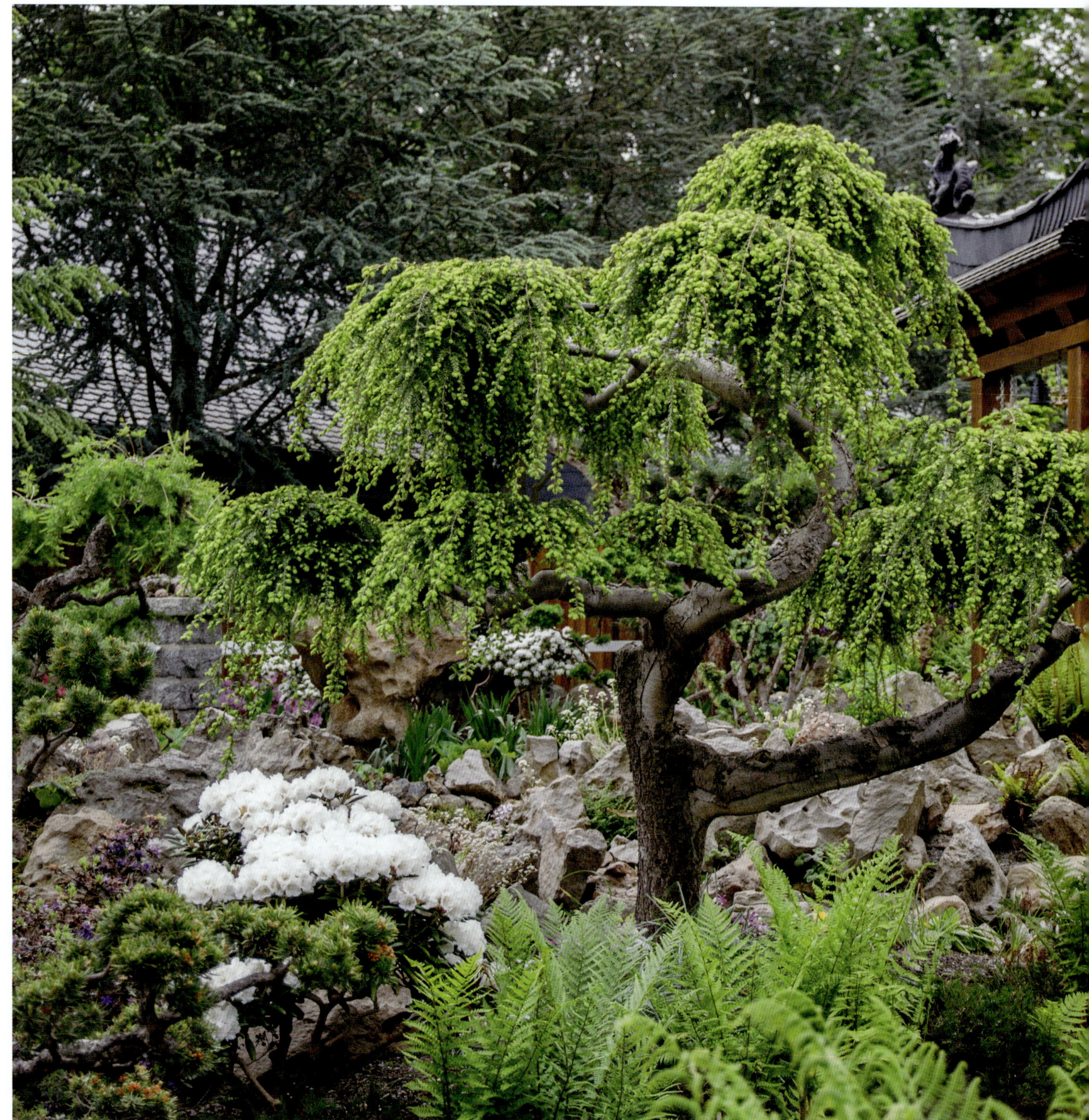

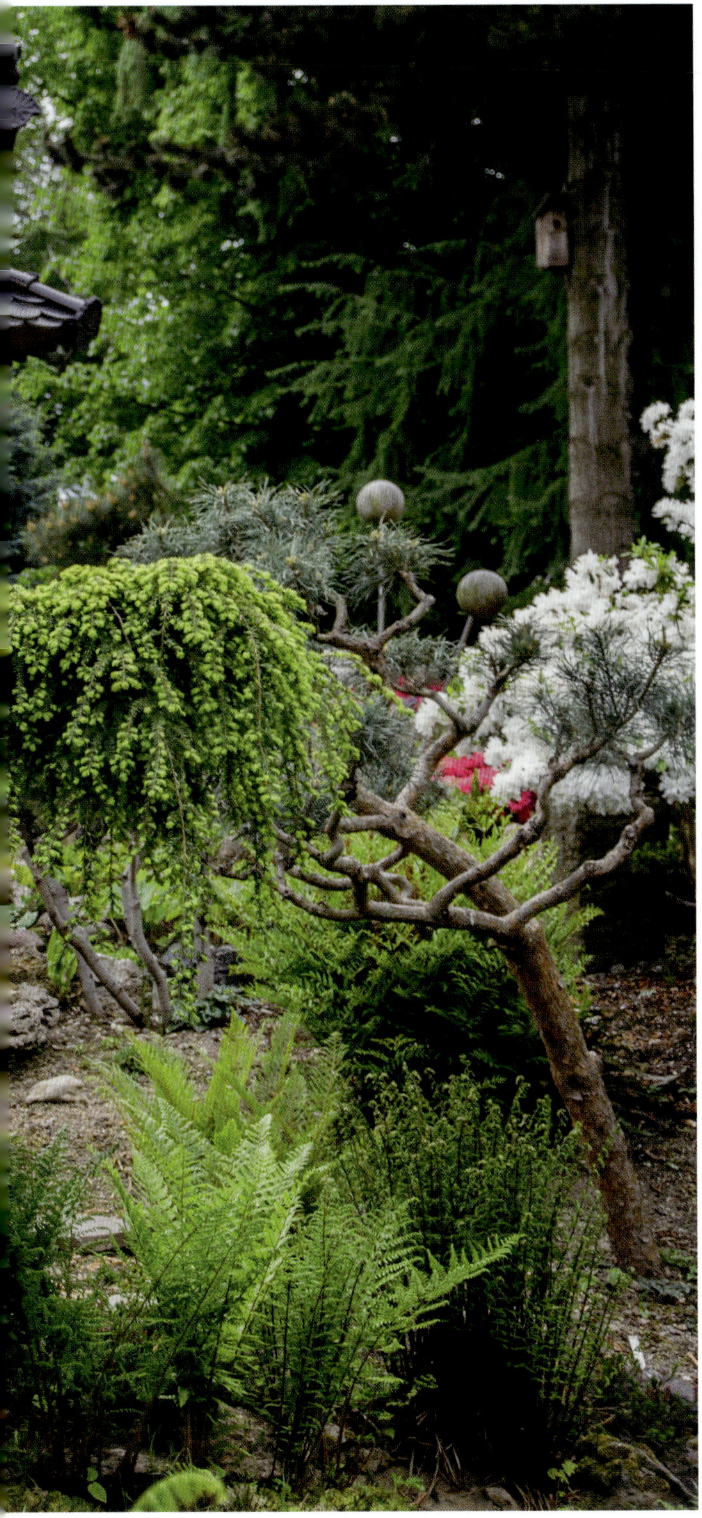

REIZVOLLE **GEHÖLZE**

Bäume und Sträucher sind aufgrund ihrer Größe und Wuchsform die Leitfiguren im Garten, an denen sich die umgebende Gestaltung orientiert. Optisch reizvoll sind sie nicht nur zur Blütezeit, sondern auch während der Laubfärbung im Herbst. Bei der Anschaffung sind die Platzverhältnisse in Bezug auf die Wuchsgröße zu berücksichtigen. Andernfalls wachsen einem die Pflanzen innerhalb weniger Jahre im wahrsten Sinne über den Kopf.

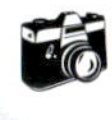

VORBEREITUNG ZUR UMPFLANZUNG

Gehölze werden nur selten umgepflanzt. Kleinere Exemplare lassen sich im Herbst umsetzen, sofern sie im Frühjahr umstochen wurden. Hierzu wird je nach Kronenumfang im Abstand von 40 bis 60 Zentimetern um die Pflanze herum mit einem langen Spaten schräg eingestochen. Die Hauptwurzeln werden durchtrennt, und auf diese Weise wird die Entwicklung neuer Feinwurzeln angeregt. In den folgenden Monaten bildet sich unter Zugabe von reichlich Gießwasser ein fester Wurzelballen. Dieser enthält ausreichend Feinwurzeln, durch die das umgepflanzte Gehölz gut am neuen Standort anwächst.

◂ *Damit Formgehölze ihre besondere Erscheinung behalten, sind regelmäßige Schnittmaßnahmen notwendig. Dafür machen sie im Garten wie auch auf Fotos eine gute Figur.*

Brennweite 35 mm :: Blende f/4.5 :: Belichtungszeit 1/160 s :: ISO 100

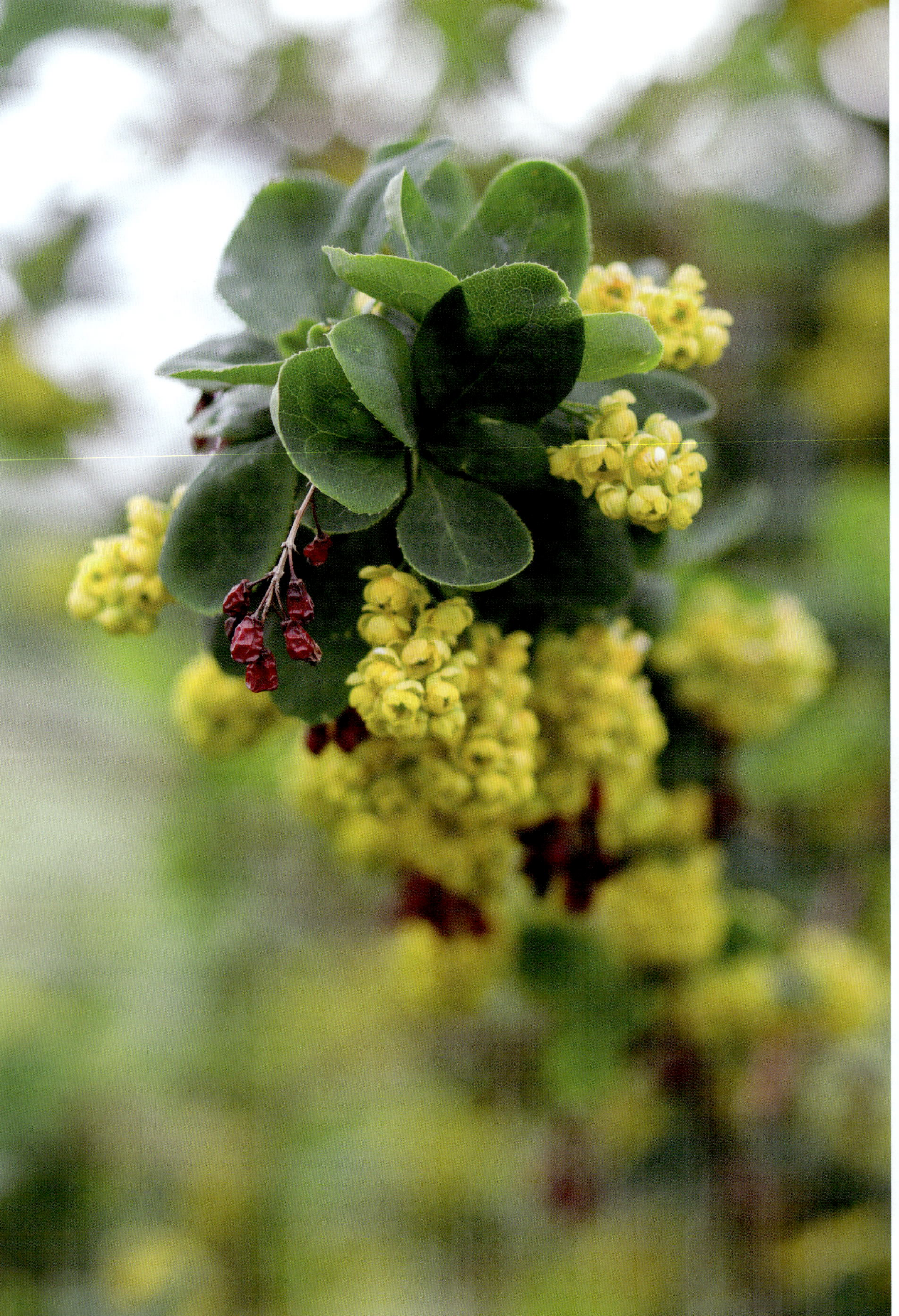

▸ *Die leuchtenden gelben Blüten der Koreanischen Berberitze (Berberis koreana) sind im Gehölzgarten weithin zu sehen. Eine große Blende sorgt für eine minimale Schärfentiefe, sodass Blüten schon nach wenigen Zentimetern in der Unschärfe versinken.*

Brennweite 85 mm :: Blende f/2.8 :: Belichtungszeit 1/125 s :: ISO 125

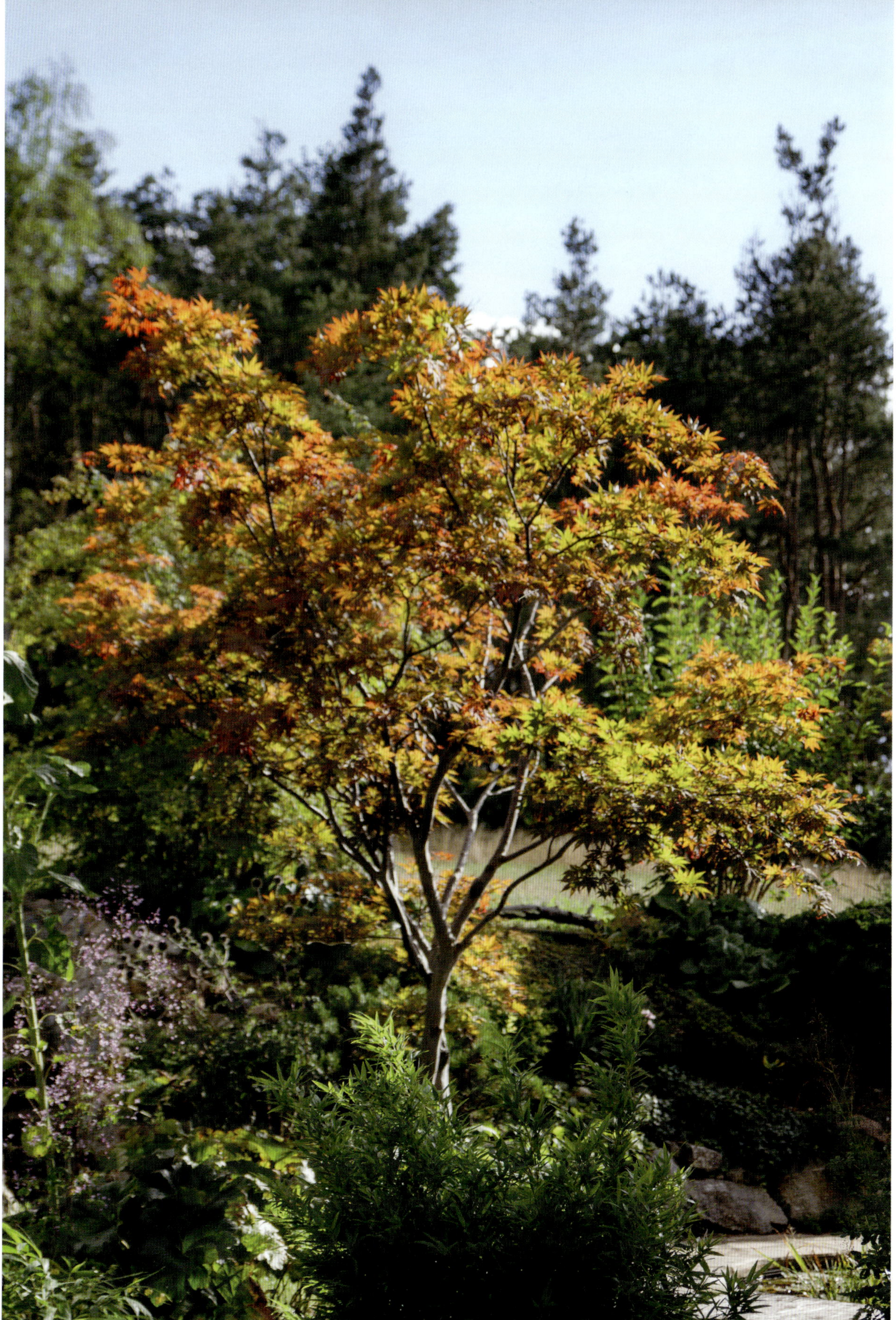

◀ *Ahorn ist für seine Herbstfärbung bekannt. Grüne Fächerahorne (Acer palmatum) bringen vor dem Laubfall tolle Orangetöne in den herbstlichen Garten.*

Brennweite 45 mm :: Blende f/2.8 :: Belichtungszeit 1/800 s :: ISO 100

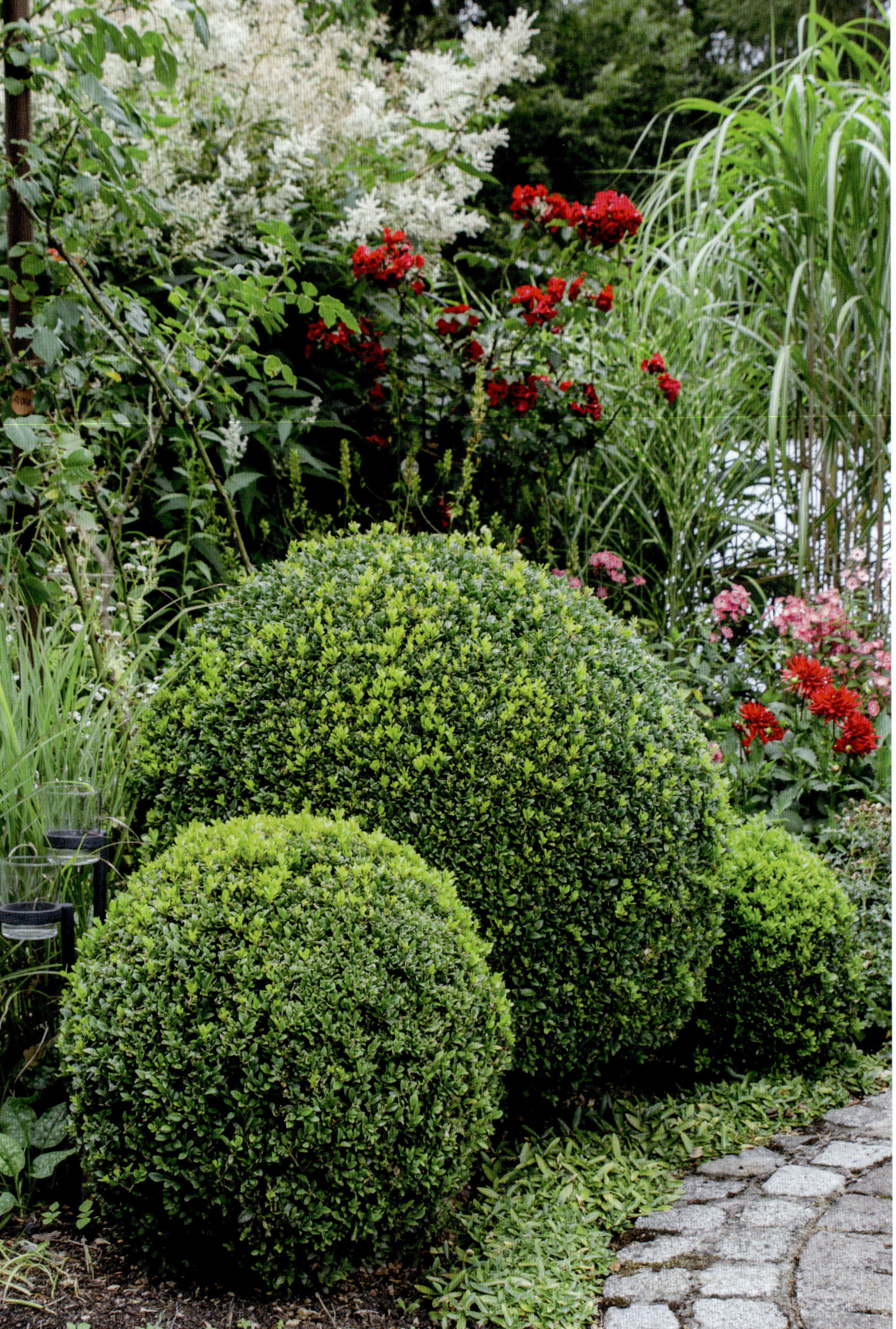

▸ *Buchsbäume (Buxus sempervirens) lassen sich als immergrüne Laubgehölze in alle erdenklichen Formen schneiden. Beliebt sind Buchskugeln, die Pflanzungen sowohl im Sommer als auch im Winter eine Struktur verleihen.*

Brennweite 27 mm :: Blende f/5.6 :: Belichtungszeit 1/50 s :: ISO 100

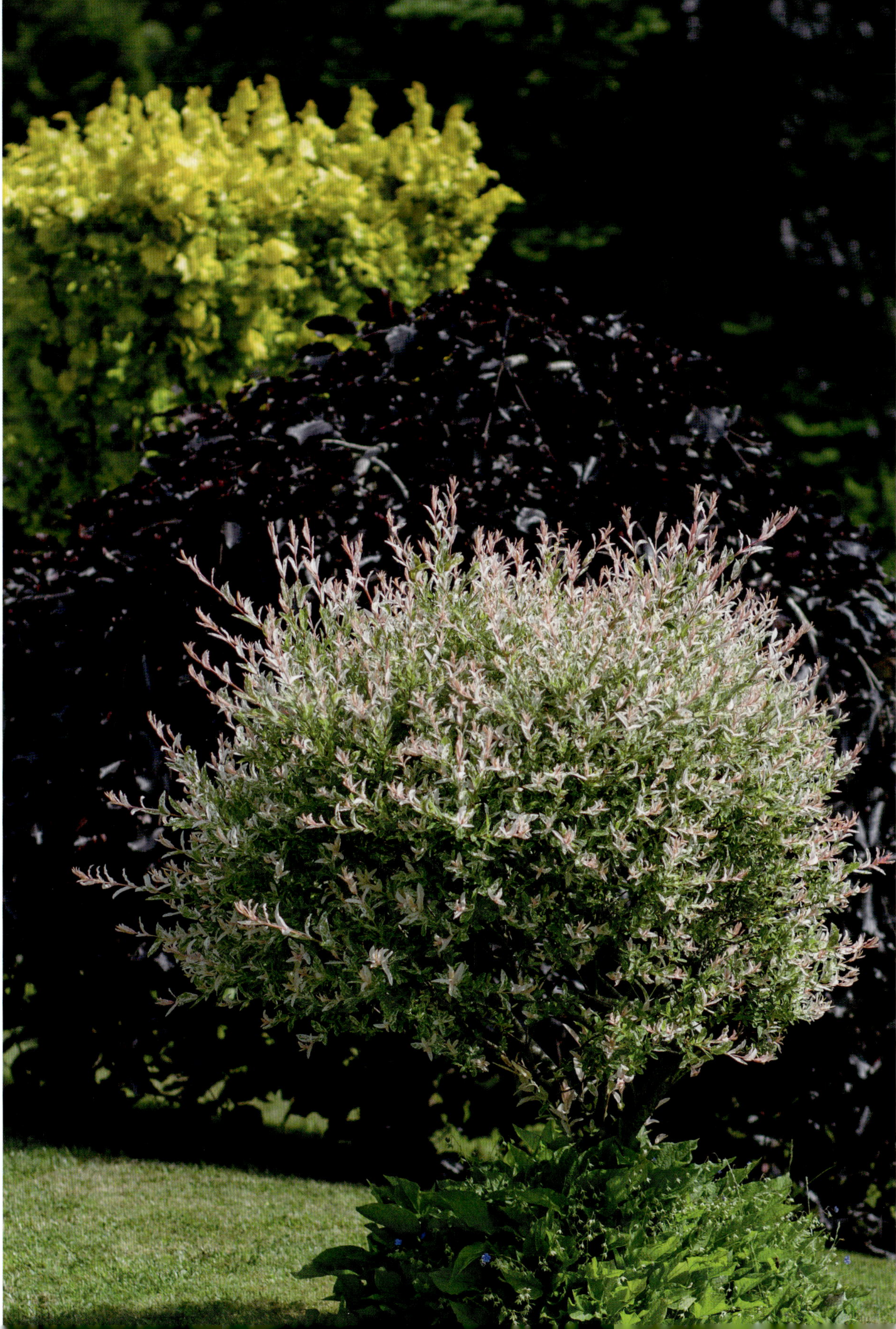

◂ *Einige Gehölze vereinen Strukturwert mit Blattschmuck. Die helle Harlekin-Weide (Salix integra ›Hakuru Nishiki‹) hebt sich gut von der sehr dunkellaubigen Blutbuche (Fagus sylvatica ›Purpurea Pendula‹) ab.*

Brennweite 85 mm :: Blende f/3.2 :: Belichtungszeit 1/800 s :: ISO 100

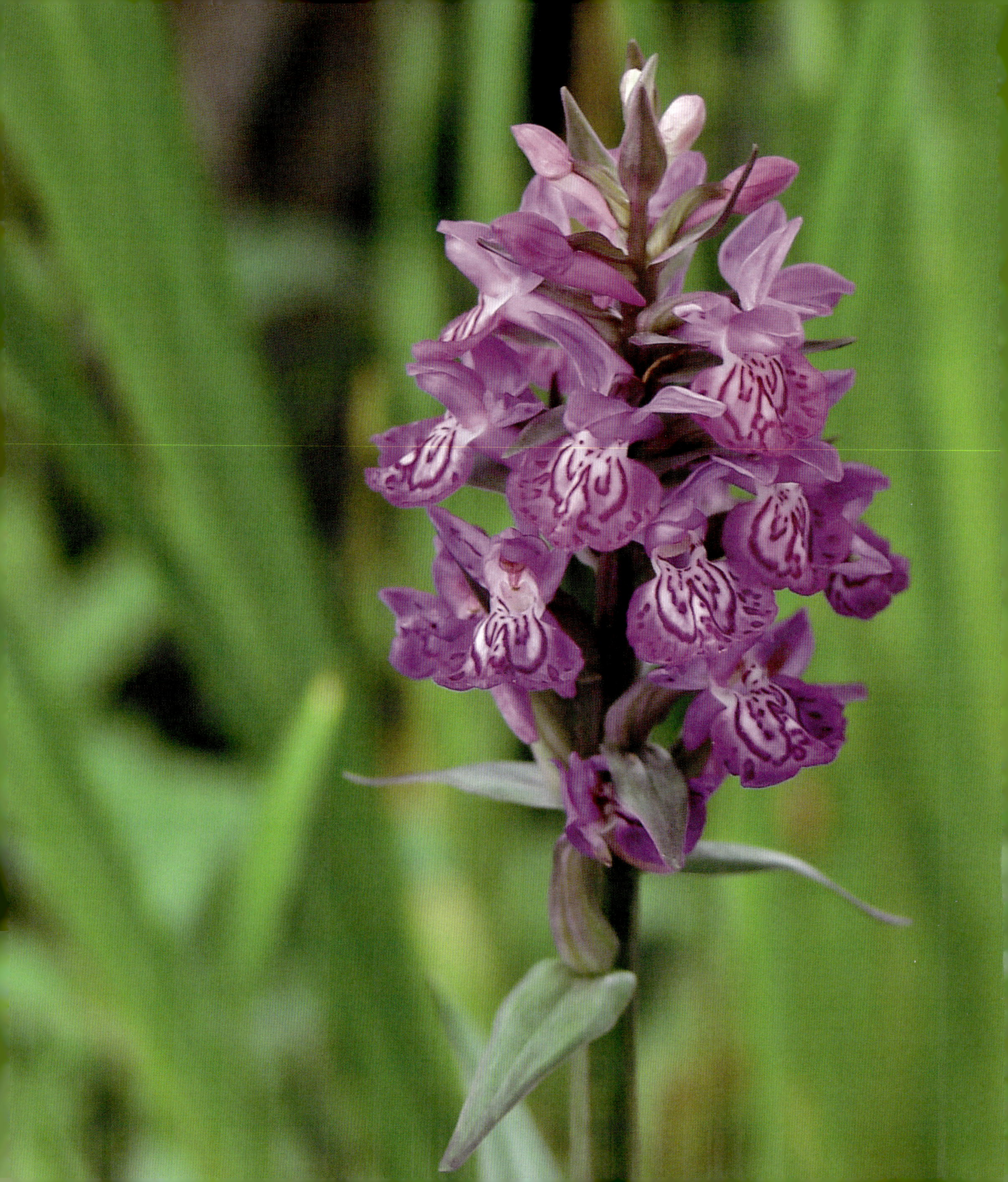

BESONDERE **LIEBHABERSTÜCKE**

Pflanzenliebhaber bekommen bei Orchideen weiche Knie. So edel und geheimnisvoll die meisten Orchideen wirken, so anspruchsvoll ist auch ihre Pflege. Ein grüner Daumen ist die Mindestvoraussetzung, denn die Orchideenkultur gehört zur Königsdisziplin im Garten.

◀ *Knabenkräuter (Dactylorhiza) lassen sich auf Feuchtwiesen in der heimischen Natur finden. Sie stehen unter strengem Naturschutz, da Populationen nur noch selten vorkommen. Die Blütenzeichnung ist erst aus der Nähe gut erkennbar.*

Brennweite 30 mm :: Blende f/2.4 :: Belichtungszeit 1/100 s :: ISO 100

▼ *Diese seltene Art der Tibetorchidee (Pleione aurita) ist die einzige ihrer Gattung mit duftenden Blüten.*

Brennweite 30 mm :: Blende f/2.8 :: Belichtungszeit 1/125 s :: ISO 100

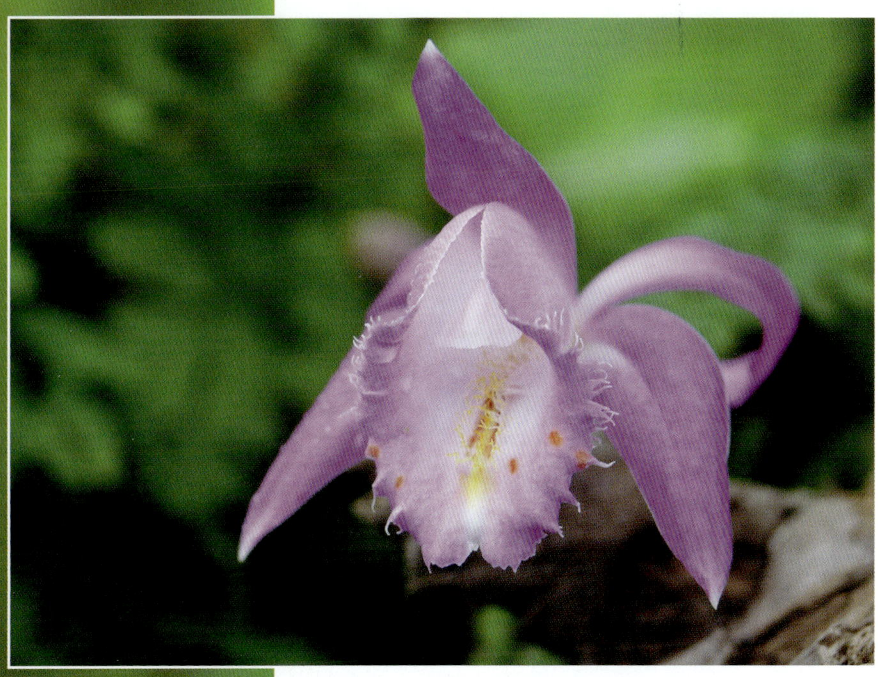

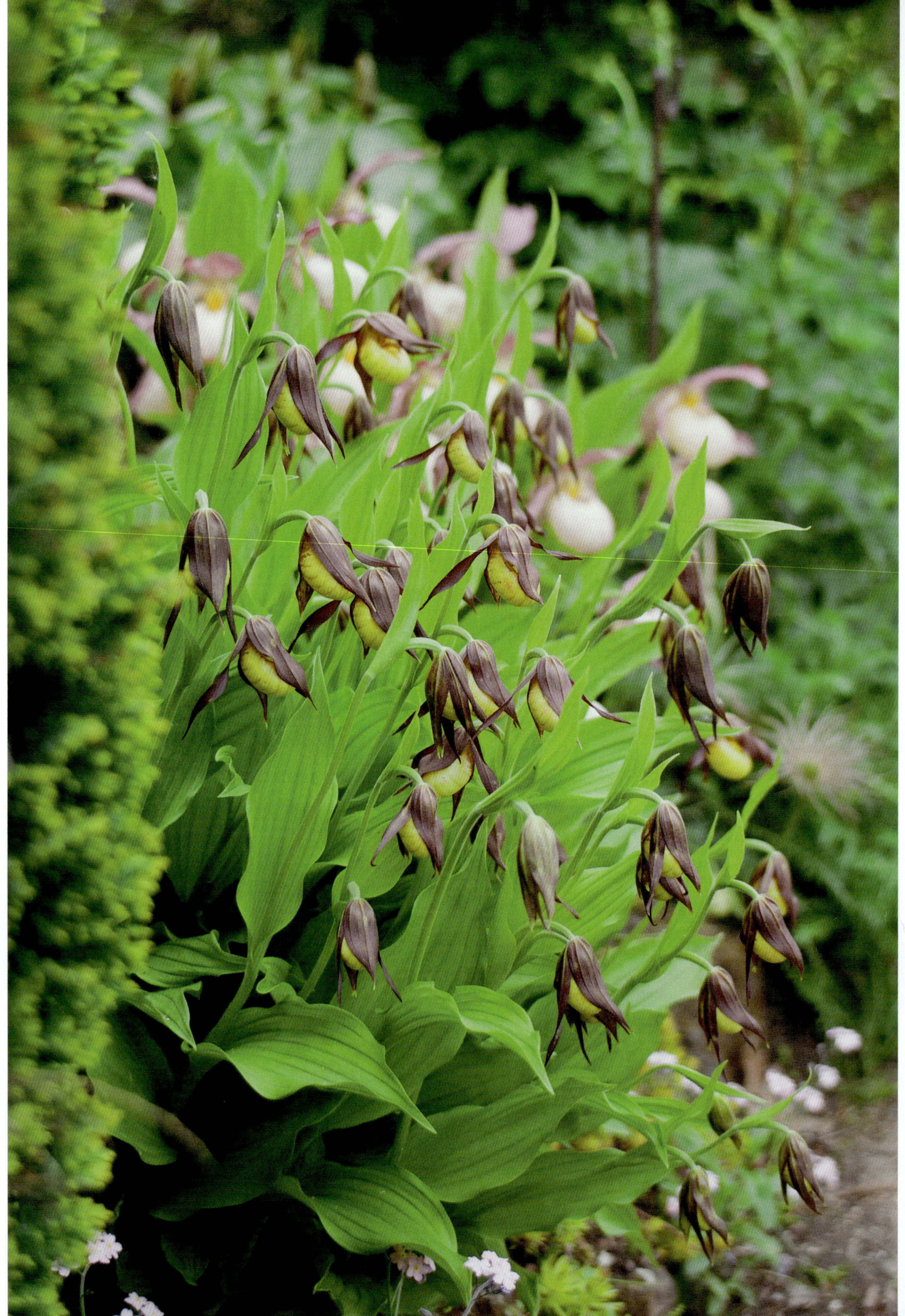

▸ *Der Frauenschuh (Cypripedium) setzt dem Garten die Krone auf. Vor Jahren noch kaum erschwinglich, gibt es heute vergleichsweise günstige Einsteigerzüchtungen.*

Brennweite 45 mm :: Blende f/4.0 :: Belichtungszeit 1/125 s :: ISO 100

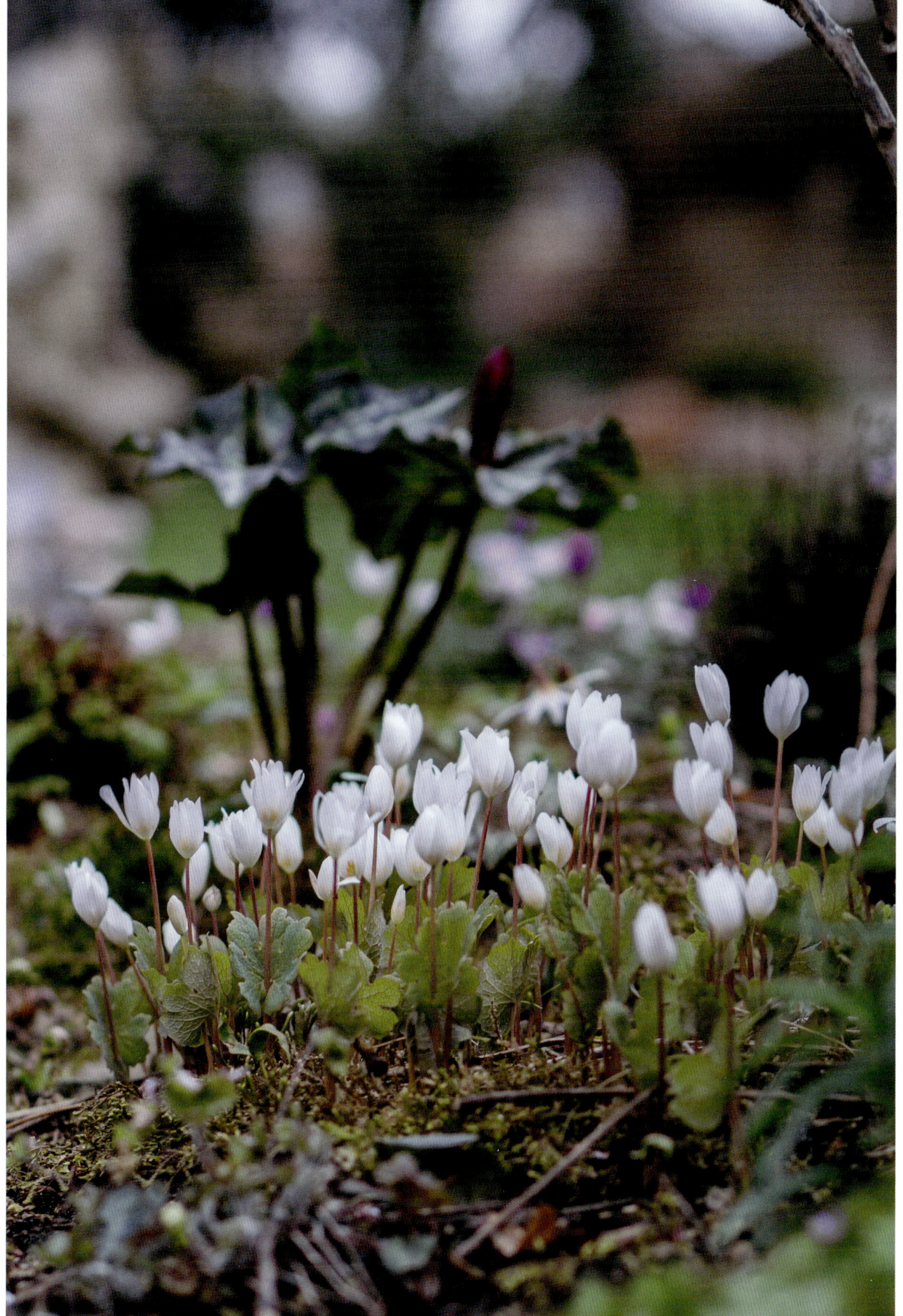

◀ *Zwei Raffinessen hintereinander: Die Kanadische Blutwurz (Sanguinaria canadensis) in einer Form, die sehr lange Blütenblätter besitzt. Dahinter thront in erhabener Position die Waldlilie (Trillium).*

Brennweite 85 mm :: Blende f/2.8 :: Belichtungszeit 1/400 s :: ISO 100

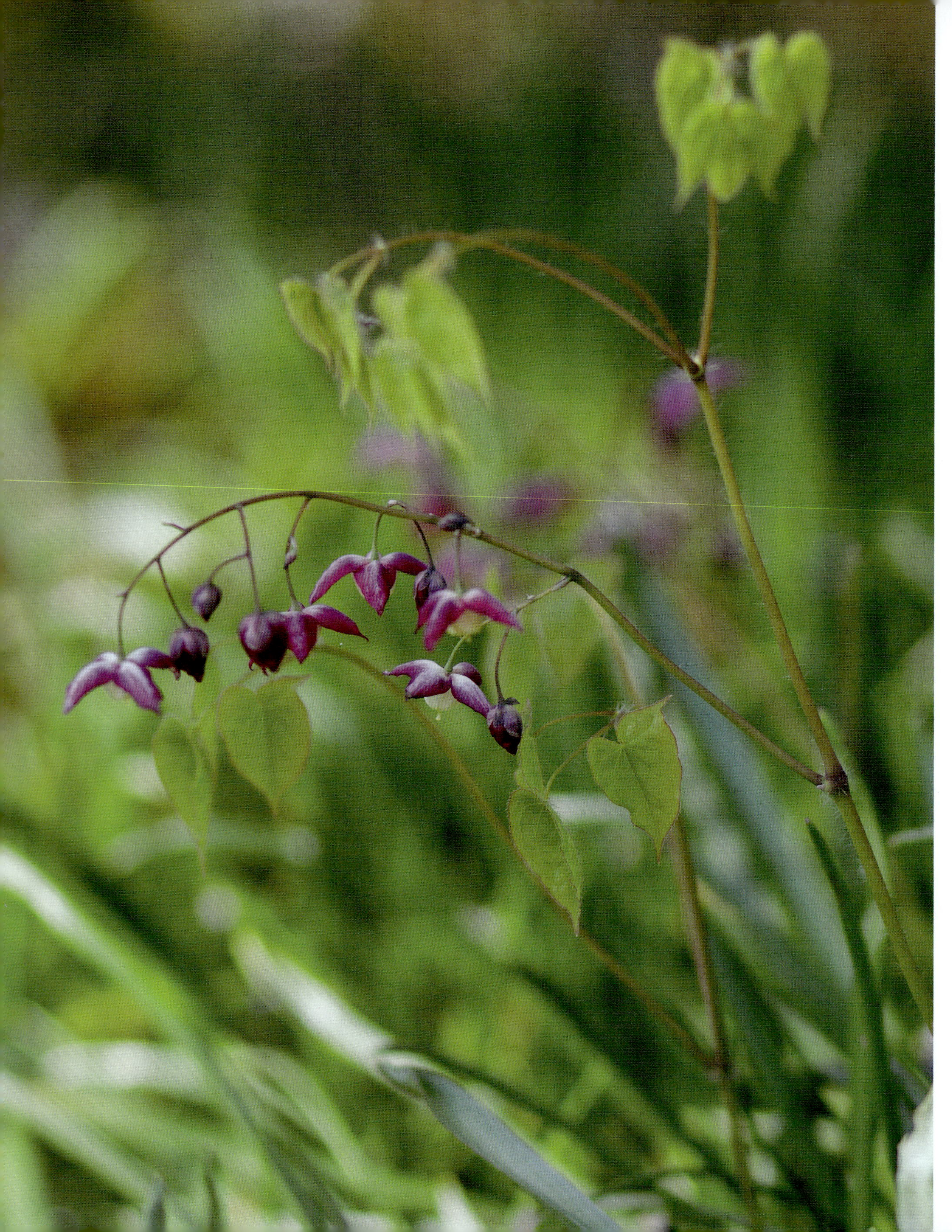

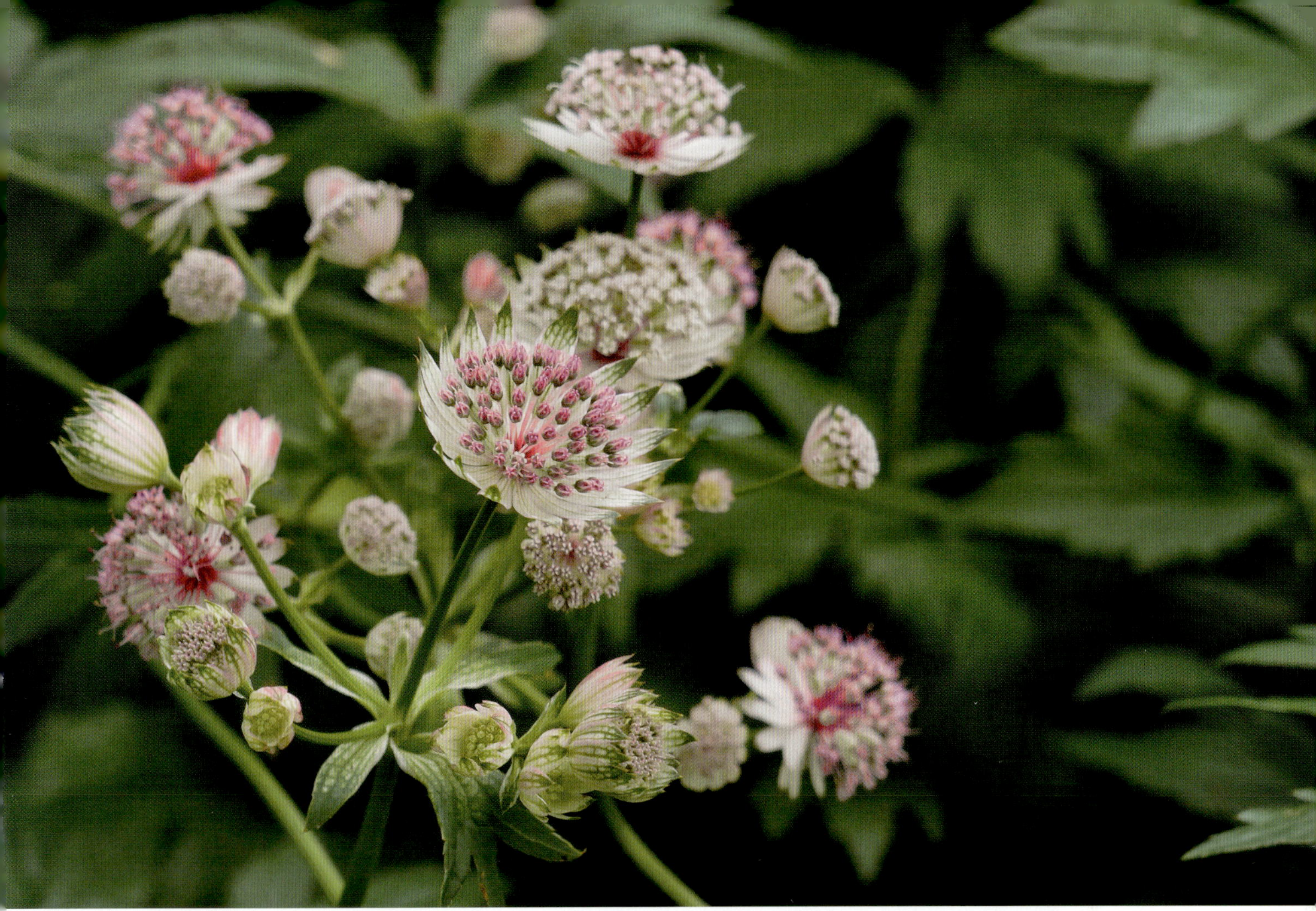

▲ *Die Zeit zum aktiven Züchten finde ich hoffentlich im Rentenalter. Heute begnüge ich mich mit eigenen Aussaaten und selektiere besondere Typen. Vor einigen Jahren entstand eine Sterndolde (Astrantia major) mit einer wunderschönen Ausfärbung. Diese habe ich nach meinem verlorenen Stern ›Lovely Jane‹ benannt, der mich auf diese Weise weiter begleitet.*

Brennweite 50 mm :: Blende f/5.6 :: Belichtungszeit 1/125 s :: ISO 200

◀ *Elfenblumen (Epimedium) sind zarte, frühlingsblühende Gewächse des Halbschattens. Die meisten Arten und Sorten sind ausgesprochen gartenwürdig und bekleiden zuverlässig die Bodenoberfläche. Fotografisch sind die Blätter interessant, denn sie sind häufig gemustert und erzeugen einen guten Blattschmuck.*

Brennweite 85 mm :: Blende f/2.2 :: Belichtungszeit 1/500 s :: ISO 100

Auf die Frage nach meinen persönlichen Lieblingspflanzen kann ich nur schwer eine Antwort finden. Entweder sind es Pflanzen, die ich mit besonderen Begebenheiten verbinde, die mich durch ihre Außergewöhnlichkeit überzeugt haben oder deren Kultur mir besondere Erfolgserlebnisse verschafft hat.

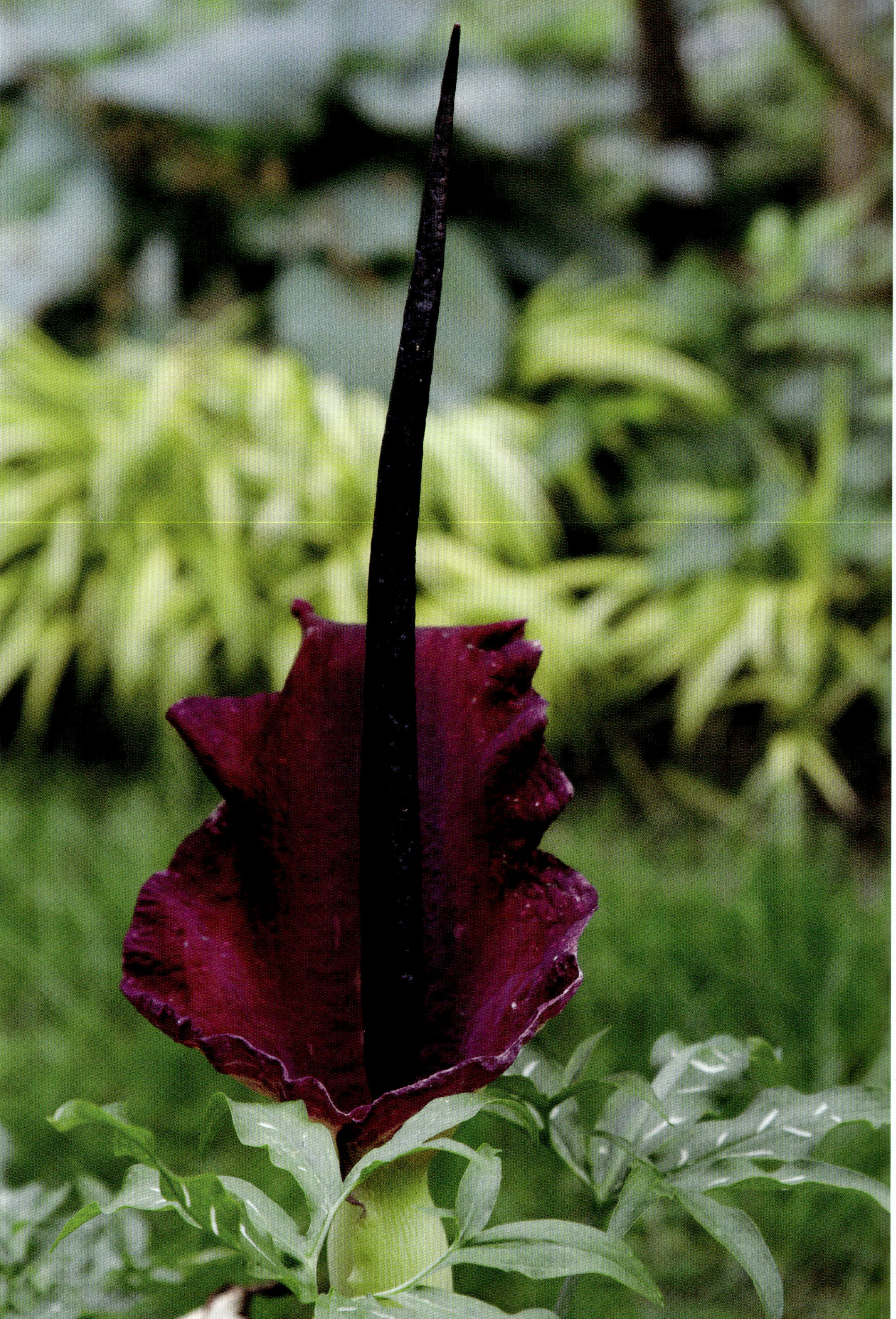

▸ *Fast schon etwas vulgär wirkt die Blüte der Drachenwurz (Dracunculus vulgaris), die aus einer braunpurpurnen Spatha und einem fast ein Meter langen Spadix besteht. Markant ist der Blütengeruch, der eher mit Fäulnis als mit Duft zu beschreiben ist.*

Brennweite 70 mm :: Blende f/3.2 :: Belichtungszeit 1/200 s :: ISO 100

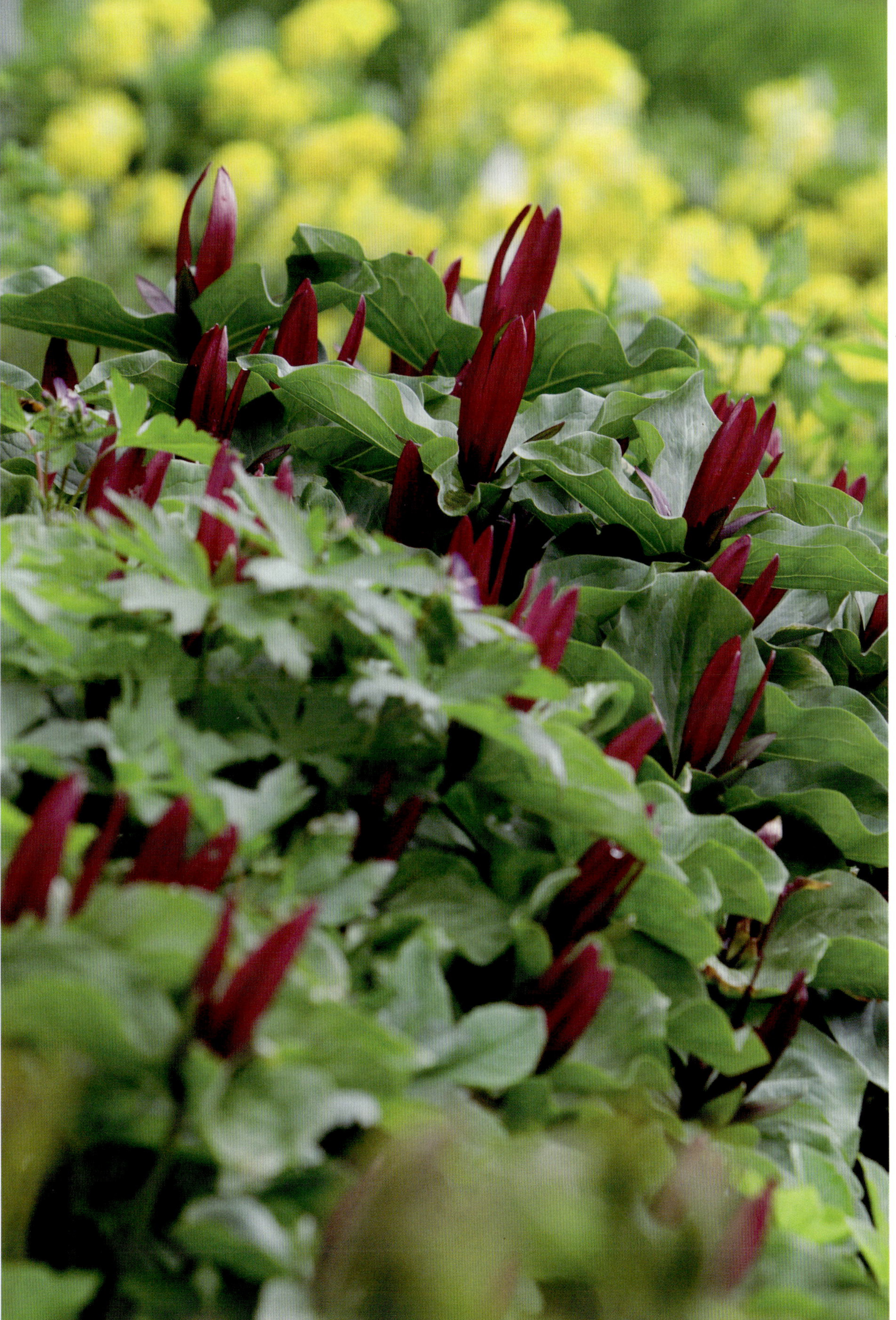

◀ *Das rot blühende Dreiblatt (Trillium kurabayashii), wie Waldlilien ebenfalls genannt werden, entfaltet erst in größeren Horsten nach vielen Jahren bis Jahrzehnten seine volle Schönheit.*

Brennweite 135 mm :: Blende f/4.5 :: Belichtungszeit 1/250 s :: ISO 125

Schöne Farbenspiele bieten die Blüten des Wiesenknopfs (Sanguisorba hakusanensis) vor Herbstanemonen.

Brennweite 65 mm :: Blende f/5.6 :: Belichtungszeit 1/125 s :: ISO 100

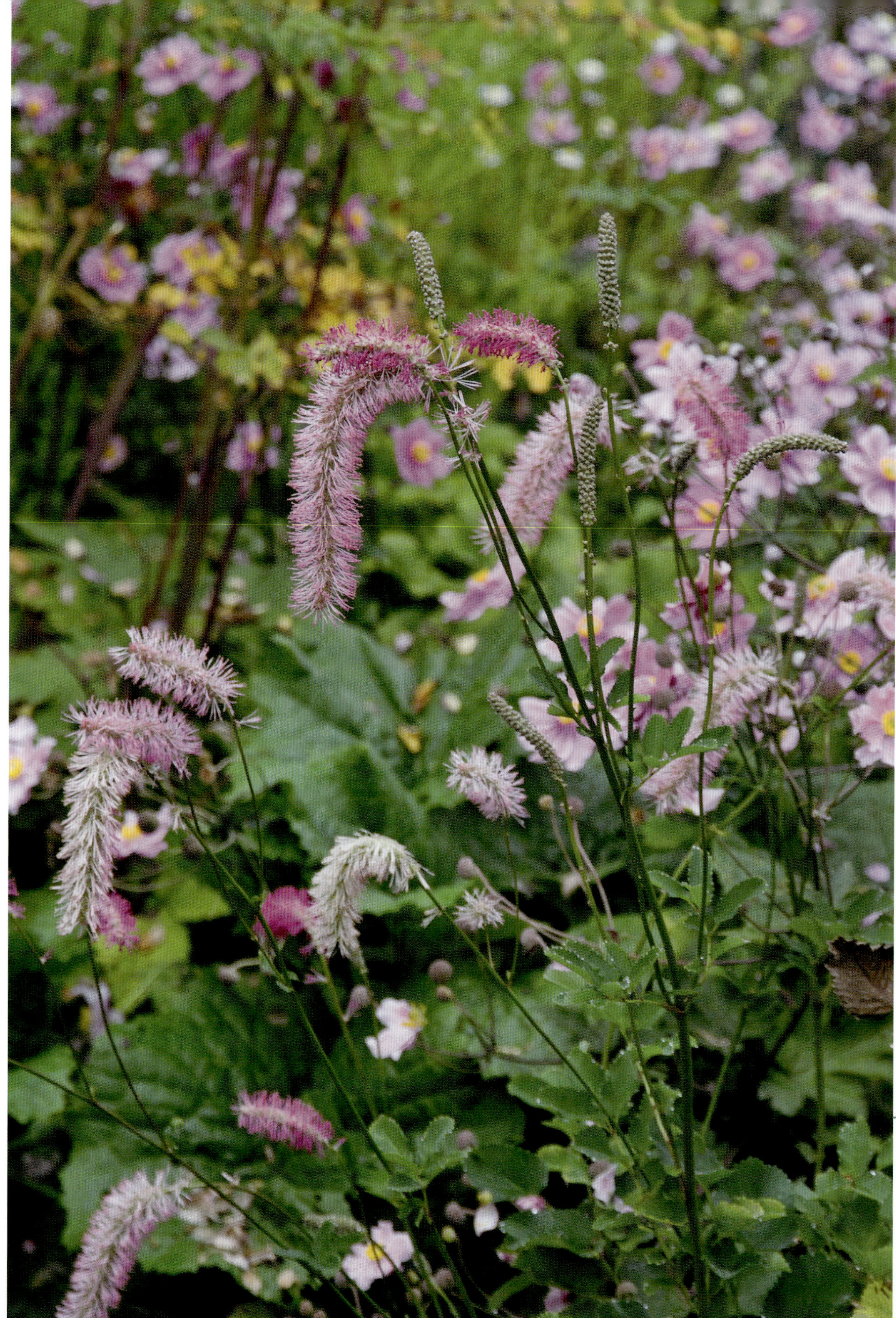

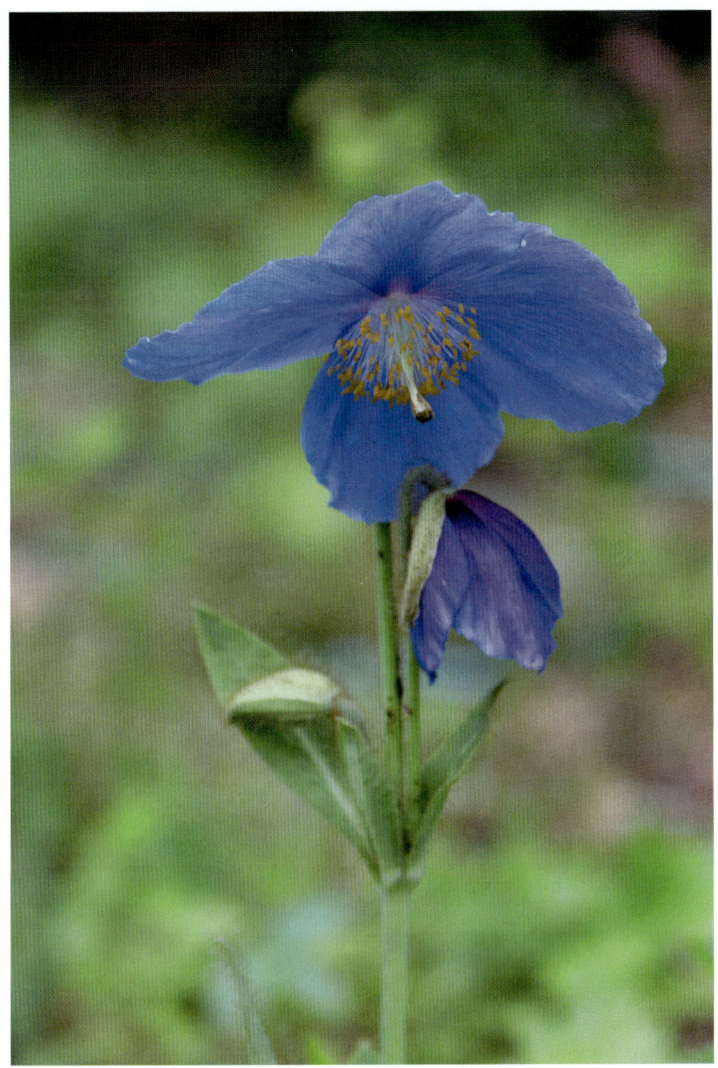

▲ *Der blaue Tibet-Scheinmohn (Meconopsis ›Lingholm‹) ist in unseren Breiten nur mit Aufwand und Fingerspitzengefühl zu halten. Trockene heiße Sommer, aber auch Schnecken machen ihm sehr zu schaffen. Gelingt die Kultur dennoch, belohnen türkisblaue Blüten das Engagement.*

Brennweite 70 mm :: Blende f/2.8 :: Belichtungszeit 1/160 s :: ISO 100

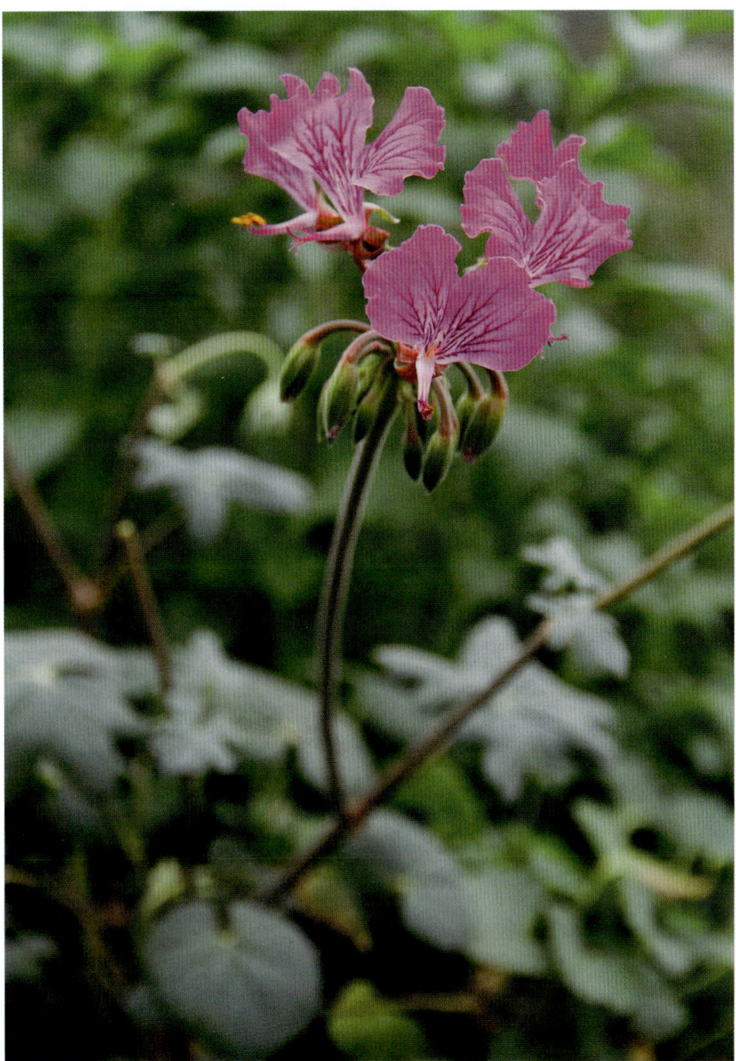

▲ *Diese seltene Pelargonie (Pelargonium endlicherianum) ist ein Schatz für Pflanzenliebhaber. Sie hat nur wenig mit ihren Balkonpflanzenverwandten gemein.*

Brennweite 55 mm :: Blende f/5.6 :: Belichtungszeit 1/100 s :: ISO 400

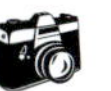

EINBLICK IN DIE PROFESSIONELLE GARTENFOTOGRAFIE

Die professionelle Gartenfotografie besteht zum einen aus dem Einfangen natürlicher Gartenszenen, die den Garten in Bezug auf die Lichtstimmung und seine Merkmale von seiner schönsten Seite zeigt. Daneben gibt es einen zweiten Zweig der Gartenfotografie, in dem aktiv gestaltet und modelliert wird. Gartensituationen werden nachgestellt, Pflanzkombinationen nach Kundenwunsch temporär arrangiert und künstliche Gartenwelten geschaffen – kurzum, die klassische Werbefotografie für Botanik und das gärtnerische Handwerk. Das Ergebnis sind hochwertige Produktfotos, Kataloge, Werbeplakate und Broschüren.

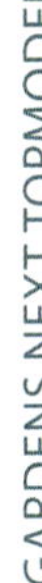

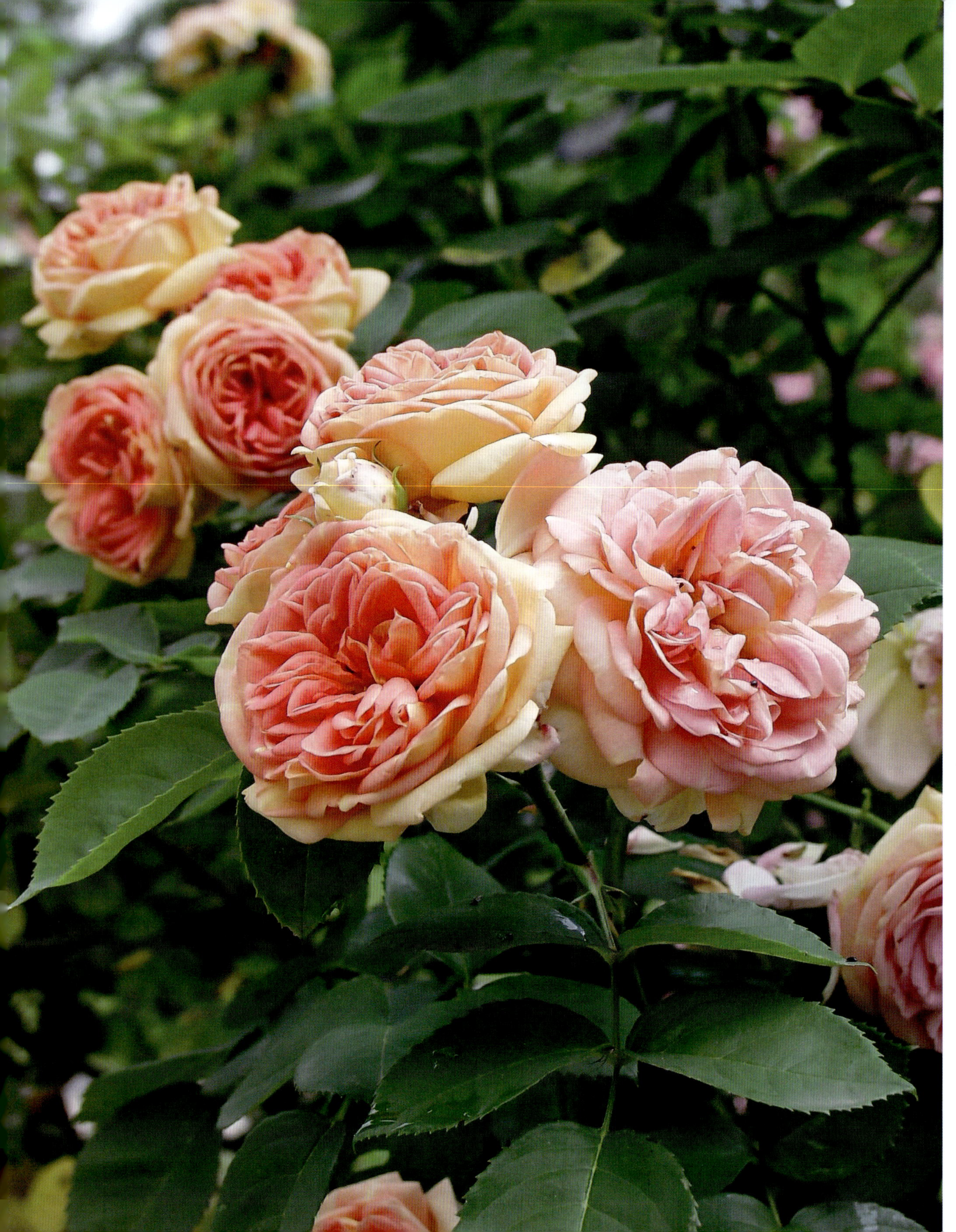

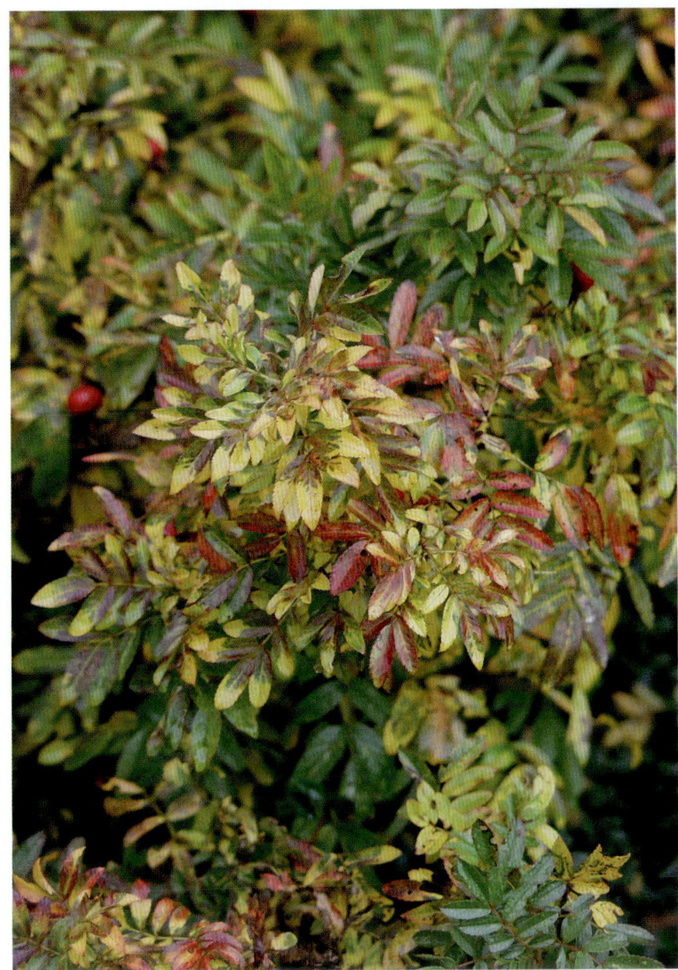

▲ *Im Herbst färbt sich das Laub von Wildrosen (Rosa nitida) dekorativ ein.*

Brennweite 35 mm :: Blende f/2.2 :: Belichtungszeit 1/125 s :: ISO 100

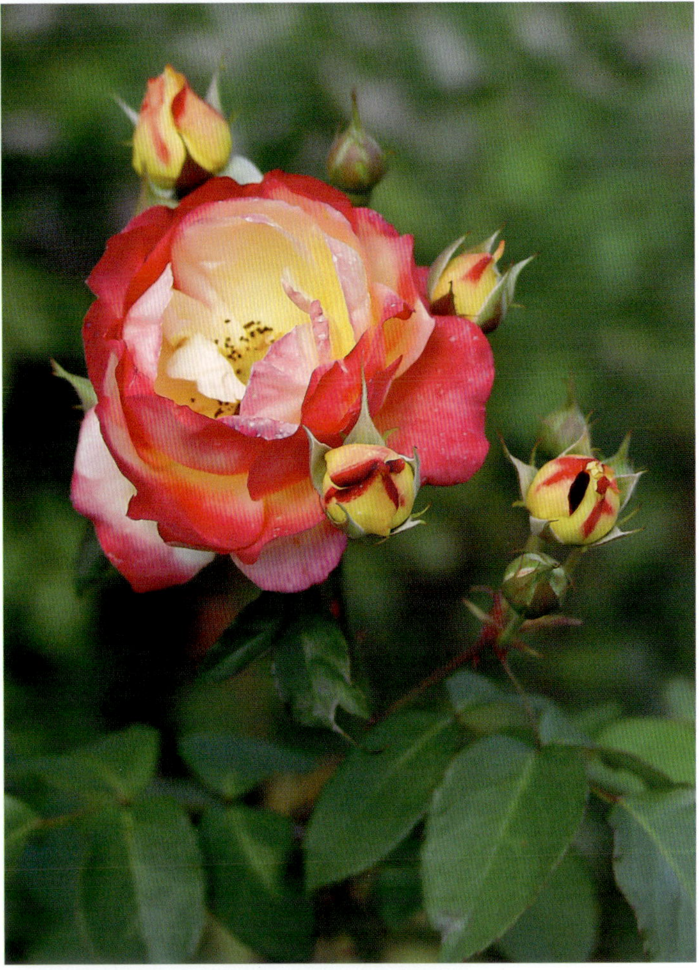

▲ *Englische Rosen sind bei Rosenliebhabern sehr beliebt. Die Anordnung der Blüten lässt den Blick aus der Unschärfe links oben auf die fokussierte Schärfe in der Mitte fallen.*

Brennweite 25 mm :: Blende f/8.0 :: Belichtungszeit 1/180 s :: ISO 160

KÖNIGIN IM FOTOGARTEN

Ohne jeden Zweifel ist die Rose die Königin des Gartens. Blütenfülle und -intensität, gepaart mit Duft und Langlebigkeit, machen sie unverzichtbar. Der Handel bietet eine riesige Vielfalt dieser schönen Gartenpflanzen.

Beim Kauf von Rosen sollte man sich weniger von bunten Verkaufsschildern leiten lassen, sondern vielmehr eine Fachberatung zurate ziehen. Pflanzengesundheit spielt eine wichtige Rolle, da Rosen für bestimmte Pilzerkrankungen anfällig sind. Robuste Sorten und Züchtungen ersparen Kummer und Sorgen.

◀ *Rosen gelten im Garten als Königin der Blumen. Kaum eine andere Pflanze ist so verschiedenartig in Bezug auf Blüte, Wuchs und Verwendung. In den Rosengärten Deutschlands ist eine enorme Vielfalt zu entdecken.*

Brennweite 50 mm :: Blende f/4.0 :: Belichtungszeit 1/200 s :: ISO 100

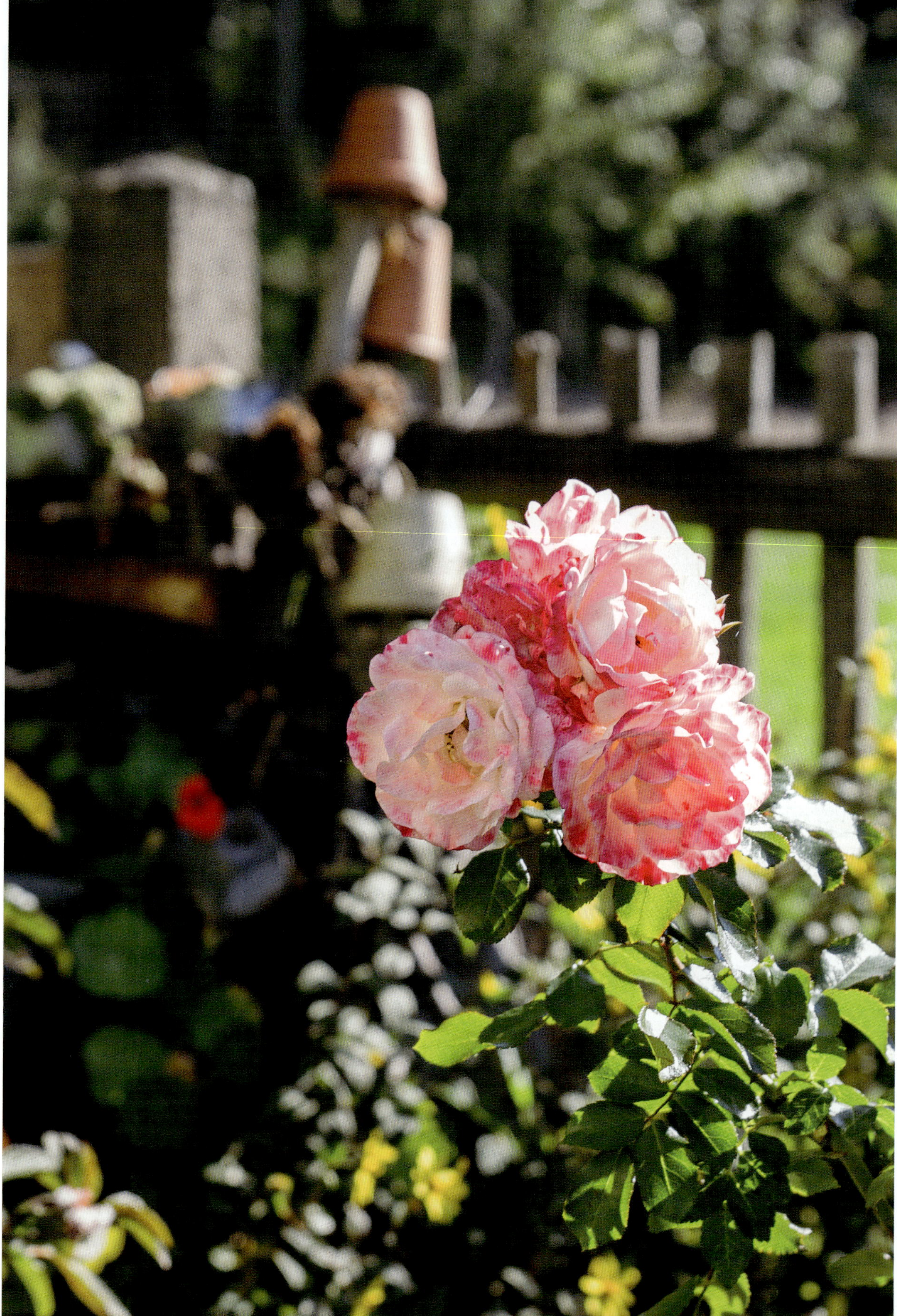

▸ *Rosen werden in einmal- und öfterblühende Rosen unterschieden. Während Wildrosen häufig nur eine Blüte im Jahr haben, können öfterblühende Kulturrosen mehrfach und teilweise bis tief in den Herbst blühen.*

Brennweite 50 mm :: Blende f/4.0 :: Belichtungszeit 1/200 s :: ISO 100

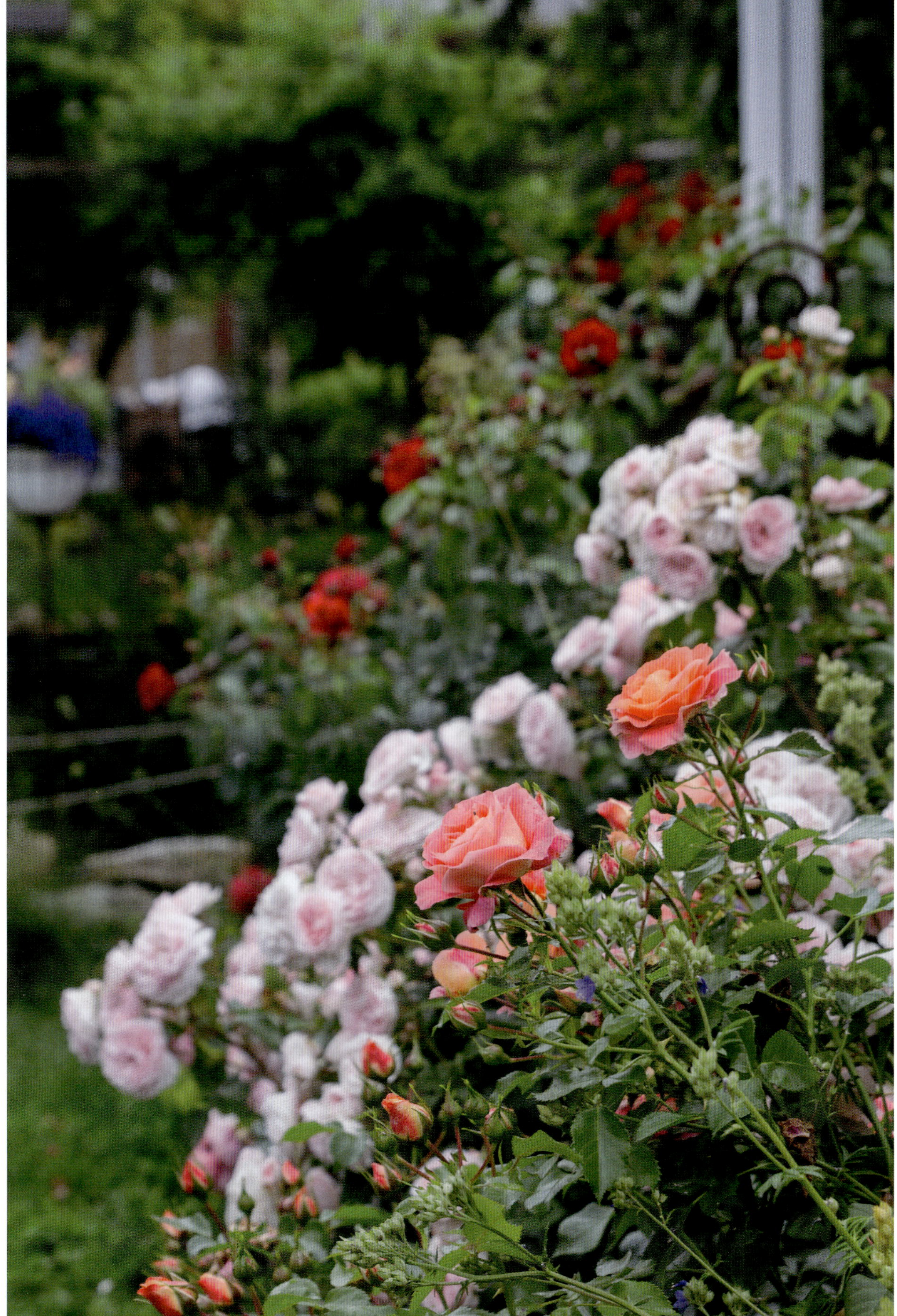

◀ *Je nach Wuchshöhe und -form gibt es für nahezu jeden Verwendungszweck eine passende Rosensorte. Gern werden duftende und alte Züchtungen gepflanzt.*

Brennweite 45 mm :: Blende f/4.0 :: Belichtungszeit 1/125 s :: ISO 100

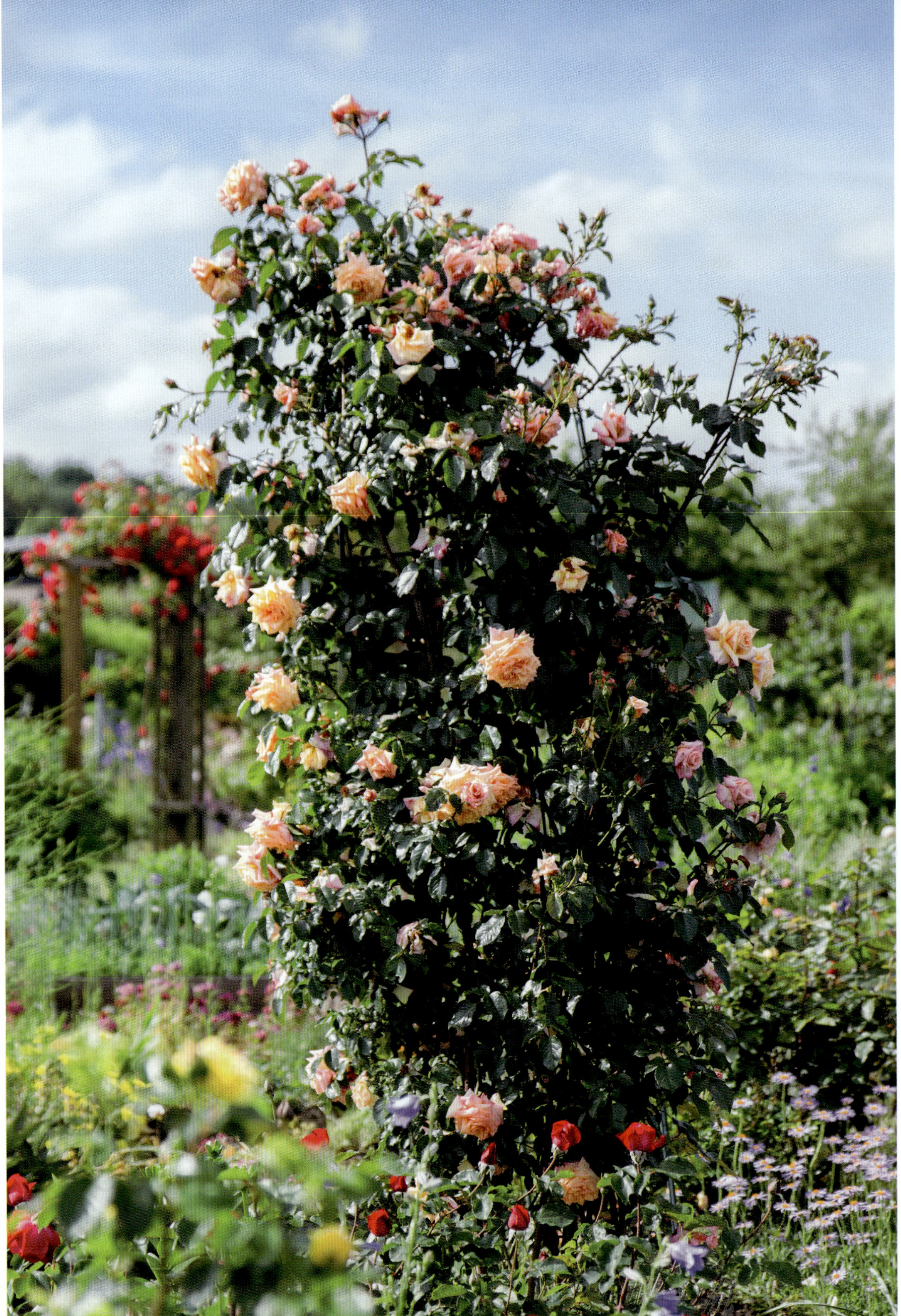

▸ *Selbst in der Vertikalen zeigen sich Rosen als Kletterkünstler von ihrer besten Seite. Ein schmales Spalier oder eine Kletterhilfe geben Kletterrosen ausreichend Halt.*

Brennweite 56 mm :: Blende f/2.8 :: Belichtungszeit 1/800 s :: ISO 100

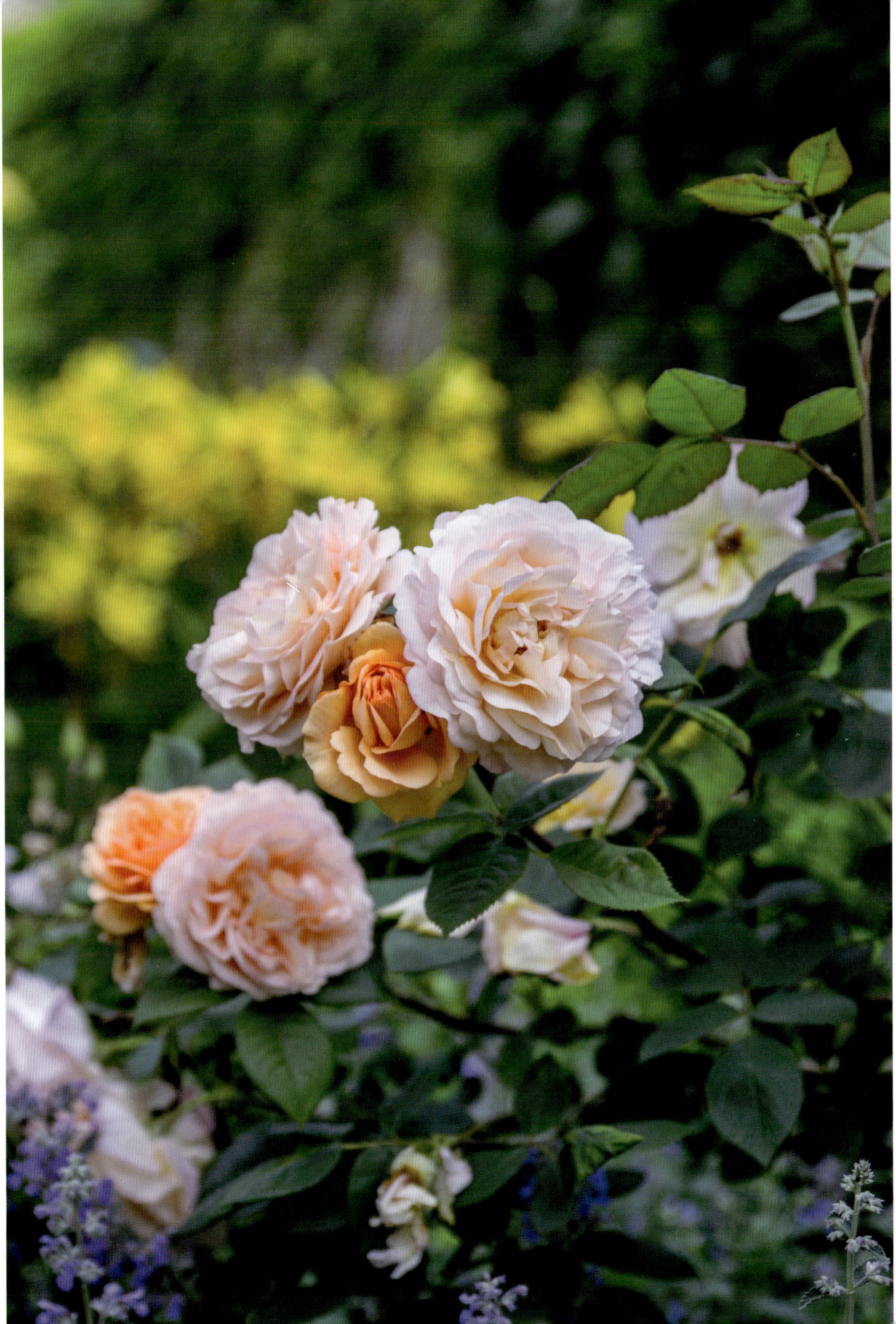

◀ *Regelmäßige Schnitt- und Putzarbeiten erhalten die Blütenfülle über längere Zeit. Apricotfarbene Blüten eignen sich zusammen mit hellblauen oder violetten Blütenfarben gut für schlichte Beetgestaltungen.*

Brennweite 50 mm :: Blende f/2.8 :: Belichtungszeit 1/1250 s :: ISO 100

INDEX

G

H

I

J

K

L

M

N

O

P

R

S

T

U

V

W

Z

BILDNACHWEIS

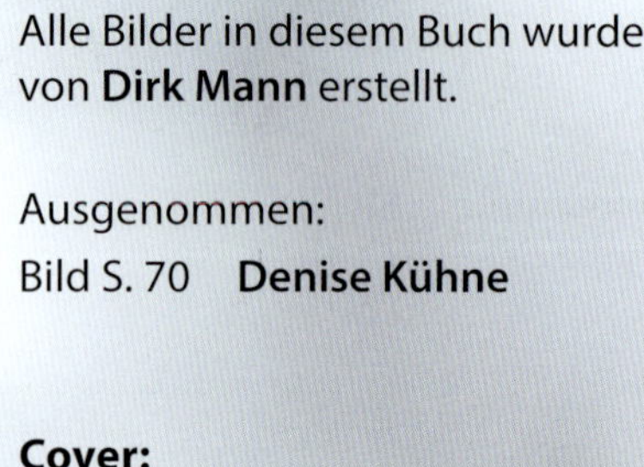

Alle Bilder in diesem Buch wurden
von **Dirk Mann** erstellt.

Ausgenommen:
Bild S. 70 **Denise Kühne**

Cover:

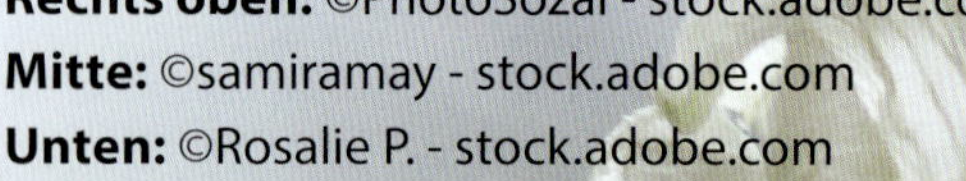

Rechts oben: ©PhotoSozai - stock.adobe.com
Mitte: ©samiramay - stock.adobe.com
Unten: ©Rosalie P. - stock.adobe.com

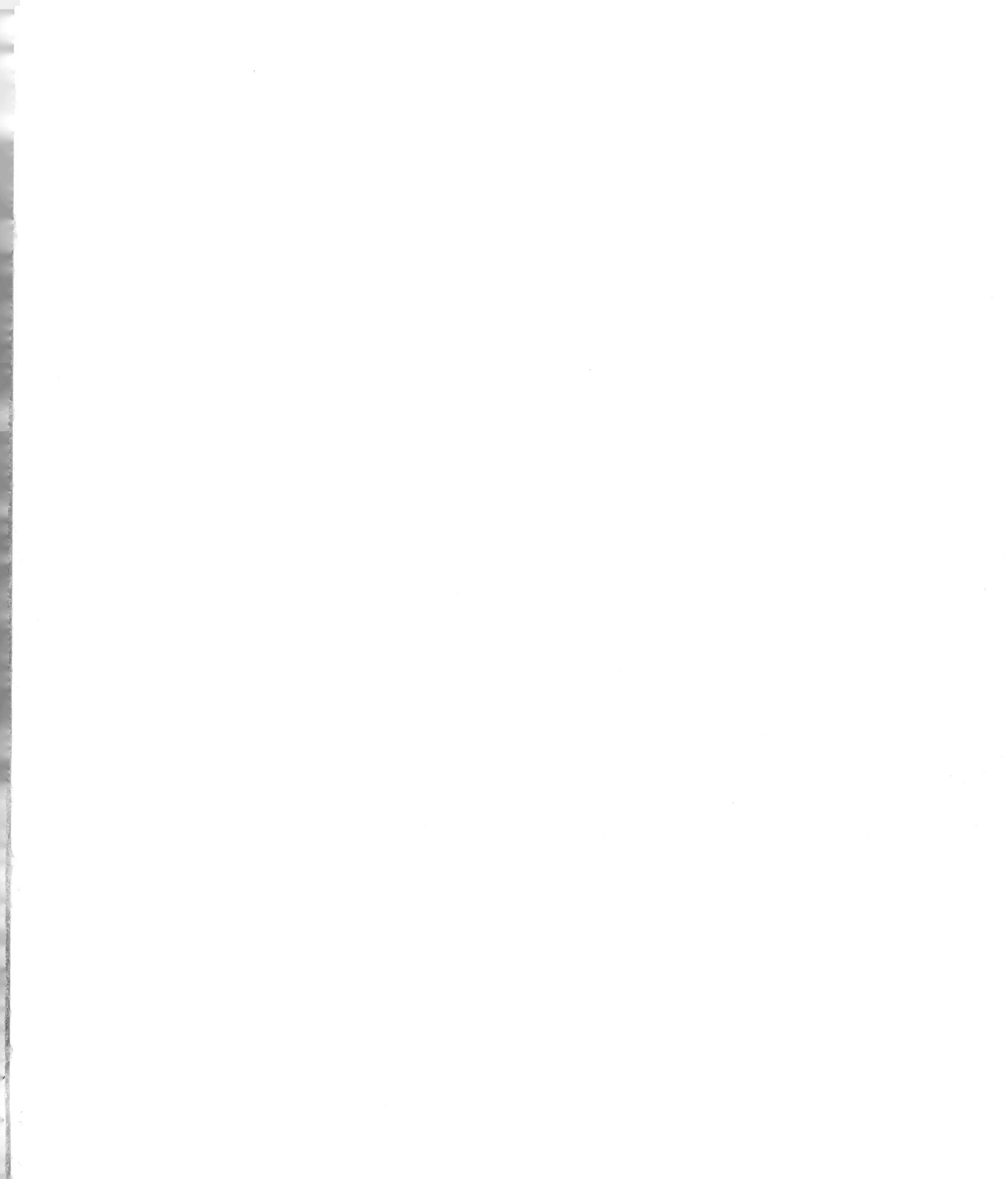